Helmut Kuntz

Wie die Liebe alle Wunden heilt

Helmut Kuntz

Wie die Liebe alle Wunden heilt

Wurzeln eines heilsamen Wissens

GeistkirchVerlag

ISBN 978-3-946036-21-0

www.geistkirch.de

2. Auflage 2021

Verlag: Geistkirch Verlag, Saarbrücken
Titelfoto und Titelgestaltung: Florian Brunner, Saarbrücken
Satz und Layout: Harald Hoos, Landau
Printed in EU

Inhaltsverzeichnis

Vorwort

Das Leben ist ein einzigartiges Geschenk

»Ich habe genug gelebt«, das können Menschen sagen, die das Leben in seiner gesamten Dimension durchmessen haben, und im hohen Alter in Frieden gehen. Oder es sagen Menschen, die durch ein Leiden am Leben ihre Lebenskräfte aufgezehrt haben und des Lebens müde sind.

Als Chance ist unser Leben vor allem ein einzigartiges Geschenk; auch Ihr Leben. Allerdings ist es kein unproblematisches Geschenk, denn es stellt uns in seiner Annahme vor enorme Herausforderungen. Bisweilen sind die Herausforderungen derart groß, dass wir sie kaum zu bewältigen vermögen. Menschen, die in ihrem Leben eine riesige Last tragen, oder die aus den unterschiedlichsten Gründen stark am Leben leiden, können ihr Leben denn auch eher als einen Kampf denn als ein Geschenk empfinden. Doch schließt das eine das andere nicht aus. Es ist auch weniger das Leben als solches, das uns leiden lässt. Es sind Menschen, die uns bewusst oder ungewollt Wunden schlagen und tiefe Verletzungen beibringen. Es sind Schicksalsschläge oder Krankheiten, die uns leiden lassen können. Es sind Mächte und Menschen auf den wirtschaftlichen und politischen Ebenen, die uns Grausamkeiten zumuten können. Es sind die Unwägbarkeiten und Urgewalten des Erdgeschehens, die wir nicht zu beherrschen vermögen, die Not mit sich bringen können. Aber das Leben ist das Leben, und wir haben Einfluss darauf. Wenn wir leiden müssen, wünschen wir uns, das Leiden möge aufhören oder zumindest Linderung erfahren, um ein erträgliches Leiden zu sein. Außerdem ist Leiden längst nicht gleich Leiden. Wir können körperlich, geistig, psychisch oder seelisch leiden. Und immer hoffen wir, es möge vorübergehen. Trost spenden, Hoffnung machen soll uns unterdessen nicht selten die Volksweisheit: »Die Zeit heilt alle Wunden«. Doch das ist bestenfalls eine Halbwahrheit.

Alle Wunden zu heilen, dieses Versprechen kann die Zeit nicht halten. Sie heilt zwar viele Wunden, und viel Schweres im Leben wird über die Zeit hinweg erträglich. Doch unsere tiefsten Wunden, Verletzungen und Seelenschmerzen heilt sie nicht. Das können Wunden sein, die uns von anderen geschlagen wurden, es können Verletzungen sein, die wir uns selbst zugefügt haben, oder Unrecht, das wir anderen Menschen oder Geschöpfen angetan haben. Nicht selten hören wir dann schon einmal die zwischen Wut und tiefem Bedauern schwingende Feststellung: »Das werde ich dir nie im Leben verzeihen« oder gegen die eigene Person gerichtet: »Das kann ich mir nie wieder verzeihen«. Unsere tiefsten Wunden bleiben somit in die Zeit hinein ausgebreitet. Doch wir brauchen uns dieser Tatsache in keiner Weise ausgeliefert zu fühlen. Genauso wenig brauchen wir selbst unsere Lebenskraft dadurch zu verbrauchen, dass wir selbst hartnäckig an Wunden und Verletzungen festhalten. In allen Fällen, in denen die Zeit nicht ausreicht, unsere Wunden zu heilen, können wir auf ein weit wirksameres Heilmittel zurückgreifen: die Liebe. Die Liebe heilt alle Wunden, zumindest alle Wunden und Verletzungen, die uns psychisch oder seelisch geschlagen werden. Wie vermag die Liebe dieses große Versprechen zu halten? Geben wir Menschen ihr überhaupt eine Chance, ihre unbegrenzte Kraft unter Beweis zu stellen? Sind wir innerlich bereit, die Liebe ihr heilsames Werk verrichten zu lassen? Ist die Liebe nicht bloß ein großes Wort, und sind wir nicht schon so oft von der Liebe enttäuscht worden? Sind wir überhaupt mutig genug, unser Herz und unseren Geist für die Kraft der Liebe zu öffnen? Durch welche Liebe sind wir überhaupt in diese Welt gekommen?

Haben Sie sich jemals Gedanken darüber gemacht, welch einzigartiges Wunder Sie sind. Sie sind doch ein Wunder: als der Mensch, die Frau, der Mann, als der Sie auf dieser Welt existieren, sind Sie völlig einzigartig. Was ist das für ein Wunder, dass es Sie als Mensch mit Leib und Seele gibt? Weshalb sind ausgerechnet Sie auf diesem blauen Planeten zur Welt gekommen? Und welches Wunder, welch einzigartiges Geschenk ist Ihr Leben? Die Zeitspanne zwischen Ihrem ersten Atemzug und Ihrem letzten Atemzug ist die Ihnen geschenkte Lebenszeit auf dieser Erde. Doch Sie wissen ebenso wie ich, mit Geschenken ist es so eine Sache. Manche Geschenke halten wir in hohen Ehren, mit anderen dagegen verfahren wir ganz achtlos, verbannen sie in irgendeine Ecke, schenken ihnen keinerlei Aufmerksamkeit mehr. Gewisse Geschenke werfen wir sogar fort. Ihr Leben ist ein kostbares Geschenk. Wie Sie damit in Ihrem Alltag umgehen, entscheiden Sie. Sie als Mensch mit Ihrem ganz einzigartigen Leben gibt es nur ein einziges Mal. Und gäbe es Sie nicht, würden Sie der Welt fehlen. Falls Sie dem innerlich zustimmen mögen, haben Sie zumindest schon große Schritte Richtung Selbstakzeptanz und wohlverstandener Selbstliebe gemacht. Hören Sie aber gerade einen inneren Zweifel in sich: »Wieso sollte ich der Welt fehlen, wenn es mich nicht gäbe? Bei so vielen Milliarden Menschen ist es doch eigentlich völlig gleichgültig, ob ich da bin oder nicht. Das fällt doch kaum jemandem auf«, dann haben Sie noch einen weiten Weg zu gehen, um an Ihrem Lebensziel anzugelangen.

Mein Ziel als Mensch wie Therapeut ist immer: »Es möge den Menschen gut gehen in ihrem Leben. So gut als möglich«. Das ist ein Potenzial im Möglichkeitsraum eines jeden Lebens. Unter dieser Prämisse: »Es möge Ihnen gut gehen in Ihrem einzigartigen Leben« versuche ich aus eigenem Erleben heraus für ein »Liebesabenteuer« zu werben, nicht irgendeines, sondern eines in Vertrauen und Hingabe. Als eine Art »Herzenstherapie durch Liebe« ist dieses Abenteuer frei von jedweden Gewissensnöten, die flüchtigen Affären anhaften. Lernen Sie überhaupt Ihr Herz als den »weisen Taktgeber Ihres Lebens« besser kennen. Mich selbst hat diese Therapie des Herzens durch liebende Güte von Wunden, Verletzungen und unzuträglichen Gefühlen geheilt, bei denen andere Therapien zu wenig Wirkung zeitigten. Ich möchte meine anderen Therapien, die ich im Verlaufe meiner Ausbildung und meines Werdegangs als Therapeut gemacht habe, nicht missen. Da war viel Gutes darunter. Doch fühlte ich mich längst nicht heil und gekräftigt genug. Um leibhaftig verspüren zu dürfen, welche heilsamen Qualitäten Liebe als ein Ausdruck von Lebenskraft über das bislang Erfahrene hinaus zu bewirken vermag, musste ich weitergehen. »Halb zog es mich, halb sank ich hin«, jedenfalls mochte ich mich als Mensch nicht auf Dauer abfinden mit eigenen verspürten Einengungen und Begrenzungen im Herzen. Um etwas voll und ganz zu verstehen, müssen wir allerdings häufig ganz am Anfang anfangen, sozusagen bei »Adam und Eva«. Jedenfalls habe ich mich heilsamen Schritt für heilsamen Schritt dorthin geführt gesehen.

Im Anfang, am Ursprung der Erzählung von der Schöpfungsgeschichte war das Wort. Und das Wort war die »Liebe«. Mit dem Anfang kam zugleich die Versuchung zur Welt, und die Versuchung war die Unwissenheit. Die Unwissenheit aber ist die Angst, und die Angst ist das absolute Gegenteil von Liebe.

Adam wollte vom Baum der Erkenntnis essen, weil er wissen wollte. In der in Bildern gehaltenen Schöpfungsgeschichte hat er damit das Rad des menschlichen Leidens in Gang gesetzt, weil der Mensch aus seinem paradiesischen Zustand in die Welt der Polarität von Gut und Böse versetzt wurde. In unserem kleinen, an unsere Kränkbarkeiten, Eitelkeiten, Wünsche, Bedürfnisse, Träume und Sinnesverwirrungen gehefteten Verständnis von Liebe begegnen uns ebenfalls ganz schnell Gut und Böse oder die dualen polarisierenden Gefühle von Freude, Glück und Zorn und Leid. Wer Liebeskummer leidet, leidet Höllenqualen, und kann sein Vertrauen in die Kraft der Liebe ganz schnell verlieren. Das Anfallsleiden aus enttäuschter zwischenmenschlicher Liebe heraus kennt jeder Mensch. Auch einen Liebesschmerz, weil sie sich selbst verraten und verlieren, kennen viele Zeitgenossen. Weit weniger erkennen wir den möglichen großen transzendenten, spirituellen oder himmlischen Liebeskummer als eine Quelle für tiefes Leid. Er verbirgt sich nicht selten hinter einem verwirrenden Gefühl von innerer Leere ohne Namen und ohne Inhalt.

Zahlreiche Frauen, Männer, Jugendliche und Kinder in unserer Gesellschaft kranken unter Gefühlen innerer Leere, unter einem empfindlichen Mangel an empfangener Liebe oder einem gegenwärtigen Fehlen von wahrhaftiger Liebe in ihrem Leben. Damit grundsätzlich liebesfähige Menschen nicht unnötig unter mangelnder Liebe zu leiden brauchen, oder im Bedarfsfall ihren Weg zur Liebe zu finden vermögen, werde ich in einem mehrteiligen Kapitel über die »Grundlagen des Heilens« mit Liebe auf unkonventionelle Weise beschreiben, »wie die ›kleine‹ und die ›große‹ Liebe in die Welt kommen«. Und gleich vorweg: Ich verstehe mich nicht als geistiger Heiler. Ich schreibe aus der Perspektive eines Menschen und Therapeuten in einem helfenden und heilenden Beruf, der seine eigenen Erfahrungen mit heilsamer Liebe als einem Ausdruck von Lebenskraft und Mysterien gemacht hat und weiterhin macht. Aus gleicher Perspektive schreibe ich für Menschen, wie sie mir täglich in meiner Arbeit begegnen, darunter nicht wenige, die womöglich zum ersten Mal vertieft in Themen eintauchen, wie ich sie in diesem Buch aufgreife, die aber im Herzen offen dafür sind. Ich scheibe auch für Menschen, die immer mal wieder ganz tief in ihrem Herzen eine Art schmerzend sehnendes Ziehen verspüren, das sie aber in keinen Zusammenhang einzuordnen wissen. Vielleicht finden sie in diesem Buch eine Erklärung, mit der sie sich anfreunden mögen. Gemeinsam können sie formulieren: »Ich möchte in meinem Herzen ankommen«, oder »Ich möchte in mein Herz fallen«. Sogar bereits weiter fortgeschrittene, spirituell suchende Menschen können Freude aufsteigen fühlen, wenn sie durch die Botschaft ihnen bislang nicht vertrauter, weil kaum verfügbarer Schriften eindrückliche Bekräftigung für ihren Weg erhalten.

Über tiefe Liebe als Ausdruck von Lebenskraft können wir finden, wessen wir bedürfen: unseren tiefen inneren Frieden. Wohlverstandener innerer Friede lässt uns selbst angesichts des verbreiteten Unfriedens in der Welt nicht wanken. In der Logik des Friedens gibt es ohnehin keinen Frieden im Außen ohne den Frieden im eigenen Inneren. Um nach Möglichkeit Friede und Freude zu finden, werde ich bei der Liebe und der Güte anklopfen. Sie werden im Sinne der Liebe daher einige Kapitel im Buch finden, die Ihnen auf den ersten Blick weit hergeholt erscheinen mögen. Ich hole in der Tat weit aus, deutlich weiter als unser »halb-herziges« Verständnis von der Liebe es hergibt. Beschränken Sie sich selbst nicht auf den ersten Blick, sondern riskieren Sie weitere Blicke, denn das Wesentliche im Leben erschließt sich uns oft erst durch einen zweiten, dritten oder gar vierten Blick.

Mir ging es da nicht anders. Wie sehr musste ich mir selbst die Augen öffnen lassen, wie viele Male meine Perspektive neu ausrichten, um an dem Punkt in meinem Leben anzugelangen, der meine Motivation zu diesem Buch erklärt. Deshalb werde ich immer mal wieder von mir selbst als Mensch wie Therapeut berichten. Ich tue dies, um Einblick zu gewähren in meinen eigenen Werdegang wie in die Beweggründe, die mich über Umwege zum Kernthema dieses Buches geleitet haben. Ich bin mir bewusst darüber, dass das eine Gratwanderung ist. Meine Motivation, auch über sehr sensible Lebens- und Arbeitsbereiche möglichst offen Auskunft zu geben, sind die Menschen, mit denen sich meine Wege kreuzen. Ich gebe Antworten auf eine mir von Klienten, Patientinnen oder Kursteilnehmern häufig gestellte Frage: »Wie war das eigentlich bei Dir?« Auf meinem Weg bekam ich zum passenden Zeitpunkt neben anderer guter Seelennahrung die Bücher des französischen Philosophen und Dominikaners Jean-Yves Leloup in die Hand. Ich stelle Ihnen seine Person wie seinen Stellenwert später vor. Seine Bücher wurden mir eine Quelle der Inspiration. Insbesondere seine Autobiografie und seine Übersetzung des apokryphen Evangeliums der Maria Magdalena samt seiner feinsinnigen Kommentare dieser Schrift sind ein intellektuelles und geistiges Fundament meines Buches. Ich sah mich obendrein zu heiligen Schriften der Vergangenheit geführt, die mit ihrer tiefen Weisheit ganze Kontinente in mir an ihren angestammten Platz rückten. Über ihre Weisheiten vermitteln sich derart heilsame Qualitäten, die mit kaum etwas vergleichbar sind, das ich in meinen Ausbildungs- und Lehrtherapien erfahren durfte. An diesem authentischen Erleben möchte ich Sie als Leser und Leserin aus guten Gründen teilhaben lassen. Täglich habe ich in meiner Arbeit mit jungen wie erwachsenen Menschen zu tun, die an Körper, Geist und Seele leiden, und die händeringend nach Auswegen aus ihren Begrenzungen suchen. Wie können sie ihr Leiden auf ihrem Weg durchs oder ins Leben einordnen und verstehen? Gibt es einen Sinn darin zu erkennen? Die gleichen Fragen musste ich mir selber stellen, um manch eigene Begrenzungen zu weiten. Was ich selbst als hilfreich und heilsam bezeugen kann, kann womöglich auch anderen Menschen helfen. Deshalb gebe ich eigenes Erleben, Wissen von Kopf und Herz und kraftvolle Methoden zur Selbsthilfe gerne weiter: an meine Patienten ebenso wie an Sie als Leser oder Leserin. Vielleicht darf manches davon auch für Sie persönlich zu einer nicht mehr versiegenden Quelle der Inspiration werden. Eine gedankliche Herausforderung ist es in jedem Falle. Auf den Punkt gebracht, ist der Weg zur Quelle ein Weg der Liebe. Wovon Sie sich berühren lassen, und was Sie von meinen Weitergaben annehmen mögen, entscheiden Sie alleine.

Ich durchwandere auf den Spuren zur Liebe ferne Vergangenheiten, um Quellen alten Wissens anzuzapfen, aus denen wir uns allesamt laben können. Um mich auf meinen Streifzügen durch bemerkenswerte Schriften der Vergangenheit, darunter sogar heilige Schriften, zu begleiten, brauchen Sie einen triftigen Grund. Sie erwarten sich davon einen Nutzen. Wäre es schon hilfreich genug, wenn Sie sich im Anschluss an diese Reise als der Mensch, der Sie sind, als die Frau oder der Mann in Ihrem aktuellen Leben, selbst mehr schätzen und akzeptieren könnten, wenn Sie sich im guten heilsamen Sinne mehr Eigenliebe gewähren dürften? Oder interessieren Sie Teilantworten auf die Fragen, wer Sie überhaupt als die derzeitige Persönlichkeit in Ihrem Leben sind, was Ihren Wert und Ihre Würde als Mensch ausmacht, was Sie in Ihrem Leben noch erreichen möchten? Kann sein, Sie finden eine Annäherung an freudvolle Antworten auf Ihre großen existenziellen Fragen des Lebens: »Woher komme ich, wohin gehe ich? Was ist der Sinn meines Lebens?« Wir gehen noch einen Schritt weiter: Was bleibt nach aller Erkenntnis, wenn Sie, wenn wir alle dieses Leben wieder verlassen? Wenn wir ohne falsche Furcht den Gedanken zulassen, dass wir in den Dimensionen von Zeit und Raum der Erde lediglich einen kurzen Besuch abstatten, dass wir quasi auf der Durchreise sind, wohin führt es uns dann? Was hat es auf sich mit dem Licht, das wir sprichwörtlich so häufig unter den Scheffel stellen, mit dem »Licht der Welt«, das bekanntlich das Licht von Jesus Christus ist, und das eine wachsende Zahl von Menschen inmitten ihrer gelebten Wirklichkeit sucht? Was filtern wir heraus aus dem Widerhall der ganzen Menschheit in unserem eigenen Inneren?

Manchmal schwindelt es mich angesichts des überwältigenden Wissensreichtums der »Alten«, der lange verstorbenen Denker, Weisen, Propheten und Visionärinnen der Menschheitsgeschichte. Umgekehrt macht es auf erschreckende Weise die Zwiespältigkeit des modernen »Homo Google Digitalis« deutlich. Einerseits können wir uns mit wenigen Klicks im Internet eine Überfülle an Informationen zu jedem beliebigen Thema einholen. Solcherart Arbeitserleichterung ist durchaus ein Gewinn. Der gewichtigere Verlust aber ist, dass der Mensch von heute sich im Glauben an die Machbarkeit aller Dinge für das Maß aller Dinge hält, und sich im Denken und Handeln weitgehend abgeschnitten hat von dem Wissen der Weisen und Ahnfrauen seiner Geschichte. Die Generationen, die bereits im digitalen Zeitalter aufgewachsen sind, kennen es gar nicht mehr anders. Der Preis dafür ist hoch. Wir sind so bitter arm an wirklicher Erkenntnis, halten aber nahezu alles für machbar.

Ich bekam zum Schreiben dieses Buches unermessliche Geschenke geistiger Art. Ausgehend von Leloup eröffneten sich mir ständig weitere Quellen wertvollsten Wissens. Ich tauchte dankbar staunend darin ein. Es war ein einzigartiger inspirierender Prozess. Aus dem Ozean des dem Vergessen preisgegebenen Wissens tauchen wie feine Ausrufezeichen der Seele wieder alte, unseren Ahnen geläufige Denkweisen und Begrifflichkeiten auf. Aus unserem Sprachgebrauch sind sie gänzlich verdrängt worden. Einige dieser Begriffe werde ich im Kontext dieses Buches zur Erinnerung aus der Versenkung holen. Nicht, um sie als Worte wieder unserer Sprache einzuverleiben. Wir können gerne neuzeitlichere Begriffe für sie einsetzen. Das Essentielle ist, dass wir uns ihren Inhalten und Weisheiten wieder zuwenden, damit wir unser kollektives menschliches Erbe nicht länger dem totalen Vergessen anheimgeben. Im Übrigen wimmelt unsere Sprache von Sprichworten, Bonmots und Volksweisheiten, die wir wie selbstverständlich verwenden, ohne uns im Regelfall noch im Geringsten darüber im Klaren zu sein, dass sie den Weisheiten und Sinnsprüchen alter heiliger Schriften entlehnt sind. Was dürfen wir uns von ihnen sagen lassen? Sie haben derart viel zu sagen, dass es größte Freude ist, mich darauf zu berufen. Vielleicht wird es Ihnen damit ähnlich gehen wie mir, und Sie werden eine tiefe Resonanz in sich verspüren.

Menschen leben schöner und friedlicher in einem versöhnlichen Geist. Versöhnung möge dabei das Denken und Handeln eines jeden Menschen leiten. Versöhnung mittels liebender Güte und Vergebung fällt leichter, wenn Menschen ihren eigenen inneren Wert anzunehmen bereit sind. Dieser Schritt gelingt wiederum leichter, wenn wir unsere menschlichen Wurzeln bejahen können. Zu diesem Zwecke werde ich in verschiedenen Kapiteln des Buches manch goldene Brücke bauen zwischen den Niederungen unserer alltäglichen Lebensvollzüge und den höheren Welten unserer transzendenten Wurzeln wie Zukunft, insbesondere in: »Wir sind Licht im Lichte« und in dem längeren Kapitel über »Das Licht der Welt«. Sofern Sie sich durch Wundersames und Übergewöhnliches aus Ihrem Gewöhnlichen herauslocken lassen möchten, gehen Sie über diese Brücken. Womöglich dürfen Sie sogar mittels in Ihnen wirksamer imaginativer oder imaginaler Kräfte die Sphären des Himmelsgewölbes durchbrechen.

Ob uns manche Wahrheit über uns selbst als Menschen oder das Leben im Allgemeinen wie im Besonderen schmecken mögen oder nicht, drücken wir über unseren persönlichen Lebensvollzug aus. Sofern aber eine unverrückbare, ewigliche Wahrheit existiert, können wir sie als Quelle von Lebenskraft, Freude und Verbundenheit mit unserer Mitgeschöpflichkeit anerkennen. Oder wir laufen Gefahr, ein Leben in Unwissenheit, Abwehr und Leugnung zu führen. Beide innere Haltungen zeigen unmittelbare Auswirkungen auf unser Wohlbefinden im Hier und Heute. Von einer unveränderlichen Wahrheit, der die Menschen unzählige Namen geben, werden Sie sich im Buch herausgefordert sehen: Gott.

Meine »peinsame« Herausforderung bestand erst einmal darin, in mir die Erlaubnis zu finden, überhaupt über »Gott« sprechen und schreiben zu dürfen. Sollten wir nicht besser über alles, das Gottes ist, Stillschweigen bewahren? Wird nicht bereits viel zu viel über Gott gesprochen und »falsches Zeugnis« in seinem Namen abgelegt? Anders herum betrachtet, mag es allerdings höchste Zeit sein, sein angestammtes Zeugnis neu von ihm abzulegen. Mir ist es nicht gegeben, eine letztgültige Wahrheit über Gott zu verkünden. Diese hat er alleine. Folglich habe ich lange mit mir gerungen, ob ich mich zu göttlichen Angelegenheiten äußern darf. Letztlich war es das Zusammentreffen meines eigenen Empfindens von Gott nach Jahrzehnten der Ferne von ihm mit dem Spiegel Gottes in meinen Klienten und Patientinnen, das mich zu dem Wagnis führte, darüber zu berichten, welche Rolle ein Verständnis von der Liebe Gottes beim möglichen Heilen leiblicher, psychischer oder seelischer Wunden spielen kann. Für diese Herausforderung wurde mir Mut abverlangt.

An Hand exemplarischer Berichte aus der konkreten therapeutischen Arbeit mit Klienten und Patientinnen beschreibe ich, wie sich immer wieder göttlich vermittelte

Funken aus der geistigen Welt in »ganz normalen« heilsamen Therapien zeigen können, bei denen bedingungslose Liebe die Hauptantriebskraft ist. Die Behandlungen, in die ich gemeinsam mit meinen Klienten oder Patientinnen einen inhaltlichen wie methodischen Einblick gewähre, sind sämtlich noch laufende Behandlungen. Als Querschnitt bilden sie die Gesamtheit der heutzutage epidemisch verbreiteten psychischen wie seelischen Leidensgeschichten ab. Die Zuschreibung »Diagnose« möchte ich an dieser Stelle umgehen. Erinnernd ins Gedächtnis zu rufen, was eigentlich die historischen Wurzeln jeglichen »Therapeutentums« sind, lenkt den Blick darauf, was wir gewinnen, sobald wir über eng begrenzte Tellerränder hinausdenken.

In diesem Sinne reichen einfache Worte des Dankes nicht aus. Deshalb verneige ich mich mit Respekt vor sämtlichen Menschen, Frauen, Männern, Jugendlichen und Kindern, die meinen Lebensweg für eine bestimmte Zeitspanne gekreuzt haben, um über Begegnung, Gespräch, Handeln und Wirken ein Stück menschlichen wie therapeutischen Zuspruch zu finden. Ein besonderer Dank gilt denjenigen Menschen, Männern wie Frauen, die gerade gemeinsam mit mir auf dem Weg der Veränderung unterwegs sind, und ihre Veränderung über ihre hier veröffentlichten Geschichten bezeugen. Psychotherapien sind kein Spaziergang. Auch sie erfordern einiges an innerem Mut: Mut sich dem Leben zu stellen, Mut zur Veränderung, Mut zu Vertrauen, Mut zur Liebe, Mut zur Vergebung. Sie erfordern sogar den Mut, die paradoxe Angst loszulassen, dass unsere Wunden sich schließen könnten, existieren wir doch bisweilen nur weiter durch die Selbstgewissheit der uns beigebrachten Wunden. Die Wunden sind unsere paradoxe, lebenserhaltende Kraft, von der wir uns nähren. Würde es der Liebe gestattet, unsere Wunden ausheilen zu lassen, könnten wir konsequenterweise nicht länger existieren, ohne uns im Sinne der Liebe neu zu erfinden.

Damit Sie vom Lesen und Aufnehmen auch ins Handeln und Tun und damit leichter in die Veränderung kommen, werde ich an passenden Stellen im Text immer wieder meditative sowie imaginative Übungen einstreuen. Sämtliche in diesem Buch veröffentlichte Übungen sind neue Übungen und in dieser Form bislang noch in keinem meiner anderen Bücher enthalten. Allerdings verweise ich Sie zusätzlich auf weiterführende Übungen in anderen Büchern, die dort auch als Audio-Download zur Verfügung stehen. Die Ihnen an die Hand gegebenen wie ans Herz gelegten Meditationen und Imaginationen sind durch ihre Selbstwirksamkeit geeignet, einen Weg, auf dem Sie sich entweder schon befinden, zu bestärken, oder Sie an den Beginn eines für Sie neuen Weges zu führen, damit ein Mehr an Freude und Liebe in Ihrem Leben Einzug halten mag. Überhaupt mag das Buch Ihnen eine Art von Freude am eigenen Dasein, an »Gott und der Welt« vermitteln, die nicht bloß von dieser Welt ist.

Das Leben ist und bleibt ein einzigartiges Geschenk. Ich musste es auch erst unter etlichen Mühen schätzen lernen. Es ist allerdings auch ein Wagnis. Als Wagnis verlangt es uns Mut und Kraft ab. Das Leben wünscht, dass wir uns innerlich entwickeln, damit die Seele ihre Bestimmung finden kann. Was ist der Sinn unseres Lebens? Hätte es keinen, wäre es sinnlos. Das wäre angesichts des Wunders der Schöpfung wiederum unsinnig. Wagen wir also das Abenteuer Leben auf der Suche nach unserem Sinn. Das größte Abenteuer auf diesem Weg ist: uns selbst zu begegnen als Ebenbild der Quelle, aus der wir kommen und in die wir zurückkehren.

»Wie war das bei Ihnen«?

Meine Suche nach der Quelle der Liebe und der Lebensfreude

Das Buch, das Sie gerade in Händen halten, hat eine sehr eigensinnige Entstehungsgeschichte. Damit Sie meine Gründe verstehen können, weshalb ich seine Inhalte mit anderen Menschen teilen möchte, gewähre ich Ihnen zu Anfang einige Einblicke in mein Leben.

Beinahe täglich fragen mich jugendliche wie erwachsene Klienten oder Patientinnen: »Wie war das eigentlich bei Ihnen?« Sie möchten etwas über meinen eigenen Weg als Realperson in Erfahrung bringen, weil sie sich von dem Menschen im Therapeuten angesprochen fühlen. Ich bin nicht das Maß der Dinge, aber Menschen, die mir im Verlaufe ihres eigenen Therapieprozesses Fragen stellen, bekommen Antworten von mir als Therapeut wie Realperson. Antworten können Ermutigungen wie Ermunterungen sein.

Ich war längst nicht immer in meinem Leben der Mensch, der ich heute bin. Von außen betrachtet, könnten viele Verwandte oder Bekannte aus meinem frühen sozialen Umfeld versucht sein zu sagen, ich hätte eine sorgenfreie Kindheit durchlebt: Bürgerliche, gut katholische Familie, relative materielle Sicherheit, zwei Elternteile, die mein Bestes wollten, Geschwister. Aber wie so oft, der äußere Schein trügt. Ich wusste schon früh als Kind, wie sich Traurigkeit anfühlt, was es bedeutet, sich nicht gesehen zu fühlen, wie ich mich fühlte. Von tief unten aus dem Körpergedächtnis steigt die Erinnerung auf, wie ich mich schon sehr früh meiner Haut erwehrte und um Selbstbestimmung rang. Aus mir unerfindlichen Gründen hieß es als Kind, ich hätte »Rheuma« und eine angeborene vergrößerte Herzkammer und bedürfe ärztlicher Behandlungen. Zum Verordnungsprogramm zählten unter anderem Spritzen, von denen mir eine derart schmerzhaft verabreicht wurde, dass ich mich mit Händen und Füßen gegen weitere Behandlungen zur Wehr setzte. Ich schrie die gesamte Arztpraxis zusammen im Kämpfen um meine körperliche Unversehrtheit. Sehr zur Beschämung meiner Mutter, aber ich setzte mich durch. Auch ein beschämender Triumph für mich, denn sämtliche Augenpaare aus dem Wartezimmer waren auf dieses aus Leibeskräften schreiende Kind gerichtet. Mit keinem Mittel der Welt war ich zu bewegen, weitere Spritzen über mich ergehen zu lassen. Weder ließ ich mich durch Geldversprechen kaufen, noch durch das größte rote Feuerwehrauto aus dem Kinderspielzeughaus verlocken, noch durch Mahnungen oder Drohungen kleinkriegen. In Sachen meines Gefühls für mich und meinen Körper stand ich allein gegen alle Erwachsenen. Ich stand es durch. Im Übrigen sollte sich herausstellen, dass nichts von all dem, was mir die Kinderärzte anheften wollten, mich in meinem Leben jemals beeinträchtigte. Aber es war nicht schön, dass sie mir etwas einreden wollten, was für mich spürbar nicht richtig war. Den Erwachsenen war in vieler Hinsicht nicht zu trauen. Zuerst wollte ich diese Erinnerung gar nicht so hoch gewichten. Aber sie war natürlich immens prägend für meine frühe Gewissheit, selber spüren und wissen zu müssen, was gut für mich ist und was weniger. Als Grundschüler verschanzte ich mich hinter einem Lächeln. Auf Bildern aus dieser Zeit ist das gut zu erkennen. Einem meiner Lehrer, dem mein Dauerlächeln nicht gefallen mochte, entgegnete ich betroffen, aber frech weg: »Mein Lächeln ist angeboren«. Damals war mir noch in keiner Weise bewusst, was ich da eigentlich sagte. In der Tat gab es ein Lächeln meiner Seele, mit dem ich in diese Welt gekommen war. Es war Ausdruck einer auf die Welt mitgebrachten tiefen Liebesfähigkeit, aber davon wusste ich als Kind nichts. Erst Jahrzehnte später, lange nachdem sich mein Verlegenheitslächeln überlebt hatte, bekam es seinen tieferen Sinn. Als Grundschüler war es mein Versteck. In gewissem Sinne hatte ich eine sichere Kindheit, aber keine freudige. Eine freudige Kindheit war schwer möglich. Dafür war ich zu sehr gebranntes Kind zweier Elternteile, die mit ihren schmerzlichen Erinnerungen an die ihnen durch die Verblendungen der Nazi-Diktatur geraubten besten Jahre ihres Lebens zu kämpfen hatten. Wie so viele Eltern, die in der Nachkriegszeit darüber mehr schwiegen als redeten, gaben sie Untergründiges an uns Kinder weiter. Den nie verwundenen Schmerz meiner Mutter über drei im Krieg verlorene Brüder habe ich mit der Muttermilch in mich eingesaugt. Lange vermutete ich darin die familiendynamische Ursache meiner eigenen tiefen Melancholie. Aber das war ein Trugschluss. Zwar gibt es eine Spur dieser Verluste meiner Mutter in mir, aber die eigentliche Ursache meiner eigenen Traurigkeit lag ganz woanders. Dort hätte ich vom analytischen Verstand her nie gesucht. Folglich passte bis dato kein Schlüssel zur Tür in der Seele. Vor etwa vier Jahren erst wurde mir unvermutet der eigentliche Ursprung offengelegt. Sehen und Erkennen erlaubte Verstehen, Verstehen den Beginn von Transformation. Seither ist etliches auf schöne Weise anders.

Ich hege keinen Zweifel, dass ich von meinen beiden Eltern sehr geliebt wurde, trotz mancher unschöner Vorkommnisse. Aber ein Teil von mir war unglücklich. Wie bei allen Menschen, denen es ähnlich geht, wurde mein inneres Drama noch schwerer durch meine vorwurfsvollen Gedanken: »Ich müsste mich doch jetzt eigentlich freuen«, oder »Ich habe doch gar keinen Grund, dass ich so traurig bin«. Ich durfte gewiss viele schöne Momente erleben, doch vordringlich erinnere ich innere Einsamkeit und ein ganz frühes

Empfinden für die schreiende Ungerechtigkeit dieser Welt, das mir das Herz zerriss. Jugendlieben kannte ich nicht wenige, aber noch mehr kannte ich die Abgründe von Liebeskummer. Ich nahm mir immer die Zeit, die Ritzen des Entkommens zu finden, was ausschließlich über Verschmerzen gelang. Verschmerzen verhilft zu innerem Wachstum. Ich bekam auch bereits relativ frühzeitig eine Ahnung davon, dass ich in der Liebe wohl etwas suchte, das über sie hinaus wies. Ich hätte die Sehnsucht nach der Liebe hinter der Liebe aber nicht zu benennen gewusst.

Es gab Zeiten in meiner Jugend, da hätten mich die »Psychos«, wie ich sie damals genannt hätte, sicherlich als suizidal gefährdet einstufen mögen, freilich, ohne eine wirkliche Ahnung von der Beschaffenheit meiner inneren Welt zu haben. Ich kenne mich mit suizidalen Fantasien aus meiner Jugendzeit aus. Deshalb versetzen sie mich heutzutage in der Arbeit mit meinen Patienten und Klientinnen auch nicht in Angst und Schrecken. Tatsächlich hätte ich mir nie das Leben nehmen wollen. Das Fantasieren darüber hält viel eher die Freiheit offen und lebendig, sich das Leben zu bewahren.

Ich mache einen Sprung. Um nach Jahrzehnten die Schleier der Liebe zu lüften, und mich der Liebe zu nähern, die ich eigentlich schon immer in mir suchte, musste ich Umwege gehen. Zu Beginn war mir das Ziel noch gar nicht klar. Ich wusste bloß: Ich suche. Ich suchte Sinn in meinem Leben. Und ich suchte weit weg.

Mit dem Einstieg in meine therapeutischen Lehr- und Wanderjahre intensivierte ich meine Ausschau nach Sinnhaftigkeit in meinem Leben und nach einer unversiegbaren Quelle der Liebe. Mein geistiger Umweg ging über die Ferne und die Lehren des Buddhismus wie Hinduismus. Da befand ich mich in guter Gesellschaft zahlreicher anderer Sinnsucher. In der Nähe zu suchen, wäre mir zu der Zeit nicht in den Sinn gekommen. Da Sinn in den »Spirits« höherer Welten zu finden war und ist, erkläre ich im Weiteren meine mir mehr und mehr Schwingen verleihenden Ausflüge ins Spirituelle.

Ausgestattet mit den »Segnungen« einer gut katholischen Erziehung, startete ich in der Kindheit und Jugend eine »Karriere« als Messdiener in der katholischen Kirche. Als junger Mann wandte ich mich mit aufkommendem politischen Interesse mit Abscheu und Protest von der unerträglichen Lieblosigkeit einer inquisitorisch erlebten Kirche ab. Es erschien mir damals als die einzig angemessene Reaktion auf eine gänzlich verkehrte Botschaft der Institution Kirche mit Deutungshoheit in Verlogenheit. Gegen das Auswendiglernen des »Mea culpa, mea culpa, mea maxima culpa« (Meine Schuld, meine Schuld, meine übergroße Schuld) hatte ich bereits als Junge meine untrüglichen Vorbehalte. Es galt mir intuitiv als Symbol der Falschheit, die die Oberkirche und viele ihrer Diener täglich predigten. Das Predigen von Schuld ist der sicherste Garant, religiös gläubige Menschen von jeglicher mystischen Erhabenheit und Würde abzuschneiden. Das alles war mir zwar bestenfalls vorbewusst, aber dennoch eine Gefühlsgewissheit. Ich leierte das »Mea culpa« während der Messdienste ebenso herunter wie der jeweilige Pastor seine liturgischen Texte. Was sich rechts oder links von mir mittig vor dem Altar abspielte, fühlte sich für mich selten »groß« oder gar »geheiligt« an. Ich war sicherlich kein Messdiener aus gläubigem Eifer heraus, aber für Schwingungen wie Stimmungen war ich als Kind überaus empfänglich. Ich war auch empfänglich dafür, was das Anlegen des Messgewandes in mir bewirkte, wie es mein wackliges Selbstgefühl veränderte, vor allem das schwarz-weiße Gewand, das unabhängig von seiner liturgischen Symbolik den Älteren vorbehalten war. Ich war dann wer, fühlte mich verwandelt. Allerdings war die Verwandlung mehr Pose als wahre Erhabenheit. Um irgendein wahres Bekenntnis ging es überhaupt nicht. Zur damaligen Zeit waren die Messdiener neben den Pfadfindern eher jugendkulturelle Gemeinschaften, manchmal sogar Abenteurervereine, bisweilen in trauter Eintracht, gelegentlich aber in heftiger Konkurrenz zueinander. Diente ich in der Frühmesse, wozu ich mich immer bereitfand, hatte das den schönen Nebeneffekt, dass ich mit gutem Grunde die erste Stunde in der Schule versäumen durfte. Und hatte ich es in den Dienst einer der großen Messen während der hohen kirchlichen Feiertage geschafft, war es das größte Abenteuer, vom erhöhten Altarraum herab in die Gesichter der an solchen Tagen besonders zahlreichen Kirchgänger zu blicken. Was konnte ich als Junge damals bereits in diesen Gesichtern lesen? Aufrichtigkeit, Gläubigkeit, Freude, Liebe, Zerknirschung, Schuldbewusstsein, Verpflichtung, Langeweile, Hingabe, Verbundenheit und etliches andere vermischten sich in einer wabernden Wolke von Befindlichkeiten über den Köpfen der Gemeinde. Noch als Junge wurde ich im Übrigen von den Messdienern quasi exkommuniziert, weil ich zusammen mit einem Freund zu gerne ungeweihte Hostien naschte. Als auf der Zunge zergehende Oblaten waren sie einfach zu verlockend. Das erregte derart den Jähzorn eines recht gestrengen Kaplans, dass er uns beide mit Getöse und in hohem Bogen aus der Schar der Messdiener verbannte. Den Namen dieses gestrengen Kirchendieners weiß ich heute noch, während ich die Namen der Gütigen nicht mehr erinnere. Wären die Hostien bereits geweiht gewesen, hätte sich der Diener der Kirche mit Sicherheit handgreiflich an uns vergangen. Vergessen sein Gelübde, seinem Herrn in liebender Güte zu dienen. Spätestens als Abiturient gab ich mich ganz der Selbsttäuschung hin, jegliches Band zur katholischen Kirche meiner Kindheit und Jugend durchschnitten zu haben. Eine Differenzierung zwischen der erlittenen Kirchenvergiftung und der Gleichsetzung mit einer vermeintlichen Gottesvergiftung war zur damaligen Zeit kaum möglich, und darüber hinaus für unsere politische Bewegtheit auch in keiner Weise politisch korrekt. Ich verstand mich zwar nicht als gänzlich a-religiös, schon gar nicht als a-spirituell, aber von meinen christlichen Wurzeln fühlte ich mich weit entfernt. Unbeschadet von diesen ganzen Verwerfungen blieb meine innere Überzeugung, dass ich von Kindesbeinen an einen guten Schutzengel an meiner Seite hatte, der des Öfteren seine schützende Hand über mich hielt. Über die Jahre hinweg habe ich so etliche hohe Stürze, eine Bruchlandung mit meinem Fahrrad sowie sonstige gefährliche Situationen unbeschadet überstanden.

Nach manchen Irrungen und Wirrungen in der Berufsfindung sowie des ungerichteten inneren Suchens, auch im Zuge etlicher psycho- wie körpertherapeutischer Ausbildungen samt Eigentherapien, fühlte ich mich schließlich immer stärker angezogen vom Arbeiten mit imaginativ meditativen Methoden. In der Rückschau gab es da für mein Erleben die erste eindeutig gerichtete Rückverbindung zu jenen tiefen spirituellen Bedürfnissen, die als kollektives menschliches Erbe in uns allen angelegt sind. In diese Zeit fällt auch mein erstes authentisches Gotteserleben, das mich völlig unerwartet traf. Mit »authentisch« meine ich nicht eine Gotteserfahrung im Zustand der Erleuchtung, sondern das überwältigende Empfinden, einem erfahrbaren Gott so nahe gekommen zu sein wie noch nie zuvor.

Mit dem Abschluss meiner ersten therapeutischen Ausbildung besuchte ich jährlich einen der großen psychotherapeutischen Kongresse, zu diesem Zeitpunkt nur als Teilnehmer, später regelmäßig als Referent. Theoretische Kurse ließ ich immer links liegen, ich wollte mich in den gewählten Kursen und Workshops lieber selbst erfahren. In einem Kurs, in dem intensiv mit dem Atem gearbeitet wurde, wurde ich vom Kopf auf die Füße gestellt. Mir war, als würde mir offenbart, was wirklich zählt im Leben, und dass meine eigene Konstruktion von Wirklichkeit mehr mit meinen eigenen Ängsten und Schutzbedürfnissen als mit der wahren Natur der Dinge zu tun hatte. Zuerst wurde mir im Workshop die Einsicht darein geschenkt, was es heißt: »Es atmet mich«. Die Wahrnehmung von »Es atmet mich« ist nur über einen veränderten Bewusstseins- wie Bewusstheitszustand erfahrbar. Damals glitt ich zu Anfang über meinen eigenen Rhythmus mit Tiefenatmung weit weg in einen inneren Raum voller Schönheit, Tiefe und Stille. Nach einem Durchmessen meiner Abgründe an Traurigkeit breitete sich himmlischer Friede in mir aus. Es gab nichts mehr zu tun, nichts mehr zu werten, nichts mehr zu denken, nichts mehr zu kontrollieren. Alles war Leichtigkeit. Ganz beiläufig stellte sich auch das Gefühl ein, ich brauche nicht einmal mehr zu atmen. Etwa ein bis zwei Atemzüge in der Minute reichten mir in diesem Zustand aus, um zum ersten Mal leibhaftig die Gewissheit zu realisieren: »Es atmet mich« oder »Ich werde geatmet«. Etliche Jahre zuvor hatte ich solche Sprüche noch überheblich als esoterisches Geschwätz abgetan. Da musste ich nun Abbitte leisten für meine Unwissenheit. Das Gefühl von: »Nicht ich bin es, der atmet, sondern es atmet mich« brachte die Mühelosigkeit ins Leben zurück. Alle Anstrengung löste sich in Wohlgefallen auf. Ich hätte endlos in diesem gedankenfreien Gewahrsein verweilen können, ohne Begierde, ohne Leidenschaft, ohne Müssen. Aber so schön und verlockend es auch war, nach einer Weile wusste ich: »Ich kann da nicht bleiben. Ich muss mich davon trennen, zurückkehren, wenn ich weiter ich sein möchte«. Das war kein willentliches Zutun, sondern wie eine stille Eingebung.

Die Erfahrung von »Es atmet mich« war noch nicht meine Gotteserfahrung, aber eine tiefe Lektion in Vertrauen. Außerdem bereitete sie die anschließende Gotteserfahrung vor. Unser Atem ist das direkteste und schnellste Fahrzeug zum Eintauchen in den transzendenten Bereich des Göttlichen. Ich hatte damals nicht die leiseste Vorahnung, was mir am nächsten Tag im Workshop eröffnet würde. Mein Rhythmus des vertieften Atmens führt mich auf kürzestem Wege wieder in den bereits vertrauten Zustand tiefen inneren Friedens. Dann stellt sich das physische Empfinden ein, jemand oder etwas dreht leicht meine Arme und Hände nach außen, um sie ganz zu öffnen und etwas hineinzugeben. Meine Hände sind durchflutet von goldenem Licht, sie werden mit Energie, mit Kraft geladen und empfangen jeweils eine makellose goldene Kugel. Archaische Bilder tauchen aus der Tiefe meines Unbewussten auf. Es überrieselt mich, und in mir formt sich der Satz: »Es ist wie Gott schauen«. In der Tat war in mir alles von hellem Licht erfüllt. Ich sah das Abbild der Sonne und ich sah einen gänzlich überstrahlten Christus vor meinem geistigen Auge. Schließlich zog sich alles Licht zusammen, um in meinem dritten Auge, im Stirn-Chakra in hellstem Violett zu erstrahlen. Solcherart Erleben gehörte bislang nicht zu meinem Erfahrungsschatz. Ich badete in Erstaunen und andächtiger Fassungslosigkeit. Zu der Zeit war ich trotz oder gerade wegen meiner »Fühligkeit« noch ein eher kopfbetonter Mensch. Nie im Leben wäre ich in meinem normalen Alltag auf die Idee gekommen, bewusst einen Satz zu formulieren wie »Es ist wie Gott schauen«. Ohnehin war weniger ich es, der den Satz formte. Es war vielmehr ein »Auftauchen«, wie eine Erinnerungsspur aus einer gänzlich anderen Welt. Nichts davon war mehr ein physisches Erleben, es spielte sich auf einer imaginalen Ebene ab, bloß dass ich zum damaligen Zeitpunkt keinerlei Vorstellung davon hatte, was denn das Imaginale sei. Das erfuhr ich erst deutlich später.

Zu meinen ersten Erfahrungen mit dem vertieften Atem oder der Power-Atmung gehörte eine dritte visionäre Begebenheit. Ab einer bestimmten Heftigkeit meines Atems wurde ich im Bereich meines Sonnengeflechts durchflutet von blauem Licht, das sich immer weiter verdichtete. Das blaue Licht war verbunden mit einer Marienpräsenz. Ich sah zwar keine Gestalt der Maria in Form einer Erscheinung, aber es gab ein unabweisbares inneres Wissen um die Präsenz ihrer mystischen Kraft. Ich atmete »Blau«, ich atmete »Maria«. Das Erleben dieser Präsenz ist mir bis heute erhalten geblieben. Sobald ich Power-Atmung praktiziere, stellt sich ab einem bestimmten Punkt diese Präsenz ein, zumindest als lebendige Erinnerung, und überstimmt sozusagen sämtliche sonstigen Anleitungen zu einer noch heftiger gesteigerten Atmung. Ich habe darauf kaum einen willentlichen Einfluss. Ich kann mich dieser blauen Kraft einer Marienpräsenz nur mit Freude anvertrauen.

Ich habe mein damaliges erstes Gotteserlebnis tief in mir abgespeichert. Gleichwohl blieb es erst einmal so etwas wie ein »Inselerleben«. Obgleich sich etwas in mir verändert hatte, folgte keine erhellende Klarheit, wie ich mein Erleben verstehen sollte. Folglich bedurfte es weiterer Jahre, bis ich dem Licht der Welt und dem Christusbewusstsein den Raum in mir einräumen mochte, der mich die nächsten Schritte gehen ließ. Angekommen war ich längst nicht. Zunächst musste ich weitere Umwege gehen. Halb mochte ich selber gehen, halb fühlte ich mich geschoben.

Über den Dharma, die Lehre des Buddha, war es mir erlaubt wieder anzubinden an Tugenden, die uns Menschen tatsächlich zu ganzen Menschen machen. Insbesondere das Mich-Üben in Mitgefühl und liebender Güte war mir lange Jahre eine Quelle von innerer Freude und Balsam für meine Seele. Die Lehren des Buddha sowie das eher »spielerische« Umgehen mit den hinduistischen Gottheiten machten es mir als einem vom Katholizismus vergifteten Menschen sehr einfach, mich innerlich wieder anzunähern an die ursprüngliche Botschaft von Liebe und Verbundenheit. Die ausdrückliche Ermunterung, den eigenen inneren Buddha in mir selbst zu entdecken, erlaubte mir gleichzeitig auch mein eigenes göttliches Licht und den eigenen edlen goldenen Kern in mir wiederzufinden, anzuerkennen und zu würdigen. Das eigene innere Licht sowie das starke Empfinden einer völlig veränderten Liebesfähigkeit in mir zu diesem frühen Zeitpunkt bereits wieder mit den eigenen christlichen Wurzeln zu verknüpfen, war mir noch nicht wirklich möglich. Zu groß war noch die Scheu, ja sogar eine Art verkappter Scham, Worte wie »Christus« oder »Gott« in den Mund zu nehmen und gelten zu lassen, was sich als Botschaft mit ihnen verknüpft. Sehr hilfreich für meinen weiteren Suchprozess als Rückweg zu meinen Wurzeln empfand ich die sehr wahrhaftige Ermunterung des Dalai Lama, doch bei den eigenen geistigen Wurzeln des Abendlandes zu bleiben, gäbe es dort im Ursprung doch das Gleiche zu finden wie in den Lehren Buddhas: die liebende Güte, die Verbundenheit, das eigene Licht, die eigene innere Göttlichkeit. Ich nahm diese Ermunterung des Dalai Lama wie eine Absolution, wie einen Freispruch: »Schäme dich nicht deiner abendländisch christlichen Tradition«. Eine Offenbarung war mir auch Paramahansa Yogananda, den viele Menschen vor allem durch seine berühmte »Autobiographie eines Yogi« kennengelernt haben. Eine besondere Quelle der Freude ist sein »Yoga Jesu«. Es dürfte kaum einen zweiten Yogi geben, der in den heiligen christlichen Texten ebenso bewandert ist wie im traditionellen Yoga und den heiligen indischen Schriften des Yogasutra, der Bhagavad Gita und den Upanishaden. Yogananda ist ein Meister des Verbindenden, und so gibt er erstaunliche Einblicke in die verborgenen Lehren der Evangelien. Er weist die tiefen Gemeinsamkeiten zwischen den indischen Weisheitslehren und den ursprünglichen Lehren Jesu nach, indem er die Schleier lüftet, die jahrhundertlang über dessen Lehren gelegt wurden und zu Dogmatismus wie Unverständnis geführt haben. Yogananda geht den verborgenen oder verlorenen Jahren Jesu nach, von denen wir in der Kirchengeschichte nichts hören. Im Neuen Testament senkt sich ab dem Alter von zwölf Jahren ein Vorhang des Schweigens oder gar des Verschweigens über das Leben von Jesus. Erst achtzehn Jahre später taucht er mit seiner Taufe durch Johannes wieder auf. Da klafft im Leben von Jesu eine wahrhafte Leerstelle, über die es bloß heißt: »Und Jesus nahm zu an Weisheit, Alter und Gnade bei Gott und den Menschen« (Lk 2, 52). Wir dürfen uns mit Recht fragen, weshalb wir zwischen dem zwölften und dreißigsten Lebensjahr aus dem Leben des Fleisch gewordenen Christus nichts mehr erfahren. Nicht aus der Heimatregion von Jesus, sondern aus dem tibetischen und indischen Raum stammen glaubhafte Zeugnisse, dass Jesus in diesen verborgenen Wanderjahren bis nach Indien gelangt ist und mit den dortigen Praktiken der Gottverwirklichung in Kontakt kam. Die frohe Botschaft des Yoga Jesu ist im Kern jedenfalls, dass es Wahrheitssuchern gleich welcher Glaubensrichtungen offensteht, das Reich Gottes zu erlangen.

Jeder sich offen zeigende Mensch kann sich dem Reich Gottes im eigenen Inneren annähern, wenn ein Minimum an Einvernehmen darüber besteht, was damit gemeint ist. Die Fähigkeit, das Reich Gottes in uns zu erkennen, ist an Erkenntnis gebunden, an eine Einsicht, wie sie die alten Gnostiker verstanden haben. Die Einsicht der Gnosis beinhaltet einen intuitiven, imaginalen Prozess des Sich-Selber-Erkennens. Wohlverstandene Selbst- und Welterkenntnis ist im Kern aber immer auch die Erkenntnis Gottes in der universalen Schöpfung. Letztlich geht es um das Eins-sein mit der unendlichen, allwissenden kosmischen Intelligenz, die in jedem Teil und Teilchen der Schöpfung gegenwärtig und wirksam ist. Je nach geistiger Verwurzelung sprechen die einen vom unermesslichen Christusbewusstsein, die anderen vom Krishnabewusstsein der Hinduschriften. In den Verkörperungen von Jesus, von Krishna, von Buddha und von anderen hoch entwickelten Wesen nimmt dieses Bewusstsein Leib und Gestalt an. Für normal sterbliche Menschen ist es bis zum Zustand der Erleuchtung in der Regel ein langer Weg. Ein wachsendes Bewusstsein von Christus kann sich jedoch grundsätzlich in jedem Menschen offenbaren, der sich dafür empfänglich zeigt, allerdings nicht in seinem rationalen Verstand. Die Fähigkeit, Christus in sich zu erkennen, erleben wir ausschließlich in unserem Inneren, im Herzen oder mit dem Nous, dieser Form imaginaler Wahrnehmung, von der wir als moderne Menschen keine Vorstellung mehr haben. Ich werde diese Vorstellung später auffrischen. Die Fähigkeit, Christus in sich selbst zu erkennen, ist an keine Kirche oder Religion gebunden. Sie ist Ausfluss wahrhaftiger Spiritualität, die vom Tempel der menschlichen Seele ausgeht. Jesus selbst überträgt sein Bewusstsein, sein Licht, auf die Menschen, die ihn zu erkennen suchen. Im Thomas-Evangelium spricht er: »Wer von meinem Munde trinken wird, wird werden wie ich. Ich selbst werde zu ihm werden, und was verborgen ist, wird sich ihm offenbaren« (Logion 108).

Die geistige Welt teilt sich mit, wir brauchen nur unsere jeweiligen Horizonte zu erweitern. Das tun mittlerweile selbst streng wissenschaftlich vorgehende Menschen. Der Systemtheoretiker Ervin Laszlo (2000) fragt sich deshalb visionär: »Müssen wir dann mit der Möglichkeit rechnen, dass das Universum, wie wir es sehen, das Ergebnis eines wohlüberlegten Planes ist, der von einem allmächtigen Baumeister stammt?« Der Baumeister wäre das kosmische Bewusstsein oder Christusbewusstsein. Albert Einstein kommt zum gleichen Schluss. Das Ergebnis seiner gesamten Forschung zwingt ihm geradezu den Schluss auf, dass die gesamte Schöpfung aus einem großen Plan entstanden ist. Mit unserem säkularen Denken steht das wenig im Einklang. Doch wir gewinnen augenblicklich an Bewusstheit wie Menschlichkeit, wenn wir uns gestatten, in ein »Christusbewusstsein zum Anfassen« einzutauchen. Ganz pointiert ausgedrückt, hat mir Yogananda mit seinem »Yoga Jesu« deshalb wieder richtig neue Lust auf Jesus gemacht. Es gab eine mächtige spürbare Sehnsucht nach Versöhnung in mir. Ohne angestrengtes Zutun machte sich eine immer deutlicher wahrnehmbare Kraft außerhalb von mir, etwas Größeres, bemerkbar, dem ich bereit war mich anzuvertrauen. Gleichzeitig war das Äußere inwendig in meinem Inneren vernehmbar. Über wachsendes Vertrauen erfuhr ich gute Führung, für die ich wiederum Dankbarkeit empfinden durfte, eines der heilsamsten Gefühle überhaupt. Über die totale Entgiftung des »Religiösen« fand ich schließlich die Pforte für den wirklichen Rückweg und zum größten Abenteuer, das ein Mensch überhaupt erleben kann: den Weg zu sich selbst, zu den anderen und zu dem großen »Baumeister«. Was war das für ein Aufatmen von Geist und Seele in mir. Ich bekam meine innere Freiheit wieder geschenkt, eine geistige Freiheit, die für mich weit bedeutender ist als die Freiheit des vermeintlich aufgeklärten Geistes in seiner Widerständigkeit gegen die Existenz eines göttlichen Prinzips in der geistigen Welt. Der sofortige und unbezahlbare weltliche Gewinn war ein gesteigertes Maß an Lebensfreude.

Gelingt es uns, die vielen verabreichten Dosen des falsch Religiösen samt ihrer unverdaulichen Seelennahrung zu entgiften, muss »Religion« nicht länger das Reizwort sein, auf das so viele Menschen mit Aversion reagieren. Worum geht es denn da letztlich im Kern? Im Kern geht es immer um das Wissen im Herzen von Mitgefühl, Liebe und Güte.

Meine Entwicklung hin zu einem wachsenden Wissen im Herzen war beileibe kein linearer Prozess. Ich hatte über die Jahre manche Kämpfe auszufechten. Nicht gegen jemanden oder etwas, sondern mit mir selber in meinem Inneren. Immer mal wieder beunruhigten mich auch diverse körperliche Symptome und Schmerzen. Ich lernte sie als Stationen auf meinem Weg zu verstehen, auch als Ausdruck meiner eigenen inneren Widerstände gegen die anstehenden Veränderungen. Ich bekam auch Hilfe im Einordnen, Hinweise auf mein Licht und Verweise auf meine Schatten. Am Gesetz der Entwicklung, dem wir alle in der Welt der Dualität unterworfen sind, kam ich nicht vorbei. Als ich meine eigenen inneren Widerstände mehr und mehr überwinden konnte, mir die Schattenbereiche in mir selbst eingestehen und genauer anschauen mochte, zu Integrations- und Transformationsarbeit bereit war, konnten Liebe und Licht in mir größer werden und bestimmte körperliche Symptome verschwinden. Ich bekam sogar ein unbezahlbares Geschenk in Form einer »Initiation«. Mit ihr begann die größte Arbeit, die bis heute andauert. Enden wird sie erst mit meinem letzten Atemzug, und dann auch bloß für dieses Leben.

Die Entgiftung des Religiösen oder:

Freiheit im Denken und Fühlen

Kein Mitgefühl, keine Liebe, keine Güte ohne ein besonderes inneres Bekenntnis, ohne eine tiefreichende Verbindung zum eigenen inneren Wesen und zu dem der anderen, die transzendent über uns hinausweist. Nahezu alle philosophischen Lehren der Antike sowie selbstverständlich die Weltreligionen haben dem Menschen eine Geistesebene zuerkannt, die sie so etwas wie »die innere Gottheit« nannten, über welche sich die Menschen wiederum mit etwas Universellem verbunden haben. Unser gewachsenes Problem ist aber, dass Vorstellungen von etwas Göttlichem immer direkt mit einem religiösen Glaubensbekenntnis verbunden scheinen. Doch was verstehen wir eigentlich unter »Religion«? Etliche Kirchenväter und Sprachforscher neigen zu der Ansicht, das lateinische »religio« stamme ab vom Verb »religare«, was »festmachen«, »verbinden« bedeutet. Diese Meinung zieht eine bestimmte Vorstellung von Religion nach sich, nämlich die Religion verbinde Unverbundenes, uns als einzelne Menschen über den Glauben mit der Gesamtheit oder mit Gott. Trennen wir die Verbindung, sind folglich unverbunden, rufen wir das Leiden herbei. Eine andere Wurzel für Religion ist aber ebenso denkbar, und vielleicht sogar wahrscheinlicher. Demnach meinen viele Sprachforscher und Philosophen, dass »religio« von »relegere« stamme, was »sammeln« und »wiederlesen« bedeutet. Nach diesem Verständnis wäre Religion nicht in erster Linie das Verbindende, sondern das Gesammelte und immer wieder Gelesene, oder das, was Menschen gesammelt lesen: Schöpfungstexte, biblische Texte, Mythen, uralte Wissenstexte, überlieferte Lehrreden und Ähnliches. Bindung, Verbindung, erfolgt dann über Wissen, welches die Menschen tief verwurzelt und kollektiv in sich tragen und das die Vergangenheit mit der Gegenwart verknüpft. Was in den alten Schriften geschrieben steht, soll den Geist indes keinesfalls mit Auslegungen und Zeugnissen aufblähen. Es kann aber helfen, das lebendige Leben in uns zu entdecken. Wir dürfen also die Schriften nicht mit dem Lebendigen selbst vertauschen. Ganz wie es geschrieben steht bei Johannes (5,39–40): »Ihr sucht in den Schriften, denn ihr meint, ihr habt das ewige Leben darin; und sie sind's, die von mir zeugen, aber ihr wollt nicht zu mir kommen, dass ihr das Leben hättet«.

Zeitweilig fühlte ich mich in der langen Annäherung an das Kernthema dieses Buches von Lesefieber gepackt, nicht aus intellektuellem Interesse, sondern weil es in vielen Texten etwas zu verstehen gab über das fühlende Herz. War mein Herz vorher halb offen, öffnete es sich weiter in der Begegnung mit einigen christlichen Mystikerinnen und Mystikern. Dass dabei wie nebenbei ganz neue imaginative wie imaginale Übungen zum privaten wie beruflichen Nutzen in mir auftauchten, war ein Nebeneffekt, den ich andächtig staunend und dankbar zur Kenntnis nehmen durfte. Etliche dieser Imaginationen gehören heutzutage zu den Innenreisen, von denen meine jeweiligen Patientinnen und Patienten sich am tiefsten berührt fühlen. Unsere eigene abendländisch christliche Kultur hat uns beim Wiederlesen oder Erstlesen maßgeblicher Texte derart viel zu bieten, dass es bestürzend ist, wie wenig sich die meisten Zeitgenossen heutzutage noch von den Weisen und Mystikerinnen früherer Zeiten sagen lassen möchten. Doch für jedes Entdecken gibt es eine Zeit.

Zurück zu den Wurzeln:

Wer sind eigentlich die Therapeuten?

Von einer der ersten Quellen, zu der ich mich während meiner Recherchen zu diesem Buch geleitet sah, mochte ich mir eine ganze Menge sagen lassen. Sie traf mich mitten in meiner menschlichen wie therapeutischen Identität.

Generell finde ich es ein Zeichen von innerer Freiheit und Stärke, im Leben immer mal wieder über die Frage zu befinden, von wem wir uns im Leben etwas sagen lassen möchten? Wem erlauben wir, Worte an uns zu richten, um im Anschluss zu entscheiden, was wir von deren Botschaft anzunehmen bereit sind und was nicht? Und welcher Instanz in uns selber vertrauen wir eigentlich unsere Lebensgeschicke an? Unserem Verstand oder unserem fühlenden Herzen?

Sich von den Mysterien oder Eingebungen des Herzens leiten zu lassen, ist im Idealfall eine weise Richtschnur. Da unser Leben aber in aller Regel nicht ideal verläuft, bricht uns schon mal das Herz. Das Leben gerät aus dem Takt, wir leiden Schmerzen. Möchten wir »Herzleiden« physisch, psychisch oder seelisch heilen, begeben wir uns auf die Suche nach Menschen, deren Berufung die Therapie von Leib, Psyche und Seele ist. Um sich von einem Psychotherapeuten oder einer Heilerin möglichst gut behandelt fühlen zu können, macht es Sinn, etwas darüber zu wissen, was eigentlich die gewachsenen Wurzeln des Therapeutentums sind. Welche kundige Person möchte ich mir suchen und finden? Und wessen sollte sie kundig sein?

Es gibt eine historisch eindeutige Quelle für heilkundige Männer und Frauen, die gleichermaßen den Leib, die Psyche wie die Seele zu behandeln wussten. In diese Quelle tauchte ich bereitwillig ein: Die Therapeuten und Therapeutriden, vom griechischen Wort »Therapeuèn« für Gottes-Verehrer oder auch Gottes-Diener, waren eine der Mystik verbundene soziale Gemeinschaft von Männern und Frauen im Ägypten etwa Anfang des 1. Jahrhunderts vor Christus. Obgleich eine Gemeinschaft, lebte jede und jeder für sich. Männer und Frauen galten in der Gemeinschaft als gleichwertig und gleichberechtigt, was zu der Zeit außerhalb jeder gültigen Konvention und von daher revolutionär war. Zusammen mit den Essenern in Palästina, einer weiteren mystischen Gruppierung, gelten die Therapeuten als die Urform des kontemplativen Lebens und des christlichen Mönchtums. Ihre religiösen Lebensideale werden der antiken Gnosis zugerechnet. Die Therapeutae strebten durch Askese, Läuterung und »aufrechte Vernunft« im Alltag zeitlebens die Nähe zu Gott an. Das meiste, das wir heutzutage über die Therapeutae der Antike wissen, stammt von Philo von Alexandria aus seiner Schrift »Das kontemplative Leben« (De vita contemplativa). Vom jüdischen Amtspriestertum der Pharisäer und Sadduzäer wurden die Therapeuten als Abweichler der Häresie bezichtigt und heftig befeindet. Die Therapeuten waren ihrem Selbstverständnis nach Mystiker, Visionäre und sogar Heiler. »Heilen« war für sie aber wesentlich mehr als das, was wir heutzutage in unserem eingeschränkten Verständnis von Heilen erfassen. »Es ist gut«, würdigt Philo, »dass die Therapeutae – ein Volk, das von Anfang an stets gelehrt wird, sein Sehvermögen zu nutzen – die Vision des Existenten begehren und sich über die Sinne erheben wollen.« Die Mitglieder der Gemeinschaft strebten die unmittelbare Erkenntnis der Wirklichkeit bzw. des »Selbst-Existenten« hinter der vergänglichen Welt an. Das Selbst-Existente, nie Geschaffene, ist gleich Gott. Zur Erlangung von Erkenntnis lasen die Therapeutae auch die heiligen Texte. Folgerichtig waren sie im Gebrauch wie in der Deutung des Wortes geübt. Das Reich der Therapeuten war einerseits von dieser Welt, ging aber in Visionen weit darüber hinaus. Sie suchten das göttliche, mystische Ur-Licht in sich selbst zum Leuchten zu bringen. Als Heiler und Heilerinnen waren die Therapeutae folglich auch vermittelnde Lehrende, die andere Menschen in »Initiationen« unterwiesen.

Alles Leiden, jedes Symptom ist der Ausdruck für ein tiefer liegendes Leiden, für einen Mangel, für das Vergessen dessen, was eigentlich unser Leben bedingt und weshalb wir auf diese Welt gekommen sind. Das Selbstverständnis der Therapeutae war es deshalb seit ihren Ursprüngen, den Leidenden ihre Gesundheit zurückzugeben, indem sie sie in der Ganzheit unterwiesen, ohne Beschränkung auf ein Symptom. Ihr Heilen war stets eine körperliche, psychische und spirituelle Therapie, die einschloss, die Menschen zu initiieren, was den Sinn des Lebens wie des Leidens ausmacht. Als Gottes-Diener handelten sie zum einen aus sich selbst heraus. Zum anderen und Wesentlicheren aber zeigten sie sich offen dafür, dass Gott als etwas Größeres als sie selbst durch sie hindurch wirken durfte. Sie waren in Gott und Gott war in ihnen, und das war ihre rechte aufrichtige innere Haltung, in der sie den Menschen begegneten.

Dann gingen die Prophezeiungen alter Schriften in Erfüllung, die auch den Therapeutae bekannt waren. Es kam der größte Diener Gottes als sein eingeborener Sohn zur Welt: Jesus. Als er anfing Wunder zu wirken und zu heilen, sahen die Menschen in ihm den größten »Arzt«, wie es in den Evangelien heißt. Jesus initiierte seine Jünger. Er legte ihnen die Hände auf, damit sein Wissen in sie einfließe. Ausgestattet mit Gabe und Glauben sandte er die zwölf aus, »zu heilen die Kranken«, wie uns der Evangelist Lukas (9,2) erfahren lässt. Die Berufung und Ermächtigung der zwölf Apostel ging über das Heilen sämtlicher Gebrechen noch weit hinaus: »Weckt Tote auf, macht Aussätzige rein, treibt Dämonen aus«, lesen wir bei Matthäus (10,8). Auch im von der katholischen Kirche nicht anerkannten Thomas-Evangelium lesen wir von der Aussendung der Jünger in die Welt durch Jesus, um in seinem Geiste zu wirken und Menschen heil werden zu lassen: »Die Kranken unter ihnen heilt!« (Logion 14). Doch niemand heilt, ohne dass Jesus ihm die Fähigkeit des Heilens überträgt oder ihm Heilungen erlaubt. Nach Jesu Tod legten seine Jünger anderen von ihnen Auserwählten die Hände auf, damit sie ihrerseits die Gabe des Heilens von Körper, Geist und Seele empfingen. Je mehr sich indes über die folgenden Jahrhunderte der Glauben an Gott verlor, desto verbreiteter verlor sich mit ihm die Gabe des Heilens. Doch begnadete Ärzte und Heilerinnen finden sich bis in unsere Zeit. Sie wirken allesamt unverändert im Wissen darum, dass nichts alleine aus ihnen selbst heraus geschieht, sondern durch ihre Verbundenheit mit einer höheren Kraft.

So verstanden, haben alle modernen Therapeuten und Therapeutinnen unserer Zeit ihre geistigen Wurzeln im Urchristentum und in einem Vertrauen auf eine größere wirkende Kraft in uns selbst. Im Nachhinein kann ich kaum einschätzen, wie viel ich zu einem früheren Zeitpunkt davon verstanden hätte, hätte ich in einer meiner therapeutischen Ausbildungen etwas über diese meine Wurzeln erfahren dürfen. Es wäre aber zumindest ein Fingerzeig und eine Chance gewesen. Kann sein, es hätte mir einiges an Umwegen erspart. Immerhin wurde mir später über meinen eigenen imaginativen und spirituellen Weg die nötige innere Führung zuteil, um zu diesen Wurzeln zurückfinden zu dürfen. Und dafür bin ich unendlich dankbar. Wenn ich aus mir heraus mit meinem erworbenen Handwerkszeug als Therapeut nicht weiterkomme, wenn ich an meine Grenzen stoße, dann übernimmt eine größere Weisheit in mir die Führung, gelegentlich von selbst, gelegentlich, weil ich ganz ausdrücklich darum bitte. Das ist kein gedankliches Konstrukt und auch keine innere Einbildung. Ich fühle mich dann verbunden mit einer größeren Kraft. Sie ist präsent in mir und wirkt durch mich hindurch. Ich stehe als ihr Kanal zur Verfügung, lasse mich führen. Oftmals tue ich dann etwas, ohne die Frage des Verstandes beantworten zu können, weshalb ich es tue. Woher weiß ich in solchen Situationen, dass ich zusammen mit meinen Patienten und Patientinnen auf einem guten Weg bin? Weil ich durch vermitteltes Wissen wie durch Erfahrung gelernt habe mich anzuvertrauen, um eine höhere geistige Kraft durch mich wirken zu lassen. Und wie kann ich mir für mich selbst wie für meine Patienten sicher sein, dass es sich nicht um eine geistige Kraft des Bösen oder Dunklen im Leben handelt? Weil ich mich durchdrungen fühle von einer bedingungslosen Liebe, mit der meine Patienten augenblicklich in Resonanz gehen. Die finstere Seite der geistigen Welt kennt diese Liebe nicht und kann sie daher auch nicht imitieren.

Da mir das Arbeiten in dieser Liebe in Fleisch und Blut, in Geist und Seele übergegangen ist, darf ich immer öfter zutiefst dankbar verspüren, wie ich vor schwierigen Gesprächen oder besonderen Seminaren und Workshops geradezu aufgeladen werde von der geistigen Welt. Bitte ich um Schutz für mich und meine Klienten, bekomme ich eine erhöhte Wachheit, Klarheit und Sicherheit im Wahrnehmen, Denken und Handeln vermittelt, die meinem normalen rationalen Verstand alleine nicht zugänglich ist. Ich fühle mich regelrecht innerlich vorbereitet, mehr zu sehen, mehr zu hören, mehr zu fühlen, präsenter zu sein für die Menschen, die sich meiner Arbeit anvertrauen. Wie ich das im Einzelnen erlebe, möchte ich lieber für mich behalten. Wenn mir allerdings derartige Geschenke gewährt werden, kann ich sie nur in wohlverstandenem Sinne annehmen und das mir Mögliche tun, mich dieser Geschenke würdig zu erweisen. Im Grunde ist das ein schönes Anknüpfen, ein Mich-Wieder-Verbinden, mit der Tradition der originären Therapeutae. Nicht teile ich deren praktizierte Askese. Menschen, die mit mir arbeiten, ist auch die Normalität an mir wichtig, der Ausgleich zwischen spiritueller Offenheit und irdischer Bodenhaftung. Es erhöht für sie meine Glaubwürdigkeit, dass ich mich rein weltlicher Sinnesfreuden nicht komplett enthalte. Bloß bemühe ich mich um ein rechtes Maß oder um einen Mittleren Pfad, wie es eine Strömung des Buddhismus ausdrückt, zwischen den irdischen Gefilden und dem wachsenden Drang zum Himmel.

Vielleicht mögen Sie als Leser und Leserin über eben diese Wurzeln des originären Therapeutentums etwas sinnieren, weniger mit Ihrem rationalen Verstand, sondern mehr mit einem Verstehen Ihrer eigenen inneren Resonanz. Was würden heilsame Hilfe suchende Menschen von heute gewinnen, wenn sämtliche in heilenden Berufen Tätige sich auf ihre Wurzeln zurückbesännen und sich über ihr Fachwissen hinaus dem Visionären wie dem Spirituellen öffneten? Ich finde es ungemein stärkend, stets aufs Neue bestätigt zu finden, dass nicht wenige therapeutische Kolleginnen und Kollegen im Vertrauen von geschützten Räumen von ähnlichen Erfahrungen berichten.

Was würde unsere Welt im Ganzen gewinnen, wenn sich die Menschen gleich welcher Hautfarbe, Herkunft, ideologischer Gesinnung oder religiösen Glaubens darauf besännen, welche die Leben bewahrendste und heilsamste menschliche Herzensqualität ist? Im Glauben an die Moderne haben wir das Wissen um den Lauf der Welten nicht gepachtet. Es gäbe so vieles, dessen wir uns zum eigenen Wohl wie zum Überleben der Menschheit besinnen könnten. Es wäre schon ungemein viel gewonnen, würden die Menschen mehr auf ihr Herz als auf die Worte der Verführung hören.

Ihr Herz als weiser Taktgeber Ihres einzigartigen Lebens

Noch einmal zur Bekräftigung: Sie als der Mensch, der Sie sind, gibt es auf der Erde nur ein einziges Mal. Sie sind einzigartig. Ihr Leben ist einzigartig. Und gäbe es Sie nicht, würden Sie der Welt fehlen. Nichtsdestoweniger geht es Ihnen wie allen übrigen Menschen, die ihrerseits einzigartig sind. In Ihrem Alltag durchleben sie Hochs und Tiefs. Sie fühlen sich getragen und empor gehoben von freudigen, euphorisierenden Gefühlen oder gedrückt von dunkler getönten Emotionen.

Für gute wie weniger gute Tage benötigen wir auf unserem Lebensweg allesamt eine richtungsweisende Orientierung, wollen wir uns nicht heillos verlieren. In Zeiten ebenso großer Vielfältigkeit wie Beliebigkeit ist Orientierung freilich nicht die leichteste Übung. Woran sollen wir uns orientieren? Wie navigieren wir durch unser Leben? Was hält uns auf Kurs? Das verlässlichste Navigationsinstrument für ein gutes Leben könnte unser »Herz« sein.

Seit ewigen Zeiten kommt unserem menschlichen Herzen in allen uns bekannten Kulturen eine herausgehobene Bedeutung zu. Es gilt symbolisch als das Zentrum der Liebe und des Mitgefühls und als Quelle für Weisheit und höhere Intelligenz. Als Sinnesorgan steht es für Emotionen und Intuition. Es ist unsere Rückverbindung mit der Natur und der Schöpfung, und es ist unsere Pforte zu unserem wahren menschlichen wie höheren Selbst. Unser Herz dient uns als guter Führer durchs Leben. Gerät das Leben aus dem Gleichgewicht, gerät das Herz aus dem Takt, weswegen epidemisch sich ausbreitende Herzerkrankungen weitaus mehr sind als Rhythmusstörungen unseres wichtigsten Körperorgans. Umgekehrt ist Herzkohärenz, also die physiologische Funktion des Herzens in einem qualitativ geordneten Rhythmus zu schlagen, nicht bloß ein protektiver Faktor für körperliche Gesundheit, sondern darüber hinaus auch für höhere geistige Emotionen wie Liebe, Güte, Mitgefühl, Wertschätzung, Dankbarkeit, Freude. Höhere, erhabene Emotionen sind aus dem Herzen kommende Emotionen, die das Herz höher schlagen lassen. Sie versorgen den gesamten Körper mit positiver affektiver Energie in Form von Lebenskraft. Das Herz bildet somit die körperlich affektive Brücke zwischen seiner eigenen Kohärenz und der Kohärenz eines geordneten Geistes.

»Welch eine himmlische Empfindung ist es, seinem Herzen zu folgen« heißt es bei einem unserer Genies aus dem Volk der Dichter und Denker: Johann Wolfgang von Goethe.

»Hör auf das, was dein Herz dir sagt…« erhalten Menschen oft als Ratschlag, wenn sie mit anderen über die Lösung eines Problems sprechen, bei dem sie im Leben nicht weiterwissen. Andere, die dem »Bauchgefühl« weniger trauen, es im schlimmsten Falle sogar als irrationale Gefühlsduselei verunglimpfen, würden eher raten: »Benutze deinen Verstand«. Damit sind Letztere womöglich nicht mehr auf der Höhe der Zeit. Sie hängen überholtem, falschem Denken an. Diese unterschiedlichen Sichtweisen finden sich in unseren alltäglichen Lebensvollzügen wieder, und im Idealfall leben wir ein Gleichgewicht zwischen Herz und Verstand.

Ein Großteil unserer wissenschaftlichen Disziplinen tut sich mit der symbolischen Ladung des Herzens schwer. Im Vordergrund steht ein mechanistisches Verständnis des Herzens als hoch komplexes biophysisches und elektrophysiologisches Organ, das unser Blut durch den Kreislauf pumpt.

Immerhin hat sich aber selbst in einem solchen Verständnis des Herzens die Erkenntnis durchgesetzt, dass Schnelllebigkeit und Dauerstress wie pures Gift für die Gesundheit unseres Herzens sind.

Mittlerweile spricht sich darüber hinaus in wachsendem Maße herum, dass die Logik des Herzens des französischen Philosophen Blaise Pascal (1623–1662), nach der das Herz seine Vernunft hat, die der Verstand nicht kennt, so etwas wie ihren naturwissenschaftlichen Beweis gefunden hat. Mithin findet sich auch Saint-Exupérys »Kleiner Prinz« bestätigt, der uns wissen lässt: »Man sieht nur mit dem Herzen gut. Das Wesentliche ist für das Auge unsichtbar«. In den aufgeschlosseneren Kreisen der Neurowissenschaften, der Neuropsychokardiologie, der Psychologie und der Geisteswissenschaften setzt sich die Erkenntnis durch, dass »Herzintelligenz«, »emotionale Intelligenz«, »soziale Klugheit« und »Intuition« nicht das Ergebnis des »Feuerns von Neuronen« im Kopfgehirn sind. Unser Herz verfügt nämlich über seine eigene Intelligenz und Logik und sogar über sein eigenes Gehirn.

1991 wies der amerikanische Neurokardiologe J. Andrew Armour nach, dass unser Herz – ebenso wie unser Darm – ein völlig eigenes, vom Kopfgehirn unabhängiges Netzwerk aus etwa 40.000 Neuronen und damit ein »kleines Gehirn« hat. Es wird als das intrinsische Nervensystem des Herzens oder leichter verständlich als »Herzgehirn« bezeichnet. Als »klein« kann es aber nur angesehen werden, wenn wir die Anzahl seiner Neuronen bloß quantitativ betrachten und nicht qualitativ an der »Herzleistung« messen. Unser größtes und bestes Potenzial für vitale Lebenskräfte wie Lebensqualität und leiblich-seelische Gesundheit schaffen wir, indem wir »Verstandesleistung« und »Herzleistung« in harmonischen Einklang bringen. In diesem Konzert ist unser Herz das machtvollste »Powerorgan« und der Taktgeber in unserer leiblichen Hülle.

Das Herz als Taktgeber funktioniert mit einer derart unglaublichen Intelligenz, dass sich das Verständnis von ihm als Organ völlig umwandelt. In der Psychokardiologie wird das Herz zunehmend verstanden als ein zentrales, feinstoffliches Organ. Sie nähert sich damit vorsichtig dem Herzverständnis früherer Hochkulturen wie der alten Ägypter, der maßgeblichen spirituellen Traditionen und Weisheitslehren, der christlichen Mystik sowie aktueller Meditationsverfahren. Allesamt ordnen sie dem feinstofflichen Organ »Herz« das zentrale »Herzchakra« zu. Ist das Herzchakra – oder neutraler das Herzzentrum – offen, sind wir auch als Menschen offen. Ist es verschlossen, zeigen auch wir uns verschlossen vor der Welt.

Das Herzgehirn mit seiner emotionalen und spirituellen Intelligenz »denkt« und lenkt völlig unabhängig vom Kopfgehirn und vom Nervensystem. Es folgt seiner eigenen Logik, eben der des Herzens, und »gehorcht« nicht automatisch dem Denkorgan im Kopf. Es ist eher so, dass das Kopfgehirn die Botschaften des Herzens versteht und ihnen folgt. Ein aktiviertes Herzzentrum verhilft dem Gehirn als Impulsgeber auf die Sprünge, hilft ihm, seine Gehirnaktivitäten zu verbessern und in Körper und Geist für Kohärenz, Balance und Geordnetheit zu sorgen. Der Kopf verneigt sich sozusagen in Demut vor dem Herzen.

Rollin McCraty vom HeartMath-Institute in Boulder Creek, Kalifornien, fasst den einstimmigen Tenor der renommiertesten Neurokardiologen und Stressforscherinnen des Instituts wie weltweit zusammen:

> »Das Nervensystem im Herzen (das Herzgehirn) ermöglicht es dem Herzen unabhängig von der Großhirnrinde zu lernen, sich zu erinnern und Entscheidungen zu treffen. Außerdem haben zahlreiche Experimente gezeigt, dass die Signale, die das Herz ununterbrochen

zum Gehirn sendet, die höheren Hirnfunktionen, die mit Wahrnehmung, Kognition und der Verarbeitung von Emotionen befasst sind, maßgeblich beeinflusst«.

Das HeartMath Institute hat sich die Mission auf die Fahnen geschrieben, Menschen weltweit darin zu unterstützen, ihr körperliches, geistiges, mentales, emotionales und letztlich seelisches Befinden durch eine Lebensführung in geordnete Bahnen zu lenken, bei der das intuitive weise Herz den Ton angibt. Damit unser Herz den passenden Ton für unser Leben angeben kann, müssen wir seiner Herzintelligenz allerdings auch bereitwillig folgen wollen. Diese Intelligenz definiert das HeartMath Institute als:

> »Fluss des Gewahrseins und der Erkenntnis, der erfahren wird, sobald Geist und Emotionen durch entsprechende Eigeninitiative in Balance und Kohärenz gebracht werden. Diese Art der Intelligenz wird als direktes, intuitives Wissen erfahren; es manifestiert sich in Gedanken und Emotionen, die für uns selbst und andere förderlich sind«
> (nach: Dispenza 2017).

Die förderliche Kohärenz zwischen Herz und Gehirn wirkt über unzählige Weisen in die Körperchemie wie in die Lebenskraft hinein.

Sofern Menschen ihre Herzintelligenz kultivieren und ihr Herzchakra sich offen zeigt, verbinden sie rationale Intelligenz und gefühlte höhere Emotionen und steigern ihre Lebenskraft. Wenn Sie als Leserin oder Leser im Verlaufe der Lektüre dieses Buches Ihr Herz mittels imaginativer Licht- und Herzmeditationen in seiner Öffnung unterstützen, unterstützen sie die Quelle ihres Herzens darin, Ihre höheren Qualitäten zum Ausdruck zu bringen. Positive Gefühle wie Liebe, Mitgefühl, Wertschätzung, Zufriedenheit, Güte, Freude fördern Ihre Lebensqualität und Gesundheit. Wenig zuträgliche Gefühle wie Wut, Zorn, Hass, Ärger, Gier, Neid, Missgunst verringern sich deutlich oder lösen sich sogar ganz auf. Ihr emotionaler Stresspegel sinkt beträchtlich, was unmittelbare Rückwirkungen hat auf Ihren Herzrhythmus, auf den Pulsschlag, auf das Nervensystem sowie auf die reduzierte Produktion von Stresshormonen. Folgen Sie Ihrer organisierenden zentralen Logik des Herzens, können Sie sich selbst inmitten von Chaos über vielerlei Probleme erheben und neue Erfüllung im Leben erfahren. Ihr Herz ist die intuitive Quelle Ihrer Weisheit und Ihrer gesteigerten Wahrnehmungen.

Führen gesteigertes Sehen und Fühlen ihrerseits wieder zu schöneren Gefühlen, kreiert sich – in Termini der Stressforschung ausgedrückt – eine »positive Kaskade von neuronalen, hormonellen und biochemischen Prozessen, von der der gesamte Körper ganzheitlich profitiert und nach außen abstrahlt«. Sie sind mit sich selbst, mit anderen Menschen, mit dem Leben in schöner Resonanz.

Eine zweite erstaunliche Entdeckung der Forscher vom Institute of HeartMath, die die seelische Lebensbalance zu befördern suchen, stellt weitere veraltete Annahmen vom Kopf auf die Füße. Wir können diese Entdeckung mit unserer menschlichen Aura in Verbindung bringen. Unser Herz strahlt ein ungeheures Magnetfeld ab. Die elektrische Komponente dieses Energiefelds ist in etwa 60-mal stärker als die des Gehirns im Kopf, die magnetische sogar bis zu 5000-mal. Dieses Herz-Feld pulsiert und sendet komplexe rhythmische Muster durch den ganzen Körper und darüber hinaus. Das Herzfeld synchronisiert uns oder es sorgt für Disharmonie. Wir schwingen mit dem Herz mit. Negative, dunkle Emotionen produzieren gestörte energetische Rhythmen. Positive, helle Gefühle wie Liebe, Mitgefühl, Verbundenheit, Freude erzeugen sehr harmonische Energiefelder. Das Herzfeld überträgt Informationen zwischen den Menschen. Wir tauschen Herzenergie aus. Steigern wir durch entsprechende wirksame Übungen unsere Kräfte und Fähigkeiten, Herzenergie zu »sehen«, zu fühlen und zu verstehen, werden wir mitfühlender, feinfühliger, hellfühliger, hellsehender, intuitiver, liebevoller.

Mit diesem neuen Blick auf unser Herz verstehen wir besser, wie »Herzenstherapie« als »Liebestherapie« funktioniert und wie wir mit imaginativen, imaginalen und meditativen Übungen unser Herz darin unterstützen, sich zu öffnen. Unser Herz spricht eine ganz eigene klare, intelligente Sprache. Die höheren Gehirnregionen zur Verarbeitung kognitiver wie emotionaler Funktionen folgen eher seiner Sprache als umgekehrt. Außerdem verstehen wir jetzt auch genauer den Wirkmechanismus imaginativer Techniken und Methoden. Über die Magie des Herzgedächtnis, das imaginative Zaubern im Gehirn mit Hilfe unserer Vorstellungskraft und der Funktion seiner Spiegelzellen synchronisieren wir uns selbst, bringen uns dem »Prinzip Menschlichkeit« und einem sanften Heilen der Seele näher und näher.

Im westlichen, materialistisch geprägten Denken sind wir noch längst nicht als Gesellschaft oder Gemeinwesen im eigenen Herzen angekommen. Wir folgen vielfach noch bevorzugt dem Kopfgehirn mit seinem Ego-Geplapper. Und das, obgleich der Volksmund es seit jeher besser weiß. Er spricht die Sprache des Herzens, wenn er richtig sagt: »Es hat mir das Herz gebrochen« oder »Mir ist so warm ums Herz«. Das Herz hat und ist sein eigenes Mysterium. Geben wir uns seinem Mysterium hin, finden wir leichter den Ort in uns, der so nahe bei der Schöpfung, dem Licht, der Liebe liegt, und der unsere Erde mit dem Transzendenten verbindet.

Ein kleiner Streifzug durch die antiken Mysterien zur Wegweisung:

Woher wir kommen, wohin wir gehen.

Seit es Menschen gibt, die denken und fühlen können, haben sie nicht bloß für ihr Überleben gesorgt, sondern sich auch seit jeher die großen Fragen des Lebens gestellt. Eine der gewichtigen Fragen lautet: »Was ist der Mensch?«

Es waren stets die größten Denker, Gelehrten, Philosophen und Weisen, die von der Welt der Götter und Göttinnen sprachen, sie zu durchdringen und zu verstehen suchten. Wo der Verstand über das übliche zeitgenössische Denken hinausging, entstanden aus einem Denken über die Grenzen hinaus Mysterien und Geheimlehren. Philosophische Weisheiten und mystische Erkenntnisse durchdrangen sich wechselseitig.

Mit hoher Ehrerbietung würdigt Platon (428/427–348/347 v. Chr.) im »Phaidon« die seiner Zeit bekannten Mysterienlehren. Im Kern fasst er zusammen, dass diejenigen, die sich dem Wissen und den Weihen »ungeweiht« und »ungeheiligt« zu nähern suchen, »in den Schlamm zu liegen kommen«, dass aber »der Gereinigte und der Geweihte, wenn er dort angelangt ist, bei den Göttern wohnt«. Es geht immer darum, sich auf rechte Weise einem Wissen oder einer Lehre anzunähern. Von Heraklit (535–475 v. Chr.) ist überliefert, dass derjenige, der sich den Mysterien ohne Weihe nähert, nur »Dunkel und Finsternis« finde, dass ihre Lehren dagegen

»heller als die Sonne« seien für den, der durch einen Wissenden in ein Mysterium eingeführt werde. Für Empedokles (490–430 v. Chr.) war für ewig klar, dass der Mensch als Geschöpf zwischen dem rein Irdischen und dem Göttlichen lebt. Das Göttliche ist ein Teil des Menschen, es lebt in ihm, nur eben auf menschlich irdische Weise. Doch gibt es eine innere Kraft, die den Menschen treibt, sich dem Göttlichen in sich selbst immer stärker zu nähern, um in seiner Verstrickung in die Welt, in Liebe und Hass, seine Ur-Einheit mit dem Göttlichen wiederzufinden. Sofern aber der Mensch das Göttliche in sich selbst zu finden vermag, muss er selbst etwas aus der Göttlichkeit Geschaffenes sein. Denn Empedokles vertritt den Standpunkt, dass Gleiches nur durch Gleiches erkannt werden kann. Über zwei Jahrtausende später drückt Johann Wolfgang von Goethe (1749–1832) den gleichen Grundgedanken in seinen Weisheitsversen aus (Zahme Xenien). Die Grundessenz der Mysterienlehren ist nämlich zeitlos:

»Wär‘ nicht das Auge sonnenhaft,
Wie könnten wir das Licht erblicken?
Lebt‘ nicht in uns des Gottes eigene Kraft
Wie könnt‘ uns Göttliches entzücken?«

Der Mensch in seiner irdischen Begrenzung wie in seiner göttlichen Anbindung führt die göttliche Schöpfung auf Erden weiter. Der ihn quälenden Furcht vor seinem Tode kann er nur entrinnen durch das Übersteigen seiner gewohnten Dimensionen von Raum und Zeit sowie durch seine Rückkehr zum eigenen Göttlichen, wodurch er eins wird mit dem All und mit allem. Der Gedanke der Unsterblichkeit war also bereits in der Antike weit verbreitet, lange vor dem Mysterium der Wiederauferstehung Jesu von den Toten, wie sie später in den heiligen Schriften des Christentums bezeugt wird. Bereits bei Empedokles heißt es über die Unsterblichkeit:

»Wenn du den Leib verlassend,
dich zum freien Äther schwingst,
wirst ein unsterblicher Gott du sein,
dem Tode entronnen.«

Seine Worte geben wieder, was noch früher die alten Ägypter über das Prinzip der Ewigkeit im Menschlichen und seinen unlösbaren Zusammenhang zum Göttlichen gedacht haben. Die altägyptischen Einweihungsrituale in den Pyramiden waren Ausfluss wirklicher Geheimlehren, und obwohl nicht ohne Risiken für die Einzuweihenden ausschließlich zu deren Wohl und innerem Aufstieg gedacht. Das Wissen, das ihnen gegeben wurde, öffnete ihnen die Pforten zur geistigen Welt außerhalb von Raum und Zeit und zu einer Form von Unsterblichkeit. Allerdings war dieses Ewige noch nicht gebunden an zeitlich deutlich später entstandene Welt- und Menschenbilder, die an die Reinkarnation und die unsterbliche Seele des Menschen glauben.

Denken wir moderne Menschen an »Geheimlehren«, bekommt das schnell den Geruch von Verschwörungstheorien, von Macht- und Ränkespielen in Geheimbünden und Logen, die weniger einem Gemeinwohl dienen denn ureigenen weltlichen Interessen im Sinne von Herrschaftswissen.

Sämtliche philosophischen Lehren des Altertums wie der frühen Hochkulturen, alle Mysterientraditionen und jegliches Geheimwissen im spirituellen Sinne waren Vorläufer wie Wegbereiter derjenigen Welt- und Menschenbilder oder großen Weltreligionen, wie wir sie heute kennen: Christentum, Buddhismus, Hinduismus, Islam. Allen gemeinsam sind Vorstellungen vom Göttlichen im Menschen und von einer Form des Ewigen und Unsterblichen, wenngleich in unterschiedlicher Ausprägung.

Wenn sich Vorstellungen vom eigenen Göttlichen im Menschen, von Unsterblichkeit oder Wiedergeburt seit Menschengedenken durch sämtliche Hochkulturen der Menschheitsgeschichte ziehen und es zu allen Zeiten die größten Geister, feinsinnigsten Denker und klügsten Köpfe waren, die keinen Zweifel am Wunder Mensch wie am Wunder des Göttlichen gelassen haben, dann stehen die modernen Menschen vor einem Dilemma. Wollen wir uns als zivilisierte und aufgeklärte Menschen über alle anderen erheben, indem wir Gott, das Göttliche in uns selbst sowie alle gängigen Vorstellungen von Unsterblichkeit als Erlösungsfantasien abtun oder schlimmer noch als jeder vernünftigen Grundlage entbehrende Hirngespinste oder öffnen wir uns für eine Umkehr als Rückkehr zu unseren Wurzeln?

Falls wir uns öffnen und zu Suchenden werden, wo lohnt es sich zu suchen? Wie und wo werden wir fündig, wenn wir im besten und ursprünglichen Sinne von »religio« die alten Schriften und heiligen Texte wieder oder erstmalig lesen und uns zurückverbinden möchten? Hat es irgendeinen erkennbaren Nutzen, wenn wir in das überlieferte Denken der Jahrtausende eintauchen, oder ist das alles ferne Vergangenheit und Geschichte, die wir als aufgeklärte Menschen getrost zu den Akten legen können? Welches Wissen über die »wahre Natur der Dinge« darf uns neu gegeben werden, damit wir es beherzigen mögen? Welche Stimme erachten wir für würdig genug, damit wir uns von ihr gerne etwas sagen lassen mögen? Über welche Brücken sind wir bereit zu gehen, wenn frühes Mysterienwissen bis in unsere modernen Zeiten hinüberreicht? Sind wir offen uns überraschen zu lassen? Oder stellen wir uns lieber auf den Standpunkt, dass für uns Menschen im Hier und Heute mit den Problemen unserer Zeit nichts mehr von Belang sein kann, was unsere Ahnen und Ahnfrauen vor Jahrhunderten und Jahrtausenden beschäftigt hat? Dächten die Menschen in ihrer Gesamtheit so, wären wir »von allen guten Geistern verlassen« und unfähig, das Geringste aus der Geschichte der Menschheit zu lernen.

Persönlich sah ich mich weit mehr als überrascht, als ich aus einem tiefen inneren Antrieb wie aus einem eindeutig spürbaren Erkenntnisinteresse heraus einen ersten der alten heiligen Texte ein erstes Mal und dann wieder und wieder gelesen habe. Ich rede vom Evangelium der Maria Magdalena. Weshalb sollte sich ein heute lebender Mensch mit diesem uralten Text abgeben? Ein guter Grund ist: um Freiheit im Denken, Fühlen und Glauben zu gewinnen. Als »gut erzogener Katholik« war mir Maria Magdalena selbstverständlich ein Begriff. Aber der »Begriff« entsprach lange dem Bilde, das die Kirche von dieser Person im Gefolge Jesu gezeichnet hatte. Mit der Realität hatte dieses Bild wenig zu tun. Insofern war es ebenso neu wie aufregend und innerlich immens bereichernd für mich, Maria Magdalena in ihrer Bedeutung für mein eigenes Leben zu entdecken und zu erkunden. Wer ahnt denn heutzutage noch, dass diese Frau, dieses »Weib« an der Seite Jesu, als seine Statthalterin oder als seine »Nachlassverwalterin« mit einigem Fug und Recht als die eigentliche Begründerin des ursprünglich überlieferten Christentums verstanden werden darf?

Es war ein drängendes Herzensinteresse, das Maria Magdalena zugeschriebene Evangelium als originalen Quellentext zu lesen. »Im Original zu lesen« bedeutete für mich konkret: das parallele Lesen zweier Übersetzungen. Erstens die derzeit am wörtlichsten dem Ursprungstext folgende deutsche Übersetzung in der Studienausgabe von »Nag Hammadi«, zweitens die deutsche Rückübersetzung einer sich am getreuesten am Sinn orientierenden französischen Übersetzung des Quellentextes. Diese Feinheiten sind hier Bedeutsamkeiten. Denn hätte ich mich nicht der Mühe des Parallellesens und vergleichenden Prüfens unterzogen, wäre ich schnell in die Irre geführt worden, ohne mir dessen bewusst zu werden. Das Problem für heutige Übersetzer liegt in der Tücke der ursprünglichen »heiligen Worte«, die ihnen nicht mehr vertraut sind. Schon bei den ersten Worten der Maria Magdalena fiel es mir wie Schuppen von den Augen, was ihre Stimme aus jener Zeit mit meinem eigenen Leben im Hier und Heute zu tun hat; mit meinem privaten Leben ebenso wie mit meinem beruflichen Selbstverständnis. Diese Stimme hat weit mehr aktuelle Bewandtnis für mein jetziges Da-Sein als eine Vielzahl von theoretischen Schriften meiner psychotherapeutischen Lehr- und Wanderjahre. Ich habe mich vom Evangelium der Maria Magdalena in meinen Grundfesten berühren lassen. Zum wiederholten Male berühren lassen, muss ich präzisieren. Denn die Öffnung für diese fraglose Bereitschaft mich berühren zu lassen hatte Jahre vorher bereits stattgefunden, anderenfalls hätte ich den Text gar nicht erst zur Hand genommen. Das Evangelium der Maria Magdalena führt uns ohne Umschweife an die Wurzeln des Mensch-Seins, an die Quelle für bedingungslose Liebe und Güte und an die Essenz des Göttlichen im Menschen. Darin ist es hochaktuell für unsere an diesen Tugenden armen modernen Zeiten. »Von der Quelle zu trinken«, linderte einen Durst, ließ mich im Gefolge aber in immer weitere Quellen eintauchen, denn eine Schrift weckt die Neugier auf die nächste, und eine Erkenntnis verweist auf weitere Erkenntnisse. Ich habe mich eingelesen und eingefühlt in die Evangelien des Philippus und des Thomas, in das Evangelium der Wahrheit sowie weitere gnostische und apokryphe Texte und letztlich auch erneut in die kanonisierten Texte der Bibel, allen voran das Evangelium des Johannes. Was die gnostischen und apokryphen Textquellen sind und wie wir sie am treffendsten einschätzen, verdeutliche ich – im Rahmen der mir gegebenen Möglichkeiten wie Grenzen – im folgenden Kapitel. Aus jeder Quelle trinkt es sich anders, aber sämtlich laben sie Geist und Seele, wenn man die Texte wirklich zu sich sprechen lässt und sie bereinigt von verfremdenden Überarbeitungen. Obendrein ist es wichtig,

Bilder und Gleichnisse im Kontext ihrer Entstehungszeit zu verstehen, um sich nicht im modernen Zeitgeist daran zu stoßen. Nachdem ich für meine Person diese Hürden, so gut es ging, abgearbeitet hatte, eröffnete sich mir eine ungeahnte innere Freiheit in gedankliche Räume einzutauchen, die mir bis dato nicht so ohne Weiteres offenstanden. Die wahre Tragweite manch heiliger Schriften an den Ursprüngen unserer Kultur zu erfassen, öffnet die Augen wie die Sinne für all die Geheimnisse und Wahrheiten, die uns das gefügte Gerüst aus Schriftenkanon, festgelegtem Credo und katholischer wie protestantischer Amtskirche vorenthält. Ich empfinde es als einen enormen Akt der Befreiung und als eine unermessliche Bereicherung für mein Leben, Zugang zu diesen alten heiligen Texten gefunden zu haben, sie wieder zu lesen und sie im Kern ihrer Wahrheiten zu verstehen zu suchen. Den unglaublichen Reichtum, den ich entdecken durfte, hätte ich so nicht erwartet. Viele Fragen in mir fanden Antworten. Noch offene Wunden erfuhren Heilung. Umso unfassbarer ist es, dass wir uns als moderne Menschen auch aus freien Stücken derart weit von unseren Wurzeln entfernt haben.

Freilich haben ursprüngliche Texte wie das Evangelium der Maria Magdalena die Eigenheit, in den Worten und Bildern ihrer damaligen Zeit verfasst zu sein. Ihre Sprache war viel häufiger als heute eine sehr spezielle, auf Anhieb schwer verständliche Sprache in Gleichnissen und Parabeln. Bisweilen wirkt die Sprachform einzelner Texte wie eine in sich geschlossene Sprache für eine eingeweihte Gruppe, die dem entsprechend ausschließlich denjenigen Menschen zugänglich war und ist, die den Gehalt der Worte in sich widerhallen hören und spüren können. Das Wiederlesen der heiligen Texte stellt den modernen Menschen folglich vor manches Rätsel, wie denn die Worte zu verstehen seien. Viele Gedanken im Evangelium der Maria Magdalena sowie in weiteren Schriften verstand ich beim Lesen rein intuitiv aus dem wissenden Herzen heraus, da es für ein Verstehen bereits im Vorfeld geöffnet war. Jahre vorher, also vor einem eigenen inneren Wandlungs- und Umkehrprozess samt einer ersten geistigen Vorbereitung, die Botschaften zu vernehmen, die das Evangelium bereit hält, hätte ich selbst den heutzutage problemlos verstandenen Teil nicht zu verstehen vermocht. Mir hätte schlichtweg die Grundlage der Erkenntnis gefehlt. Für weitere Teile der Worte Maria Magdalenas, des Philippus oder des Thomas bedurfte es aber immer noch einer Hilfe in Form von Kommentaren und Interpretationen, weil sich die Parabeln nur dem erschließen, der mit dem Geist der Zeit, dem Göttlichen an sich sowie mit den diversen Sprachen der Quellentexte möglichst vertraut ist. Ich habe etliche Übersetzungen in deutscher wie französischer Sprache parallel gelesen und dabei gravierende Unterschiede festgestellt.

Übersetzen bedeutet weit mehr als Worte aus einer Sprache in eine andere zu übertragen. Das gilt umso mehr für die verborgenen apokryphen Texte, die mehrere aufeinanderfolgende Übersetzungsprozesse durchlaufen haben. Ursprünglich oft in Hebräisch oder Aramäisch niedergeschrieben, wurden viele von ihnen frühzeitig in die griechische Sprache übertragen. Die über Jahrhunderte vor Verfolgung versteckten und in Nag Hammadi und anderenorts wiederentdeckten Papyrustexte waren meist in koptischer Sprache verfasst. Sämtliche Schriften wurden also aus einer ursprünglichen Ausgangssprache in eine erste neue Zielsprache übersetzt, und von dieser neuen Ausgangssprache wiederum in eine zweite Zielsprache. Bei allen Übersetzungen dürften sich bereits Übertragungs- und Transkriptionsfehler eingeschlichen haben, von Sinnveränderungen ganz zu schweigen. Einen weiteren Übertragungsprozess durchliefen die gefundenen apokryphen Texte anlässlich ihrer Rekonstruierung der beschädigten Seiten sowie ihrer erneuten Übersetzung in die Zielsprachen: Deutsch, Englisch, Französisch.

Die maßgeblichen Übersetzer und Übersetzinnen mussten folglich nicht nur in möglichst vielen Ausgangssprachen bewandert sein, um so genau wie möglich an den Urtext heranzureichen, sondern sie mussten zeitgleich den Sinn in den oftmals sibyllinisch verfassten Texten aus der Sprache der Zeit erschließen. Manch einen hat das fast seinen Verstand gekostet. Übersetzen der apokryphen Texte heißt immer zugleich sie zu interpretieren, die »Passion« der Worte zu »intuieren«, um den Sinn der in ihnen enthaltenen Botschaft zu erschließen. Das sind in unserem Zusammenhang hier weit mehr als Randnotizen, müssen wir uns doch bei unserem Gebrauch der Texte entscheiden, welcher Übersetzung wir am meisten vertrauen. Ich habe meine Wahl getroffen: Soweit irgend möglich, beziehe ich mich auf die Übersetzungen und Kommentare von Jean-Yves Leloup.

Wer ist der Mensch Jean-Yves Leloup? Sicherlich ein Mensch, dem das Leben etliche Prüfungen beschert hat, bevor er seine Berufung fand. Leloup war und ist Philosoph, Autor und Schriftgelehrter, Hermeneutiker, Theologe, Dominikanermönch und orthodoxer Priester, Ehemann und Vater sowie über 10 Jahre lang der Gründer und Leiter der internationalen Seminar- und Begegnungsstätte bei Saint-Maximin-la-Sainte-Baume im Süden der französischen Provence. Letztlich war er dem Orden der Dominikaner aber zu sehr Freigeist, der über die eng definierten Grenzen von Konventionen und Konfessionen hinwegdachte, so dass sie ihm die Leitung dieser einzigartigen Stätte entzogen. Heute ist sie eine Hotellerie, die die Pilger und Touristen empfängt auf deren Weg zur Grotte der Maria Magdalena im Bergmassiv von Sainte-Baume.

Leloups französische Übersetzungen und Kommentare der alten Schriften scheinen mir am authentischsten deren Geist einzufangen. Ich habe seine Übersetzungen des Evangeliums der Maria Magdalena, des Evangeliums des Thomas sowie des Evangeliums des Philippus jeweils sorgfältig abgeglichen mit ihren deutschen Standardübersetzungen in der Studienausgabe von »Nag Hammadi« (2013). Da trifft es sich gut, dass das Evangelium der Maria Magdalena so stimmig ins Deutsche rückübersetzt ist, dass ich mich beim Zitieren dieses Evangeliums lieber auf die Rückübertragung berufe. Der deutsche Übersetzer hat Leloups Text mit feinem Sprachgefühl in Wort und Geist überaus originalgetreu erfasst. Die Evangelien des Thomas und des Philippus zitiere ich nach »Nag Hammadi«. Zwar ist auch Leloups Thomas-Evangelium ins Deutsche rückübertragen, doch die Qualität des Evangeliums der Maria Magdalena ist unerreicht. Deshalb ziehe ich in dem Fall die deutsche Standardübersetzung vor.

Eines ist gewiss: Jesus selbst hat nicht geschrieben. Alle seine Worte sind »gehörte Worte«, also überlieferte Niederschriften von Menschen, die seine Lehren der Nachwelt zu bewahren und zum damaligen Zeitpunkt bereits zu deuten suchten. Interessanterweise hat Jesus aber drei seiner Apostel: Matthäus, Thomas und Philippus höchstpersönlich benannt, als Zeugen seiner Worte seine Lehrgespräche aufzuschreiben: »Jetzt nun sollt ihr drei alle Reden niederschreiben, die ich sagen und tun werde und alle Dinge, die ihr sehen werdet, auf daß ihr bezeuget alle Dinge des Himmelreiches«. So steht es zumindest geschrieben in der »Pistis Sophia«, einem gnostischen Werk mit Lehrreden Jesu über die Mysterien (Cap.42). Was uns Jesu Worte heutzutage sagen können, hängt wesentlich von der Glaubwürdigkeit ihrer Überlieferungen wie von der Sinnhaftigkeit ihrer jeweiligen Übersetzungen ab. Obendrein hängt es ab vom Faktor »Mensch«, nämlich von uns selbst als heutige Zeitgenossen: von der Freiheit unseres Geistes oder von seiner Befangenheit wie Widerständigkeit.

Eine innere Entdeckungs- oder sogar Erweckungsreise ist die Entdeckung des Maria-Evangeliums sowie weiterer verborgener Texte allemal. Da mag das Herz freudig klopfen und der Geist in Aufregung geraten. Ich möchte Sie als Leserin und Leser gerne mitnehmen, ohne Scheuklappen gemeinsam mit mir die Brücke zu betreten, die die Schriften uns bauen. Es ist eine Brücke von hoher Tragfähigkeit, von Schönheit und Strahlkraft. Sie führt aus einer fernen Vergangenheit direkt in unser Leben im Hier und Heute und zurück zu unserem menschlichen Da-Sein. Das ist kein akademisch trockenes Unterfangen, wie Sie feststellen werden, selbst dort nicht, wo ausdauernde Denkarbeit gefragt ist. Die Texte berühren tiefer, als wir uns träumen lassen. Sie rühren unmittelbar an unsere menschliche Verfasstheit. Kaum ein Mensch, der sich nicht immer mal wieder für Augenblicke die Frage stellte, »woher wir kommen und wohin wir gehen«? Oder: »Wozu bin ich eigentlich auf der Welt? Was ist der Sinn meines Lebens?« Wer sucht, der findet: Erkenntnis nämlich, und womöglich finden wir in den alten Schriften sogar aufschlussreiche Einsichten, weswegen so viele Menschen in unserer heutigen Zeit in seelischen und psychischen Leiden befangen sind. Ich habe mir mehr als einmal die Augen gerieben, wenn ich während des Lesens der alten heiligen Schriften sofort ganz bestimmte Klienten oder Patientinnen vor Augen hatte, deren Schilderungen ihres Leidens sich fast wortwörtlich deckten mit Worten, die ich gerade in den jahrhunderte- oder gar jahrtausendealten Texten las. Damit Sie eine Ahnung bekommen, wovon ich spreche, gebe ich Ihnen ein erstes Beispiel. Eine meiner am ärgsten leidenden Angstpatientinnen berichtet über ihr Befinden: »Ich nehme alles wahr wie durch einen dicken Nebel hindurch, als könnte ich gar nicht richtig sehen.« Wochen später springt mir im »Evangelium der Wahrheit« der Satz in die Augen: »Und die Angst hat sich verdichtet wie ein Nebel, so daß niemand sehen konnte«. Als Zufall mag ich das nicht abtun, denn meine Patientinnen und Klienten führen mir mit wachsender Klarheit vor Augen, wie ihr Leiden im Hier und Heute unserer Welt mit den Lebensthemen in direkter Verbindung steht, wie sie uns bereits in den alten Schriften erscheinen.

Wie die »kleine« und die »große« Liebe in die Welt kommen oder:

Einige Mysterien des Heilens mit Liebe

Ab jetzt tauchen wir tief und tiefer in die Welt des Heilens ein. Wir versuchen zu klären, was an Heilsamen wir selbst aus eigener Kraft bewirken können, und was uns ausschließlich über andere Wege gewährt werden kann.

Manche Zusammenhänge im Kleinen wie im Großen sind mit unseren Worten nur unvollkommen zu erklären. Die Worte erfassen die Wirklichkeiten nur begrenzt, namentlich die höheren Wirklichkeiten gar nicht. Entsprechend vereinfachend gesagt, gibt es eine »kleine« und eine »große« Liebe, von der sich die Menschen berührt fühlen können. Die kleine Liebe kennen nahezu sämtliche Menschen, überall auf der Welt. Wir fühlen Schmetterlinge im Bauch oder schweben im siebten Himmel, wenn wir verliebt sind. Wandelt sich der berauschende, die Sinne verwirrende Zustand des Verliebtseins in den gelebten Alltag unserer Liebesbeziehungen, hängt der Himmel des Öfteren nicht mehr ganz so voller Geigen, selbst wenn liebevolle Menschen so gerne davon sprechen mögen, in ihrem Gegenüber »die große Liebe« gefunden zu haben. Das ist keineswegs herabstufend gemeint, denn wo immer Liebe ist, ist zugleich Würde. Die Liebesfähigkeit des Menschen ist eines der schönsten und wertvollsten Geschenke, die ihm mit auf die Erde gegeben werden, wenn er ins Licht der Welt geboren wird.

Wahrhaftige Liebe unter Menschen kann sehr heilsame Wirkungen entfalten. Deshalb ist es auch nicht zu unterschätzen, dass Therapeutinnen oder Therapeuten als Realpersonen wie heilsame Helfer ihre Klienten und Patientinnen nach Möglichkeit auch im Geiste lieben können sollen. Die Frage, was ich für einen Menschen empfinden kann, ist menschlich wesentlicher als die Frage nach seiner »Störung« oder Diagnose.

Umwandlungsarbeit, die von der Antriebskraft der Liebe getragen und beflügelt wird, und die alle Wunden zu heilen in der Lage ist, meint jedoch eine größere Liebe. Diese große Liebe verbreitet sich nicht von alleine in der Welt. Sie wird getragen von Menschen mit dem nötigen Mut, die die Liebe und die Güte an die Orte in der Welt tragen, wo sie benötigt werden. Menschen, die sich der großen Liebe verbunden fühlen, riskieren für die Botschaft dieser Liebe nicht selten ihr Leben. Nichts ist für die weltliche Herrschaft, die sich der Mittel und Wege der Macht bedient, so gefährlich wie durch die Stärke der Liebe unbeugsame Menschen, die ihre Kraft in den Werken des Alltags zum Ausdruck bringen.

Das Bemerkenswerte ist: Alle Menschen tragen das Potenzial dieser höheren Liebe von Geburt an in sich. Dennoch erkennt eine Vielzahl von Menschen die große Liebe in sich selbst nicht mehr, weil sie die Verbindung zu sich selbst verloren oder gar völlig freiwillig preisgegeben haben für die Täuschungen der materiellen Welt. Damit verfügen sie in ihrem Inneren nicht mehr über diejenige heilende Kraft, die als Liebe in der Tat alle Wunden zu schließen vermag. Im Grunde genommen ist es ganz einfach: Diese Liebeskraft im Menschen ist angelegt im »Reich Gottes, das inwendig in euch« ist. Dennoch ist es nicht einfach, weil wir Menschen es kompliziert machen. Versuchen wir es wenigstens, geben wir uns selbst eine Chance. Ich kann problemlos nachvollziehen, dass viele Menschen keinerlei Lust mehr verspüren, mit Gottes Liebe »anzubandeln«. Zu große Verbrechen sind unter dem Missbrauch seines Namens begangen worden, und sie werden bis heute weiter begangen. Wer mit Gott als Wort, Name und Inhalt nichts anzufangen weiß, mag nicht den fatalen Fehler begehen, die Existenz einer höheren Form von Liebe anzuzweifeln. Er kann sich zur Überbrückung erst einmal ein anderes Bild wählen. Das tun auch viele Menschen: Sie sprechen vom Universum, vom Kosmos, von der Quelle, vom All-Eins-Sein, vom höheren Bewusstsein und von vielem anderem. Wer etwas vermisst, kann suchen. Die einen machen sich dann auf einen Weg und werden zu Suchenden, bis sie finden. Wie könnten wir indes etwas suchen, von dem wir nicht wüssten, dass es existiert? Andere messen ihren Gefühlen nicht weiter Bedeutung bei und verharren als Vermissende. Eine Vielzahl von Menschen in unserer Zeit beschreibt ein diffus wahrnehmbares Gefühl von Vermissen, ohne benennen zu können, was das Vermisste denn genau sei. Sie verspüren einen schmerzlichen inneren Mangel, einen inneren Hunger, den sie nicht stillen können. Begeben sie sich mit ihren Mangelerlebnissen oder auch anderen merkwürdigsten Symptomen in Psychotherapie, mag es sein, dass sie Veränderungen erleben dürfen. Doch der Grundmangel wird selten geheilt. Was, wenn unser Grundmangel in unserem verdrängten »himmlischen Heimweh« bestünde? In eher wenigen klassischen Psychotherapien wird ein Augenmerk auf himmlisches Heimweh gelegt. Ohne Zugang zu Spiritualität im guten Sinne eröffnet sich auch kein Zugang zu einem Leiden, das durch himmlisches Heimweh verursacht ist und verstanden werden möchte. Im ungünstigen Fall werden manche sich in der Psyche oder über die Seele ausdrückende Symptome dieses Mangelleidens sogar noch als »klerikale Neurose«, »Psychose« oder sonstige weniger gravierende »Störung« missdeutet. Nun sind auch psychotherapeutisch Tätige Menschen mit ihrem eigenen Erfahrungsschatz. Wie alle anderen Menschen stehen sie im gleichen Spannungsfeld zwischen »Gottesnähe« und »Gottesferne«. Viele verstehen sich sogar darauf und wissen manche Zeichen zu deuten. Sie verdrängen und leugnen nicht, dass Gottesferne einen durch nichts zu kompensierenden Verlust an Liebe nach sich zieht. Paradoxerweise brauchen sie dafür nicht einmal selbst an etwas Göttliches zu glauben.

Ein beredtes Beispiel ist Tilmann Moser, der als Psychoanalytiker und Körperpsychotherapeut zwar nicht an die Existenz Gottes glauben mag, aber dennoch eine lebenslange Auseinandersetzung mit ihm geführt hat. Stand am Anfang mit seinem Buch »Gottesvergiftung« (1976) eher eine Abrechnung mit Gott, so hat er über die Jahrzehnte hinweg seinen Frieden mit ihm gemacht. Milde gestimmt hat er den Weg »Von der Gottesvergiftung zu einem erträglichen Gott« (2003) gefunden, wobei sich sein Weg mit dem Weg vieler seiner Patienten verwob. Schlussendlich kam Moser zu der Erkenntnis: »Wir sind eingebettet in etwas Drittes«. In seine Praxis drängen bis heute immer wieder Patientinnen und Patienten mit besonderen Anliegen. In einem mir persönlich übermittelten neueren Text: »Der Preis einer Verstoßung« schreibt Tilmann Moser über eine Berührungssequenz mit einer älteren Dame, die sich ebenfalls wegen eines schwer greifbaren Leidens an ihn wandte. Nach einer Phase des therapeutischen miteinander Sprechens schlägt er ihr eine in seiner Intuition aufgetauchte Probeszene mit Berührung vor:

> »... wobei es unklar bleibt, ob sie eher mich oder ich sie berühre. Jetzt verwandelt sich die Atmosphäre in etwas Feierliches, mir fallen Berührungen der Gestalt Jesu ein, aktive wie passive ein, und alles Befremdende verschwindet. Sie erscheint wie am Ende einer langen Wallfahrt.«

In Tilmann Mosers eigenem Erleben der feierlichen therapeutischen Begegnung entsteht sehr treffend ein Abbild des Wirklichen. Das Göttliche ist in uns, und wir sind ihn ihm. Wer berührt wen? Berühren wir Gott oder berührt er uns? Die Grenzen sind durchlässig, weil es keine physischen Grenzen sind. Lassen wir das sich gegenseitig Durchdringende einfach zu, verschwindet alles Befremdende. Erlösung wird möglich am Ende einer Wallfahrt. Wir finden uns eingebettet in das »Dritte«.

Wer sich mehr weisheitsbasierte theoretische Unterfütterung für seinen therapeutischen Wissendurst wünscht, bekommt sie geboten: Es ist C. G. Jung, der in der Sprache seiner Analytischen Psychologie wie mit den Worten eines über alle unsere Wahrnehmung einengenden Grenzen hinweg denkenden Menschen im »Symbolischen Leben« beschreibt, wie Gott als Reich Christi in jedem von uns per Geburt vorhanden ist:

> »Das Selbst oder Christus ist in jedem von uns a priori vorhanden, doch in der Regel anfänglich im *Zustand der Unbewußtheit*. Es ist jedoch entschieden eine Erfahrung des späteren Lebens, wenn diese Tatsache *bewußt* wird. Man kann es sich nicht wirklich durch Lehren oder Suggestion zugänglich machen. Es ist nur dann eine Realität, wenn es geschieht, und es kann nur dann geschehen, wenn man seine Projektionen von einem äußeren, historischen oder metaphysischen Christus zurücknimmt und auf diese Weise den inneren Christus erweckt. Dies soll nicht heißen, das das unbewußte Selbst inaktiv wäre, sondern nur, daß wir es nicht verstehen. Das Selbst (oder Christus) kann ohne die Zurücknahme äußerer Projektionen nicht wirklich und bewußt werden. Ein Akt der *Introjektion* ist erforderlich, das heißt die Erkenntnis, daß das Selbst in uns lebt, und nicht in einer äußeren Figur, die getrennt und verschieden von uns ist. Das Selbst ist schon immer

unser inneres Zentrum und unsere Peripherie, unsere scintilla (Funke und Seelengrund, H.K,) und unser punctum solis (Auge der Sonne, H.K.) gewesen, und wird es auch bleiben. Es ist sogar in biologischer Hinsicht der Archetypus der Ordnung und – dynamisch betrachtet – die Quelle des Lebens.«

Menschen, die Gott nicht »Gott«, sondern lieber »Quelle« nennen, um sich die Möglichkeit der Zuflucht zu ihm bewahren zu können, befinden sich also in guter Gesellschaft und nicht zwangsläufig auf esoterischen oder gar spiritistischen Abwegen.

C. G. Jung hat sich stets die Fähigkeit bewahrt, zwischen Kirche und Gott klar zu unterscheiden. Er hat Religion oder spirituelle Erfahrung niemals mit einer Konfession oder mit Kirche als Institution identifiziert. Wir können Gott oder Christus auch niemandem »beibeten«. Die Gottes- oder Christuserfahrung ist ein Akt der individuellen Verantwortung. Sie wird eine erlebte Realität, wenn sie geschieht. Es mag geschehen, wenn wir uns dafür öffnen, den inneren Christus in uns zu erwecken. Diese Erweckung mag sich auch vollziehen, wenn wir achtsam genug sind, die Weckrufe Christi in uns zu vernehmen, wenn er sich uns mitteilen möchte. Findet die Erweckung oder gar die Offenbarung des Christusbewusstseins in uns statt, und werden uns vielleicht sogar Gotteserlebnisse zuteil, ist die Welt danach nie wieder, wie sie vorher war. Ein eigenes frühes Gotteserlebnis habe ich bereits an anderer Stelle in diesem Buch berichtet. Authentische Gotteserfahrungen gehen mit einem Ausmaß an verspürter Liebe und Güte einher, die jedes normale Liebesverständnis übersteigen. Wem es vergönnt ist, von dieser »Süße« oder »Speise« kosten zu dürfen, verändert am Grunde seiner Seele sein komplettes Verständnis von Liebe und Güte. Er weiß nun aus eigenem Erleben, dass eine »höhere«

und »größere« Liebe existiert, der er vorbehaltlos vertrauen darf. Das hat nicht zur Folge, dass unsere weltlichen Probleme sich damit in Luft auflösen. Wir baden von da ab auch nicht unentwegt in mystischer Verzückung. Das wären völlig falsche Vorstellungen, die schlimmstenfalls sogar eine falsche Identifizierung nach sich ziehen könnten. Was sich aber zuverlässig verändert, ist die Tatsache, dass wir im Bewusstsein der himmlischen Instanz in uns selbst ein erhöhtes Vertrauen in die eigenen Geschicke wie die Geschicke der Welt setzen. Was sich im Gefolge gleichfalls verändert, ist unser Erleben, wie sich Wunden und Bürden, die wir teils lebenslang mit uns herumgetragen haben, zu schließen beginnen. Die Liebe heilt uns. Manchmal heilt sie uns ohne weiteres Zutun, das ist dann wohl Gnade, manchmal führt sie uns zu therapeutischen Helfern, die das Werk vorantreiben oder vollenden dürfen.

Für Tilmann Moser war das obige Beispiel nur eine von vielen Behandlungen, in denen Bilder von Jesus oder von christlich geprägter Mystik in ihm auftauchen wollten. Hier zeigt sich mit einem inneren Lächeln das Paradox: In keinem therapeutischen Geschehen von Übertragung und Gegenübertragung, wie es die Psychoanalyse in ihrer Theorie beschreiben würde, könnte im Inneren des Therapeuten ein Bild von Jesus oder einer göttlichen Instanz auftauchen, wenn er Jesus oder Gott als hilfreiche Instanz nicht selbst in sich tragen würde. Das »Abbild« setzt nicht notwendigerweise ein aktives Glaubensbekenntnis voraus. Heilsam nutzbar ist es indes umso stärker, je mehr auch der Therapeut oder die Therapeutin von einem Glauben an das Reich Gottes in sich selbst durchdrungen sind. Ist das der Fall, stehen sie in der Tradition der ursprünglichen »Therapeuèn« und führen sie fort.

Es ist beileibe nicht nur der Mangel an zwischenmenschlicher Liebe oder gar die totale Lieblosigkeit, die Menschen große, kaum heilbare Wunden beibringen können. Das Reich

Gottes in uns selbst zu verlassen, unser eigenes Licht zu verleugnen, zieht Leiden unterschiedlichster Ausprägung nach sich. Ein Da-Sein in der Gottesferne kann zum Alptraum gerinnen, von unerträglichen Mangelgefühlen und Liebesverlusten geprägt sein. Es kann sich auch barmherziger zeigen und sich milder ausdrücken: Denken Sie an die vielen Menschen, die sich selbst so wenig lieben mögen, die ständig mit sich hadern, nie zufrieden sind mit sich, sich mit nagenden Selbstzweifeln plagen, nie genügen, oder der tiefen Überzeugung sind, die Welt und das Leben seien ihnen noch etwas schuldig. Erkennen Sie etwas wieder? Sein eigenes Leiden kaum wahrzunehmen, oder es sehr wohl wahrzunehmen, es allerdings nicht in der Tiefe wahrhaben zu wollen, es zu verdrängen, zu leugnen, auf später zu verschieben suchen, all das hilft nicht weiter. Die frohe Botschaft ist jedoch, dass jedwedes Leiden, das im Kern angelegt ist in der Vertreibung aus dem Paradies, in uns selbst korrigierbar und heilbar ist durch eine Rückbesinnung, die in der Folge die Kraft der Liebe wachsen lässt. Sind Menschen zur Besinnung bereit, können sie ihren eigenen bewussten Anteil dazu beitragen. Zeigen sie sich zögerlich, können sie sich von der geistigen Welt bisweilen geschubst fühlen, wie »von hinten geboostet«, wie es einer meiner ärztlichen Klienten ausgedrückt hat. Seinen wieder entdeckten Glauben empfand er wie ein Heimkommen. Gleichgültige Menschen, die nichts von ihm wissen wollen, kann Gott auch gänzlich »in Ruhe« und nach ihrem Willen ihren Lebensweg gehen lassen.

Damit Sie als Leserin oder Leser sich selbst womöglich wieder ganz nahe kommen können, die Verbindung zu ihrem eigenen Licht und zur höheren Liebe in Ihnen selbst entweder halten oder neu aufbauen können, schlage ich einen großen Bogen als Hilfe zur Selbsthilfe. Jedem ernsthaften Versuch der Selbsthilfe kann sich eine Hilfe aus der geistigen Welt zur Seite stellen. Dieser Bogen beginnt bei einer der größten Botschafterinnen der höheren Liebe, die die Welt je gesehen hat. Die Rede ist von Maria Magdalena. Vermutlich werden Sie sich überrascht sehen, welche Rolle sie im Hier und Heute Ihres persönlichen Lebens spielen kann. Auf eines können wir uns als Menschen verlassen: Wenn die Zeit dafür reif ist, damit wir an etwas erinnert werden sollen, findet die geistige Welt dafür auch eine Ausdrucksform, die eine wachsende Zahl von Menschen verstehen kann. Das gilt auch für die Gestalt der Maria Magdalena.

Ein »Weib« als Botschafterin der Liebe und Güte: Maria Magdalena

Einem größeren Publikum ist Mirjam von Magdala, genannt Maria Magdalena, in Erinnerung gerufen worden durch den 2018 angelaufenen Film »Maria Magdalena« des Regisseurs Garth Davis. Sein Werk für die große Kinoleinwand ist kein opulent inszenierter Bibelfilm. Es ist vielmehr eine Würdigung im Sinne einer Rehabilitierung der zentralen Frauenfigur des Neuen Testaments. Es gelingt dem Film, die außergewöhnliche Bedeutung der Mirjam von Magdala als Vertraute und Gefährtin von Jeschua, uns vertraut als Jesus, über die Sprache seiner Bilder so zu transportieren, dass normal sterbliche Kinobesucher ein erweitertes Verständnis dieser historischen Gestalt bekommen. Die Wiederherstellung ihres Rufes geht noch weiter: Unter Schlagzeilen wie »Die starke Maria«, »Wie die Kirche Geschichte umschrieb« und »Maria Magdalena, die erste Päpstin?«, widmet das Nachrichtenmagazin »Der Spiegel« dieser außergewöhnlichen Frau unmittelbar vor Weihnachten 2018 viele Seiten. Exakt zeitgleich wendet sich das Magazin »stern« mit seiner vielseitigen Titelgeschichte: »Wunder geschehen. Wie Glaube und Vertrauen uns stark machen« dem Phänomen »Wunder« zu. Wie sollen wir heutige Menschen es fassen, wenn absolut Unmögliches, das wir nicht in Zahlen und Ziffern und Algorithmen fassen können, nicht bloß möglich, sondern wahrhaftig wahr wird? Auch zahlreiche Hörfunkbeiträge widmeten sich der Bedeutung der Maria Magdalena. Ihnen bietet sich das Zeitfenster um Ostersonntag an, ist doch Jesus nach seiner Auferstehung zuerst Maria Magdalena erschienen. Am 17. April 2019 würdigt der Deutschlandfunk Mirjam von Magdala ausführlich als »Die verkannte Zeugin« der Botschaft Jesu. Am Ostersamstag 2019 ordnet SR 2 Kulturradio in einem Beitrag der Reihe »Religion und Welt« die Frauengestalt und das Evangelium der Maria Magdalena« in ihrer jeweiligen Bedeutung für die Geschichte der Kirche ein. Das Zusammentreffen all dieser Würdigungen in relativer Zeitnähe ist ein schöner Beweis für das Gesetz der Resonanz: Hat sich ein Gedanke erst einmal geformt und Gestalt angenommen, ist er in der Welt, und zwar zeitnah an mehreren Orten und in verschiedenen Köpfen. Ist ein Gedanke geboren und in die Welt geschickt, beginnt er Wirkung zu entfalten. Die Wirkung der Maria Magdalena können wir heutzutage gar nicht hoch genug einschätzen. Um die wahre Bedeutung der Botschafterin Jesu für ihre damalige wie für unsere heutige Zeit aber auch nur ansatzweise verstehen zu können, braucht es mehr als großes Kino, Artikel in den Printmedien oder Beiträge in Hörfunk und Fernsehen. Es braucht zum einen mehr Wissen um ihre Person, zum anderen die Bereitschaft zu einem tieferen Schauen nach innen mit den Augen des Herzens.

Im »Dialog der Erlösers«, einem von der Kirche unterdrückten heiligen Text, wird das Wort der Mirjam von Magdala unter allen anderen Stimmen herausgehoben, um ihren erleuchteten Geist zu würdigen: »Dieses Wort sagte sie als eine Frau, die vollständig verstanden hatte.«

Mirjam von Magdala: Die Frau, die vollständig verstand

Wer war oder ist Maria Magdalena als Frau, die vollständig verstand? Die historischen Zeugnisse über sie sind nicht besonders zahlreich. Insofern ist ihre Gestalt eine auf überlieferten Tatsachen beruhende Rekonstruktion im Kontext ihrer Zeit, ergänzt durch auf Vermutungen basierenden Wahrscheinlichkeiten sowie Deutungen ihres Lebens an der Seite von Jesus. Für ihre damalige Zeit war sie zuerst einmal eine ganz außergewöhnliche Frau. Sie war nicht bereit, sich zufrieden zu geben und sich zu fügen in die ihr von den Männern und vom patriarchalen Zeitgeist ihrer Umgebung zugewiesene Rolle als Frau. Damit bleibt sie bis heute kraftvolles Vorbild. Sie wollte teilhaben am »Wissen« der Zeit, studierte heimlich die Thora und die heiligen Schriften. Einem inneren Ruf folgend, ließ sie ihre Familie zurück und folgte Jeschua nach. Sie wurde die engste Vertraute und Gefährtin von Jesus, ja sie war sogar eine Mittlerin zwischen ihm und seinen Aposteln. Als gesichert gilt, dass Maria Magdalena zusammen mit der Mutter von Jesus und dem Apostel Johannes am Fuße des Kreuzes ausharrte bis zu seinem Kreuzestod. Sie war es auch, die den aus dem Grabe auferstandenen Jesus zuerst wieder erblickte und den Aposteln diese frohe Botschaft überbrachte. Das Erstaunlichste aber, das heutzutage ganz langsam wieder ins Bewusstsein einer breiteren Öffentlichkeit rückt, ist die Tatsache, dass sie mit einigem Recht als die eigentliche Verkünderin der ursprünglichen Botschaft von Jesus gesehen werden darf. Sie verkündet seine Worte unter den Menschen. Nicht Petrus ist die Hauptstimme des Christentums, sondern Maria Magdalena als Frau trägt seine Lehre in die Welt. Es sind auch nicht die Worte der kanonischen, d.h. die von der katholischen Kirche offiziell anerkannten Evangelien des Matthäus, Markus, Lukas und Johannes, die am authentischsten die Lehren Jesu wiedergeben. Wahrscheinlicher ist es das zu den gnostischen Texten zählende Evangelium der Maria Magdalena, das die Botschaft von Jesus Christus mit der größten Klarheit und Reinheit vermittelt. Lässt man sich aus gegebenem Interesse auf den Text dieses Evangeliums ein, wird unmittelbar deutlich, weshalb es in den ersten Jahrzehnten und Jahrhunderten nach Christus für die weltliche wie kirchliche Macht eine derartige Bedrohung darstellte, dass seine Verbreitung sehr früh bereits mit aller Macht verfolgt wurde. Es erklärt sicherlich auch, weshalb sich die katholische Kurie bis heute schwer tut damit, der Rolle der Frau in den Strukturen der katholischen Kirche die Würdigung zukommen zu lassen, die ihr zustehen würde.

Historische Einordnung: Es lässt sich nicht unterdrücken, was nicht zu unterdrücken ist

Frühe Handschriften anzufertigen war ein mühseliges Unterfangen. Infolgedessen sticht das Evangelium der Maria Magdalena weniger durch seinen Umfang hervor, zumal wichtige Seiten des Manuskripts fehlen. Es ist die Wucht seines Inhalts, die über die Jahrtausende unvermindert ausstrahlt. Seine Bedeutung auch für unsere heutige moderne Zeit ist überhaupt nicht zu überschätzen. Als Person im Gefolge Jesu wird Maria Magdalena von allen vier kanonischen Evangelisten des Neuen Testaments bezeugt. Ihre wirkliche Größe erschließt sich jedoch eher durch Handschriften, die als apokryphe Randmaterialien von der römisch-katholischen Kirche verworfen und unterdrückt wurden. Es handelt sich dabei um die sogenannten gnostischen Evangelien sowie etliche weitere apokryphe Schriften des frühen Christentums. Die Geschichte ihrer systematischen Unterdrückung liest sich wie die Verschwörungstheorien zu neuzeitlichen Geheimdienstaktivitäten. Bücherverbrennungen, Bespitzelungen durch die weltlichen wie kirchlichen Obrigkeiten, Verbannungen, Folterungen, Ermordungen, Hinrichtungen, Verleumdungen und Rufmorde sind nicht erst Untaten der Neuzeit. Was sich wie eine Verschwörungstheorie liest, muss aber keine sein. Die Unterdrückung vieler frühchristlicher Schriften erklärt sich schlüssig aus der frühen Geschichte des Christentums. Wie immer, wenn ein »Messias«, ein Weiser, ein Buddha oder Yogi nicht mehr leibhaftig unter den Menschen weilt, wird seine Botschaft über viele Münder weiter verbreitet. Nach Christi Tod am Kreuz bekannten sich die Menschen immer zahlreicher zu den in seinem Geiste verbreiteten Lehren. Frühchristliche Gemeinden existierten bald versprengt über den halben Erdball. Und ebenso bald führte das Spektrum dieser christlichen Gemeinden und Gruppen ein reiches geistiges Eigenleben in der Auslegung der christlichen Botschaften. Ganz verbreitet verstanden sich Christen auch nicht als Gläubige, sondern vielmehr als Suchende, als Gottsucher oder Suchende nach dem Reich Gottes. Ihre Vergangenheit reicht bis in unsere unmittelbare Gegenwart. Immer mehr Menschen stellen sich heutzutage aufs Neue in diese Tradition: Auf der Suche nach Sinn suchen und ahnen sie Gott, in der Schöpfung, in sich, im Licht der Welt. Alle streben sie auf ihre Weise nach einer inneren Wahrheit. Wer aufrichtig sucht, kann sich zur Wahrheit geführt sehen.

Eine der anfänglich noch verbindenden Wahrheiten als eine unverbrüchliche Grundüberzeugung aus ihrem Glauben heraus war den frühen Christen das Gebot der Liebe und Güte. In der gelebten Alltagspraxis erwuchs daraus eine radikal neue Sozialstruktur, die sich in tätiger Nächstenliebe äußerte. Viele Anhänger Jesu lebten nach seinen Worten, wie wir sie heute noch im Evangelium des Matthäus lesen können (Mt 25,35–40):

> »Denn ich bin hungrig gewesen und ihr habt mir zu essen gegeben. Ich bin durstig gewesen und ihr habt mir zu trinken gegeben. Ich bin ein Fremder gewesen und ihr habt mich aufgenommen. Ich bin nackt gewesen und ihr habt mich bekleidet. Ich bin krank gewesen und ihr habt mich besucht. Ich bin im Gefängnis gewesen und ihr seid zu mir gekommen... Wahrlich, ich sage euch: Was ihr getan habt einem von diesen meiner geringsten Brüder, das habt ihr mir getan.«

Wir werden gemessen an dem, was wir unseren Nächsten getan haben, wie wir ausdrücklich ebenso gemessen werden an dem, was wir unterlassen haben zu tun. Wir vergessen allzu schnell leichtfertig, dass die Unterlassung ebenso schwer wiegt: »Wahrlich ich sage euch: Was ihr nicht getan habt einem von diesen Geringsten, das habt ihr mir auch nicht getan« (Mt 25,45). Lassen wir die Wucht dieser Nächstenliebe, den Kern der christlichen Ethik, doch für einen kleinen Moment auf unsere heutigen Realpolitiker in Europa und der Welt sowie auf all die Menschen abstrahlen, die aus Angst und Unwissenheit heraus ihren Hass gegen die Fremden als Verkörperung des Bösen richten. Deren Antrieb ist die Angst als das Gegenteil der Liebe.

Gelebte praktizierte Nächstenliebe ruft nicht erst in jüngster Zeit, sondern schon seit jeher ihre Gegner auf den Plan. Wer nur um sich selbst kreist, kennt keine Selbstlosigkeit, nicht vor zweitausend Jahren, nicht heute.

Tertullian (um 160–220 n.Chr.), einer der Kirchenväter, schreibt in seiner Schrift zur Verteidigung des Christentums (Apologeticum) über die Anhänger der »eigentümlichen christlichen Genossenschaft«, für die gemeinsame

Gütergemeinschaft und das Gebot der Nächstenliebe gelebte Praxis waren: »Die Ausübung dieser hohen Art von Liebe drückt uns bei gewissen Leuten einen Makel auf. ›Siehe‹ sagen sie, ›wie sie sich untereinander lieben‹«. Das Echo dieses Spotts hallt über zwei Jahrtausende bis in unsere heutige Zeit nach, als gäbe es keine Entwicklung in der Zeit. So viele Menschen fühlen sich heutzutage berufen, sich über das so bespöttelte »Gutmenschentum« zu erheben. Keine Kraft ist derart riskant wie Liebe und mitfühlende Güte.

Frühe Christen sahen sich nicht bloß verbalen Angriffen ausgesetzt. Sie erlitten auch konkrete Verfolgung, Gefangennahmen und Folter, um sie umzudrehen, damit sie von ihrem Glauben abfallen. Nicht wenige wurden wegen ihres standhaften Glaubens brutalst hingerichtet. Diese Verfolgung der frühen Christen war ein weiterer Grund für ihre Diaspora, ihre Zerstreuung in viele unverbundene Gemeinden, die eine eigene innere Entwicklung durchliefen, überlieferte Schriften unterschiedlich auslegten und neue Schriften verfassten, die einen unglaublichen Formen- und Gedankenreichtum bezeugen. Jede Gemeinde lebte nach ihrem eigenen Glauben. Es konnte nicht ausbleiben, dass Streit um das wahre Erbe und die rechte Lehre Jesu ausbrach. Erste Christengemeinden wurden als Abweichler der Häresie bezichtigt, und erste interne Glaubenskämpfe um die rechte Lehre wurden in Wort wie Tat ausgefochten.

Die Differenzen zwischen den christlichen Strömungen, die sich in einer Vielfalt von Schriften abbilden, betreffen im Kern die Grundfrage des christlichen Glaubens: Wer war und ist Jesus, und was ist das »Evangelium«, d.h. die »gute Nachricht«, die Freudenbotschaft, die Heilsbotschaft, die er verkündete. Zugleich geht es im Kern um die Kontroverse zwischen streng Gläubigen und Gott-Suchenden. Letztere suchen bis in unsere Tage hinein Gott in sich und sich in Gott, ihr Licht im Lichte Gottes.

Es war Irenäus von Lyon (um 135–202 n.Chr.), der als einer der ersten gegen die Zersplitterung des Christentums antrat. Er wollte das Christentum einigen, Strömungen und Irrlehren, die besonders zur Verfolgung einluden, unter die Kontrolle einer geeinten universellen Kirche bringen. Aus den einzig maßgeblichen Schriften des Alten Testaments sowie den wesentlich von ihm redigierten vier Evangelien des Neuen Testaments schuf er den »Kanon der Wahrheit«, künftig die einzig gültige Grundlage der orthodoxen, rechtgläubigen christlichen Theologie. Sämtliche apokryphen und unechten Schriften waren zu ächten (ausführlich in Pagels 2004). Irenäus war sicher kein Verschwörer, kein früher Hassprediger. Wir dürfen ihm sogar eine lautere Absicht zubilligen. Er wollte die christliche Kirche einen. Die Frucht seines Wirkens aber war für das Christentum und die Botschaft Jesu im Ergebnis fatal.

Die vehementeste Unterdrückung der frühchristlichen Schriften geht einher mit der Zeit, als Kaiser Konstantin das Christentum zur Staatsreligion des gesamten Römischen Reiches erklärte. Im ersten Konzil von Nicäa im Jahre 325 ließ Konstantin endgültig festlegen, welche Texte von der Kirche zum offiziellen Kanon erhoben und welche unterdrückt und vernichtet werden sollten. Das Konzil zu Nicäa errichtete nichts weniger als das fest gefügte Gerüst der römisch-katholischen Kirche. Doch keine Unterdrückung gelingt lückenlos, weil Menschen, die ein Anliegen im Geiste tragen, sich nicht überall unterdrücken lassen. So wurden Handschriften im Geheimen überliefert oder zum Teil über Jahrhunderte versteckt, bis sie als Fragmente wieder entdeckt wurden. Am bekanntesten wurden die apokryphen Handschriften, die im Jahr 1945 in einem großen Tongefäß in der Wüste bei Nag Hammadi in Oberägypten gefunden wurden. Zusammen mit weiteren Schriftfragmenten aus ungefähr der gleichen Epoche wurden die Texte aus jenem Fund als die gnostischen

Evangelien bekannt. Gnostiker stehen für den Glauben ein, dass spirituelles Wachstum und das Heil inneren Friedens durch wahre innere Erkenntnis erlangt werden können. Die frühen gnostischen Texte geben erstaunliche Einblicke in eine uns durch die Bibel so nicht überlieferte Schöpfungsgeschichte. Sie enthalten Gedanken über das Wesen und Wirken Gottes, über die Bedeutung von Geist und Bewusstsein zur Erlangung wahrer Erkenntnis sowie über die den Verstand weit übersteigende menschliche Kraft des Imaginalen, die auf der Höhe unserer Zeit sind, wenngleich nicht in der Sprache unserer Zeit. Da mag es kaum noch erstaunen, dass eine dieser frühen Textsammlungen vom C. G. Jung Institut erworben wurde und somit den Weg in die Hände von Carl Gustav Jung fand. Der aufsehenerregendste Papyrus des sogenannten Codex Jung ist das »Evangelium der Wahrheit«. Inzwischen ist die Schrift dem Koptischen Museum in Kairo übereignet worden. In Inhalt wie Form ist sie derart herausragend, dass ich ihr ein eigenes Kapitel widmen muss; zumal sie sich liest wie eine 2000 Jahre durchwehende Prophezeiung unserer moderner Welt mit allen ihren Nöten, verfasst freilich in einer Sprache, die nicht die unsrige ist.

Welchen Einfluss das Evangelium der Wahrheit auf das gesamte große Lebenswerk Jungs sowie im Speziellen auf sein Verständnis des Göttlichen im Menschen und seine Vorstellungen von der »aktiven Imagination« hatte, lässt sich nur erahnen. Ich habe für mich jedenfalls umgehend den Bogen geschlagen von C.G. Jung, der die aktive Imagination als heilsamen schöpferischen Prozess in sein therapeutisches Wirken eingeführt und beschrieben hat, und dem »Imaginalen« im Evangelium der Maria Magdalena. Diesem Bogen zu folgen, der wie in den Himmel geschrieben stand, hat mich bis in meinen menschlichen wie therapeutischen Kern hinein beglückt. Ich erkläre später, worin die Beglückung bestand.

Es gilt noch zu präzisieren, dass das Evangelium der Maria Magdalena zwar zu den gnostischen Evangelien gezählt wird, aber nicht zusammen mit den anderen Texten im Tongefäß von Nag Hammadi gefunden wurde. Die Handschrift, die als das Evangelium der Maria Magdalena gilt, wurde ganz eigenständig bereits 1896 in Ägypten gefunden. Seither befindet es sich im Besitz der Staatlichen Museen in Berlin. Museen nehmen etwas in Obhut und bewahren es für die Nachwelt auf. In den Archiven eines Museums kann sich so eine Kostbarkeit von unschätzbarer Bedeutung befinden, die aber dem Zugang einer großen Öffentlichkeit entzogen bleibt. Erste Übersetzungen der Schrift von Maria Magdalena aus dem sahidischen Koptisch in europäische Sprachen gab es denn auch erst 1955. Welche geistigen, spirituellen Wahrheiten kann uns Maria Magdalena über ihre einzigartige Verbindung zu Jesus in unsere heutige Zeit hinein vermitteln? Es ist diese besondere Verbindung von ihr als Frau zu Jesus als Mensch gewordener Christus, die für über zwei Jahrtausende erfolgreich im Bewusstsein der Welt ausgelöscht wurde. Mögen sich Menschen im heutigen Zeitgeist überhaupt von ihrer Botschaft ansprechen lassen?

Die frohe Botschaft von Liebe und Güte

Bis heute hält sich in weiten Teilen der christlich-katholischen Welt ein falsches Bild von Maria Magdalena als »Sünderin« oder gar als »Prostituierte«. Ihre Verkennung als zwar reuige, aber dennoch sündige Hure geht zurück auf Papst Gregor I., der im Jahr 591 befand, dass gläubige Christen Maria Magdalena als Sünderin betrachten sollten. Ob das bereits hohe Kirchenpolitik war, ein Ergebnis vieler Übertragungsfehler der alten Texte oder deutender Missverständnisse, sei dahingestellt. Aus Sicht der jüdischen Obrigkeit war

Maria Magdalena schon alleine deshalb eine Sünderin, weil sie als Frau das geltende jüdische Recht übertrat. Außerdem heißt es in den Evangelien des Markus und des Lukas, dass Jesus Maria Magdalena heilte, indem er sieben Dämonen aus ihr austrieb. Das ist ein absolutes Alleinstellungsmerkmal für Maria Magdalena, und folglich stellt sich die wichtige Frage, wie diese Heilung Marias durch Jesus zu verstehen ist. Das Evangelium der Maria Magdalena legt eine Interpretation nahe, die eine direkte Brücke in unsere heutige Zeit schlägt. Ihr Text spricht zu uns.

Seit uralten Zeiten sprechen nahezu sämtliche spirituellen Weisheitslehren davon, dass es im Körper des Menschen sieben Energiezentren als Ausdruck von Lebenskraft gibt. Im Sanskrit werden diese Energieräder »Chakras« genannt. Viele heutzutage praktizierte Heilverfahren bedienen sich mit erstaunlichen Erfolgen dieser Lehre von den Chakras. Die Tatsache, dass Maria Magdalena von sieben Dämonen befreit wurde, hat den Fokus bei der Deutung der alten Texte in der Vergangenheit auf die vermeintliche sündige Vergangenheit der Maria gelegt. Aus heutiger Sicht darf es uns wie Schuppen von den Augen fallen, wie eng im Geiste diese Deutungen waren für die Läuterung der Maria Magdalena. Jean-Yves Leloup bringt uns eine bemerkenswert andere Sichtweise nahe. Danach dürfen wir ihre Heilung so verstehen, dass Jesus Maria Magdalena von einer spirituellen Stufe auf die nächsthöhere hob, bis sie von jedem Übel und jedweder Unwissenheit gereinigt war. Als ihr »Rabbuni« hat er seine Vertraute Schritt für Schritt vorbereitet, in seiner Nachfolge die geistige Wahrheit seiner Lehre zu verbreiten. In Gegenwartssprache ausgedrückt heißt das, dass ihr Herz sowie sämtliche Energiezentren offen und ihr Geist vollständig von allen abträglichen Gedanken und Emotionen frei waren. Maria Magdalena durchläuft unter der geistigen Obhut von Jesus persönlich den Aufstieg ihrer Seele bis zur vollkommenen Erleuchtung. Die Befreiung von sieben

Dämonen entspricht dem Seelenaufstieg über die sieben Stufen des heiligen Weisheitswissens. Dieses Weisheitswissen ist nicht denkbar ohne die göttliche Liebe, ansonsten bliebe es nichts-wissend. Da es in diesem Sinne zu gewöhnlich scheint, von den sieben Chakras zu sprechen, spricht Leloup von der Reinigung der sieben »Klimata«. Marguerite Porète lässt die Seele über die »sieben Gnadenstände« aufsteigen, Teresa von Avila über die »sieben Wohnungen der inneren Burg«. In der Bibel lesen wir von einem Aufstieg von Tugend zu Tugend bis zur Sättigung an Tugenden, den »sieben Fackeln mit Feuer«, welche »die sieben Geister Gottes« sind, und letztlich von den »sieben Siegeln«. All diese Siebenheiten dürfen wir sinngemäß deuten als den über die Energieräder der Chakras weit hinaus weisenden Seelenaufstieg, durch den die Seele ihre Befreiung erlangt. Nur wenn der Mensch sich mit dem Geist Gottes füllt, werden ihm die sieben Siegel geöffnet und sein Licht beginnt zu leuchten bis zur Erleuchtung. Wir lesen in der heiligen Schrift noch von vielen weiteren Siebenzahlen: »den sieben goldenen Leuchtern«, den »sieben Sternen«, den »sieben Engeln« oder den »sieben Sendschreiben«. Sie stehen jedoch nicht für den Aufstieg der Seele im Sinne der sieben Geister Gottes.

Maria Magdalena als Frau, die völlig verstand, ist die Einzige, die Jesus ausdrücklich zu seinen Jüngern, zu den Männern, schickt, um nach seiner Auferstehung die Botschaft Christi zu verkünden. Diese Lehre, die Maria Magdalena von Jesus am Ort seiner Auferstehung zuteil wurde, ist die eigentliche frohe Botschaft von Liebe und Güte des Christentums. Solches Wissen kann nicht erlangt werden. Es kann ausschließlich gegeben werden. Gegeben werden kann es im Einklang mit Gott, wenn den Menschen die »sieben Gaben des heiligen Geistes« zukommen dürfen. Ausschließlich im Licht und durch das Licht Gottes kann das Licht der Menschen leuchten, je heller, je weiter eine Seele Reinigung erfährt.

In der »Pistis Sophia«, einem umfangreichen koptischen Originalwerk mit Lehrgesprächen von Jesus nach seiner Auferstehung, offenbart Jesus Maria Magdalena als seiner auserwählten »Erbin des Lichtreiches« sowie seinen Jüngern die Geheimnisse der Mysterien. Seine Lehrreden verdeutlichen, welche Mysterien eine Seele mit der Auflösung der sieben Siegel wieder durchlaufen muss, um ihre Bestimmung zu vollenden. Jesus erklärt auch, wie weit eine ältere Seele jeweils aufsteigen darf, je nachdem, welches Wissen ihr gegeben wurde.

Zwar gibt Jesus auch den Jüngern sein Wissen. Doch einzig Maria Magdalena als Vertraute von Jesus und Erbin des Lichtreiches steht in direktem Einklang mit dem Göttlichen. Daher ist ihr Weg ein direkterer als der seiner männlichen Jünger. Die Apostel tragen das Werk Jesu in die Welt, nachdem der Heilige Geist auf sie niedergekommen ist. Maria Magdalena alleine wurde von Jesus direkt in die Mysterien eingeweiht und missioniert nicht. Sie verkörpert das Wissen Jesu. Ihr Meister selbst hat sie »vollständig« gemacht. Ihr Weg ist der innere Weg der Introspektion, der Erkenntnis, der Transformation, der im Herzen vollzogen wird. Als Frau repräsentiert sie darüber hinaus die Welt der Gefühle und der verbundenen Sinnlichkeit. Sie findet das Göttliche in den Sinnen. Maria Magdalena ist sich zu jedem Zeitpunkt des Geschehens, das sich um Jesus herum vollzieht, auf einer weit tieferen Ebene bewusst als seine männlichen Jünger. Steht sie für das eigentliche Geheimnis des »Weiblichen«, das die Menschen von heute in sich wiederentdecken dürften? Wie war es denkbar, dass die christliche Welt Maria Magdalena als die Frau, die würdig war, das Salbungsritual an Jesus Christus zu vollziehen, in eine sie gänzlich verkennende Ecke gerückt hat? Das Wort »christos« bedeutet »der Gesalbte«. Maria Magdalena ist seine salbende Priesterin mit der tiefsten Einsicht an der Schwelle zur geistigen Welt. Würde sich in der katholischen Kirche diese Würdigung durchsetzen, müssten die Frauen den Männern endlich gleichgestellt werden. Sie müssten nicht um ihre Position ringen, wie in der aktuellen Bewegung Maria 2.0 zahlreicher Frauen in der Kirche, die sich zur Priesterin geweiht sehen möchten. Es wäre vorbei mit dem Verbot des weiblichen Priestertums und vermutlich auch mit dem Gebot des Zölibats.

Erst 1969 hat die katholische Kirche die Bezeichnung Maria Magdalenas als sündige Hure revidiert und ihren Fehler eingeräumt. Es bedurfte aber eines Papstes, der sich in der Tradition des heiligen Franziskus sieht, um 2016 Maria Magdalena als »Apostelin der Apostel« die Würdigung zuzugestehen, die ihr seit zwei Jahrtausenden zukommen sollte. Dann hätte die Geschichte des Christentums anders geschrieben werden können, und »Gottesvergiftungen« durch das Patriarchat der Kirche hätte es womöglich nicht gegeben.

Macht- und kirchenpolitisch hat sich die Geschichte des Christentums leider anders zugetragen. Obwohl selbst der Apostel Johannes Maria Magdalena als die erste Stimme des Christentums anerkennt, hat sich in der Nachfolge Christi immer stärker das »männliche Prinzip« durchgesetzt. Der Rest ist Legende. Um früh ausbrechenden Streitigkeiten um die Lehre Christi und daraus resultierenden Verfolgungen zu entgehen, mussten Maria Magdalena und etliche ihrer Getreuen Jerusalem und Galiläa verlassen. Als »Emigranten« landeten sie der Legende nach bei Marseille in Südfrankreich. Im Gebirgsmassiv bei Saint-Maximin-la-Sainte-Baume soll Maria Magdalena über dreißig Jahre hinweg in einer großen Grotte gelebt haben. Ich habe mir diesen mystischen Ort angeschaut und auf mich wirken lassen. Ich kann beteuern, er hat gewirkt, weshalb ich im Kapitel »Was, wenn es wahr wäre?« darauf zurückkomme.

Einer anders lautenden Legende nach soll Maria Magdalena nach Ephesus an der türkischen Ägäis gegangen sein. Im Sufismus, einer mystischen Strömung des Islam, der sich durch seine philosophische Spiritualität und darauf basierend seine Akzeptanz anderer Religionen auszeichnet, erfährt Maria Magdalena hohe Verehrung.

Im Zentrum der sufistischen Lehre steht die Liebe zu Gott, die als göttliche Essenz in jeder Kleinigkeit des Universums wahrnehmbar ist. Das höchste Ziel im Sufismus ist die Vereinigung mit Gott, aber nicht erst nach dem physischen Tode, sondern bereits im diesseitigen Leben, anzustreben durch das Loslösen von materiellen Anhaftungen, die Beherrschung niederer Emotionen und die Umwandlung von negativen Eigenschaften in rechtes Denken und Handeln.

In sufistischer Vorstellung ist in jedem Menschen ein göttlicher Funke enthalten, der im tiefsten Herzen verborgen ist. Sinn des Lebens ist es, diesen Funken zu entfachen und zur göttlichen Flamme werden zu lassen.

Im Sufismus besteht der Glauben an die Reinkarnation, deren Sinn die stufenweise Vervollkommnung der Seele ist. Zur stufenweisen Vervollkommnung wurde Maria Magdalena durch Jesus höchstselbst emporgehoben.

Bei Rumi (1207 – 1273), einem der ganz großen Sufimeister und Gründer des Ordens der tanzenden Derwische, der seine Lehren von den Weisheiten und Traumbildern des Herzens sowie der Vollkommenheit der Liebe der Nachwelt in Gedichten vermittelte, heißt es:

Als Mineral starb ich und wurde Pflanze.
Als Pflanze starb ich und wurde Tier.
Als Tier starb ich und wurde Mensch.
Wovor soll ich mich fürchten hier?

Was hat mir das Sterben je genommen?
Als Mensch werd‘ ich noch einmal geh'n
Und mich emporschwingen mit den Engeln.
Doch auch als Engel muss ich weiterseh'n.

Denn alles wird zunichte außer Gott.
Erst wenn ich dann zu opfern wag'
Meine Engelsseele, werde ich,
Was zu fassen kein Verstand vermag.
(Mevlana Dschalaluddin Rumi)

Der Sinn dieses Bezugs zum Aufstieg der Seele besteht in der Tatsache, dass sich der Sufismus spirituell in nächster Nähe zum einstigen gnostischen Christentum und genau genommen zu allen großen Weltreligionen und Weisheitslehren befindet. Allen wohnt ihnen der gleiche göttliche Kern inne, wie ihn das Evangelium der Maria Magdalena verkündet.

Das Evangelium der Mirjam von Magdala ist die reine Essenz von Liebe und göttlichem Licht. In der »Pistis Sophia«, diesem Offenbarungstext, in dem Jesus nach seiner Auferstehung Maria Magdalena und seine Jünger »die Fülle und die gesamte Vollendung empfangen« lässt, erfährt Maria Magdalena höchste Verehrung durch Jesus selbst. Während er ihr sein Wissen offenbart, nennt er sie wiederholt: die »Geist-Erfüllte«, die »Begnadete«, die »Erbin des Lichtreichs«, die »Erleuchterin«, die »Lichtreine«, »die allselige Fülle«. Jesus hebt Maria unter allen Jüngern hervor: »Maria, Du Selige, welche ich in allen Mysterien derer von der Höhe vollenden werde, rede offen, Du, deren Herz mehr als alle Deine Brüder auf das Himmelreich gerichtet ist« (Cap.17). Wenig später bekräftigt er: »Du bist selig vor allen Weibern, die auf Erden, weil Du Fülle aller Füllen und Vollendung aller Vollendung sein wirst« (Cap.19). Und er nennt sie in einem Atemzug mit Johannes, der sie als Einziger von Beginn an als Apostelin der Apostel anerkannte: »Wo ich sein werde, da werden mit mir auch meine zwölf Diener sein. Aber Maria Magdalena und Johannes, der Jungfräuliche, werden überragen alle meine Jünger«. Und Jesus fährt fort: »Und alle Menschen, die Mysterien in dem Unaussprechlichen empfangen werden,

werden zu meiner Rechten und zu meiner Linken sein, und ich bin sie und sie sind ich, und sie werden mit euch in allen Dingen gleich sein, nur vielmehr werden eure Throne den ihrigen überragen und mein eigener Thron wird den eurigen überragen« (Cap.96). In ihrer Vollendung überragen Maria Magdalena und Johannes zur Rechten und zur Linken von Jesus alle Jünger. Die Jünger wiederum überragen die Menschen. Doch ansonsten werden alle »Seelen, welche Mysterien im Lichte empfangen werden«, gleichfalls zur Rechten und zur Linken von Jesus sein. Und er ist sie, und sie sind er.

Damals wie heute wird selbst den vollendeten Erleuchteten selten auf Anhieb geglaubt. Als Mirjam von Magdala, nachdem sie von dem wiederauferstandenen Jesus die Essenz der wichtigsten Lehren empfangen hatte, den Jüngern seine Worte verkündet, reagieren diese mit Unglauben:

> »Da ergriff Andreas das Wort und wandte sich an seine Brüder:
> ›Sagt, was denkt ihr über das, was sie uns
> gerade erzählt hat?
> Ich jedenfalls glaube nicht,
> dass der Erlöser so gesprochen hat;
> diese Gedanken sind anders als die,
> die wir gekannt haben.‹
> Petrus fügte hinzu:
> ›Ist es möglich, dass der Erlöser so
> mit einer Frau geredet hat,
> über Geheimnisse, die wir nicht kennen?
> Sollen wir unsere Gewohnheiten ändern
> und alle auf diese Frau hören?
> Hat er sie wirklich erwählt und uns vorgezogen?‹«
> (Maria-Evangelium 17,9–20, sofern nicht anders angegeben, auch alle weiteren Textstellen nach Leloup 2004)

Der Menschen Ressentiments und Eifersüchte sind viele. Selbst die hoch entwickelten Jünger Jesu sind nicht frei davon. Folglich tun sich seine Jünger und die Nachwelt schwer mit dem Vertrauen darein, dass Jesus Maria Magdalena Worte anvertraut haben soll, die den anderen Jüngern unbekannt sind. Sie zweifeln, dass Maria als »Erbin des Lichtreiches« den Platz einnehmen darf, den Jesus ihr persönlich zugedacht hat, um die von ihm empfangenen Lehren auszulegen und weiterzugeben. Doch auch auf Thomas blickten sie mit Eifersucht. Denn Jesus »nahm ihn, und er zog sich zurück, und er sagte ihm drei Worte« (Logion 13). Jesus sah, wie nahe Thomas dem Ursprung, nämlich dem »Vater« gekommen war, und er offenbarte ihm heilige Worte oder die Dreieinigkeit. Zu Maria Magdalena sagte er: »Mein Vater ist euer Vater«, so dass er Thomas als seinen Bruder betrachtete. Jesus liebte alle seine Jünger, doch manche Verbindung war »persönlicher«.

Dieses »persönlich« beinhaltet bei Maria Magdalena vermutlich wesentlich mehr, als die katholische Kirche als sich bemächtigende »Statthalterin« des Christentums bis dato anzunehmen bereit ist. Es steht fast außer Frage, dass Maria Magdalena nicht bloß Jesu Vertraute und in seiner Nachfolge seine klarste »Stimme« war. Sie war auch die persönliche Gefährtin an seiner Seite. Das direkteste Zeugnis dafür ist das apokryphe Philippus-Evangelium, in dem geschrieben steht:

> »Der Herr liebte Maria mehr als alle Jünger, und er küsste sie oft auf den Mund. Als die anderen Jünger sahen, wie er Maria liebte, sprachen sie zu ihm: ›Warum liebst du sie mehr als uns alle?‹ Der Heiland antwortete und sprach: ›Wie könnte es sein, dass ich euch nicht ebenso liebe wie sie?‹« (63,33 – 64,5)

Seit diese Zeilen durch das Evangelium des Philippus in der Welt sind, ringen Theologinnen, Religionswissenschaftler,

Historikerinnen, Esoteriker und sogar Romanautoren um die Deutungshoheit, wie sie zu verstehen seien, rühren sie doch an ein absolutes Tabu. Als die Verkörperung der Liebe liebte Jesus alle seine Jünger und Jüngerinnen auf die gleiche allumfassende, bedingungslose Weise, aber er liebte sie auch jeweils auf persönliche und einzigartige Weise. Und Maria Magdalena liebte er womöglich sogar als die »Liebesgefährtin« an seiner Seite. Das ist keine ketzerisch polemische Provokation, sondern schlichtweg eine naheliegende Antwort auf die Frage, ob Jeschua voll und ganz ein Mensch war, ein Wesen, das zu normalen Gefühlen, zu leiblicher Intimität und zu Vorlieben fähig war. Wie sollte Jesus als Christus, Messias, Heiland und Erlöser etwas erlösen, das er nicht in seinem menschlichen Denken und Körper voll angenommen hat, hat er doch die gesamte »Menschheit« angenommen? Die drei Evangelien der Maria Magdalena, des Philippus wie des Johannes offenbaren einen Menschen Jesus, der der Liebe zu einer Frau fähig war. Seine gelebte Nähe und Intimität war aber nicht in erster Linie physisch, oder »fleischlich«, sondern geistig, emotional und spirituell. Das ist der Kern seines »Logos«: Die selbstlose Liebe wird in Gedanken, Worten und Taten in alle Bereiche des Daseins eingebracht. Küsst Jesus Maria Magdalena wiederholt auf den Mund, liegt es nahe, den Kuss auch als ein Zeichen der besonderen Verbindung zwischen Jesus und Maria Magdalena zu begreifen. Ich kann darin nichts Gotteslästerliches sehen. Es ist aber mit Sicherheit zu eng gedacht, den Kuss auf eine erotisch sexuelle Dimension zu reduzieren. Er darf ebenso als ein Einhauchen des göttlichen Atems verstanden werden, über den ein heiliges geistiges Wissen weitergegeben wird. Jesus und Maria Magdalena auf Grund dieser Schriftquelle gar ein gemeinsames Kind anzudichten, wie es in manchen Romanen und esoterischen Auslegungen als Tatsache ausgegeben wird, gehört mir eher ins Reich der wilden Spekulation. Tatsache in der Diskussion um den Kuss, den Jesus Maria Magdalena auf den Mund gibt, ist aber, dass nicht sein kann, was nicht sein darf. Es bleibt weithin ein Tabu, Jesus als den vollkommensten Menschen mit einer Fähigkeit zu sexueller Intimität begreifen zu dürfen. Vor dem Hintergrund der langen kirchlichen Geschichte mit ihrer »Verteufelung der Fleischeslust« ist das Tabu als Sakrileg allerdings verständlich. Selbst unsere freizügige Zeit hat kein entspanntes Verhältnis zur sexuellen Dimension des Menschen. Eher haben wir in einer Reaktionsbildung der Sexualität einen völlig überhöhten Stellenwert zugemessen. Für mein persönliches Erleben von Jesus macht es in dieser entbrannten Diskussion wenig Unterschied, ob ich ihn nun als eingeborenen, zu leiblicher Intimität fähigen Menschen sehe, oder als den reinen Sohn Gottes, der als ein Wesen der geistigen Welt über jedweder Körperlichkeit steht. Es ist doch so: Gott hat den Leib gebildet. Da Gott aber nichts Schlechtes gebildet hat, kann auch der Leib des Menschen nicht schlecht sein. Einzig die Menschen können einen schlechten oder zweifelhaften Umgang mit ihm pflegen. Darüber hinaus ist es merkwürdig, dass es keinerlei theologische oder sonstige Einwände dagegen gibt, dass Jesus als verkörperter Mensch innerhalb seiner Leiblichkeit wie seiner Geistigkeit anderer menschlicher Gefühle, nämlich der Zweifel und Ängste fähig war: »Mein Vater, ist's möglich, so gehe dieser Kelch an mir vorüber«, betet er im Wissen um sein bevorstehendes Leiden. Jesus hat alle zum Leben gehörenden gewöhnlichen menschlichen Dimensionen durchschritten und sie damit auch erlöst, an denen heutzutage so viele gewöhnliche Menschen unerlöst in ihrer inneren Verlorenheit kranken und leiden. Unerlöst, weil sie sich den Weg zu einer möglichen Erlösung selbst verstellen.

In der Nachfolge der Liebe Christi fordert uns das Evangelium der Maria Magdalena dazu auf, die bedingungslose Liebe überall dorthin zu tragen und zu heiligen, wo sie fehlt, wo sich der moderne Mensch mehr einer Welt des Materiellen, der Gier und des Lieblosen verhaftet sieht als der Liebe im Herzen und im Denken. Maria Magdalena erhält ihre Einweihung von Jesus auf direktem Wege. Inmitten ihres Seelenaufstiegs war für Maria Magdalena ein weiterer Zugang zur inneren Liebe und Erkenntnis dann auch der Weg der schöpferischen imaginalen Vision, jenseits von Materie, aber inmitten der Wurzeln der menschlichen Bedingtheit. Der Mensch zeichnet sich innerhalb der Schöpfung aus durch die Gabe der Vorstellungskraft. Imagination erschafft. Sie ist universale Schöpfungskraft. Schöpfungskraft in diesem Sinne ist ein bewegender Teil der Seinslehre von Liebe und Güte.

»Wer Ohren hat zu hören, der höre«

Weder unseren physischen Leib noch irgendetwas an materiellem Besitz können wir bei unserem Tod mit hinübernehmen, wenn wir zurückgehen zum Ursprung wie zu einem neuen Anfang. Das Maria-Evangelium fordert uns daher auf, uns dem zuzuwenden, was bedeutungsvoll ist, und uns abzuwenden von dem, was bedeutungslos ist. Die Botschaft gibt also von Anfang an eine zutiefst metaphysische Richtung und Perspektive vor:

> »(...) ›Was ist die Materie?
> Wird sie ewig währen?‹
> Der Erlöser antwortete:
> ›Alles Geborene, alles Geschaffene,
> alle Elemente der Natur
> sind miteinander verwoben und verbunden.
> Alles Zusammengesetzte wird sich auflösen;
> alles geht zu seinen Wurzeln zurück;
> die Materie wird zu den Ursprüngen der Materie
> zurückkehren.
> Wer Ohren hat zu hören, der höre!‹«
> (Maria-Evangelium 7,1–10)

Jesus, der Erlöser, zeigt sich hier als Lehrender, der uns Menschen etwas über die Natur der Welt und des Menschen lehren und die Elemente und Ereignisse der Welt deuten möchte. Als Lehre des Christus ist das Christentum folglich ein Weg der erkennenden Einsicht, die zur Erlösung führt, zur Erlösung nämlich von der Unwissenheit und dem Vergessen, was die Herkunft, der Weg und die Bestimmung der Menschen ist. Die Erlösung oder die Erleuchtung ist also ein tiefes Wissen, das letztlich die Befreiung des Menschen von falschen Bindungen an die Materie einschließt, sowie ein Wissen um die Verbundenheit aller Dinge. Alles ist mit allem verbunden. Diese einfache Wahrheit ist hochaktuell, insbesondere, weil der moderne Mensch sie zu großen Teilen und wider besseres Wissen missachtet und damit seine eigene Existenz als Spezies aufs Spiel setzt. Heutzutage ist es die Quantenphysik oder Quantenphilosophie, die die Verbundenheit von allem mit allem lehrt. Unwissenheit im Sinne von Nicht-Erkennen-Wollen, blockiert jeden Weg zur Erkenntnis und gilt deshalb nicht nur in der Weisheitslehre des Buddhismus als die größte Sünde überhaupt. Bei Philippus lesen wir ebenso eindeutig: »Die Unwissenheit ist die Mutter von allem Bösen« (123d). Das griechische Wort für Sünde oder Verfehlung ist »Hamartia«. Es bedeutet im übertragenen Sinne: »Sein Ziel verfehlen«, oder »Aus seiner Mitte geworfen zu sein«. Damit verfehlen wir die Liebe und Verbundenheit, wodurch wir uns gegen das Leben selbst und hin zum Tod wenden. »Wer nicht liebt, der bleibt im Tod«, so steht es im ersten Brief des Johannes (3,14). In diesem Geiste schlussfolgert Teresa von Avila: »Die wahre Sünde ist die Zurückweisung der Liebe«. Das Wissen um die Liebe aber führt uns zurück in die Mitte unseres Herzens, dorthin, wo das Wissen ist, und das Böse nicht vorherrschen kann.

Wer sich als Mensch weiter entwickeln möchte auf seinem Lebensweg, braucht ein inneres Wissen um die Zusammenhänge. Um Wissen zu erhalten, müssen wir uns entscheiden, von wem wir uns etwas sagen lassen mögen. Um uns etwas sagen zu lassen, brauchen wir Ohren, um zu hören. »Wer Ohren hat zu hören, der höre«, setzt aber vor allem die innere Bereitschaft voraus, sich im besten Sinne belehren zu lassen, ein Organ der Wahrnehmung auszubilden, das zu subtilem Verständnis auf tieferen Ebenen geschaffen ist. Können die Menschen die Erkenntnis von der flüchtigen, relativen oder illusionären Natur der Dinge annehmen, dann kann die Materie nicht länger Objekt und Götze der Verehrung sein. Dann ist Umkehr möglich. Erkenntnis eröffnet Entwicklung. Entwicklung ist Evolution, und Evolution ist Rückkehr, die kein Rückschritt ist, sondern eine Rückkehr »nach vorne«, an den inneren Ort des menschlichen und schöpferischen Ursprungs. Die Rückkehr ist ein Erwachen des Menschen zu einem neuen Sein, das mit dem ersten Schritt zur Spiritualität, dem ehrfürchtigen Staunen beginnt. Ein weiterer Schritt ist das Schauen mit geöffneten Augen, die den Menschen zur »erleuchteten Imagination« befähigen können. Der lichtvollen, visionären Imagination wohnt eine hohe Kraft inne, die manche Krankheit des Verstandes und des Herzens weichen lässt.

»Wer es fassen kann, der fasse es«

Das Evangelium der Maria Magdalena legt Zeugnis ab von einer deutlich anderen Erkenntnisweise als der, zu der der männliche Geist gewöhnlich Zugang hat. Diese Aussage bewegt sich nicht im Rahmen unseres gewohnten dualistischen Denkens, sondern sie spricht dafür, jedweden Dualismus hinter uns zu lassen. »Weiblich« und »Männlich« existieren, aber nicht als unvereinbare Gegensätze, sondern als zu erlösende Ganzheit. Marias Weise, das Göttliche und die Liebe im Leben wie im eigenen Inneren zu erkennen, ist eine Erkenntnis von prophetischer und visionärer Art. Das Prophetische, Visionäre und Imaginative ist nicht die alleinige Domäne der Frauen, ist aber dem weiblichen Prinzip im Menschen leichter zugänglich.

Die Ebenen unseres gewohnten Denkens sind begrenzt. Insofern fällt es uns häufig schwer, über unsere eigenen Begrenzungen hinauszudenken oder hinauszufühlen. Im Maria-Evangelium wird der auferstandene Erlöser befragt: Welches ist das Organ der Vision? Mit welchen Augen kann Mirjam von Magdala den Auferstandenen betrachten?

> »Da sprach ich zu ihm:
> ›Herr, sage mir nun,
> wer deine Erscheinung schaut, in diesem Moment,
> sieht er sie durch die Psyche (Seele)
> oder durch das Pneuma (Geist)?‹
> Der Erlöser antwortete und sprach:
> ›Weder durch die Seele noch durch das Pneuma;
> sondern der Nous, der zwischen diesen beiden steht,
> er ist es, der sieht…‹.« (10,17–25)

Die Antworten des Erlösers in ihrer sehr eigenen Diktion sind für Maria verstehbar. Ansonsten sind sie über alle Zeiten hinweg Grenzen sprengend. Mit unserer geringen Kenntnis der antiken Zusammenhänge tun wir uns heutzutage allerdings doppelt schwer mit dem Verständnis der Worte. Zum einen stehen die Antworten im anthropologischen Kontext der damaligen Geisteswelt, zum anderen tauchen Begrifflichkeiten auf, die in der Sprache unseres Welt- und Menschenbildes nicht mehr geläufig sind. Da ist es hilfreich, auf erklärende und kommentierende Gedanken zurückgreifen zu können, die das Rätsel für uns lösen. Als Übersetzer wie Interpret des Maria-Evangeliums führt uns Jean-Yves Leloup in uns wenig geläufige Dimensionen:

»Der Auferstandene ist weder für die Augen des Fleisches noch für die Augen der Psyche (im Sinne von Seele) sichtbar; es handelt sich weder um eine Halluzination noch um ein Trugbild in Verbindung mit irgendwelchen sinnlichen, psychischen oder mentalen Reizen; es handelt sich auch nicht um eine ›pneumatische‹ oder spirituelle Erscheinung. Nach dem Maria-Evangelium handelt es sich um eine Vision durch den Nous, eine Dimension, die in unseren Anthropologien oft vergessen wird. Der Nous gilt bei den Ahnen als die ›Nadelspitze der Seele‹ – heute würde man ›Engel der Seele‹ sagen. Er gewährt uns Zugang zu jenem Zwischenreich, das sich weder mit den Sinnen wahrnehmen, noch allein mit dem Verstand erfassen lässt – das *Imaginale*, das Henri Corbin so genau beschrieben hat.«

Henri Corbins »Zwischenreich« des *Imaginalen*, in dem ich ein »Wissen für die Gegenwart« sehe, sowie das folgende Kapitel über die »Nadelspitze der Seele« versetzen unseren Geist in Wallung. Sie erfordern Bewegung im Denken.

Wissen für die Gegenwart: Das Imaginäre, die Imagination, das Imaginative und das Imaginale in der menschlichen Verfasstheit oder Der Mensch durchbricht das Himmelsgewölbe

Das »Imaginale« existiert als Wort in der deutschen Sprache nicht. Es existiert nicht, weil wir es nicht denken können. Ich übernehme die Wortschöpfung dennoch von Henri Corbin, weil er mir mit seinen Vorstellungen vom Imaginären, Imaginativen und Imaginalen etwas fassbar erklärt hat, das ich intuitiv in mir verspürte kurz nachdem ich begonnen hatte, privat wie beruflich mit Imaginationen zu arbeiten. Es fiel mir aber schwer, es in Worte zu fassen. Mich von dem feinen Geist Jean-Yves Leloups auf Henri Corbin verwiesen zu sehen, war folglich ein Glücksmoment.

Henri Corbin (1903–1978) war ein französischer Philosoph, Mystiker und Professor für Islamwissenschaft. Wie wohl kein Zweiter in der Geschichte der Orientalistik wusste er östliche Geisteswelten im Westen verständlich zu machen. Seine Mehrsprachigkeit ermöglichte es ihm, zwischen Kulturen, Religionen, Denktraditionen sowie ihnen entsprechenden Welt- und Menschenbildern zu navigieren; und das in einem Format von geistiger wie emotionaler Intelligenz, das heutzutage schwer zu finden ist. Corbin war zeitlebens ein Suchender, »der seiner Suche folgt, wo immer die Seele ihn hinträgt«, wie er in einem Interview zwei Jahre vor seinem Lebensende resümiert. Die Suche seiner Seele führte ihn frühzeitig zum Lebenswerk des Sufi-Mystikers Sahab al-Din Al-Suhrawardi. Diese schicksalhafte Fügung sollte Corbin selbst als eine »Inspiration vom Himmel« beschreiben. Der im 12. Jahrhundert in Persien geborene Suhrawardi schuf ein komplexes philosophisches System, in dem die gesamte Schöpfung eine Ausströmung des göttlichen Lichts ist. Damit steht er dem Mysterium der »Pistis Sophia« nahe, in der unentwegt von der »Lichtkraft«, dem »Lichtschatz« und dem »Lichtreich« die Rede ist. In Suhrawardis Illuminations- oder Erleuchtungsphilosophie bzw. -mystik ist der Mensch als das endgültige Abbild des Göttlichen ein Mensch im Licht und ein Mensch aus Licht. Der Licht-Mensch im persisch-iranischen Sufismus durchzieht auch das Gesamtwerk Henri Corbins. Der lichtvolle Status der Person eines Menschen ist dabei nicht einfach ein Geschenk, das dem Einzelnen per Geburt mitgegeben wird, sondern es ist ein Ziel, das durch Einsicht und Lebensführung erreicht werden muss. Auf dem Weg dorthin taucht der Mensch über das »Imaginale« ein in eine »mundus imaginalis«. Die imaginale Welt ist eine Welt mit einer ganz bestimmten Art von Wirklichkeit, der eine ebenso bestimmte Art von Wahrnehmung entspricht.

Arbeiten wir privat oder beruflich mit Imaginationen, greifen wir auf einen ganz besonderen Schatz zu. Dieser Schatz birgt weit mehr Geheimnisse, als wir uns das gemeinhin vorstellen. Nicht lange, nachdem ich erste Bekanntschaften mit inneren imaginierten Bildern gemacht hatte, sah ich die Vision einer Pyramide mit unterschiedlichen Ebenen in mir auftauchen, auf die wir uns aufsteigend durch den Einsatz schöpferischer imaginativer Methoden geführt sehen können. Diese Vision spannte zunächst den Bogen zu den Schätzen der aktiven Imagination bei C. G. Jung. Doch es ging weiter. Schnell sah ich mich im eigenen Erleben in imaginative Welten geführt, die ich von Beginn an als ein »Zwischenreich« zwischen Verstand und Seele empfand, als Pforte zum Spirituellen wie Göttlichen. Es fiel mir schwer, mein Empfinden in Worte zu kleiden. Im Werk von Henri Corbin sah ich meine eigenen intuitiven Vorstellungen aber plötzlich auf aufregende Weise verstehbar erklärt (Corbin 1979).

Das breite Fundament in meiner Vision der Pyramide bilden diejenigen Imaginationen mit einer ganzen Reihe von Standardmotiven aus dem katathymen Bilderleben oder der katathym-imaginativen Psychotherapie, wie sie heutzutage ganz verbreitet in nahezu sämtlichen Schulen des psychotherapeutischen Denkens eingesetzt werden. Sie entfalten ihre Wirkung über ihr heilsames bildhaftes Denken. Es speist sich aus unserem Reservoir des Bewussten, Vorbewussten wie Unbewussten, wobei das Unbewusste keinesfalls gleichgesetzt werden darf mit der Seele. Diese schöpferischen Imaginationen können eine eigene, emotional korrigierende innere Wirklichkeit zu real erlebtem psychischem und traumatisierendem Leid schaffen. Ich bediene mich gerne aus dem breiten Fundus von Standardimaginationen, wenn ich mit meinen Klienten, Patientinnen und Gruppen imaginativ arbeite. Noch lieber aber wandele ich Standardimaginationen oder Basismotive ab, forme sie freischaffend um, übertrage sie in andere Kontexte oder erfinde situativ für meine Klienten ganz neue Imaginationen. Das Erfinden oder Neuschöpfen von Imaginationen oder imaginativen Meditationen ist kein verstandesmäßiger Akt, sondern nahezu rein intuitiv. Bei dieser Art der aktiven schöpferischen Imagination sind der imaginativen Vorstellungskraft keine Grenzen gesetzt. Im Bild der Pyramide bewege ich mich auf der zweiten Ebene. Das Imaginative dieser Ebene ist nach wie vor bildhaftes Denken, jedoch mit hohen Anteilen spirituellen Erlebens, das sich aus dem eigenen wie kollektiven Vorbewussten und Unbewussten speist. Das Imaginative bewegt sich an der Grenze zum Imaginalen. Das »Imaginale« ist nun eine völlig andere Kategorie, für die ich mich des Begriffes von Corbin bediene, sehe ich doch damit das »Zwischenreich« zwischen Verstand und Seele, zu dem mir über die Visionen des Imaginalen Zugang gewährt wurde, erkenntnistheoretisch gefasst. Ein passendes Bild zum Übergang vom Imaginativen zum Imaginalen finden wir in Camille Flammarions Holzstich »Der Mensch durchbricht das Himmelsgewölbe«. Der Holzstich eines unbekannten Künstlers zierte erstmals 1888 Flammarions Werk »L'Atmosphère«. Flammarion selbst erzählt dazu, dass der Mensch »auf einer seiner Reisen auf der Suche nach dem irdischen Paradies den Horizont erreichte, wo der Himmel und die Erde sich berühren«. Mit dem Imaginalen durchbrechen wir sozusagen die Himmelssphären, und erreichen im Bild meiner Pyramide deren schmale Spitze. Damit haben wir auch wieder den direkten Bezug zur »Nadelspitze der Seele«, zu ihrer Kompassnadel, wie sie die Ahnen im geistigen Nous beschrieben. Welche Richtung weist uns die Kompassnadel?

Das Imaginale ist keine Kategorie unseres Denkens mehr. Es ist eine besondere Art des inneren Sehens. Die visionären Bilder entstehen durch Informationen aus dem eigenen Inwendigen wie durch Eingebungen von etwas Äußerem, das gleichzeitig im eigenen Inneren ist. Die Durchlässigkeit kennt keine Grenzen.

Bedienen wir uns unserer unbeschränkten Vorstellungskraft, lautet ein Einwand nicht selten, dass das Vorgestellte doch bloß »imaginär« sei, folglich nicht real. Im unreflektierten Sprachgebrauch ist mit etwas »Imaginärem« immer etwas »Unwirkliches« gemeint, das außerhalb des Existierenden oder Seienden liegt. Nichts könnte auf das »Imaginale« weniger zutreffen als diese falsche Vorstellung, schärft es doch unsere Sinne für eine gänzlich eigene Form von Wirklichkeit. Unsere schöpferische visionäre Bewusstseinskraft ist der jedem Menschen offen stehende Weg in Wirklichkeiten, die in einem visionären Schwebezustand zwischen Wachen und Schlafen angesiedelt scheinen. Dort erfahren wir sozusagen eine Heimkehr ins eigene Innere und baden in der Quelle des Lebens. Das Imaginale führt uns in das »Land des Nirgend-wo«, wie es Corbin beschreibt, denn »wer aus dem Wo, der Kategorie des ubi, herausgeht, verläßt die natürliche Welt des äußeren Scheins, die die innere verborgene Wirklichkeit einhüllt«. Diese Verinnerlichung ist der Vorgang, der für die Gnostiker die Rückkehr zu sich selbst war. An der Spitze meiner Pyramide eröffnen uns die Visionen des Imaginalen eine ganz eigene Topografie visionärer Erfahrungen. In der Triade des Erkennens zwischen Körper, Geist und Seele führt uns die imaginale Wirklichkeit in eine Zwischenwelt, eine Welt des Bildes, oder wie Corbin schreibt: in die »mundus imaginalis, eine Welt, die ontologisch genau so wirklich ist wie die Welt der Sinne und die des Verstandes, eine Welt, die ein ihr eigentümliches Erkenntnisorgan erfordert, dessen kognitive bzw. noetische Tätigkeit von Natur aus ebenso wirklichkeitsbezogen ist wie diejenige der sinnlichen Wahrnehmung und der intellektuellen Anschauung«. Das Zwischenreich des Imaginalen besteht in einer eigenen Seinsweise. Es ist eine Welt des Feinstofflichen. Ihre »feinen« oder »geistigen Körper« besitzen keine Materie, kein Substrat, weswegen diese Zwischenwelt als ein »Sein in der Schwebe« bezeichnet wird. Wiewohl der »feine, geistige Körper« ohne Materie ist, besitzt er eine eigene vollständige Physiologie. Es ist die Physiologie des »Lichtkörpers« und damit zusammenhängend auch des »Auferstehungskörpers«. In den Vorstellungen der Sufis, die sich Corbin zu eigen macht, war das schon seit jeher so. Der Anthroposoph Rudolf Steiner beschreibt den »ätherischen Körper« als Auferstehungskörper ganz ähnlich. Somit können wir auch die Vision der Maria Magdalena besser verstehen, die den Herrn nach seiner Auferstehung in »dieser Erscheinung« sieht. Ihr wahrnehmendes Organ ist der Nous, in dem sich geistig visionäre Vorstellungskraft mit kognitiven Fähigkeiten zu einem eigenständigen Organ wahrer Erkenntnis zusammenfinden. Der vergessene Begriff wird im Laufe des Kapitels von mir umschrieben, damit er besser verstehbar wird. Die eigentümliche Welt des Zwischenreichs zwischen Geist und Seele ist eine reale Welt, die wir aber bloß über das Imaginale in uns betreten können. Unsere kognitive Dissonanz besteht allerdings darin, dass die Welt der wahren Natur der Dinge jenseits des empirischen rationalen Kontrollbereichs unserer Wissenschaften liegt. Unsere visionären Erlebensdimensionen in dieser jenseitigen Welt sind indes eher sogar realer als jene in unserer materiell trügerischen Welt. Dass dies alles andere als imaginäre Einbildungen unserer blühenden antasie sind, belegen auch die Äußerungen vieler, vieler Frauen und Männer in meiner therapeutischen Arbeit. Leite ich sie durch potenziell hoch spirituelle imaginale Vorstellungsreisen oder Meditationen, berichten sie im Anschluss, wenn sie wieder zur Sprache zurückgefunden haben, immer wieder, dass sie »ganz woanders« gewesen sind, »ganz weit weg«, in einem Nirgend-wo-Zustand, in dem unsere herkömmlichen Dimensionen von Zeit und Raum außer Kraft gesetzt sind. Sie können den Ort ihres Verweilens während ihrer Visionen kaum exakt benennen, doch liegt er weit jenseits ihrer Gewissheiten einer scheinbar objektiven äußeren Realität. Manche visionär Reisende führt es so weit weg, dass sie auch keine bewusste Wahrnehmung für meine Stimme mehr haben, über die ich sie durch die imaginale Übung leite. Es ist ein gänzlich anderer Sinn in ihnen, der dennoch mithört und sie eine andere Realität betreten lässt. Erfahrungen von vermeintlicher Körperlosigkeit, von einem Sein in der Schwebe, sind keine Seltenheit. Die eigentümliche Realität des imaginalen Zwischenreichs wird als derart real und darüber hinaus auch altvertraut erlebt, dass manche Menschen von dort nur noch ungern zurückkehren. In dieser jenseitigen Lichtkörperwelt fühlen sie sich geborgener, freier, freudiger, insgesamt beheimateter als in ihrer alltäglichen Wirklichkeit. Sie fühlen sich erinnert, woher sie kommen und wohin sie wieder gehen werden, wenn sie ihren irdischen Körper mit dem Hinübergehen verlassen müssen. Etliche würden lieber in dieser lichten Wirklichkeit bleiben als zurückkehren, wenn es mit dem Ende der imaginalen Visionen Zeit dazu ist. Viele brauchen eine Weile, bis sie mit und nach dem Öffnen der Augen wieder in die Realität dieser Welt zurückkommen. Sie fühlen sich in einem derartigen Maße innerlich andächtig bewegt, dass sie am liebsten eine ganze Weile nicht sprechen möchten, um die nachklingende Verzauberung nicht zu stören. Nicht eine Einzige dieser transzendenten Empfindungen, die unsere materielle Welt übersteigen, ist im Übrigen mit Ängstigung verbunden. Ganz anders sieht das in den Parallelwelten aus, in die sich Menschen durch eine psychisch-seelische Erkrankung verwiesen sehen. Auf diese nehme ich Bezug in etlichen Kapiteln, in denen ich mittels spezifischer Einblicke in laufende therapeutische Prozesse verdeutliche, dass menschliches Leiden weit mehr als einen Namen braucht.

Sehen mit der Nadelspitze der Seele und den Augen des wahren Verstandes

Rein rational lässt sich nicht erklären, wie die archetypische und spirituell visionäre Welt des Imaginalen ihren »Einbruch« in uns findet. Einen besonders eindrücklichen Einbruch der imaginalen mystischen Welt in meine eigene Innenwelt durfte ich erleben, als ich vor Jahren die »Wohnungen der Inneren Burg« der Teresa von Avila (1515–1582) las. Wie so viele Gott wirklich nahe Menschen wurde auch diese große Mystikerin von der Verfolgung durch die sogenannte Heilige Inquisition bedroht. Sie war indes viel zu klug, um der Inquisition die Argumente zu liefern, die sie letztlich auf den Scheiterhaufen gebracht hätten. Mitten im Lesen und im geistigen Verarbeiten der Inneren Burg tauchte plötzlich die »Herzmeditation in Liebe« in mir auf. Es war wie eine imaginale Eingebung, als hätte die Stimme Teresas in mir gesprochen, damit ich diese imaginal meditative Übung derart verfasse, wie ich es getan habe. Verschriftung wie Audiodatei finden Sie in meinem Buch: »Gib deiner Seele Raum«. Als ich begann, mit dieser Herzmeditation in Gruppen zu arbeiten, sahen sich immer mehr Männer wie Frauen in den visionären Nirgend-wo-Zustand versetzt, in dem sie dem Licht in sich selbst wie dem Licht der Welt begegnen. Wem es gestattet wird, diese imaginale Welt betreten zu dürfen, in der wir uns letztlich rückverbunden fühlen mit dem inwendigen Licht, der äußert keinen skeptischen Zweifel mehr, dass die imaginale Welt einen Zwischenbereich einnimmt zwischen der rein sinnlich erfahrbaren Welt und der intelligiblen Welt. Diesem Menschen wird erlaubt, das Himmelszelt zu durchbrechen, bisweilen verbunden mit der Erfahrung einer mystischen Annäherung an eine verspürte oder gesehene Göttlichkeit.

Wie entscheiden sich Menschen? Was wollen wir denken und tun? Wofür entscheiden Sie sich in Ihrem Leben? Erheben wir uns über sämtliche Ahnen, Mystiker, Philosophen und großen Denker, die den Licht-Menschen im Lichte Gottes beschreiben? Tun wir ihr spirituelles Welt- und Menschenbild als eine Ausgeburt ihrer blühenden Einbildungskraft ab? Oder bewegen wir uns selbst geistig und bewegen uns damit auf ihre tiefen Weisheiten zu? Was brauchen wir zur Bewegung? Jean-Yves Leloup rät uns zu einem »›geneigten‹ Geist«. Ihm schenkt sich der lebendige Geist Gottes.

Das »Imaginale«, unsere schöpferische Vorstellungskraft, eröffnet uns in der Eigenbewegung mit »geneigtem Geist« visionäre Dimensionen jenseits unserer begrenzten Welt- und Menschenbilder, die in aller Regel auf die Welt der direkten Erfahrung und die Welt des abstrakten rationalen Denkens reduziert sind. Das Evangelium der Maria Magdalena weitet darüber jedwede Kosmologie. Ihr Sehen mit anderen Augen, mit den Augen des Imaginalen, führt auch Maria auf direktem Wege in besagte Zwischenwelt. Für sie ist es die Welt der Erscheinung, aber ontologisch gesehen wiederum eine genauso reale Welt wie die Welt ihrer Sinne und die Welt ihres Intellekts. Gar keine Frage, dass Maria, die von Jesus persönlich vorbereitet wurde, über die dieser Welt angemessene Wahrnehmungsfähigkeit verfügt, den Nous, mit seiner kognitiven Funktion und seinem noetischen Wert.

Diese Fähigkeit, etwas auf höheren Ebenen geistig zu erfassen, ist die dem Menschen naturgegebene imaginative und mediale Kraft. Diesen imaginalen Schöpfergeist dürfen wir unter keinen Umständen verwechseln mit bloßer Einbildungs- oder Vorstellungskraft, die wir als moderne Menschen so gerne gleichsetzen mit unserer blühenden Fantasie, die Imaginäres, also Eingebildetes, hervorbringt. Mit der Rückbesinnung auf den »Nous«, diesen uns nicht mehr geläufigen Begriff aus der antiken griechischen Philosophie, der auf die Instanz im Menschen verweist, die für das besondere Erkennen und Denken mit dem Geist der Seele zuständig ist, gibt uns das Maria-Evangelium einen Schlüssel zum Verständnis des göttlichen Vermächtnis an die Hand. Der »noetische Wert« der vom Nous abgeleiteten noetischen Grenzwissenschaften besteht darin, den klassischen Wissenschaften die so dringend gebotene Ergänzung zu bieten, um den Menschen und der Welt ihre intuitive spirituelle Seite wiederzugeben, die im mechanistischen Weltbild zunehmend missachtet und geopfert wurde.

Der antike Begriff des »Nous« ist uns modernen Menschen völlig abhanden gekommen. Ihn gänzlich aufzugeben erweist sich als Verlust, weil er uns in den alten heiligen

Schriften auf Schritt und Tritt wiederbegegnet und wir folglich ein Verständnis von ihm benötigen, um diese Texte verstehen zu können. Eine greifbare Definition des Nous gestaltet sich heute schwierig, weil sich das, was er bezeichnet, dem rationalen Denken entzieht. Überdies schwingen wir modernen Menschen uns eher in Ausnahmefällen noch in jene geistigen Höhen hinauf, in denen der Nous angesiedelt ist. Der Nous erfährt bereits in den antiken und apokryphen Schriften etliche bildhafte Umschreibungen, weil er so schwierig zu denken ist. Er hat jedoch den direkten Bezug zum imaginalen Zwischenreich zwischen Geist und Seele, wie ich es gerade weiter oben beschrieben habe. Im apokryphen »Dialog des Erlösers« sagt der Herr selbst vom Nous: »Das Feuer des Geistes entstand inmitten der zwei. Deshalb entstand die Bewegung. Es entstand unter ihnen der wahre Verstand«. Der Nous als »wahrer Verstand« weit über dem normalen Verstand ist ein besonderes »Feuer des Geistes«. In den »Lehren des Silvanus«, eines weiteren apokryphen Textes aus den Nag-Hammadi-Schriften, lernen wir den Nous als »seelenleitend« kennen. Wer den Nous als den »Führer« und »Steuermann« der Seele nicht hat, wird Unglück leiden, denn »das Wesen des Nous, das ist das Verstehen«, besonders die Einsicht darein, dass im Nous und über den Nous unser Licht und Leuchten zu finden ist. In den »Lehren des Silvanus« erfahren wir weiter: »Gemäß der Substanz ist der Nous an einem Ort, nämlich im Leibe. Gemäß dem Denken dagegen ist der Nous nicht an einen Ort gebunden. Denn wie soll er an einem Ort sein, wo er doch alle Orte überschaut?« Der Nous ist menschlich und übermenschlich, denn jeder Nous im Menschen wird als eine Qualität des Herzens von Christus erleuchtet. Bei den Gnostikern findet sich sogar die Vorstellung, dass der Nous als Christus selbst zur Welt gekommen ist. Danach sandte der »ungewordene Vater« seinen Erstgeborenen, den Nous, unter die Menschen, der sich mit Jesus, dem vollkommensten Menschen, vereinte. Der vollkommene Geist vereint sich mit dem vollkommenen Menschen; dürfen wir in dieser Vereinigung die Geburt des »Christusbewusstseins« erblicken? Gläubige in der Tradition der Gnosis glauben daher auch weniger an den Gekreuzigten, sondern an den Nous als den ewigen Geist, der nur scheinbar den Kreuzestod gestorben ist. In dieser Sichtweise ist es naheliegend, dass Maria Magdalena den Auferstandenen gleichfalls mit ihrem Nous erblickt.

Wie das ganz eigene Sehen mit den Augen des Nous funktioniert, hat eine Visionärin in der Nachfolge der Maria Magdalena erklärt. Die heutzutage noch hoch verehrte Hildegard von Bingen (1098–1179), die von Kindesbeinen an die Gabe der Gottesschau besaß, gibt uns einen Einblick, wie sie ihre Visionen empfängt. Auf die dringende Bitte des Mönchs Wilbert von Gembloux, ihre Gabe zu erläutern, lässt sie ihn per Brief wissen:

> »Von meiner Kindheit an, als meine Gebeine, Nerven und Adern noch nicht erstarkt waren, erfreue ich mich der Gabe dieser Schau in meiner Seele bis zur gegenwärtigen Stunde, wo ich doch schon mehr als siebzig Jahre alt bin. Und meine Seele steigt, wie Gott will, in dieser Schau empor bis in die Höhen des Firmamentes. Ich sehe aber diese Dinge nicht mit den äußeren Augen und höre sie nicht mit den äußeren Ohren. Auch nehme ich sie nicht mit den Gedanken meines Herzens wahr, noch durch irgendeine Vermittlung meiner fünf Sinne. Ich sehe sie vielmehr einzig in meiner Seele mit offenen leiblichen Augen, so dass ich dabei niemals die Bewusstlosigkeit einer Ekstase erleide, sondern wachend schaue ich dies bei Tag und bei Nacht. Das Licht, das ich schaue, ist nicht an den Raum gebunden. Es ist viel, viel lichter als eine Wolke, die die Sonne in sich trägt.

Weder Höhe noch Länge noch Breite vermag ich an ihm zu erkennen. Es wird mir als Schatten des lebendigen Lichtes bezeichnet. Und wie Sonne, Mond und Sterne in Wassern sich spiegeln, so leuchten mir Schriften, Reden, Kräfte und gewisse Werke der Menschen in ihm auf. Alles, was ich in der Schau sehe und lerne, das behalte ich lange Zeit in meinem Gedächtnis, weil, sobald ich es sehe oder höre, es in mein Gedächtnis eingeht. Ich sehe, höre und weiß gleichzeitig, und wie in einem Augenblick erlerne ich das, was ich weiß« (1965).

Damit all die Umschreibungen des antiken Begriffes für unser heutiges Verstehen greifbar bleiben, können wir uns darauf verständigen, dass der Nous unser erhabener, wahrer Verstand ist, der uns eine erhöhte, ans Göttliche gebundene geistige Schau eröffnet. Der Zugang zu einem Erkennen und Verstehen im Geiste des »Nous« ist im Auge unseres Herzens bzw. unserer Seele zu finden. Dass der Nous unser rationales Verständnis von ihm an die Grenzen bringen kann, untermauern auch die Schwierigkeiten der Übersetzer in der Handhabung dieses Begriffes. Manche lassen den Nous in ihren Übersetzungen der alten heiligen Schriften unkommentiert stehen, andere übersetzen ihn einfach mit »Verstand«. Diese Verkürzung ist nun aber grob irreführend, ist es doch gerade nicht unser rationaler Verstand, über den wir zur Erkenntnis des Göttlichen gelangen können. Spätestens mit der Pascalschen Logik des Herzens, nach der wir Menschen ausschließlich mit dem Herzen Gott erkennen können und niemals mit dem Verstand, sollte deutlich sein, dass es weder philosophisch-theologisch noch erkenntnistheoretisch Sinn macht, den Nous mit unserem herkömmlichen Verstand gleichzusetzen. An diesem Beispiel wird einmal mehr ersichtlich, dass eine Übersetzung sich nicht bloß an Worten orientieren darf. Sie muss auch

Sinn ergeben, will sie nicht Sinn verfälschen. Ich muss allerdings gestehen, dass mir diese Widersprüche in den Übersetzungen vom Nous schwerlich aufgefallen wären, hätte ich nicht die sinnstiftenden und erklärenden Kommentare von Jean-Yves Leloup zur Hand gehabt. Wenn der Nous mit unserem Verstand gekoppelt wird, dann ist er zwangsläufig unser »wahrer, höherer Verstand«, der Verstand, der auf geistiger Ebene unser imaginales visionäres Sehen mit dem Herzen begleitet. Auf dieser Sehfähigkeit des Nous beruht auch die berühmte visionäre Himmelsreise des Jakobus und des Petrus aus dem »Brief des Jakobus«. Beide sandten ihren Nous als höheren Verstand weit und weiter hinauf zu den Himmeln, um die himmlischen Sphären zu schauen. Lassen wir heutige Menschen uns an dieses Verständnis des antiken Begriffes des Nous zumindest erinnern, wollen wir uns ein Bild davon machen, mit welchem Organ wir die Nirgendwo-Welten unserer imaginalen Visionen wahrnehmen, um unsererseits die uns gewährten Einblicke in die himmlischen Sphären zu schauen.

Das unsichtbare Dritte

Wenn das Göttliche oder eine »himmlische Instanz« aktuell und lebendig ist, will es sich mitteilen. Folglich bedarf es einer Vermittlung zwischen Gott und dem Menschen, dem Sichtbaren und dem Unsichtbaren, der Welt der materiellen Objekte und physisch existierenden Wesen und der Welt der immateriellen, geistigen Wesen. »In dieser Zwischenwelt, dem ›Imaginalen‹, spielen sich die Begegnungen Mirjams mit dem Auferstandenen ab. Bei ihr wie bei den alten Propheten erweckt Gott in der visionären Imagination die nötigen Formen, um sie zu ihm zu führen; in diesem Sinne ist das Christentum sehr wohl ›aus der Imagination einer Frau‹

geboren worden« dürfen wir noch einmal bei Jean-Yves Leloup lesen.

Mirjam spricht zu Jesus:

»›Herr, ich schaue dich heute
in dieser Erscheinung.‹
Er antwortete:
›Selig bist du, die dich mein Anblick nicht verwirrt.
Denn wo der Nous ist, da ist der Schatz‹.«
(Maria-Evangelium 10,12 – 16)

Meine eigenen, um ganze Welten und Mysterien bescheideneren Gotteserlebnisse haben sich ähnlich in dieser visionären Zwischenwelt offenbart. In ihr wurden durch das besondere Feuer des Geistes in meinem Inneren die »nötigen Formen« erweckt, um das Reich Gottes in mir selbst ahnungsweise betreten zu dürfen. Das ist jeweils ein großes gewährtes Geschenk und in keinem Fall das Ergebnis meines willentlichen Wollens. Manchmal öffnet sich mir blitzartig eine Tür, um sich ebenso blitzartig wieder zu schließen.

Maria Magdalena wusste den Auferstandenen in seiner »Erscheinung« zu schauen. Da Jesus sie für seine Nachfolge vorbereitet hatte, war sie in keiner Weise beunruhigt, ihn in einer Erscheinung zu sehen, die aus jeder Dualität herausfällt. Sie ist weder »physisch« noch »psychisch«, nicht »sichtbar«, nicht »unsichtbar«, nicht »materiell« und auch nicht rein »spirituell«. Es ist ein »Drittes«, doch das Dritte bleibt dem Verstand unbegreiflich, zumal im Evangelium der Maria Magdalena leider genau die Seiten verloren gegangen sind, in denen Jesus im Einzelnen erklärt, wie Maria ihn sieht. In unserem Verstehen klafft da folglich eine empfindliche Lücke. Diese Lücke erzeugt eine Spannung im denkenden Geist, der sich aus den ihm vertrauten Denkweisen herausverwiesen sieht. Das trägt sicherlich zu den Schwierigkeiten der Menschen über alle Zeiten bei, sich eine Vorstellung davon zu machen, wie die Auferstehung Jesu sich vollzogen haben könnte. Dass er wahrhaftig in seinem leiblichen Körper auferstanden sei, mochten dem materialistischen Weltbild verhaftete Menschen nie glauben. Selbst bekennende Christen wussten und wissen die Auferstehung Jesu von den Toten nur schwerlich einzuordnen.

Maria sieht ihn in seiner Gestalt des Lichtkörpers. Ähnliche Begrifflichkeiten wären »Astralleib« oder »ätherischer Körper«. Im Grunde handelt es sich um diejenige Gestalt eines belebten Geistkörpers, die alle Menschen nach ihrem Tod annehmen, wenn sie in die jenseitige Dimension hinübergehen. Jedenfalls legen das sämtliche Berichte und Vorstellungen über die Verfasstheit der Nach-Tod-Welt nahe. Der Lichtkörper ist eine perfekte Kopie oder Blaupause unseres materiellen Leibes, bloß eben ohne Masse und Materie. Wer Mühe hat, sich davon ein Bild zu machen, kann sich damit behelfen, sich die Gestalt eines Menschen in einem Frühnebel vorzustellen, die von hinten vom gleißendem Licht der Sonne überstrahlt wird. Würden wir einen Lichtkörper berühren wollen, würden wir durch ihn hindurchgreifen. Wir träfen nicht auf Masse. In der lateinischen Übersetzung des Johannes-Evangeliums findet sich deshalb auch die berühmte Wendung Jesu, die er an Maria Magdalena richtet: »Noli me tangere«, berühre mich nicht. Wie so häufig in den Übersetzungen der heiligen Texte handelt es sich um einen frühen Übertragungsfehler. Im griechischen Original heißt es eher: »Halte mich nicht fest«, was viel eher Sinn ergibt, war doch Jesus noch nicht zum Vater aufgefahren. Es gibt noch eine mögliche Betrachtungsweise: Vor seiner Grablegung sieht und erkennt Maria Jeshua als ihren »Rabbuni« seinem Leib nach. Es steht aber nicht Jeshua auf, sondern der Christus, der Maria fragt: »Erkennst du mich nicht mehr?« Da erkennt sie den Auferstandenen seiner Erscheinung nach als Christus, den sich ihr zeigenden wahrhaftigen Sohn Gottes vor seiner Auffahrt zum Vater. Als Sohn Gottes fordert er Maria Magdalena auf, seinen Jüngern wie der Welt seine Auferstehung wie seine Botschaft zu verkünden. Hätte Maria Magdalena nicht über die wahrnehmende Fähigkeit des Nous verfügt, hätte sie Jesus in seiner lichtvollen Gestalt nicht als lebendigen Sohn Gottes sehen können. In diesem erkennenden Dritten ist »der Schatz« verborgen, der gleich Jesus Christus ist.

Die Jünger Jesu haben größere Mühe als Maria Magdalena, den Auferstandenen in seiner Erscheinung zu erkennen. In »Eugnostos« und in »Die Weisheit Jesu Christi«, zwei weiteren alten Schriften, lesen wir nahezu wortgleich, wie er sich ihnen nach seiner Auferstehung zeigte. Jesus erschien »nicht in seiner früheren Gestalt, sondern in unsichtbarem Geiste. Sein Aussehen aber war das Aussehen eines großen Lichtengels«. Seine Jünger erkannten ihn anfangs nicht und »fürchteten sich«. Da gab sich Jesus ihnen über seine Worte zu erkennen: »Friede sei mit euch! Meinen Frieden gebe ich euch«. Da glaubten sie.

Mirjam von Magdala verfügt in höherem Maße über die Fähigkeit, den »Lichtkörper« des Auferstandenen seiner göttlichen Natur gemäß wahrzunehmen als die übrigen Jünger. Ihr inneres Auge als das schwer fassbare »Dritte« jenseits unserer begrifflichen Dualismen steht ausschließlich dem visionären Imaginalen offen, für das uns die vertrauten Kategorien fehlen. Da es sich um »das Dritte« handelt, ist es sicherlich erlaubt, uns eine weitere Behelfsbrücke zu bauen und einen Begriff zurate zu nehmen, der mehr heutigen Menschen etwas sagt: das »dritte Auge«. Das dritte Auge, auch das violette Stirn-Chakra genannt, dient unserem mystischen inneren Sehen. Unsichtbar liegt es in der Stirnmitte, mitten zwischen oder leicht über den Augenbrauen, und nicht direkt frontal, sondern leicht zurückgesetzt. Vielleicht dürfen wir dort heutzutage am ehesten »den Schatz« vermuten und verorten. Wie auch immer: Wir sehen uns auf uns selbst zurückverwiesen, auf die Spannung, in uns zu klären, was wir unter Sehen, Fühlen, Hören, Vorstellen, Intuition, Wissen, Erkenntnis, Rückbesinnung verstehen mögen. Das ist keine Übung für geistig träge Menschen. Im Maria-Evangelium versteht sich der Nous als der Vermittler zwischen den physischen, psychischen und spirituellen Welten. In das Zwischenreich, in dem wir über das Denken hinauswachsen können, führt am direktesten unser Gebrauch der schöpferischen imaginalen Kraft in Einheit mit unserem Atem. Um uns diese Bereiche zu eröffnen, braucht es ein Stück innere Läuterung, damit nicht ganze Dimensionen des menschlichen Wesens negiert werden oder im Tiefschlaf dahindämmern. So wie Jesus Maria Magdalena durch die Reinigung ihrer Chakras bzw. durch die Gabe der sieben Geister Gottes von einer geistigen Stufe zur nächsten emporgehoben hat, bedeutet ein innerer Weg für den Menschen von heute eine Reise durch seine Innenwelten. Es ist eine Rück-Reise von der Materie zur Liebe, zur Güte, zum Licht, das gleichzeitig das Licht eines jeden einzelnen Menschen ist wie das ewige Licht der Welt des göttlichen Christus, der sich zum eingeborenen Menschen gemacht hat. Der Mensch ist jedenfalls zu einer anderen Weisheit fähig als der, sein Licht unter den Scheffel zu stellen:

> »Die eine Welt verließ ich dank einer anderen Welt:
> die eine Gestalt ist verblichen
> durch eine höhere Gestalt«.
> (17,1–3)

Eine höhere Welt erlöst uns von der niedrigeren Welt. Eine reduzierte Gestalt wird erhöht und schreitet in ihrer Entwicklung voran. Auf der Grundlage der Vision eines »geheilteren«,vollständigeren, weniger reduzierten oder in seine Einzelheiten atomisierten Menschen kann sich der Mensch entwickeln, und damit auch die Welt retten, in der er lebt und die er als Schöpfung nach seinem Bilde weiterführt. Eine bessere, schönere, friedvollere Welt setzt ein schöneres Bild vom Menschen voraus, eine gelungenere Anthropologie. In ihr erkennen wir den auferstandenen Erlöser in uns selbst wieder. Gott ist in uns, wir sind in ihm. Das Reich Gottes ist inwendig in uns. Doch in unseren Wurzeln steckt keine gerichtete Zwangsläufigkeit. Gott hat uns einen freien Willen verliehen; selbst zum »Nein« sagen. Bei einem »Nein« bricht die Liebe keine Tür auf, die verschlossen gehalten wird. Unser Lebensbaum kann also in Düsterheit verkümmern oder sich in Freiheit zum Licht hin entfalten.

Viele Menschen sind aus diesem »Wissen« gänzlich herausgefallen bzw. haben sich selbst herauskatapultiert. Infolgedessen leiden viele Menschen an Gott und der Welt. Sie beklagen die Schwere ihres Alltags und ihre inneren Nöte, fühlen sich nicht selten existenziell alleine. An Gott oder eine ähnliche Kraft glauben sie nicht, seine Liebe erschließt sich ihnen nicht. Sie sagen es auch ausdrücklich so oder so ähnlich: »Gott interessiert sich nicht für mich.« Sie können verzweifeln an sie immer wieder peinigenden Gefühlen von innerer Leere und tief empfundenem Mangel. Hier stellt sich eine ganz einfache Frage: »Woran würden diese Menschen merken, dass die geistige Welt der Helfer und Heiler zu ihnen spräche? Mit welchen Ohren könnten sie hören? Denkbare Antworten gebe ich im Kapitel »Die geistige Welt existiert und teilt sich mit.

Uns könnten die Sinne des Verstehens schwirren, weil wir uns so unendlich schwer tun, das »umfassende Dritte« zu verstehen, in dem Materie und Geist in imaginaler Hinsicht ein und dasselbe sind. Heute müssten wir wohl hinzufügen: in imaginaler wie in quantenphysikalischer oder quantenphilosophischer Hinsicht, wobei die Quantenphysik sich gleichfalls wenig bis gar nicht vom rationalen Verstand, sehr wohl aber vom imaginalen Geist erfassen lässt. Die Imagination, so schließt Leloup, »ist das Bindeglied zwischen dem Unsichtbaren und dem Sichtbaren, zwischen dem Spirituellen und dem Physischen«. Sie ist gleichfalls das Bindeglied zum »Unaussprechlichen«. Gott wird häufig als der Unaussprechliche bezeichnet. Nicht weil wir über keine Worte verfügen würden: Gott, Christusbewusstsein, Kosmos, Quelle, Shiva, Atman und viele weitere, die Ähnliches meinen. Der Unaussprechliche scheint unaussprechlich, weil der rationale Verstand kapitulieren muss vor seinem Verständnis. Wir können »Gott« schlicht und ergreifend nicht »denken«. Erfassen können wir ihn ausschließlich mit dem fühlenden wie sehenden Herzen oder einer wahren Einsicht.

Liebe und Güte als die wahre Natur des Menschen

Die mystische imaginale Verbundenheit, wie sie uns das Maria-Evangelium ans Herz legt, ist so viel weiter als bloß metaphorisch, literarisch oder auch therapeutisch zu verstehen. Ist es uns erlaubt, kann sie uns emporheben, uns von unseren »Dämonen« läutern und reinigen, um uns durch Rückverbindung »heil« zu machen. In all dem waltet der Geist der unverbrüchlichen selbstlosen Liebe, die sich weiter zur Güte emporhebt. Das Evangelium der Maria lädt ein, die Freiheit der Güte zu leben, indem wir uns als Menschen an den halten, der in unseren Herzen die Güte verkörpert:

> »Deshalb ist die Güte in eurer Mitte erschienen;
> sie hat sich mit den Elementen eurer Natur verbunden,
> um sie wieder mit ihren Wurzeln zu vereinen.«
> (7,20–22)

Selbst die größte Fülle an Gütern in der materiellen Welt bringt im inneren Erleben den Mangel hervor. Liebe und Güte als innere Fülle kleiden sich nicht in die zu engen Gewänder des materiellen, die Sinne verwirrenden Scheins:

»Das Haften an der Materie
erzeugt eine Leidenschaft gegen die Natur.
So entsteht im ganzen Leib Verwirrung.«
(8,1–3)

So viele Menschen leiden unter ihrem tief empfundenen inneren Mangel. Sie kennen keine Harmonie mehr. Ihr größter Wunsch ist: »Ich möchte so gerne mein Herz mehr öffnen« oder »Ich würde gerne mein Herz mehr spüren«. Wer aus der Ferne, aus dem Exil der Verwirrung, zu sich selbst zurückkehren darf, zurück zur Quelle seines Lebens und seines Atems, der wird sein Herz spüren:

»Wenn ihr verwirrt seid,
lasst euch von den Bildern
eurer wahren Natur leiten.«
(8,6–8)

Wer sich leiten lässt, erfährt Umkehr, wie es Johannes Damascenus, einer der frühen Kirchenväter, formuliert: »Die Umkehr, das ist die Rückkehr von dem, was gegen die Natur ist, zu dem, was ihr eigen ist«. In diesem Sinne werden wir nicht geboren, um Güter und Besitz anzuhäufen, sondern um ein Leben in Verbundenheit zu leben. Daraus erwächst uns der innere Frieden, wie ihn zweifach die Evangelien der Maria und des Johannes verkünden. Es ist der Friede des Erlösers, den wir in uns erwecken lassen und in uns vollenden. Dann wird Erlösung spürbar als eine Form von gelebter Gegenwart mit Freude im Herzen und Frieden im Denken und Handeln. Diesen Frieden, so wir ihn denn annehmen, kann uns keiner nehmen, wird er uns doch als Verheißung gegeben. Bei Johannes lesen wir:

»Frieden lasse ich euch,
meinen Frieden gebe ich euch.
Nicht gebe ich euch, wie die Welt gibt.«
(Johannes 14,27)

Wer die Worte nicht scheut, kann ihnen folgen und zum Reich Gottes finden. So verspricht es uns Maria Magdalena im Namen Jesu:

»Denn in eurem Innern
wohnt der Menschensohn;
folget ihm nach:
Wer ihn sucht, der wird ihn finden.«
(8,19–22)

Im Inneren eines jeden Menschen wohnen die Liebe und die Güte. Wer sie sucht, der findet sie. Wer sie leben möchte, lebt sie. Wer sie lebt, lebt die Botschaft des ursprünglichen Christentums ebenso wie die Botschaft jeder anderen Weltreligion und Weisheitslehre, die nicht durch weltliche Interessen verfälscht wurde. Es ist ganz einfach. Und weil es einfach ist, ist es auch ermutigend: Die Menschen tragen alles in sich, was sie brauchen. Sie tragen es in sich, weil der Schöpfer sie ausgestattet hat. Er hat sie ausgestattet mit Liebesfähigkeit, Unterscheidungskraft und Verstehensvermögen.

Einer meiner Klienten, ein Professor der Psychologie, der in einer der furchtbarsten Lebenskrisen, in die sich ein Mensch gestürzt sehen kann, den Weg zu mir fand, bekommt seither gelegentliche Eingebungen, wenn er sich zur inneren Sammlung in Gotteshäuser begibt. Wörtlich hört er zweimal während derartiger Stunden der Besinnung eine höhere Stimme in sich, die zu ihm spricht: »Ich habe dich ausgestattet«, und »Die Liebe ist die letzte Antwort«. Tief in seinem Innern weiß er, wer so zu ihm spricht. Der Stimme vertrauensvoll folgend, erlebte er sich in der Tat ausgestattet mit allem, was er benötigte zur Bewältigung seiner Lebens- und Sinnkrise, und ausschließlich die Liebe wie die Vergebung wiesen ihm den Weg der zu bewältigenden Veränderungen. Das Leben verlangt uns vieles ab. Aber wir tragen als Menschen alles in uns, es zu bewältigen. Wir brauchen es bloß zum Ausdruck zu bringen. Da braucht es keine Besonderheit, es braucht keine charismatische Erwählung. Was es braucht, ist Hingabe und Vertrauen.

Werden wir zu Hingabe und Vertrauen fähig, was die größte Herausforderung ist, können wir zu Menschenwesen in ihrer ganzen schönen Fülle werden. Als Geschöpfe nach dem Ebenbild des Höchsten sind alle Menschen guten Willens in Weiterführung der Schöpfung dazu fähig. Wir sind quasi vorbereitet, wie es uns das Evangelium der Maria verdeutlicht:

> »denn er hat uns bereit gemacht.
> Er ruft uns auf, vollkommene Menschen zu werden.«
> (9,17–18)

Vollkommene Menschen meint Menschen im Sinne oder Geiste des »Anthropos«, ganze Menschen, die Gegensätze und Polaritäten in sich zu einen in der Lage sind, die Gewalt, Hass und Gier hinter sich lassen können. Da die Vorstellung des »vollkommenen Menschen« in unserem gewohnten Denken schon wieder wie eine uneinlösbare Überforderung klingen mag, dürfen wir sicherlich auch im wohlverstandenen Sinne davon sprechen, dass wir uns zu guten, innerlich schönen Menschen entwickeln können. Als solche können wir unsere ungebrochene Liebesfähigkeit wiederentdecken und bewahren. »Ganze« Menschen sind zur Liebe und Güte bereite Menschen. Sie lieben weniger aus einem Mangel oder einer Bedürftigkeit heraus, sondern sie lieben aus und mit der Fülle ihres Wesens. Sie wenden ihren Sinn zur Güte.

Diese Art der Liebe ist so gänzlich verschieden von dem Gefühl, das so viele Menschen für das schönste Gefühl der Welt halten: der Verliebtheit oder sogar ihrer Verkehrung in Abhängigkeit und Unselbstständigkeit nach dem Motto: »Ich liebe dich, weil ich dich brauche« oder umgekehrt »Ich brauche dich, weil ich dich liebe«. Die Menschen sind Legionen, die in der Liebe zu einem Partner etwas suchen, das sie in sich selbst kaum finden. So viele erwachsene Frauen wie Männer behaupten allen Ernstes: »Ich halte das Alleinsein nicht aus« oder »Ich habe Panik davor, mich einsam zu fühlen«. Da Angst das Gegenteil von Liebe ist, verbleiben sie häufig lieber in der trügerischen Sicherheit von Abhängigkeitsverhältnissen als das Abenteuer zu riskieren, ihre ursprüngliche Liebesfähigkeit in sich selbst wiederzuerwecken. Das Erwachen der wahren Liebe befreit von den Fesseln der Ängste. Das ist ein Weg, den wir klar vorgezeichnet sehen durch Philippus im gleichnamigen Evangelium: »Niemand kann sich diese Gnade anders erwerben, als daß er das vollkommene Licht anzieht und selbst zu vollkommenem Licht wird. Wer es angezogen hat, wird in den Ort der Ruhe eingehen« (106).

Die Liebe verbindet, die Liebe befreit: Sie ist ihr eigenes Maß

Über die höhere Liebe sind wir mit der geistigen Welt, sprich dem Göttlichen verbunden. Gleichzeitig macht diese Liebe uns frei von falschen Bindungen. Den spirituellen Auftrag zur Freiheit erteilt uns Jesus selbst. Durch die Stimme der Maria Magdalena mahnt er:

»Stellt keine Regel auf,
außer der, deren Zeuge ich war.«
(9,1–2)

Jesus hat keinen Apostolischen Stuhl, keinen Papst, noch Sachwalter als Hierarchie von Kardinälen und Bischöfen eingesetzt. Er hat lediglich seine Anhänger zur Verkündung seiner Botschaft von Liebe und Güte und Freiheit in die Welt gesandt. Selbst Petrus, auf den er der Überlieferung nach als Fels seine Kirche bauen wollte, kam nicht die Rolle eines Oberhauptes des sich entwickelnden Christentums zu; zumal dieser Fels als Mensch mehr als nur einmal schwankend war.

Der, der Gott sucht, bedarf keiner Gesetze von Kirche oder Staat. Denn sein Gesetz ist die von Christus bezeugte Regel seines Evangeliums. Als das »Neue Gebot« gibt Jesus zuletzt kein anderes Gebot als das Gebot der Liebe: »Ein neues Gebot gebe ich euch, dass ihr euch untereinander liebt, wie ich euch geliebt habe, damit auch ihr einander lieb habt. Daran wird jedermann erkennen, dass ihr meine Jünger seid, wenn ihr Liebe untereinander habt«. Der Apostel Johannes (13,34–35) bekräftigt mit diesen Worten Jesu die Stimme Maria Magdalenas. Um die herausragende Bedeutung des Gebots der Liebe zu untermauern, wiederholt er die Regel Jesu zweifach: »Das ist mein Gebot, dass ihr einander liebt, wie ich euch liebe« (15,12), und »Das gebiete ich euch, dass ihr untereinander liebt« (15,17). Bei den drei anderen Evangelisten Matthäus, Markus und Lukas steht das Doppelgebot der Liebe: »Du sollst deinen Nächsten lieben wie dich selbst« gleichrangig neben dem Gebot der Liebe zu Gott. Und Markus hält ausdrücklich fest: »Es ist kein anderes Gebot größer als dieses« (12,31). Kein Geringerer als Martin Luther hat daraus in seinen Vorreden zur Bibel abgeleitet, dass das von Jesus zuletzt gegebene Gebot der Liebe über allen Geboten des gestrengen Moses aus dem Alten Testament rangiert. Im Zweifelsfalle bedeutet das große Gesetz der Liebe, über niedere Gesetze hinauszugehen. Das ist allerdings nicht misszuverstehen. Jesus hat nie zu weltlicher Radikalität aufgerufen. Insoweit hat er manche falsche Erwartungen bestimmter Anhänger enttäuscht, die »sein kommendes Reich« von dieser Erde wähnen wollten. Sie erwarteten sich den Sturz der römischen Herrschaft. Das aber hatte Jesus nie im Sinn. Gleichwohl musste er sterben. Nicht nur, um seine ihm auferlegte Passion zu erfüllen, sondern auch, weil er der jüdischen Obrigkeit ein Dorn im Auge war. »Stellt keine Regel auf« außer meinem Gebot der absoluten Liebe, das ist für sämtliche kirchlichen wie weltlichen Gesetzgeber die gefährlichste Regel überhaupt. Wer nach dieser Regel lebt, wird durch die Liebe frei von jedweder falschen Bindung an falsch gesetzte Gebote. In diesem Sinne ist die Liebe radikal und ihr eigenes höchstes Maß.

Eine Lichtkörper-Imagination: Die Blaupause deines physischen Leibes

Setze dich bequem, aber in aufrechter Haltung an einen dir angenehmen Ort. Es gibt jetzt nichts mehr zu tun. Nur eines: Beobachte ganz still und ruhig deinen Atem, wie er kommt und geht…

Und nun fühle ganz aufmerksam in deinen physischen Körper hinein… Du kennst deinen Körper am besten und weißt um deine leiblichen Befindlichkeiten. Durchwandere mit deiner Aufmerksamkeit langsam deinen Körper und verweile für einige Atemzüge an denjenigen Stellen wie Organen deines Leibes, die dir wiederholt oder chronisch Probleme oder Schmerzen bereiten. Unabhängig davon, welche Probleme dir bestimmte Regionen deines Körpers bereiten mögen, welche Schmerzen du erdulden musst, oder von welchen Krankheiten du dich geschlagen fühlst, versuche nichts zu bewerten... und vor allem, gehe nicht in irgendeine Angst hinein. Vielmehr übe dich in Vertrauen. Es mag sein, dass dir etwas große Sorge bereitet, etwas, das schwer zu ertragen ist. Dennoch: Übe dich in Vertrauen und Hingabe. Atme und nimm wahr. Atme. Atme ruhig und tief.

Und jetzt stelle dir in deiner Vorstellung vor, dass auf deiner rechten Seite neben dir eine perfekte Kopie deines physischen Körpers auftaucht. Allerdings erscheint die Blaupause deines leiblichen Körpers nicht als materielles Doppel, sondern sie erscheint als dein durch und durch perfekter Lichtkörper, strahlend hell und durchsichtig transparent. Dein Lichtkörper ist das vollkommene, durch und durch gesunde, von allen denkbaren Beschwerden und Einschränkungen freie Doppel deines realen physischen Körpers. Jedes noch so winzige Detail deines physischen Leibes findet seine perfekte Entsprechung in deinem Lichtkörper auf deiner rechten Seite. Jedes deiner inneren Organe findet sich in vollkommener Unversehrtheit gespiegelt in deinem ätherischen Doppel des Lichtkörpers. Jeder Muskel, jede Sehne, jeder Knochen, jede kleinste Zelle befinden sich in vollkommener Harmonie im Doppel deines Lichtkörpers. Dein Lichtkörper befindet sich ganz und gar im Gleichgewicht, er ist bis in jede einzelne Zelle hinein gesund und heil.

Nun stelle dir vor, wie du das ätherische Doppel deines Lichtkörpers ganz langsam über deinen real existierenden Leib schiebst, bis beide Körper ganz und gar deckungsgleich sind. Stelle dir weiter vor, wie jedes innere Organ deines realen physischen Leibes von seiner vollkommenen Entsprechung in deinem Lichtkörper überdeckt wird. Über diese Vorstellung kannst du jedes eventuell erkrankte Organ wieder an sein vollkommen gesundes Doppel des Lichtkörpers anbinden. Der Lichtkörper vermag auf diese Weise deinen gesamten physischen Körper zu überstrahlen. Folglich kannst du dir weiter vorstellen, wie jede einzelne Zelle deines realen leiblichen Körpers überstrahlt wird von ihrem perfekten Doppel des Lichtkörpers. Der Lichtkörper überträgt sein vollkommenes Licht, seine in sich feinst ausgerichtete Harmonie, auf deinen physischen Leib. Und so kannst du dir sagen: Ich bin mein idealer Lichtkörper, ich bin eins mit meiner idealen Lichtstruktur. Ich bin eine ideale Einheit des vollkommenen Lichts. Ich bin mein idealer Lichtkörper und meine ideale Lichtstruktur.

Die Rückanbindung an den Lichtkörper vermag bisweilen heilsame Wirkungen zu entfalten. Ein Versprechen auf wundersam garantierte Heilung ist diese imaginative Übung nicht. Im Zweifelsfall erlebst du sie aber zumindest stärkend, tröstend, Zuversicht spendend.

Wie alles mit dem Wort begann: Liebe

Die Entdeckung des Evangeliums der Maria Magdalena hat nicht dazu geführt, die Geschichte des Christentums neu zu schreiben. Aber jeder einzelne Mensch, der sich der Gefährtin von Jesus nahe fühlt, kann durch seine gelebten Werke ihrer Stimme Ausdruck verleihen. Den Kirchenlehren gemäß beruht das gesamte Christentum samt der Schöpfungsgeschichte nach wie vor auf dem Prolog zum Evangelium des Johannes. In der Lutherübersetzung von 2017 wird die ursprüngliche Schrift nach Jahrtausenden religionsphilosophischer Geschichte so übertragen:

»1 Im Anfang war das Wort, und das Wort war bei Gott, und Gott war das Wort.
2 Dasselbe war im Anfang bei Gott.
3 Alle Dinge sind durch dasselbe gemacht, und ohne dasselbe ist nichts gemacht, was gemacht ist.
4 In ihm war das Leben, und das Leben war das Licht der Menschen.
5 Und das Licht scheint in der Finsternis, und die Finsternis hat‘s nicht ergriffen.
6 Es war ein Mensch, von Gott gesandt, der hieß Johannes.
7 Der kam zum Zeugnis, damit er von dem Licht zeuge, auf dass alle durch ihn glaubten.
8 Er war nicht das Licht, sondern er sollte zeugen von dem Licht.
9 Das war das wahre Licht, das alle Menschen erleuchtet, die in diese Welt kommen.

10 Es war in der Welt, und die Welt ist durch dasselbe gemacht, und die Welt erkannte es nicht.
11 Er kam in sein Eigentum, und die Seinen nahmen ihn nicht auf...
14 Und das Wort ward Fleisch und wohnte unter uns, und wir sahen seine Herrlichkeit, eine Herrlichkeit als des eingeborenen Sohnes vom Vater, voller Gnade und Wahrheit«.

Besonders die erste Zeile: »Im Anfang war das Wort und das Wort war bei Gott« darf sicherlich als kulturelles Allgemeingut gelten. Aber verstehen wir heute überhaupt noch, wie es zu den Worten kam, und was sie im Anfang bedeuten? Wo in ihnen findet sich der Christ?

Wir können Jesus von Nazareth, das Fleisch gewordene Wort, als Christus, als Erlöser und als das wahre Licht der Welt nicht in der Verkürzung verstehen, nicht in der Vergessenheit der Entstehung der Heilsgeschichte. Vor »dem Wort« war »der Logos«, dieser Urbegriff der griechischen Philosophie, der sich über Heraklit, Sokrates, Platon, Aristoteles und Philon zum »Sohn Gottes« wandelte.

Heraklit (550–480 v. Chr.) führte sämtliche Vielfalt des Kosmos auf ein letztes unveränderliches göttliches Urprinzip zurück. Da Unveränderlichkeit aber keine Weltenschöpfung hervorbringen kann, die ein Handeln voraussetzt, stellte er ein zweites Urprinzip auf: den »Logos«. Der Logos ist gleichfalls göttlicher Natur, untersteht zwar dem obersten göttlichen Prinzip, übernimmt in dessen Namen aber die Aufgaben der Weltenschöpfung. Später kommt noch ein drittes Prinzip hinzu, das uns in seiner Bedeutung bereits im Evangelium der Maria Magdalena begegnet ist: der »Nous« als Geist der göttlichen Vernunft, die das Weltall durchwaltet. Hier können wir bereits die sich später ausbildende Dreifaltigkeit des Neuplatonismus ahnen.

Bei Sokrates (470–395 v. Chr.) und Platon (427–347 v. Chr.) ist der Logos das Vermögen wahrer Einsicht und Erkenntnis. Das »Licht des Logos« führt zur höchsten Stufe der Erkenntnis: zur Erleuchtung. Doch auch die Wahrheit selbst, wie sie in den Gesetzen des Kosmos lebt, wird zum Logos. Für Platon existieren eine Urrealität, ein Wahrhaftwirkliches und die Ideen und Formen des Transzendenten als »Universalien« in den Gesetzen des Universums, unabhängig von und vor aller irdischen Materie. Diese philosophische Annahme ist die geistige Quelle für die Weiterentwicklung des schöpferischen Prinzips, das als Christus in die Welt kommt: »Ich bin der Weg, die Wahrheit und das Leben, niemand kommt zum Vater, denn durch mich« (Joh 14,6).

Der jüdisch hellenistische Brückendenker Philon von Alexandria (25 v.–50 n. Chr.) verband mittels des Logos die jüdische Tradition mit der platonischen Vorstellungswelt der Ideen und Formen des »Wahrhaft-Wirklichen«. Er schlug eine beeindruckende Brücke zwischen den Schriften und den Gottesvorstellungen des Alten Testaments und der zeitgenössischen griechischen Philosophie und Theologie. Philons Vorstellungen sind geprägt vom geistigen Spannungsverhältnis zwischen Gott und Welt. Sein Denken ist dualistisch. Gott ist zwar der Erschaffer der Welt, bleibt aber absolut jenseits und für menschliches Erkennen unerreichbar. Um die Brücke zwischen Göttlichem und Weltlichem zu schlagen, braucht es Vermittler. Neben der Weisheit der »Sophia«, die als Gestalt auch viele gnostische Schriften durchzieht, ist der transzendente kosmische Logos in der Dualität zwischen Gott und der Welt der zentrale Vermittler. Philon nennt den Logos folglich auch »Gottes Sohn«, »Wort Gottes« oder »göttliche Vernunft«. Als Sohn Gottes substantiiert bzw. personifiziert Philon den Logos, gibt ihm als geistigem Gedanken Gestalt. Der Logos als »Wort Gottes« weitet sich für Philon zum generellen Schöpferwort, durch das Gott die

Welt erschafft. In der erschaffenen Welt waltet der Logos als das ordnende und gestaltende göttliche Prinzip. Er ist das erste Werk Gottes.

In dieser Logik hieß es in den ersten Übersetzungen des Prologs zum Johannes-Evangelium folglich auch: »Im Anfang war der Logos, und der Logos war bei Gott, und der Logos war Gott. Im Anfang war er bei Gott. Alles ist durch ihn gemacht, und ohne ihn ist nichts gemacht, was gemacht ist«.

So bedeutend, wie der Logos als eine Art »Fixstern« für die gesamte griechisch hellenistische Philosophie wurde, so schwer nachvollziehbar ist es, wie er aus dem Denken der Moderne fast sang- und klanglos wieder verschwinden konnte. Parallel entstanden und ebenso parallel in Vergessenheit geraten ist auch eine geistig spirituelle Strömung, die vor und mit der Zeitenwende im Mittelmeerraum entstand. Es war eine neue religiös spirituelle Strömung, die sich zeitgleich zum erwachenden Christentum ausbreitete, und erstaunlicherweise sowohl in ihm wie außerhalb von ihm existierte. Ich spreche von der »Gnosis«. Ihr zufolge vollzieht sich Erlösung durch Einsicht, durch die aus der Weisheit geborene Erkenntnis, die uns unsere existenziellen Fragen beantwortet: »Wer waren wir? Was sind wir geworden? Wo waren wir? Wohinein wurden wir geworfen« Wohin wir eilen? Wovon sind wir erlöst? Was ist Geburt? Was ist Wiedergeburt?« Es sind dies die Fragen, die Clemens von Alexandrien in den »Auszügen aus Theodotus« als die den Menschen zur Wahrheit führenden Fragen der Gnosis stellt. Das gnostische »Evangelium der Wahrheit« verspricht:

> »Jeder, der solches Wissen erlangt, erkennt, woher er gekommen ist und wohin er geht. Er erkennt es wie einer, der betrunken war und sich von seiner Trunkenheit bekehrte: Nachdem er zu sich selbst zurückgefunden hatte, brachte er sein Eigentum in Ordnung«.

Unser geistiges Eigentum oder Haus bringen wir nicht in Ordnung über eine Anhäufung von Wissen. Gesammeltes Wissen ist für die Gnostiker keine Erkenntnis. Sie suchen gar nicht erst vom Baum der Erkenntnis des Guten und Bösen zu kosten, sondern vom Baum des Lebens. Ihre Erkenntnis ist eine gotteszentrierte Erkenntnis, weshalb sie ein ganz eigenes Welt-, Menschen- und Gottesbild vertreten, das einen enormen Einfluss auf den Glauben der Menschen hatte. Sie öffnen die Augen für Gott, möchten die Welt durch ihn hindurch erkennen. Er ist ihnen der Ort der »Erquickung«, auf den sie ihre Blicke richten, zu dessen »Höhen« sie ihre Gedanken tragen. Aus unserem geistigen Wissen ist das Schauen mit den Augen der Gnosis fast durchweg verschwunden. Entdecken wir die gnostischen heiligen Schriften für uns wieder, offenbaren sie uns eine zweite, sehr verwickelte, aber nichtsdestoweniger planvolle Schöpfungsgeschichte. Weder unser Gottesverständnis noch unsere Vorstellungen »Vom Ursprung der Welt«, wie eine dieser Schriften über die Entstehung des Universums betitelt ist, werden dadurch leichter. Unser denkender Verstand vermag es nicht, die metaphorische Vielzahl der Bilder, Parabeln und Gleichnisse über die Schöpfungsgeschichte mit seinem neuzeitlichen Wissen über den »Urknall« zusammenzubringen. Die Welt der Bilder und Symbole ist mit der Kosmologie des »big bang« gedanklich unvereinbar. Daraus resultiert eine Spannung im Geist, die ihrerseits rational nicht auflösbar ist.

Kurz gesagt, kommt mit der Erschaffung der materiellen Welt der Irrtum in die Welt. Mit wachsender Entfernung von Gott erlebt sich der Mensch zunehmend fremd in sich selbst. Er leidet durch die vielfältigen Erscheinungen der Entfremdung. Gleichzeitig weiß er noch um die Möglichkeit zur Um- und Rückkehr in die bessere, eigentliche Wirklichkeit, aus der er geworfen wurde. Er wandelt zwischen Dualität und Polarität, zwischen Gut und Böse, zwischen Liebe und Finsternis. Das »Gute« beinhaltet den rechten Geist, die Liebe, die Güte. Das »Böse« zeigt sich in den Versuchungen des Materiellen. Diese Dualität begründet auch ein dualistisches Schöpfungs- und Gottesbild der Gnosis. Ganz oben gibt es den Unerschaffenen, den seit jeher aus sich selbst heraus existierenden jenseitigen lichtvollen Gott, der sich im »Pleroma«, in der unendlichen Fülle, aufhält. Ihm zur Seite stehen die aus der höchsten Gottheit entstandenen geistigen Wesenheiten, die »Äonen«. Wir dürfen sie uns auch als eine Engelshierarchie oder die »Geister der Zeit« denken. Der Begriff »Äon«, der ursprünglich sowohl für die zyklischen Zeitalter wie für die Ewigkeit stand, erfuhr in der Gnosis folglich eine Personifizierung. Unter dem wahren Höchsten Gott rangiert ein unwissender materieller Schöpfer, der »Demiurg« mit seinen »Archonten«, den geistigen Gegenspielern des Guten. In ihrer Sphäre sind die Materie und die Menschen angesiedelt. Zwischen den beiden Welten suchen Vermittler wie die weibliche Weisheit der »Sophia« den Seelen der Menschen, die dem Irrtum verfallen sind, ihre wahre Erkenntnis wiederzugeben. Darin finden sich Rettung und Erlösung. Das ist auch der wesentliche Unterschied zwischen Gnosis und institutionalisiertem Christentum. In der Gnosis vollzieht sich die Erlösung durch Umkehr auf Grund von erfahrener Einsicht und Erkenntnis. An die Stelle der vermittelnden Erkenntnis tritt im Christentum der Glaube an den Erlöser. Die Gnosis erlaubt dem Menschen durch die geschaute Erkenntnis der Wahrheit Freiheit zu finden. Die sich entwickelnde Oberkirche bindet ihn in Abhängigkeit durch den Glauben an die Befolgung ihrer Gebote. Die Lehren der Gnosis waren der Kirche gefährlich, weshalb sie zum einen die gnostischen heiligen Texte der Häresie bezichtigte, und sich zum anderen bestimmte Elemente der Gnosis sowie die gesamte Logostheorie einverleibte. Am Ende einer längeren geistesgeschichtlichen Entwicklung stand die Dreifaltigkeit: Der jenseitige gute Schöpfergott schickt den Logos in die Welt, der sich im Sohn Gottes personifizierte. Der Sohn Gottes ist Christus der Erlöser, der auf seine Jünger wie auf jeden Gläubigen, den Heiligen Geist der wahren Erkenntnis niederfahren lassen kann.

Bedürfte es eines weiteren Zeichens, dass der Mensch nach dem Ebenbild Gottes durch das alles ins Werk setzende Wort geschaffen ist, finden wir es fast wörtlich in der Dreifaltigkeit. Im »Tractatus Tripartius«, ebenfalls ein gnostischer Schöpfungstext, dürfen wir uns die Augen reibend lesen:

> »Die Menschheit gelangte in den Zustand, der Substanz nach dreifach zu sein: bestehend aus der geistigen Substanz, der seelischen Substanz und der materiellen Substanz, und spiegelt damit der Struktur nach die Verfassung jenes Dreifachen wider, nämlich die des Logos, diejenige, aus der das Materielle, das Seelische und das Geistige hervorgebracht wurde.«

Meine Zusammenfassungen hier sind stark verkürzte Vereinfachungen eines langen Prozesses von Formungen, Verformungen und Überformungen geistiger Welten, von denen die meisten Menschen heutzutage kaum noch etwas wissen. Das sorgfältig aufbereitete Halbwissen, das uns die römisch-katholische Kirche als kanonisiertes Christentum überliefert hat, dient eher als kirchliches Herrschaftswissen. Es hat vielfach Unheil in die Welt gebracht. Die Frieden stiftende Botschaft, die am Anfang stand, wurde mehr und mehr verloren gegeben. Machen wir uns jedoch die Mühe, dorthin zurückzukehren, wo alles begann, dann können wir diesen Frieden in Form von Liebe und Güte in uns finden. Dazu kehren wir tatsächlich zum Wort zurück, und lassen uns vom »Brief des Jakobus« sagen:

> »Seid eifrig bemüht um das Wort (Logos)! Das Wort (Logos) nämlich – sein erster Aspekt ist der Glaube,

der zweite die Liebe, der dritte sind die Werke. Aus diesen nämlich entsteht das Leben«.

Im Glauben an das Wort wohnt die Liebe, die wir durch unsere Werke ins Leben tragen.

Lassen wir obendrein noch das Evangelium der Maria Magdalena zu uns sprechen, dessen Heilsbotschaft genau diejenige dieser Liebe und Güte ist, können wir den nur mit Deutung zu verstehenden Prolog des Johannes-Evangeliums nun neu, aber dennoch wie seit jeher altvertraut lesen:

> »Im Anfang war die Liebe, und die Liebe war bei Gott, und Gott war die Liebe. Im Anfang war sie bei Gott. Alles ist durch die Liebe geworden, und ohne die Liebe wurde nichts, was geworden ist. In der Liebe war das Leben, und die Liebe war das Licht der Menschen … Und die Liebe ist Fleisch geworden und hat unter uns gewohnt und wir haben ihre Güte und Herrlichkeit geschaut.«

Eine ähnliche Lesart lässt Jahrhunderte später erneut die christliche Mystikerin Marguerite Porète (1255 – 1310) die Liebe selbst aussprechen: »Ich bin Gott, spricht die Liebe. Denn die Liebe ist Gott. Gott ist die Liebe«.

Wer könnte gegen die Herrlichkeit von purer Liebe und Güte noch Einwände erheben? Schon gar nicht, falls es ihm geschenkt wird, von dieser Liebe und Güte gefunden zu werden, weil er sich dafür geöffnet hat, sich finden zu lassen. Mit und in dieser liebenden Güte könnten alle Menschen in Frieden leben. Das wäre ein Quantensprung über alle trennenden Grenzen und vergiftete Gedanken hinweg. Es ginge dann auch nicht mehr so sehr um Religion, sondern um eine »Konfession«: um das vorbehaltlose schlichte Bekenntnis zur Liebe, die das Schlagen von Wunden verhindert oder erfahrene Wunden heilt.

Wie die Dualität und die Polarität in die Welt kamen:

Die Vertreibung aus dem Paradies der Liebe

Das Paradies ist kein lokalisierbarer Ort, nicht das Land, in dem Milch und Honig fließen und uns die gebratenen Tauben in den Mund fliegen. Das Tor zum Paradies liegt vielmehr in uns selbst. Es ist ein innerer Zustand. Zu erreichen ist er über wahre Erkenntnis. Paradoxerweise erfolgte die Vertreibung aus dem Paradies aber genau durch die Versuchung der Erkenntnis.

Adam, geschaffen nach dem »Bild und Gleichnis« Gottes, ließ sich gemäß biblischer Schöpfungsgeschichte von Eva gegen Gottes Gebot: »von dem Baum der Erkenntnis des Guten und Bösen sollst du nicht essen; denn an dem Tag, da du von ihm isst, musst du des Todes sterben« (Genesis 2,17), versuchen, die Frucht vom verbotenen Baume zu kosten. Das kostete ihn das Paradies, aus dem er zusammen mit Eva vertrieben wurde. Mit Eva zusammen war er im Paradies im Urzustand der Vollkommenheit, der Ganzheit und Einheit sowie jedweder Freiheit von Zwängen, Nöten, Sorgen. Obendrein war er im Urzustand der Unsterblichkeit. Was wollte er mehr? Wollte er sein wie Gott, die Tatsache verkennend, dass er doch bereits Gottes »Ebenbild« war? Oder simpel menschlich gefragt: Langweilte er sich im Paradies, weil ein immerwährender Zustand von Vollkommenheit und Unsterblichkeit wie ein Stillstand erscheint, in dem sich keine Entwicklung mehr abzeichnet? Im Zustand der Freiheit durfte Adam bis auf einen von jedem Baum im Garten Eden essen, insbesondere vom Baum des Lebens in der Mitte des paradiesischen Gartens. Im Urzustand von Vollkommenheit und Freiheit kannte Adam auch nur das Gute. Das Nicht-Gute war ihm unbekannt. Als das existente Böse wusste es jedoch zu verlocken und seinen Geist in Versuchung zu führen. Und so aß Adam vom einzig verbotenen Baume, von dem er nicht hätte essen dürfen, wollte er in der Freiheit verbleiben. Mit seiner Versuchung durch die Erkenntnis von Gut und Böse bejahte der erste Mensch die Existenz von Gut und Böse und setzte in der Folge das Rad der irdischen, leidvollen Existenz in Gang. Der Tag, an dem Adam vom Baum der Erkenntnis aß, war zugleich der Tag, an dem er sterblich wurde. In Evas Erzählung vom Sündenfall beweint sie, »dass ich entfremdet ward von meiner Herrlichkeit«. Und kaum hatte Adam Gut und Böse erkannt, beklagte er Eva: »Entfremdet hast du mich von der Herrlichkeit Gottes« (nach Weidinger 1985). Das Spannungsverhältnis zwischen Mann und Frau war begründet.

Diese Erzählung der Vertreibung von Adam und Eva aus dem Paradies ist die Geschichte, wie sie die uns bekannte Bibel verbreitet. Was aber, wenn es den Sündenfall so gar nicht gegeben hat, wenn die »Erbsünde« bereits eine Verformung der Geschichte ist? Die Sündhaftigkeit des Menschen tritt an die Stelle der Vollkommenheit. Damit lässt sich durchaus »gute« katholische Kirchenpolitik betreiben. Eine Religion, die uns zu schuldbeladenen oder sich schuldig fühlenden Menschen macht, macht sich selbst zu einer tendenziell falschen Religion. Sie trennt eher von der Liebe, als dass sie mit den Kräften der lebendigen Liebe verbindet. Weniger bekannte Texte über die Erschaffung des Menschen und seine Vertreibung aus dem Paradies vermitteln uns eine bemerkenswert andere Schöpfungsgeschichte. Vor allem sind es die Schriften in der Tradition der Gnosis. In ihnen eröffnet sich eine mehrdimensionale Sicht auf den biblischen Sündenfall.

Nach deren Lesart war es in der Schöpfung vorgesehen, dass Adam als der erste Mensch vom Baume der Erkenntnis kosten musste, damit das Gute wie das Böse nebeneinander existieren können, und der Mensch sterblich werde. In der »Hypostase der Archonten«, einer Schrift, die ein anderes Bild der Schöpfung zeichnet, steht geschrieben:

> »Sie nahmen Adam und setzten ihn in das Paradies, damit er es bebaue und es bewahre. Und die Archonten geboten ihm: ›Von jedem Baum, der im Paradies ist, wirst du essen, aber vom Baum der Erkenntnis des Guten und Bösen eßt nicht und berührt ihn auch nicht, denn an dem Tag, an dem ihr von ihm essen werdet, werdet ihr sterben‹«.

Sie sagten es Adam allerdings auf solche Weise, dass sie gewiss sein konnten, er äße. Die höhere Übereinkunft dahinter, dass der erste Mensch vom verbotenen Baum im Paradies essen sollte, finden wir auch im Evangelium des Philippus bestätigt:

> »*Dort* befindet sich der Baum der Erkenntnis: *jener* hat Adam getötet; hier *aber* der Baum der Erkenntnis: er hat den Menschen lebendig gemacht. Der *Nomos* (hier im Sinne von: höheres Gesetz, Übereinkunft. H.K.) war der Baum. *Er* vermag nur die Erkenntnis des Guten und des Bösen zu vermitteln. Weder befreite *er* ihn von dem Bösen, noch versetzte *er* ihn in das Gute. Vielmehr brachte *er* den Tod über die, die von *ihm* ›aßen‹. Denn dadurch, daß *er* sagte: ›dieses dürft ihr essen, jenes sollt ihr nicht essen‹, wurde *er* zum Ursprung des Todes« (94b).

Die Erkenntnis von Gut und Böse ist zwiespältig. Seiner paradiesischen Unsterblichkeit beraubt, macht sie den

Menschen, auf Hebräisch »Adam«, sterblich. Gleichzeitig macht sie ihn lebendig, indem sie ihn in eine Welt voller Spannungen versetzt, in der er fortan seinen Weg zwischen Gut und Böse finden muss. Denn mit dem Tag der Erkenntnis kam für den Menschen das erste Nicht-Gute in die Welt, das sich zum Bösen auswuchs und erstarkte. Es kamen die Abkehr von Gott, die Scham und die Schuld in die Welt. Weiter kamen in die Welt die Einsamkeit und die große Trauer aller Menschen, die sich in ihrem Leben von aller Welt verlassen fühlen.

Das Kämpfen vieler Menschen heutzutage um die uneingeschränkte Liebe ihrer leiblichen Eltern ist die eine Seite der Medaille. Die zweite Seite ist die brennende Sehnsucht ungezählter Frauen wie Männer nach dem »Ankommen« als die Rückkehr zur größeren himmlischen Liebe, häufig gar nicht in dieser Form verstanden, sondern fehl gedeutet als die einfache Sehnsucht nach einer Liebesbeziehung als vollkommene Seelenverwandtschaft. Ausschließlich im Spannungsfeld zwischen Gut und Böse, zwischen Liebe oder Nicht-Liebe bzw. Fremdenangst und Hass sieht sich der Mensch in seinem freien Willen wie in seinen Werken herausgefordert. Mit der Entfremdung vom Zustand der Herrlichkeit kam nämlich diese Spannung in die Welt, die den Menschen in der Dualität und Polarität zerreißen kann, weil er die unüberbrückbaren Widersprüche und Gegensätze in der Welt nicht mehr auszugleichen und zu ertragen vermag. Noch im gleichen Augenblick kam aber auch die Chance wie Notwendigkeit zu einer Entwicklung in die Welt, über die der Mensch mittels wahrer Erkenntnis in den Zustand des paradiesischen Friedens zurückfinden kann. Wahre Erkenntnis meint nicht die Unterscheidung zwischen Gut und Böse, sondern gemäß Gnosis »die Erkenntnis alles Denkbaren«, die »der Schatz« der Erleuchtung ist.

Der freie Wille des Menschen hat seinen Geist, sein Denken wie seine Ratio schon immer in Spannung versetzt. Wie sollen wir diese Spannung je begreifen? Was soll es für einen Sinn ergeben, dass wir uns an Stelle Adams wie Evas entscheiden dürfen, ob wir uns Gott eher zuwenden möchten, und damit eher auf der lichten Seite leben, oder ob wir uns von ihm abwenden, und damit eher in den Schatten des Lebens umhergehen? Schatten, Dunkelheit, materielle Welt können die Oberhand gewinnen. Als Menschen halten wir sie dann für wirklicher als die Welt, aus der wir ursprünglich stammen. Was sagen uns die heiligen Schriften dazu? Im »Dialog des Erlösers« wird die materielle Versuchung auf den Punkt gebracht: »Der Genuß dieser Welt ist trügerisch und ihr Gold und Silber verführerisch«. Die Seele kann der Versuchung leicht erliegen. Denn, so warnt der »Authentikos Logos«: »die Materie schlägt ihre Augen mit dem Wunsch, sie blind zu machen«. Mit der Vertreibung aus dem Paradies kam daher auch die Freiheit zum Irrtum in die Welt, samt der Freiheit, auf ewig im Irrtum zu verbleiben. Da Gott Adam und allen seinen Nachgeborenen aber niemals seine bedingungslose Liebe entzogen hat, bleibt den Menschen das Tor zur Rückkehr ins Paradies offen. Der Weg der Rückkehr ist ein Weg der Umkehr, der Hinwendung und Hingabe, der Liebe und der Güte.

Der Weg des Zurückkehrens ist auch der Weg des Wieder-Eins-Werdens, wodurch jedwede Dualität aufgehoben wird. Am Anfang existierte keine Zweiheit. Adam wurde nämlich geschaffen als ein erster vollkommener Mensch. Als solcher war er im Anfang ein »unsterblicher androgyner Äon«, also ein nicht sterbliches mannweibliches Wesen. Es war mit sich selbst eins. Getrennt in ein Männliches und ein Weibliches wurde der vollkommene Mensch durch das Werk der Archonten. Aber so, wie vorgesehen war, dass Adam vom Baum der Erkenntnis essen sollte, war ebenso vorgesehen, dass der vollkommene Mensch ein Paar aus Weiblichem und Männlichem werden sollte. Eva ist keineswegs aus einer »Rippe« Adams erschaffen. Das Hebräische Wort für »Rippe« bedeutet je nach Lesart auch »die Seite«. So wird es stimmig. Eva ist die weibliche Seite des »Adam«, des ersten Menschen. Dessen zwei Seiten, die weibliche wie die männliche, werden getrennt. Aus Adam entsteht ein zweites, getrenntes Wesen. Seine weibliche Seite in einem weiblichen Körper. Männlich und weiblich bekommen verschiedene Körper. Fortan sind sie im Geschlecht sichtbar voneinander verschieden. Wäre der androgyne Mensch im Urzustand verblieben, gäbe es kein Ringen um seine Rückkehr in den Zustand der Ungetrenntheit. Die erneute Transformation in den unsterblichen Menschen wird erfolgen mittels Aufhebung seiner Scham wie Aufheben seines Vergessens, »damit sie aus Zweien zu einem Einzigen werden, wie es von Anfang an war«. So steht es jeweils geschrieben in »Eugnostos und die Weisheit Jesu Christi«.

Das Versprechen Gottes an Adam in den Apokryphen zum Alten Testament, sofern er die Dualität wieder überwindet, lautet: »dann soll dir vom Baume des Lebens gegeben werden, daß du unsterblich seist in Ewigkeit!« (in Weidinger 1985).

Im Evangelium des Philippus wird uns sterblichen Menschen diese Verheißung mehrfach zuteil:

> »Als Eva EINS mit Adam war, gab es keinen Tod. Als sie von ihm getrennt wurde, kam der Tod in die Welt. Wenn sie erneut mit ihm vereint sein wird, und er sie wieder in sich hineinnimmt, wird es keinen Tod mehr geben« (71, zit. nach Leloup).

> »Hätte die Frau sich nicht vom Mann getrennt, wären sie und der Mann nicht gestorben. Die Trennung von ihm

ist zum Ursprung des Todes geworden. Deswegen ist Christus gekommen, um die Trennung, die von Anfang an bestand, zu beseitigen und sie wieder zu vereinigen, und um denen, die in der Zeit der Trennung gestorben sind, Leben zu geben und sie zu vereinigen« (78).

Letztlich weist uns Jesus selbst im Thomas-Evangelium den Weg in sein Reich. Wenn »ihr das Männliche und das Weibliche zu einem einzigen macht, auf daß das Männliche nicht männlich und das Weibliche nicht weiblich sein wird... dann werdet ihr eingehen in das Königreich«.

Wie das »Königreich« und das »ewige Leben« zu verstehen seien, ist eines der Grundmysterien unserer menschlichen Verfasstheit. Gibt es überhaupt so etwas, das wir uns mit unseren menschlichen Maßstäben als »ewiges Leben« oder als ein Leben nach dem Tode vorstellen können, oder ist das alles Lug und Trug? Erkenntnis finden kann der Mensch ausschließlich in seiner Bestimmung von Gottesnähe oder Gottesferne; wobei »Gott« als Logos und Wort steht für das Größere, Undenkbare, Unnennbare, das unseren Verstand übersteigt. Aber nur dem wahren Verstand, dem Herzen, ist Gott in seinem Reich zugänglich.

Solange wir nicht ins »ewige Leben« zurückkehren und überdies gezwungen sind, unser irdisches Leben im Zustand des Getrennt-Seins zu bewältigen, wird zumindest die unendliche Sehnsucht vieler Frauen wie Männer nach Vereinigung und Verschmelzung auf einer anderen Ebene verständlich. Alltägliche Äußerungen von weiblichen wie männlichen Menschen verdeutlichen die Ahnung eines inneren Wissens und eine als peinigend empfundene innere Not: »Ich fühle mich nie vollständig«, »Mir fehlt meine zweite Hälfte«, »Ich kann nicht leben ohne einen Partner an meiner Seite«, »Ich fühle mich so getrennt von Allem«, »Ich halte mein Alleinsein nicht aus« usw. Männer und Frauen können sich noch so häufig, so leidenschaftlich, so rauschhaft oder bisweilen sogar verzweifelt sexuell vereinigen, ihre existenzielle Trennung können sie darüber nicht überwinden. Daher rührt der oft beschriebene Schmerz: »Nach der Liebe ist das Tier traurig«. Weniger traurig kann es bereits auf Erden machen, wenn Männer und Frauen nicht bloß eine Vereinigung ihrer Körper anstreben, sondern sich bereits um eine wahrhaftige Verbundenheit ihrer Seelen bemühen. Zwar heben auch solcherart innere Begegnungen nicht die gegebene Dualität auf, sie erlauben aber, den jeweils anderen verstärkt in sich hineinzunehmen. Darüber können wir im Sinne der Liebe bereits zu vollkommeneren Menschen werden, denn dann lieben wir den anderen ganz, mit seinen Schattenseiten ebenso wie mit den leuchtenden Strahlen seines Lichtes.

Wer sucht, der findet. Was wir suchen, sucht auch uns. Was uns sucht, suchen auch wir. Finden wir uns wieder, erwächst neuer innerer Friede, erinnern wir uns ganz tief in uns drinnen, woher wir kommen und wer wir sind. Frieden im Herzen und Ruhe im Denken verringern jedwede Spannung in uns, gleichen aus, lassen uns Polarität und Dualität für unsere menschlichen Maßstäbe zumindest so weit überwinden, dass Harmonie herrschen kann. Das ist dann ein kleines Stück vom Paradies.

In Harmonie zu sein, im inneren Frieden zu ruhen, bedeutet in bewusster und selbstlos liebender Beziehung zu stehen zu allem, was die Mitgeschöpflichkeit und die Welt ausmacht. In Harmonie zu sein, heißt sich frei zu fühlen von unablässigem Habenwollen, von Gier und jedweder Fixierung auf Teile der materiellen Außenwelt. In Harmonie zu sein schließt ein, in einer musikalischen Beziehung zur Welt und zur Schöpfung zu stehen. Diese Beziehung ist wie ein Klingen und Schwingen im Einklang mit der Schöpfung. Sich mit der Welt im Einklang zu fühlen, bedingt für die meisten Menschen einen langen Prozess des inneren Einstimmens. Für diesen Prozess brauchen wir ein Hören mit allen Sinnen sowie ein Sehen mit den Augen des Herzens. In Harmonie zu sein heißt, mit unserem ganzen Wesen präsent, wach, achtsam und aufmerksam der Musik des Lebens zu lauschen, den Dur- wie den Molltönen.

Darin können wir uns alle üben, wenn wir guten Willens sind. Es ist nicht einmal schwer. Über unseren Atem als Fahrzeug unseres Geistes können wir uns auf direktem Wege zurückverbinden mit unserer eigenen ungebrochenen Liebesfähigkeit. Einer Liebesfähigkeit, die weit über das hinausgeht, was wir in unserem gewohnten Alltag unter »Liebe« verstehen wollen. Oftmals ist das nicht mehr als eine Verwirrung der Sinne auf Grund erotischer Anziehung. Die eigene unversehrte Liebesfähigkeit in sich wiederzufinden, ist eines der größten Geschenke, das wir uns alle selber machen können. Sie ist ein weiteres wunderbares Stück vom Paradies und ein im Herzen verspürter Vorbote Gottes.

Die geistige Welt existiert und teilt sich mit

Wenn Gott samt geistiger Welt existiert, möchte er sich mitteilen. Doch woran würden die Menschen merken, dass es ein Göttliches gibt? Wie würden sie sich von der Existenz einer geistigen Welt überzeugen lassen? Wann würden sie an eine himmlische Instanz, an eine größere Schöpfungskraft glauben wollen? Mit welchen Ohren würden sie hören, um Gott zu verstehen, der sich ihnen mittteilte, mit welchen Augen ihn sehen, mit welcher Art wahrnehmendem Verstand seine Existenz realisieren?

Die himmlische Instanz spricht sämtliche denkbaren wie undenkbaren Sprachen. Sie teilt sich im Unbegreiflichen ebenso mit wie im Alltäglichen. Aber sie drängt sich nicht auf, wenn wir nichts mit ihr zu tun haben wollen, sie negieren und leugnen. In der Not erinnert sie uns bisweilen, sendet uns hilfreiche Menschen, Worte und Taten. Dann können wir die Zeichen entweder verstehen oder weiterhin mit Blindheit und Taubheit geschlagen bleiben. Der Zeichen sind viele, und meistens sind es gänzlich unspektakuläre, stille Hinweise auf die Nähe einer höheren Instanz, die uns zur Seite stehen mag.

Ganz alltäglich kann sich uns Gott in Form einer heißen Schokolade und von zwei Buttercroissants offenbaren, was wir aber nur hören und verstehen, wenn wir Ohren haben zu hören und ein Herz, das begreift. Jean-Yves Leloup schildert in seiner Autobiografie »L' absurde et la grâce« (Das Absurde und die Gnade, H.K.) mit bewegenden Worten seine tiefe Erkenntnis Gottes, als er in einer frühen verzweifelten Phase seines Lebens als obdachloser, streunender »Penner« in den Gossen Marseilles ganz am Boden war. Nachdem er die Mülleimer der Stadt nach etwas Essbarem durchwühlt hatte, fand er sich gegen fünf Uhr früh körperlich erschöpft und seelisch ausgelaugt in einer Bar am alten Hafen wieder. Nachdem ihm die Tränen der Verzweiflung versiegt waren, brachte ihm der Kellner eine heiße Trinkschokolade und zwei frisch gebackene Croissants, die einen köstlichen Duft verströmten. Ohne einen einzigen »Sous« in der Tasche konnte Leloup sich überhaupt nichts bestellen, doch der Kellner erklärte ihm mit unaufgeregten Worten, dass »eine Dame« gerade für ihn bezahlt habe. In dem Augenblick empfing Leloup so etwas wie seine »erste Kommunion«. Tief in seinem Inneren spürte er, wie seine ganze gewachsene innere Verhärtung anfing aufzubrechen. Zum ersten Mal erkannte er in diesem gänzlich stillen Augenblick, was mit den Worten gemeint war: »ein Herz haben«. Das Wort »Liebe« und das Wort »Gott« formten sich um in ihm, aber sie wurden zu einem untrennbaren unverbrüchlichen Einzigen. Er spürte die reale Präsenz eines höheren Wesens, das die pure Liebe und Güte ist. In Persona war es die unbekannte Dame, die für ihn bezahlt hatte. In Gestalt aber war sie der Inbegriff eines einfachen Aktes von Mitgefühl, ja von Gnade. Möglicherweise war sie in Persona eine Stellvertreterin Marias auf Erden. Spricht Leloup von »Gnade«, denkt er weniger an ein schwieriges Kapitel der Theologie. Gnade ist und bleibt ihm auf ewig verbunden mit dem Geschmack einer Tasse Schokolade und dem etwas fettigen Gefühl eines Buttercroissants in der Hand. Das Ewige mischt sich mit der Komik des Augenblicks, des zum Lachen Einladenden völlig Unspektakulären. Leloup wurde in dieser Nacht eine Transformation geschenkt. Mit einem rauschhaften Gefühl innerer Beglückung verließ er die Bar, verließ er die Gossen der Straße, gab er das »Absurde« als vorherrschendes Lebensgefühl preis. Er begann das »Licht« zu sehen, licht und leicht golden, und er nahm das Geschenk wie eine Offenbarung an. Aus einem »Vagabunden« wandelte er sich zum »Suchenden«, zum »Pilger«. Zwar waren ihm während der folgenden Lebensjahre viele weitere Pilgerstationen beschieden, doch den ersten Schritt seiner langen Reise begann er in jener Nacht durch den anonymen Akt voller Gnade und Mitmenschlichkeit einer Dame, die wie die Mutter Gottes in ihm sprach.

Die Welt und die Geschichte sind voller Beispiele, wie Menschen von einem Augenblick auf den nächsten eine innere Wandlung durchleben, weil sie völlig unerwartet gewahr werden, durch welche Stimme sich Gott in ihnen mitteilt: »Man muss wissen, dass Gott zuweilen in die Seele kommt, ohne dass man bittend oder auch nur wünschend gerufen hat«, erklärt Angela von Foligno (1248–1309). Saulus fühlt sich von unbekannter Macht gefällt und fällt als Paulus auf die Knie. Milarepa, der als Schwarzer Magier zunächst seine Feinde vernichtet, bereut die seinen Rachegelüsten geschuldeten Taten, vollzieht eine innere Wandlung, erhält eine neue geistige Einweihung und wird schlussendlich zu einem der am höchsten verehrten Heiligen des tibetischen Buddhismus. Bei den meisten Menschen vollzieht sich ihre innere Wandlung still und leise, nachdem sie den Blick vom Antlitz der äußeren Welt umgelenkt haben in die Tiefen des eigenen Inneren. In neuerer Zeit erfahren Menschen weiterhin eine Berufung, in deren Folge sie ihrem Leben eine gänzlich neue Richtung geben. Matthieu Ricard, der große französische Botschafter des Buddhismus, gab die Aussichten auf eine glänzende Karriere als Molekularbiologe auf, um buddhistischer Mönch zu werden. Nach eigener Aussage begann mit diesem Ruf sein »eigentliches« Leben. Im Grenzbereich von Wissenschaft und Glauben wurde der studierte Internist und Endokrinologe Deepak Chopra einer der anerkanntesten zeitgenössischen hinduistischen Lehrer für Spiritualität, Meditation und alternative Medizin. Die

Liste großer Namen, die einer Erweckung in ihrem Inneren folgen, ließe sich lange fortsetzen.

Dem säkularen Zeitgeist gemäß verharrt ein Großteil der Menschen aber im materiellen Denken mit seiner Fixierung auf ein Außen. A-Religiosität gilt als aufgeklärte Daseinsform, zumindest nach außen hin. Tief in ihrem Inneren schwanken viele Menschen gelegentlich, wenn sie sich emotional tief von etwas berührt fühlen, das sie nicht »richtig« zuordnen können. Sie nehmen zweifelsfrei etwas in sich wahr, haben aber keine Worte dafür, weil es so etwas wie eine göttliche Instanz für sie in ihrem Welt- und Menschenbild nicht gibt. Sie leben ein Leben an der Oberfläche der materialistischen Erscheinungen. In Gesprächen über »Gott und die Welt« vertreten sie stets die Meinung: »Gott gibt es nicht für mich. Ich interessiere mich nicht für ihn, und er interessiert sich nicht für mich. Jedenfalls habe ich bislang nicht erlebt, dass er zu mir gesprochen hätte.«

So ähnlich lautet auch das wiederkehrende Credo eines mir sehr lieben Menschen aus meinem Freundeskreis. Wenn wir während unserer ernsteren Gespräche zu gemeinsamer Hochform auflaufen und sehr in die Tiefe gehen, formuliert er in schöner Regelmäßigkeit druckreife Gedankengänge, für die ich voller Hochachtung bin. Viele davon sind geeignet, ihn unmittelbar durch die Pforte seiner Seele blicken zu lassen, einen einzigen inneren Schritt von einer Gotteserkenntnis entfernt. Obgleich in solch lichten Momenten ganz dicht am Fühlen mit dem Herzen, beharrt dieser kluge Mensch jedoch bislang entschieden auf seinem Standpunkt, in keiner Weise vernehmen zu können, dass Gott sich ihm offenbare. Solche gleichlautenden Äußerungen gehen bei ihm stets einher mit gänzlich ungnädigen Bemerkungen seiner eigenen Person gegenüber. In meinen Augen drücken sie die ins Buch des Lebens eingeschriebene innere Selbstüberzeugung aus: »Herr, ich bin nicht würdig, dass du eingehst unter mein Dach«. Ich benutze ganz bewusst diese Worte des Hauptmanns von Kapernaum, die die Not mit dem inneren Zweifel auf den Punkt bringen. Als wir wieder einmal so im Gespräch waren, fragte ich diesen, sein Licht unter den Scheffel stellenden Menschen: »Wie würdest du Gott, oder was wir für Gott halten können, denn hören, wenn er zu dir spräche? Woran würdest du es bemerken, wenn er sich dir mitteilte?« Ganz gelegentlich, wenn uns während unserer Gespräche die Lust und Freude überkommt, all den Merkwürdigkeiten des menschlichen Lebens nachzuspüren, scheint es mir, als hörte ich mit einem inneren Ohr stellvertretend für ihn eine Stimme aus der geistigen Welt, wie sie durch die Weisheit seiner eigenen Worte spricht. Wenn ich ihn dann sanft darauf aufmerksam mache, dass meinem Empfinden nach Gott gerade versucht habe sich ihm mitzuteilen, gibt es einen Augenblick des Innehaltens.

In einem solchen Augenblick des Innehaltens könnte sich irgendwann ereignen, was Rainer Maria Rilke im »Stundenbuch« als mögliche Begegnung mit Gott in den Raum stellt:

»Nur eine schmale Wand ist zwischen uns,
durch Zufall; denn es könnte sein:
ein Rufen deines oder meines Munds
und sie bricht ein
ganz ohne Lärm und Laut.«

Hält nicht jeder von uns bisweilen einmal inne, ohne bewusst zu wissen, was ihn gerade gestreift hat? Spüren wir nicht gelegentlich eine Art Andacht durch den Raum schreiten, ohne sie zu begreifen? Das wären solche Augenblicke, in denen wir uns mit der »Pistis Sophia«, einem der wichtigsten gnostischen Texte mit Lehrgesprächen von Jesus nach seiner Auferstehung, fragen könnten: »Wie ist der

Herr des Alls durch den Raum geschritten, ohne dass wir es wussten?«, oder »Wie hat der Herr des Alls uns durchwandert, ohne dass wir es wussten?«

In naiver, kindlicher Weise hängen wir häufig der Vorstellung an, Gott in seiner Allmacht und Fürsorge möge so handfest in unsere Lebensgeschicke eingreifen, dass uns möglichst jede Unbill und jedes Leiden erspart bleiben mögen. Wird uns Leiden auferlegt, schwindet unser Vertrauen in Gott womöglich rasch, denn wenn Gott für uneingeschränkte Liebe steht, weshalb lässt er dann uns persönlich oder andere Menschen so unvorstellbar leiden? Menschen können mit ihrem Denken verzweifeln und zerbrechen an dem Dilemma, wie unendliches Leiden vereinbar sein soll mit der unendlichen Liebe und Gnade Gottes. »Wo bist du, Gott? Wo warst du?«, »Wie kannst du so etwas zulassen?«, können verzweifelte Stimmen von Menschen in ihrer Not in den Raum rufen, wenn unfassbares Leid sie ereilt. Die Fragen oder gar Anklagen können aufsteigen von Kranken- und Totenbetten, sie können aus armseligen Hütten wie prächtigen Palästen, aus Gefängnis- und Folterzellen, aus Büros und Fabriken, aus Kirchen, Moscheen, Synagogen oder Tempeln hallen, sie können von Kriegsopfern wie von Opfern von Gewaltverbrechen, Unfällen oder Naturkatastrophen gen Himmel geschleudert werden. Umgekehrt kann der Glaube an eine himmlische Instanz aber auch die einzige Kraft sein, übergroßes Leiden zu tragen. Eine meiner aktuellen Patientinnen, der mehr Schicksalsschläge durch Krankheit, Tod und Verlust auferlegt wurden, als ein einzelner Mensch normalerweise ertragen kann, bezeugt: »Hätte ich meinen Glauben nicht gehabt, hätte ich das alles gar nicht verkraftet und wäre selber nicht mehr am Leben«.

Eine dem rationalen Verstand zugängliche und verstehbare Antwort auf das Dilemma der Vereinbarkeit von grenzenloser Liebe und Güte sowie übermenschlichem Leid werden wir nicht bekommen. Wohl aber eine Antwort, die wir uns über andere Wege erschließen können. Wie erstaunlich ist es doch, wenn wir uns mit den geistigen Fahrzeugen von Imagination oder Meditation in Einheit mit unserem Atem auf kürzestem Wege in ein Zwischenreich geführt sehen können, in dem wir uns spirituell rückverbunden fühlen und sogar lebbare Antworten auf unsere inneren Dilemmata erfahren dürfen.

Meinem nicht gänzlich a-religiösen, aber nicht an Gott oder geistige Helfer glaubenden Freund wurde eine ihn tief bewegende Erfahrung zuteil, als er angesichts einer bevorstehenden Operation einwilligte, dass ich ihm tags zuvor eine imaginal spirituelle Behandlung zukommen lassen durfte. Ich »wusste« im Vorhinein, dass die anstehende schulmedizinische Operation ihm nicht gut bekommen würde, hätte ihn aber mit meinen Vorahnungen nicht davon abhalten können. In der Hoffnung, durch Verbundenheit mit höheren Heilern und Helfern noch Schlimmeres abwenden zu dürfen, bot ich ihm diese Behandlung auf anderen Ebenen an. Während der Behandlung bekam er auf einer gesteigerten Bewusstseinsebene plötzlich Wahrnehmungen und Visionen von einer Präsenz an seiner Seite. Sein sogenannter »Geistführer« hatte sich an seine linke Seite gestellt, allerdings in einer Warteposition, weil er in der inneren Welt seines Menschen noch nicht auf Akzeptanz trifft. Dieser glaubt nicht an die mögliche Unterstützung durch seinen Geistführer. Würde er ihn einladen und um Unterstützung bitten, wäre der Platz dieses Wesens aus der geistigen Welt eher an der rechten Seite. Es mag sein, dass Sie als Leserin oder Leser gerade von rationalen Widerständen gegen das Wort »Geistführer« in der rein materiellen, greifbaren Welt festgenagelt werden wollen. Dann erinnern Sie sich doch einmal versuchsweise, wie oft Sie selbst oder Menschen, die Ihnen nahestehen, in Augenblicken eines drohenden und unbeschadet überstandenen Unheils gedacht haben: »Da hatte ich aber einen guten Schutzengel, sonst wäre mir etwas Ernstes passiert«. Ging eine riskante Situation glimpflich für uns aus, dürfen wir uns solche Gedanken gestatten. Geht es aber darüber hinaus darum, »Schutzengel« oder »Geistführer« in ihrem Wirken tatsächlich ernst zu nehmen, tönen ganz schnell wieder die Stimmen der Zweifel. In der spirituell geistigen Behandlung meines Freundes konnte ich die Gestalt seines Geistführers klar und deutlich vor meinem inneren Auge sehen. Ebenso konnte ich seine verbalen Botschaften in mir vernehmen. Außerdem bekam ich innere Visionen einer milde schauenden Mariengestalt als der Mutter Gottes. Ich sah die inneren Bilder, die in dem Augenblick ihre ganz eigene Realität hatten, ähnlich real wie die materiell existierende Wirklichkeit, bloß nicht mit den beiden Augen des physischen Sehsinns, sondern mit dem dritten Auge der in dem Moment hell sehenden und hell fühlenden Seele. In unseren heute kaum noch gebräuchlichen Termini können wir auch von den Augen des Imaginalen oder des Nous sprechen.

Wollen wir Gott oder die geistige Welt erfahren, wie sie sich uns mitteilen, bedarf es unserer Aufmerksamkeit. Es ist aber weniger die Aufmerksamkeit unseres denkenden Verstandes gefragt, sondern diejenige einer erhöhten, gesteigerten Wahrnehmungsebene. Auch ich verfüge als Mensch wie Therapeut über einen rational denkenden und kritisch prüfenden Verstand. Als ich vor vielen Jahren die ersten Wahrnehmungen auf gesteigerten, hellfühlenden, hellsichtigen oder hellhörenden Ebenen empfangen durfte, wollte mein Verstand streiken. Er verstand nicht. Mittlerweile bringe ich meinen Verstand zur Ruhe, wenn ich mich auf diese Ebenen gehoben fühle. Mein inneres Wissen ist sich der Tatsache gewahr, dass sie weniger trügerisch sind als unsere materielle Welt des Irrtums. Unverzichtbar auf diesem Weg der Klarheit war allerdings der Schritt für mich, verlässlich unterscheiden zu lernen zwischen einer »blühenden Fantasie« und wahrhaftigen inneren Bildern.

Manche Menschen versuchen ein notdürftiges Verstehen dieser eigenen imaginalen und geistigen Wirklichkeiten, indem sie diese vergleichen mit ihrem Erleben in den nächtlichen Träumen. Obgleich wir manchmal sogar wissen, dass wir träumen, hindert das nicht, die Wirklichkeit im Traum als ebenso real zu erfahren wie jede andere sinnlich-physisch erfahrene Wirklichkeit auch.

Liebe und Gnade im Leben drücken sich unter anderem im Maße unserer empfundenen Lebensfreude aus. Ich meine keine oberflächliche Freude, sondern die tief empfundene innere Lebensfreude, die unserem inneren Frieden gleichkommt. Keinem Menschen stehen ungetrübte innere Freude wie innerer Friede offen, der nicht mit sich selbst im Reinen ist, der nie die Erfahrung verinnerlichen durfte, sich in der Welt vorbehaltlos willkommen geheißen zu fühlen. In Anlehnung an den Philosophen und Humanisten Michel de Montaigne (1533 – 1592) besteht der Gipfel der menschlichen Weisheit und unseres Lebensglücks in der Freundschaft, die sich jeder Mensch selber schuldet. Das neuzeitliche Pendant dazu hat vor Jahren Wilhelm Schmid mit seinem Bestseller »Mit sich selbst befreundet sein« (2004) geschrieben. Doch nicht bloß ein gewandelter Jean-Yves Leloup, sondern viele Menschen, einschließlich viele meiner eigenen Klienten und Patientinnen, fragen sich, welches Wunder es braucht, um sich selbst in seinem menschlichen Wesen anzunehmen, wenn die Grunderfahrung sie geprägt hat, nicht vorbehaltslos erwünscht zu sein und nicht bedingungslos um ihrer selbst willen geliebt zu werden. Wie wandelt sich unter solchen Ausgangsbedingtheiten das Leben vom Absurden zur Gnade, vom Sinnlosen zur Liebe und zum Sinnhaften? Am wahrscheinlichsten durch das korrigierende heilsame Erleben von Liebe und mitfühlender Zuwendung. Doch welchen Stellenwert misst unsere Realität solchen Tugenden zu?

In der Realität unseres Alltags, in der wir als Menschen funktionieren sollen, und auf die bereits Kinder und Jugendliche vorbereitet werden, bekommen wir kaum vermittelt, dass es ein Lebensziel sein könnte, in fortwährender innerer Ruhe oder gar Glückseligkeit zu leben. Die soziale Realität bombardiert uns bereits von unserer Zeugung ab ohne Unterlass mit Ansprüchen, spricht uns von Fertigkeiten, Schule, Studium, Arbeit, Beruf, von sozialem Aufstieg, sozialer Anerkennung in Familie und gesellschaftlichem Umfeld. Das Weltgeschehen präsentiert sich uns zudem in beunruhigender Regelmäßigkeit als ein chaotisches Durcheinander mit meist schlechten Nachrichten: von den Märkten, den Börsenkursen, von Staaten und politischen Systemen, von Krieg und Friedensbemühungen, von Amokläufen und Terrorgefahren, Zerstörung unserer Umwelt und Lebensgrundlagen, von Epidemien und Pandemien. Unsere Art zu leben lässt uns selten von Akten der menschlichen Großherzigkeit, von Barmherzigkeit, Mitgefühl, Güte, Gnade, Selbstlosigkeit erfahren. Die von Menschen geschaffenen Realitäten der harten Daten und Fakten erscheinen uns als eine Welt voller Unsicherheiten, Leiden und Schmerz. Halten wir nur einen Moment inne, machen einen einzigen Schritt raus aus dieser Realität, dürfen wir entdecken, dass es eine zweite, sehr verschiedene Realität gibt, in der sich die geistige Welt mitteilt: die des inneren Glücks und der tief empfundenen Lebensfreude. Es ist das erste Anzeichen von Spiritualität oder sogar Religiosität, wenn Menschen das ehrfürchtige Staunen wiederentdecken oder gar die tiefe Lebensfreude wieder zu verspüren beginnen.

Dafür braucht es gar nicht viel. Es kann ein Moment des wirklichen Wahrnehmens, des Lauschens nach innen, ausreichen. Nicht wenige Menschen sagen: »Sobald ich in die Natur gehe, finde ich meine Ruhe wieder, tanke ich auf. Und wenn ich mich in den Anblick eines Baumes oder in die Blüte einer Blume vertiefe, dann weiß ich fraglos, dass es etwas gibt, das viel größer ist als wir Menschen. Dann weiß ich ganz tief in mir drin, dass es Gott gibt. Es könnte sonst unmöglich diese Schöpfung und diese Schönheit und solche Fülle geben«. Wer derart schaut, erkennt Gott samt seiner »Buntfarbigkeit« in seinen Geschöpfen. Für uns Heutige ist das ein leichter Zugang zur Kontemplation. Allerdings finden sich Vorbilder über alle Zeiten hinweg, z.B. eine der bekanntesten christlichen Mystikerinnen: Teresa von Avila, die berichtet: »Mir persönlich half es aber auch, wenn ich die Felder, das Wasser, die Blumen betrachtete«.

Solcherart Aussagen sind weder Überhöhung noch Romantizismus. Sie sind eher Ausfluss der Tatsache, dass der gesamte Makrokosmos wie Mikrokosmos von einer einheitlichen geistigen Kraft durchwirkt wird. Kaum jemand hat diese Kraft so gewürdigt wie die gleichfalls als Mystikerin und Heilkundige verehrte Hildegard von Bingen (1098–1179). Für sie ist die Kraft, die alles durchwirkt, die »nobilissima viriditas«, die »alleredelste Grünheit«, die Farbe der Hoffnung, die Farbe von Liebe in Bewegung sowie die Farbe der »Sophia«, der »Frau Weisheit«, die Hildegard in einer betörenden Vision erscheint. Die »Grünkraft« als pure »Lebenskraft« durchzieht das gesamte Lebenswerk des »einfachen Menschen«, als den sich Hildegard von Bingen versteht, wiewohl sie laut eigenen Aussagen das »lebendige Licht Gottes« zu sich sprechen hört, wie sie die Feder führen solle. Auf der unerschöpflichen »Grünkraft« begründet Hildegard eine komplette Theologie des Kosmos, die in jeder Kleinigkeit den göttlichen Geist offenbart. In wiederkehrenden Visionen schaut sie die Schönheit des Universums als den »Leib Gottes«. Als Kronzeugin für die flammende Kraft der Liebe in der Schöpfung empfängt sie gleichfalls als kosmische Schau die Worte, die sie in ihrem Alterswerk: »Liber Divinorum Operum«, »Das Buch vom Wirken Gottes«, festhält. Erneut stellt sich das Problem der Übersetzung. Ich zitiere zwar aus einer Neuübersetzung (2012), aber vorzugsweise aus pragmatischen Gründen, da diese im Buchhandel erhältlich ist. In älteren, vergriffenen Übersetzungen, die noch unter dem vormaligen Titel des Werkes »De operatione dei« herausgegeben wurden, finde ich die Poesie der Sprache Hildegards authentischer bewahrt.

> »Ich, die höchste feurige Kraft, die ich alle lebendigen Funken entzündet und nichts Sterbliches ausgehaucht habe, ich entscheide über das alles, wie es ist. Indem ich mit meinen oberen Flügeln, das heißt mit der Weisheit, den Erdkreis umflog, habe ich ihn in richtiger Weise geordnet. Ich, das feurige Leben der göttlichen Wesenheit, flamme über die Schönheit der Fluren, leuchte in den Wassern und brenne in Sonne, Mond und Sternen. Mit dem Lufthauch, dem unsichtbaren Leben, das alles erhält, erwecke ich alles zum Leben. Die Luft lebt nämlich im Grünen und im Blühen, die Wasser fließen, als ob sie lebten, auch die Sonne lebt in ihrem Licht. Und wenn der Mond abgenommen hat, wird er vom Licht der Sonne entzündet und lebt gleichsam; auch die Sterne leuchten in ihrem Licht, als ob sie lebten ... Ich bin deshalb als feurige Kraft in diesen verborgen und sie brennen durch mich, wie der Atem ständig den Menschen bewegt und wie im Feuer die windbewegte Flamme ist. Dies alles lebt in seiner Wesenheit, und in ihm ist kein Tod zu finden, weil ich das Leben bin. Ich bin auch die Vernunft, die den Windhauch des tönenden Wortes in sich hat, durch den jedes Geschöpf gemacht ist; und in das alles habe ich das Leben gehaucht, sodass keines davon seiner Art nach sterblich ist; denn ich bin das Leben.«

In ihrer Visionsschrift lässt Hildegard von Bingen das Kunstwerk Gottes in seiner ganzen kosmischen Schönheit aufstrahlen. Als geschaffener Teil dieses Ganzen verdeutlicht sie dem Menschen sein Grundübel, das darin besteht, sich zu häufig gegen die Natur, gegen das Leben und gegen das »Wunderwerk Gottes«, das er selbst ist, zu versündigen. »O Mensch«, ruft Hildegard Gottes Ebenbild zu, »schau dir den Menschen an: Der Mensch hat Himmel und Erde und die ganze übrige Kreatur in sich. In ihm ist alles verborgen schon vorhanden«. Mit seinem eigenen Willen tut sich der Mensch schwer. Steigt er in seiner Entwicklung von »Kraft zu Kraft« empor, hebt er die Schöpfung mit sich empor. Fällt er aber immer weiter ab von Gott, reißt er die Schöpfung mit in den Abgrund. In seiner unablässigen Versuchung durch den »schwarzen Engel« hat der Mensch beständig »den Geschmack des Paradiesapfels im Munde«, sprich die Dualität, die Polarität, die Lust der Empörung aus freiem Willen heraus und die Selbstzerstörung. Erst wenn der Mensch nicht länger dem Engel der Verführung erliegt und aufhört, in dessen Umarmung immer nur »Ich und Ich« zu sagen, wenn er also seine Ichbezogenheit und sein Aufbegehren gegen Gott aufgibt, erfährt er wieder seine Verbundenheit mit der gesamten Mitgeschöpflichkeit. Dann darf er wieder eintauchen in die »Urfreude« in ihm, in die selige Gewissheit, gewollt zu sein. Und wer bitte, möchte nicht gewollt sein. Hildegard handhabt das Wissen um diese einfachen Zusammenhänge als eine »fröhliche Wissenschaft«.

Ehrfurchtsvoll wurde Hildegard gerne die »Tischgenossin« oder die »Posaune Gottes« genannt, sah und fühlte sie ihn doch unentwegt als das Licht in ihrem Leben. Im Vorwort zum »Liber Scivias«, »Wisse die Wege«, dem ersten ihrer Lebenswerke im Auftrag des Höchsten, schreibt die Visionärin:

»Es geschah im Jahre 1141 der Menschwerdung des Sohnes Gottes Jesus Christus, als ich 42 Jahre und sieben Monate alt war: ein feuriges Licht mit stärkstem Leuchten, das aus dem offenen Himmel kam, durchströmte mein ganzes Gehirn und meine Brust und entflammte sie, ohne sie jedoch zu verbrennen; doch es war heiß, wie die Sonne das erwärmt, worauf sie ihre Strahlen wirft. Und plötzlich verstand ich die Bedeutung der Schriftauslegung, nämlich des Psalters, des Evangeliums und der anderen katholischen Bände sowohl des Alten als auch des Neuen Testaments.«

Die geistige Welt teilt sich uns ohne Unterlass mit, und zwar zu jeder Zeit so, wie die Menschen sie dem Zeitgeist gemäß verstehen können. Ausschließlich wir Menschen sind es, die womöglich unsere Sinne vor ihr abschalten. Macht Hildegard mit ihrer Verehrung der »Grünkraft« – »die Seele ist Grünkraft des Fleisches« – mit ihrem Sinn für die Schönheit aller Dinge, mit ihrer Freude an der Gott gegebenen Leiblichkeit und der Leichtigkeit ihrer »fröhlichen Wissenschaft« nicht Lust auf Teilhabe? Sie macht es uns Heutigen jedenfalls leicht, redet sie doch weder Askese noch Kasteiung, wohl aber dem rechten Maß das Wort. Ist die große prophetische Vermittlerin zwischen Gott und der Welt nicht pure Inspiration für zweifelnde Menschen, die nicht mehr wissen, wie Gott zu ihnen spricht? Schalten Sie Ihren Verstand ab, Ihre Ratio, gehen Sie in Ihren Garten oder in die Natur und schauen Sie in das Innere einer Blume, einer geöffneten Tulpe, einer Schwertlilie oder einer Duftrose. Sofern Sie wirklich schauen und Ihren Geruchssinn gebrauchen, werden Sie zumindest staunen. Mit dem Staunen stehen Sie direkt am Eingangstor zu einem spirituellen Erleben. Möglicherweise fühlen Sie sich sogar verzückt von leiser Ehrfurcht ergriffen. Können wir tatsächlich denken oder glauben, dass die Wunder des Lebens, die Fülle und Pracht der Schöpfung, die Natur in all ihrer Formen- und Farbenvielfalt, in ihren kleinsten vollkommenen Einzelheiten bloß das Ergebnis eines langen Anpassungsprozesses sind, einer Evolution, der natürlichen Auslese gehorchend? Survival of the fittest? Da viele Menschen das so reduziert zu Recht nicht fassen mögen, fühlen sie sich etwas Größerem verbunden, wenn sie das Wunderwerk und die unermessliche Intelligenz der Natur bestaunen. Wenn das Göttliche existiert, will es sich mitteilen. Dafür spricht es viele Sprachen, und meistens in leisen Tönen. Wir können hören oder überhören. Ganz wie uns der Sinn steht.

Freude als Geschenk der geistigen Welt

Lebensfreude zu empfinden war lange Zeit in meinem Leben nicht meine leichteste Übung. Ich kenne die Freudlosigkeit in mir und habe Jahre unter ihr gelitten, verbunden mit tiefen Selbstzweifeln. Doch schon lange kann ich befreit aufatmen, weil ich in mir wiederfinden durfte, was so lange verschüttet war. Die kleine wie die große Freude durften wieder Einzug halten in mein inneres Erleben.

Für die kleinen alltäglichen Freuden im Leben braucht es so wenig. Bloß eine Portion Achtsamkeit, dann kann jede Tasse Kaffee oder Tee eine Freude sein. Es ist eine Freude, wenn uns die Sonne lacht, und es ist eine Freude, wenn nach der Gluthitze eines heißen Sommers wieder der Regen fällt. Es ist eine Freude, mit Tagesanbruch die Vögel singen zu hören, wie zuzuschauen, wie eine Rehmutter ihrem Kitz die Ohren leckt. Generell ist es eine Freude, die pralle Fülle und Lebensfreude im bunten Treiben der Natur zu bestaunen. Eine besondere Freude ist es, den freudigen, strahlenden Blick in den Augen eines Menschen zu spiegeln, der in einem flüchtigen Augenblick unsere Wege in den Einkaufsmeilen der Stadt kreuzt. Mitten ins Herz trifft die Freude über die Liebe von Menschen, die uns im Leben die Nächsten sind. Ebenfalls mitten ins Herz trifft die Freude über die Großherzigkeit von barmherzigen Fremden, die an gleich welchen Orten in der Welt anderen Fremden in Not zur Seite stehen.

Möchte ich die größere Lebensfreude in mir finden, die nicht gekoppelt ist an ein Zusammensein mit meinem Herzen nahestehenden Menschen, an den Flow einer zufrieden stellenden Tätigkeit, ein Hörempfinden von Musik, einem sinnlichen Erleben im Draußen, dann gehe ich in die Stille. Die erlebte Stille hat allerlei Vorzüge. Sie schirmt uns ab gegen den Lärm und die Hektik des Alltags. In der Stille tauchen garantiert Antworten auf unsere Fragen ans Leben auf, sofern wir sie denn überhaupt zu stellen getrauen; erfordern die Antworten doch unsere Bereitschaft wie Fähigkeit, mit ihnen leben zu können. In der Stille können wir unsere ausgebrannten Batterien wieder aufladen. Und letztlich ist tief vernommene Stille ein Quell der puren Lebensfreude. In diese besondere Stille führen uns Nichtstun, Versunkenheit, Meditation, Kontemplation, imaginative Innenreisen, imaginale Visionen oder Verbundenheit mit gesteigerten Bewusstheitszuständen und höheren Sphären, je nachdem, welche Türen und Tore uns im Leben offen stehen.

Suche ich derart die Stille samt verbundener Freude in mir zu finden, ist das kein willkürlicher Akt, der meinem bewussten Willen unterliegen würde. Es gelingt oder es gelingt nicht. Es hängt sehr stark ab vom Grad meiner Verbundenheit »nach oben«, die mir in diesem Augenblick möglich ist. Verbundenheit wiederum bedeutet Vertrauen und völlige Hingabe. Und so ist diese Art beglückender Lebensfreude immer auch ein Geschenk. Geschenke sind Geschenke, sie werden nicht in Beliebigkeit gewährt. Für Menschen, die sich in Hingabe anvertrauen, werden sie allerdings immer häufiger gewährt. Gelingt mir die Anbindung, wird es still und friedlich in mir. Ganz, ganz still und ruhig. Da gibt es nichts mehr zu denken, nichts mehr zu tun, nichts mehr zu werten. In der Stille ist die Offenheit, und die Offenheit birgt eine Leere, die bereit ist sich zu füllen. Zuerst spüre ich ein leises, sehr feines Auftauchen von nährender Daseinsfreude im Sonnengeflecht. Sie verdichtet sich dort immer stärker zu purer pulsierender Lebensfreude. Mit jedem Einatem steigt die Freude schließlich hoch ins Herz und füllt es ganz aus, macht es offen, weit und licht. Kommt diese Art der Freude in Liebe in mir auf, spüre ich, dass es mich gibt. Dieses Gefühl von »Es gibt mich« ist gänzlich verschieden von einem Bewusstsein des Selbst im Sinne des Ichs, geschweige denn des Egos. Ist es erlaubt, kommt es immer näher heran an das »Ich bin«, in dem sich die himmlische Instanz mitteilt, in dem sie sich in mir erkennt und ich mich in ihr wiedererkenne. »Es gibt mich« oder »Ich bin«, und ich bin so spürbar verändert im Vergleich zu den Sturm- und Drang-Jahren meiner Vergangenheit, als ich häufig von Wut und Zorn erfüllt war, weil die Ungerechtigkeit in der äußeren Welt die Welt meiner Gedanken einnahm. Ich stamme ja schließlich noch aus einer politisch heftig bewegten Generation. Innerer Frieden lässt Gewalt, Wut und Zorn hinter sich bzw. transformiert sie. Das ist nicht gleich bedeutend mit keinen Zorn mehr zu verspüren, z. B. angesichts der vielen schlechten Nachrichten aus Politik und Wirtschaft, weil diese von Macht und Gier beherrscht werden. Selbst der Dalai Lama als gänzlich friedfertiger Mensch untersagt sich nicht Gefühle von gerechtfertigtem Zorn. Der Unterschied ist, dass das Gefühl kurzzeitig aufwallen kann, dann aber ebenso schnell wieder dem inneren Frieden weicht. Die glimmende innere Freude ist sozusagen der Befrieder des Zorns, der sich ansonsten energetisch selbst dauerhaft unterhält.

Ich wiederhole: Durch einen bloßen Akt des Wollens und Willens sind derartige Zustände nicht herbeizuzwingen. Sie sind an die Seite gestellte Begleiter auf einem inneren Weg zur Umkehr und Rückverbindung. Allerdings steht es uns offen, auf meditative wie imaginative Methoden und Übungen zuzugreifen, die uns auf einen solchen Weg bringen mögen und ihn uns als sichere Richtungsanzeiger weisen können. Mit einem solchen Richtungsweiser mache ich Sie anschließend vertraut. Es handelt sich um eine imaginative Übung in mehreren verbundenen Teilen, die ich in jüngerer Zeit aus dem Stehgreif für einen Schlagzeuger komponiert habe, der sich stark von der freudlosen, dunklen Seite in seinem Leben beherrscht fühlte. Wie die meisten meiner spontan in mir auftauchenden imaginativen oder imaginalen Übungen habe ich sie im Anschluss an ihre bezeugte Wirksamkeit auch auf meine Arbeit mit Gruppen übertragen, was stets ein gesteigertes Maß an Freude erleben lässt.

Da Sie sich in der Übung Ihres Sonnengeflechts bedienen, umschreibe ich den heutzutage in verschiedenen Kontexten verwendeten Begriff genauer. Zunächst einmal ist er ein vollkommenes, in sich stimmiges und schönes Wortbild: Sonnengeflecht oder Solarplexus, ein Flechtwerk leuchtender Sonnenstrahlen im leiblichen Raum des Menschen. Das Bild drückt aus, wofür das Netzwerk des Sonnengeflechts im Menschen steht. Anatomisch ist es eine Verflechtung und Verdichtung von Nervenfasern, denen parasympathische und sympathische Aufgaben zukommen. Wie die Sonne mit ihren Strahlen, strahlt das Sonnengeflecht in sämtliche Richtungen aus. Durch diese strahlenförmige Ausbreitung des Solarplexus kann eine beliebige Fülle an Informationen aus allen möglichen Körperorganen verschaltet und weitergeleitet werden. Über die reine Anatomie hinaus gilt der Solarplexus in der Traditionellen Chinesischen Medizin wie in spirituell offenen Welt- und Menschenbildern als das

Zentrum der Lebensenergie. In dieser Funktion spielt das Sonnengeflecht eine herausragende Rolle bei vielen Atemmeditationen oder Atem-Licht-Imaginationen. So kann das Sonnengeflecht fehlende Energie als Lebenskraft aufnehmen und deregulierte Abläufe im Körper, im Geist und in der Seele wieder ausgleichen. Das Solarplexuschakra, auch Nabel- oder Manipurachakra genannt, ist eines der sieben Hauptchakras im Menschen. Die ihm zugeordnete Farbe ist »Gelb«, gelb wie die Sonne, ohne die es kein Leben auf Erden gäbe.

Eine Freudemeditation:
Die feinste Saite zum Klingen bringen

Setze dich bequem an einen ruhigen Ort hin und schließe die Augen. Falls es dir nicht möglich ist, die Augen zu schließen, fixiere einen Punkt auf dem Boden, etwa einen Meter vor deinen Füßen. Nimm eine bequeme Haltung ein. Spüre, wo dein Körper Kontakt zur Lehne, zum Sitz oder zum Boden hat. Achte auf deine Atmung, gleichgültig, wohin du atmest, ob in den Bauch oder in die Brust. Nimm für den Anfang nur einige Atemzüge lang wahr, wie du atmest, dass du atmest und dass dein Atem kommt und wieder geht, ohne dass du bewusst etwas dafür tun müsstest... Mache dir einen Augenblick deutlich bewusst, dass das Atmen in deinem Leben etwas ist, wofür du dich normalerweise nicht anzustrengen brauchst. Denn dein Atem kommt und geht von alleine. Als Einatem strömt er leicht und fließend in dich hinein und als Ausatem wieder aus dir heraus. Es gibt da in deinem Leben also zumindest diesen einen Bereich, der ganz und gar ohne Anstrengung funktioniert. Mache dir das ganz ausdrücklich bewusst. Um deine Luft zum Leben einzuatmen, musst du dich nicht im Geringsten bemühen. Du kannst deinen Atem sogar hören, wenn es still wird in dir... Außerdem kannst du den Raum um dich herum spüren und hören, den Raum, aus dem dein Einatem in dich einströmt und in den dein Ausatem wieder zurückkehrt, diesen Raum, aus dem das Leben in dich einkehrt und in den alles Leben wieder zurückkehren wird. Dein Atem ist ein Geschenk des Lebens an dich. Vielleicht ist er sogar ein Geschenk Gottes an dich... Und wer ist das überhaupt, der oder die da atmet? Atmest du oder atmet ES dich? Wer atmet, wenn du nachts schläfst und dir nicht bewusst bist, dass du überhaupt atmest?... Jedenfalls musst du dich für dein Atmen nicht willentlich anstrengen. Welch eine erleichternde Erfahrung und welch ein Gedanke: Du musst dich in keiner Weise anstrengen... Mache dir obendrein bewusst, dass dein Atem in deinem Leben das Erste ist, das kommt, und das Letzte ist, das geht. Dazwischen bist du mit deinem ganz einzigartigen Leben, weil du einzigartig bist. Dich gibt es als der Mensch, der du bist, der Mann oder die Frau, nur ein einziges Mal, und gäbe es dich nicht, würdest du der Welt fehlen. Mache dir das ausdrücklich bewusst... Die Spanne zwischen deinem ersten und deinem letzten Atemzug ist die dir geschenkte Lebensspanne. Du hast die Wahl: Du kannst deine Lebenszeit für dein ganz einzigartiges Leben nutzen oder sie achtlos verstreichen lassen. Mache dir das so bewusst, dass du es nicht bloß denken kannst, sondern dass diese Gewissheit dich mitten in deinem Herzen erreicht.

Solltest du beim Beobachten deines Atems wahrgenommen haben, dass du für gewöhnlich mehr in deine Brust als in deinen Bauch atmest, dann bringe deinen Atem nun auf einen guten Weg. Vertiefe deinen Atem ein wenig und lenke deinen Einatem von nun an gezielt in deinen Bauch hinein, so dass sich deine Bauchdecke beim Einatmen spürbar hebt und mit dem Ausatmen wieder senkt. Deine Brust atmet zwar immer mit, damit sich auch deine Rippenbögen weiten können, doch deine Bauchatmung genießt Vorrang. Die Brustatmung hilft dir beim Überleben. Doch ausschließlich deine Bauchatmung schenkt dir die nötige vitale Lebenskraft, dein einzigartiges Leben zu deinem Besten zu gestalten.

Konzentriere dich nun auf deine Hände und Fingerspitzen. Erspüre genau und fein deine Hände und Fingerspitzen... Lege nun deine Handflächen auf deinem Bauch ab... Erspüre mit den Handflächen deinen Bauch und streiche dir einige Male mit den flachen Händen über deinen Bauch. Nimm dabei die Form deines Bauches wahr, seine Wölbung, seine Rundheit oder auch seine Flachheit. Nimm einfach wahr, bewerte nichts... Und nun beginne langsam und sanft mit deinen Fingerkuppen einen Rhythmus auf deinem Bauch zu klopfen, langsam und sanft, so dass es deiner Bauchdecke wohltuen mag. Klopfe irgendeinen Rhythmus auf deinem Bauch, der in deinem Inneren aufsteigen mag und der deine Finger in Bewegung versetzt... Finde deinen Rhythmus... Und nun folge weiter deinem Rhythmus, doch nimm deine Handflächen dazu. Trommele mit deinen Handflächen einen Rhythmus auf deine Bauchdecke, so dass es deinem Bauch damit wohlergehen mag. Nicht zu fest, aber auch nicht zu luftig, so, dass du deinen Rhythmus auf deinem Bauch hören kannst... Du spürst und hörst deinen eigenen, von dir gewählten Rhythmus auf und in deinem Bauch, hörst ihn auch mit deinen Ohren. Dein Bauch wird zu deinem Resonanzkörper, auf dem du einen Rhythmus, eine Musik klopfen kannst. Höre dir selbst zu, höre in deinen Bauch als Resonanzkörper hinein. Erfreue dich deiner Spielerei, klopfe weiter deinen Rhythmus, lausche, spüre ... Vielleicht spürst du aufkeimende, aufwallende Freude in dir, Freude am eigenen sinnfreien Tun, Freude an deinem Körper als bespielbarem Resonanzkörper, mit dem du eine ganz eigene Musik machen kannst. Vielleicht lässt dich deine Spielfreude sogar ein wenig übermütig werden und dein Rhythmus verändert sich ... Dann spüre deinem neuen Rhythmus nach ... Lass deine Hände nun langsam zur Ruhe kommen und lege sie auf deinen Oberschenkeln ab.

Ruhe dich ein wenig aus, während du dein Erleben noch einen Moment nachklingen lässt. Atme weiter ruhig und tief in deinen Bauch hinein ... Wandere nun mit deiner Aufmerksamkeit tiefer und lenke deine Konzentration zu deinen Füßen. Konzentriere dich ganz auf deine Fußsohlen und Zehenspitzen, die den Kontakt zum Boden haben ... Beginne dann mit der Vorstellung, wie du aus deinen Fußsohlen heraus weiße Wurzeln in die Erde wachsen lässt. Du treibst ganz reinweiße Wurzeln aus deinen Fußsohlen immer tiefer in die Erde hinein. Die weißen Wurzeln aus deinen Füßen beginnen sich zu verzweigen. Und so erfahren deine Füße immer festere Verwurzelung mit dem Boden und mit der Erde. Die Wurzeln aus deinen Fußsohlen und Zehenspitzen verzweigen sich weiter und weiter, je tiefer sie in die Erde reichen. Mit jedem Ausatem treibst du deine reinweißen Wurzeln noch tiefer in die Erde hinein. Und vielleicht kann ein Teil deines Bewusstseins oder deines Schöpfergeistes es schon gar nicht mehr abwarten und eilt meinen Worten bereits voraus, in dem Wissen darum, dass deine Wurzeln letztlich so tief reichen werden, dass sie den Kern von Mutter Erde erreichen.

Vielleicht spürst du eine voraus eilende Erwartung oder sogar eine leise erinnerte Freude, dass du mit deinen weißen Wurzeln, die du immer tiefer und tiefer in die Erde hinein treibst, deine Verbindung zu einer unbändigen Lebenskraft wieder herstellst. Denn jetzt reichen deine Wurzeln tatsächlich bis zum Kern der Erde mit seinem unbändigen Erdfeuer. An dieser tiefroten, feurig orangenen, goldgelben Erdenkraft docken deine weißen Wurzeln an. So tief hast du sie in die Erde hinein getrieben. Du hast dich dadurch mit der puren Energie der Erde verbunden. Möglicherweise spürst du für einen Moment eine Unsicherheit oder eine Bangigkeit, weil diese Kraft so unbändig und drängend ist. Doch du brauchst das Element »Feuer« unverzichtbar für deine Lebenskraft. Mit jedem Einatem atmest du deshalb diese tiefrote, unermessliche Lebensenergie, die goldgelbe Kraft des Erdenfeuers durch deine Wurzeln hoch in deine Fußsohlen und Zehenspitzen hinein, füllst deine beiden Füße vollständig mit dieser unermesslichen Lebensenergie, atmest die Erdenkraft weiter hoch durch dein Sprunggelenk, durch die Unterschenkel und die Oberschenkel bis hinein in dein Becken ... Und mit dem Ausatmen verströmst du diese tiefrote Lebenskraft in dein gesamtes Becken hinein, füllst es ganz aus mit dieser unbändigen Kraft ... Solltest du an Verletzungen, Brüchen oder an Problemen mit Muskeln und Sehnen in deinen Beinen zu leiden haben, dann lasse diese rote Kraft umso bewusster deine Beine emporströmen, und stelle dir vor, wie sie beim langsamen Emporströmen heilsame Wirkungen entfaltet ... Mit jedem neuen Einatem atmest du mehr und mehr von dieser unbändigen Lebensenergie, dem Feuer von Mutter Erde, durch deine Wurzeln, deine Füße und Beine hinauf bis in dein Becken ... Und mit dem Ausatmen füllst du dein Becken mit dieser tiefroten Lebenskraft. Dein Becken füllt sich mehr und mehr, es weitet sich, es wird prall und gesättigt von dieser Kraft, die es ganz erfüllt. Du kannst spüren, wie du mit deinem Becken voll von Lebenskraft immer fester und geerdeter auf deiner Sitzfläche aufsitzt. Und immer weiter atmest du mit jedem neuen Einatem dieses unbändige, vor Lebensenergie sprühende Erdfeuer deine Wurzeln und Beine hinauf in dein Becken hinein. Du fühlst dich gestärkt, belebt, gesättigt mit Lebensenergie in deiner Mitte. Und noch einen Atemzug: Erdenfeuer, Erdenkraft hoch in dein Becken hinein, tiefrote, goldgelbe Lebensenergie in die Mitte deines Beckens hinein. Und weiter, unermüdlich ... Du hast Kontakt über deine Wurzeln zu dieser unbändigen tiefroten Lebenskraft, die nie versiegt, die sich nie verbraucht ... Zieh sie hoch von Mutter Erde mit deinem Einatem, hoch durch deine weißen Wurzeln, deine Füße, Beine bis in dein Becken hinein und fülle dich, fülle dich ganz mit dieser Kraft. Vielleicht wird dir schon warm oder gar heiß aus deiner Mitte heraus, vielleicht spürst du eine aufwallende Freude, einen Mut, denn da ist diese tiefrote Kraft, die dich ausfüllt in deiner Körpermitte und die dir zugleich das Herz oder deine Seele erwärmt. Du fühlst dich ganz durchdrungen und aufgefüllt mit tiefroter Lebensenergie ... Für den Augenblick atmest du nun mit deinem nächsten Einatem noch einen letzten Schub der nie versiegenden Erdenkraft, des roten, goldgelben Erdenfeuers deine Wurzeln, Füße und Beine hoch bis in deine Mitte hinein. Mit Lebenskraft gesättigt, ausgefüllt und rund, sitzt du mit deinem Becken prall voll von tiefroter Lebensenergie fest auf deiner Sitzfläche auf.

In deiner Mitte aufgeladen mit Lebenskraft richte deine Aufmerksamkeit nun auf dein Sonnengeflecht, genauer: auf einen Punkt etwa 2-3 cm oberhalb deines Bauchnabels. Erschaffe in deiner Vorstellung einen hauchfeinen, gleißend hellen, goldgelben Strahl vom Sonnengeflecht zu deinem Herzen hoch. Atme nun mit jedem Einatem durch diesen hauchfeinen, gleißend hellen, goldgelben Strahl hoch in die Mitte deines Herzens hinein. Und mit jedem neuen Einatem wird das Licht, das Leuchten deines Strahls hinauf in die Mitte deines Herzens hinein noch heller und reiner… Stelle dir deinen hellen goldgelben Strahl nun außerdem als die feinste goldene Saite einer nahezu überirdisch schönen Harfe vor, die den reinsten und himmlischsten Ton mit der feinsten aller Schwingungen zum Klingen bringt. Die Saite klingt, sobald sie berührt und in Schwingung versetzt wird.

Deshalb entscheide nun: Welches Wesen, das du für würdig erachtest, darf diese Saite in dir zum Klingen bringen? Lass dieses Wesen, das du für würdig erachtest, diese Saite in dir zum Klingen zu bringen, vor deinem geistig-seelischen Auge auftauchen. Falls sich dieses Wesen nicht augenblicklich zeigen mag, gedulde dich einen Moment und warte ab, ob es in deiner Vorstellung auftauchen mag… Falls nicht, dann lade dir selbst ein Wunschwesen ein, das du für würdig erachtest, diese Saite in dir in Schwingung zu versetzen und zum Klingen zu bringen. Siehe dieses Wesen nun vor dir und erlaube ihm, deine goldgelbe Saite, diesen hauchfeinen Strahl, zu berühren und damit diesen reinsten aller Töne in dir zum Schwingen zu bringen. Du kannst diesen reinsten und hellsten aller Töne in dir hören, nicht mit den Ohren, aber mit dem lauschenden Herzen, vielleicht sogar mit deinem ganzen Körper. Die goldene Saite bringt diesen so ganz besonderen Ton mit der feinsten aller Schwingungen zum Klingen. Spüre in deinen Körper und in deine Seele hinein, wie dieser himmlische Ton, dieser reine Klang in dir aufsteigt, sich in deinem Körper ausbreitet und wie er dein Herz erreicht. Achte darauf, wie dein gesamter Körper in Resonanz geht mit dem Klingen und Schwingen. Spüre die Resonanz des Tones in deinem Herzen, wie dein Herz in Klingen und Schwingen versetzt wird. Und spüre genau hin, welche Emotion, welches Hauptgefühl in dir die größte Resonanz erfährt.

Wenn du ganz aufmerksam in dir bist, kannst du die feine, hohe Schwingung der klingenden Saite von deinem Sonnengeflecht hoch zur Mitte deines Herzens deutlich spüren in dir... Die hohe Schwingung des reinsten aller Töne erzeugt ein ganz feines Klingen und Schwingen in deinem physischen Körper und in deiner Seele ... Du bist in vollkommener Resonanz. Es klingt und schwingt derart fein in dir mit, dass du diese ganz reine, hohe Schwingung als feinstes Vibrieren in dir spüren kannst. Es summt regelrecht vor Vibration in deinem Inneren. Mit dem Klingen und Schwingen, mit der Vibration in deinem Inneren kommt Freude in dir auf. Es mag sein, dass du zu Beginn erst eine leise Vorahnung von etwas Kommendem in dir spürst, das du noch gar nicht sogleich als Freude identifizieren kannst. Oder du spürst sofort deutlich, wie sich die Freude in dir bemerkbar macht... Und nun mag es vielleicht sein, dass du spürst, wie das Klingen und feine Schwingen in dir die Freude anschwellen lassen, sie höher und höher tragen. Auf den Schwingen der Freude fühlst du dich zunehmend selbst beschwingt, vielleicht ist dir sogar ein innerer Jubel in deinem Herzen erlaubt... Solltest du bislang nichts von all dem in dir spüren, alles ausschließlich in deiner Vorstellung verfolgen, so ist es auch gut. Es ist für dich, wie es ist. Versuche nicht, irgendetwas bewusst herbeiführen zu wollen. Lass alles genau so, wie es sich im Augenblick für dich anfühlt... Solltest du so hoch kommen dürfen mit deiner Freude, dass du sie durch deinen gesamten Körper hindurchperlen fühlst, kannst du vermutlich sogar spüren, wie sie deine Kehle hinaufwandert und sich in deinem Kopf ausdehnt. Sollte dir ein noch höheres Maß an Freude geschenkt werden, spürst du sie womöglich wie Ringe aus Licht um dich herum, die von hoch über deinem Kopf deinen gesamten physischen Körper herunterfließen bis hinunter zu deinen Füßen und wieder zurück nach oben. Vielleicht überrieselt es dich auch, ähnlich wie eine Gänsehaut, die dir den Rücken hinunterläuft. Doch wäre dieses Überrieseln ein weit höheres Geschenk an dich. Wie auch immer: Darfst du Freude in dir fühlen, dann bedanke dich, und bedanke dich so weit nach oben, wie du denken magst und fühlen kannst. Dankbarkeit erzeugt aus sich heraus wieder Freude. Bedanke dich so weit nach oben, wie du denken magst und fühlen kannst.

Nun ist es gut, und Zeit für dich, dich zu erinnern, wer du bist, wo du bist, und wer du sein möchtest in deinem Leben... Öffne dann langsam wieder deine Augen, und nimm dir noch einige Augenblicke Zeit, nachklingen zu lassen, wo es dich hingetragen hat, was sich womöglich für dich verändert hat und was du selbst von nun an weiter zu verändern wünschst.

»Die feinste Saite zum Klingen bringen« ist als Impulsübung zur Richtungsweisung gedacht. In der Regel biete ich sie Menschen an, die zwar bereits auf einer inneren Suche sind – bisweilen sogar schon lange –, die sich aber noch nicht in höherem Maße spirituell »angehaucht« fühlen. Die Länge der Übung ist eine Nebenübung im geduldigen Voranschreiten. Während der ineinander übergehenden Inhalte und Motive der Imagination lassen sich die mannigfaltigsten Reaktionen in den Gesichtern der Teilnehmenden beobachten: Glättung durch Entspannung, Kräftigung und Energetisierung durch aufsteigende Lebenskraft, Lachfalten durch das Erleben körperlicher Vitalität und Resonanz, das Gesicht überziehende Andächtigkeit durch die Wellen innerer Freudigkeit, Tränen durch Erleichterung des Herzens und der Rührung durch ein Sich-Berührt-Fühlen. Außerdem wirkt die gesamte Übung ganz einfach von Sorgen und Druck entlastend. Teilnehmenden kann es sehr heiß werden. Gelegentlich fühlen sie ihren Körper in Schwingungen versetzt.

Eine sehr gewissenhafte Lehrerin, die kaum noch weiß, wie sie eine innere Balance bewahren kann angesichts der kaum noch zu ertragenden Belastungen durch ihren Alltag, äußert sich überrascht erstaunt:

> »Da fühlt man sich so im Hamsterrad durch die Mangel gedreht, hält derart selber fest an seinen Sorgen und Ängsten, und dann stelle ich fest, wie einfach alles eigentlich ist. Ich trommele auf meinen Bauch, alle Sorgen entschwinden, ich spüre mich selbst ganz lebendig und könnte glucksen vor Lachen und Freude. Himmel, es ist so einfach, wenn man nur weiß, wie es geht. Das kann ich mir doch in meinen Alltag hinüber retten.«

Der Engel der Freude

Empfinden Menschen Freude, nehmen sie ihr Empfinden meistens einfach hin. Die einen nehmen die Freude immerhin dankbar als »Gott gegeben« hin, die anderen nehmen sie gedankenlos und wie selbstverständlich hin. Menschen können sich über vieles und ganz Unterschiedliches freuen. Es gibt die kleinen Freuden des Alltags, es gibt die höheren Freuden des Nichtalltäglichen und es gibt ein Königreich der Freude, zu dem uns Zutritt gewährt werden kann, wenn wir unseren Teil dazu tun, es betreten zu dürfen. Besonders schätzen lernen Menschen die Freude vor allem dann, wenn sie umgekehrt längere Zeiten in der Freudlosigkeit verharren müssen. Generell sollten wir die Freude wohl mehr achten und würdigen, denn tiefe Freude ist weit mehr als ein flüchtiger Zustand.

Können wir uns im bildlichen wie symbolischen Denken größere Freiheit gestatten, wäre es am angemessensten, die Freude als einen hoch spirituellen Engel anzusehen, der in Begleitung der Liebe erscheint. In seinem Roman über Maria Magdalena: »Une femme innombrable« (2002) erweist Jean-Yves Leloup diesem Engel die ihm zukommende Ehre auf drei geheiligten Ebenen. Ich übersetze und ergänze seine Worte relativ frei. Tief empfundene wahre Freude ist, mit den Augen der Seele gesehen, die Teilhabe des empfindenden Menschen an der für alle Zeiten überdauernden Glückseligkeit.

Im Körper und über den Körper verspürte Freude ist die leibliche Teilhabe an dieser Seligkeit, und daher ist die Leiblichkeit geheiligt. Wir tragen Gott oder das Himmlische in unserem Leib. Das ist die erste Ebene, auf der sich der Engel der Freude zeigt. Wüssten wir das bloß so zu schätzen, würden wir den Leib als Wohnstatt der Seele mit mehr Respekt behandeln. Wir dürften uns darüber hinaus erinnert fühlen an Hildegard von Bingen, die zurückhaltend mit asketischer Leibfeindlichkeit ist, aber viel vom Engel der Freude hält, ausgedrückt in der Einheit von Leib und Seele. Für diese große Dienerin der Liebe bedeutet freudige wie mystische Ekstase, »das Heraustreten aus dem Alltagsbezug der Spaltung in den Urgrund der Einheit, also einen

Erlebensprozess in den Körper hinein«. Das Empfinden von Glück ist eine psychische Teilhabe an der ewigen Glückseligkeit, und deshalb ist Glück etwas Geheiligtes. Es bedeutet Gott in der Seele zu tragen. In diesem Glück offenbart sich uns der Engel der Freude auf einer zweiten Stufe. Die wahre Freude, als dritte Ebene noch weit über dem Glück, ist eine noetische Teilhabe an der Glückseligkeit, und deshalb ist die Freude heilig. »Noetisch« bedeutet das Wahrhaben der geistigen Welt. Wahre Freude ist daher der Abdruck Gottes oder des Himmlischen in unserem Geist. Hier verspüren wir den Engel der Freude in seiner höchsten Erhabenheit.

So sehr wir die unterschiedlichen Freuden schätzen dürfen, so fragil und angreifbar erleben wir sie auch. Unsere Körper sind verletzlich und vergänglich. Das Glück ist heilig, aber nicht von immerwährender Dauer, weil unsere psychischen Zustände wankelmütig sind. Freude als Abdruck des Göttlichen im Menschen ist unsere mögliche Zuflucht. Sie bedingt kein Äußeres, sondern hängt ausschließlich davon ab, ob wir dem Reich Gottes in uns selbst vertrauen und uns von ihm leiten lassen. In jedem Falle haben wir über die Freude unmittelbar teil am Spirituellen.

Engel haben viel Sinn für Humor, so auch der Engel der Freude. Deshalb bloß keine falsche Scheu vor Engeln! Sie möchten verstärkt Freude empfinden in Ihrem Leben? Dann wünschen Sie sich nicht bloß mehr freudige Augenblicke, sondern laden Sie obendrein ganz ausdrücklich den Engel der Freude zu sich ein. Erlauben Sie sich getrost das Spiel mit diesem Wesen aus der geistigen Welt. Stellen Sie sich Ihren Engel der Freude vor Ihrem geistigen imaginativen Auge ganz genau vor. Wie sieht er aus? Wie zeigt er sich Ihnen? Sehen Sie eher einen weiblichen oder eher einen männlichen Engel? Woran erkennen Sie ihn als Engel der Freude? Welches ist sein Zeichen als Ausdruck der Freude? Falls Sie sich den Engel der Freude tatsächlich einladen mögen, tun sie es nicht zu leise. Er muss Ihre Einladung schon deutlich vernehmen können, um zu Ihnen finden zu wollen. Der Engel der Freude ist nämlich ein äußerst gefragter und viel beschäftigter Engel. Sofern Sie ihn nicht deutlich vernehmbar anrufen, wird er sie nicht hören können unter all den anderen Rufen, die ihn erreichen. Bitten Sie ihn jedoch hörbar, in Ihre Nähe zu kommen, wird er sich Ihnen zeigen. Es mag sein, dass er sich nicht augenblicklich zeigt. Er mag vielleicht erst sicher gehen, dass Sie ihn wirklich aus Ihrem tiefsten Herzen heraus rufen. Aber dann wird er bei und mit Ihnen sein.

Wir sind Licht im Lichte, und wir sind nah und fern

Einer unserer Zeitgenossen, der altersweise gewordene, Alt-CDU-ler Franz Alt, titelt in einer Überschrift kurz und bündig: »Das Göttlichste an Gott ist die Liebe« (2015). Die Liebe von Jesus Christus in Mensch gewordener Gestalt ist eins mit seinem Licht, das er auf alle Menschen reinen Herzens strahlen lässt. Jesus spricht von sich selbst: »Ich bin das Licht der Welt. Wer mir nachfolgt, der wird nicht wandeln in der Finsternis, sondern wird das Licht des Lebens haben« (Joh 8,12). Hierin ist Alles enthalten. Vor der göttlichen Liebe muss der Verstand kapitulieren. Die Liebe, die eins ist mit dem Licht, ist die gemeinsame Wurzel des Christentums, die Wurzel des Buddhismus, die Wurzel des Hinduismus, die Wurzel des Islam und die Wurzel des Sufismus. Die Wahrheit der Liebe geht über alle Grenzen, weshalb der Sufi-Mystiker Rumi ihr ein Denkmal setzt:

> »Der Verstand ist machtlos angesichts der Liebe.
> Allein die Liebe ist imstande, die Wahrheit der Liebe
> und des Liebenden zu enthüllen.
> Der Weg unserer Propheten ist der Weg der Wahrheit.
> Wenn du leben willst, stirb in Liebe.
> Stirb in Liebe, wenn du am Leben bleiben willst.
> (Mevlana Dschalaluddin Rumi)

Wo die Liebe ist, ist immer auch Licht. Und wo das wahre leuchtende Licht ist, ist immer auch die Liebe. Licht ohne empfundene Liebe mag die Versuchung in Engelsgestalt sein, die zur Schlange sprach, damit diese Eva täusche. Für heutige, Gott, Licht und die höhere Liebe suchende

Menschen, ist es das entscheidende Wahrheitskriterium: Die dunkle Seite der Schöpfung kann sich in allerlei trügerischen Gestalten zeigen, um die Menschen zu versuchen. Sie kann sogar die Gestalt eines lichtvollen Engels imitieren. Was sie aber nicht kann, ist die Liebe zu imitieren. Wer folglich in der Nähe lichtvoller Wesen nicht gleichzeitig die Wärme ihrer liebenden Güte verspürt, sei auf der Hut.

Der in Vergessenheit geratene Erkenntnisweg der Gnosis ist eine Erfahrung des himmlischen Lichts über einen Weg der Einweihung. Das Ziel eines Lebens im Geiste des Lichts ist, »den Heiligen Geist zu erwerben«. So enthüllt es der heilige Mönch und Mystiker Seraphim von Sarow (1759–1833), den bei ihm Hilfe Suchende oft in Licht gehüllt sahen, dem orthodoxen Christen Nicholas Motovilov. Motovilov wurde ein »geistiges Kind« Seraphims, nachdem dieser ihn von einer Lähmung geheilt hatte. Wer immer mit dem Heiligen in Kontakt kam, kehrte mit Friede und Freude in der Seele zurück in sein Zuhause. Der Friede, die Freude und das sich darin ausdrückende Licht können ansteckend sein, weshalb Seraphim ohne Unterlass dafür warb: »Erwerbt euch den Frieden des Herzens, und Tausende um euch werden gerettet werden«. Die Worte des Mystikers können auch in uns allen auf Widerhall treffen. Sie erfordern jedoch Beweglichkeit in Geist und Seele. Die Erfahrung des Lichts vollzieht sich nämlich nicht über ein intelligentes Sprechen über das Licht, sondern sie ist eine unmittelbare, ungebrochene Teilhabe am Licht der Welt, das nie geschaffen wurde, sondern auf ewig aus sich selbst heraus existiert und durch sein Leuchten ins Herz der Menschen dringt. Alleine schon die Vorstellung des Nie Geschaffenen, des auf Ewig-Aus-Sich-Heraus-Präsenten, strapaziert unsere menschliche Vorstellungskraft, die bloß in Zeit und Raum zu denken gewohnt ist.

Im Thomas-Evangeliums, das als einzige vollständige antike Handschrift in koptischer Übersetzung aus dem Griechischen Ende 1945 unter den Funden in Nag Hamadi in Oberägypten entdeckt wurde, und das als eine Spruchquelle der Lehren Jesu gilt, spricht Jesus:

> »Ich bin das Licht, das über allem ist. Ich bin das All. Aus mir ist das All hervorgegangen. Und zu mir ist das All gelangt.
> Spaltet ein Stück Holz – ich bin da. Hebt den Stein auf, und ihr werdet mich dort finden« (Logion 77).

Jesus ist die Verkörperung des universalen Lichts, das über allem und in allem erstrahlt, einschließlich in uns Menschen. Einen gewichtigen Unterschied lässt uns das Apokryphon des Johannes jedoch wissen: »Der Unsichtbare, der über dem All ist, der als Unvergänglichkeit existiert, als reines Licht, in das kein Augenlicht schauen kann«, überstrahlt alles. Kein menschliches Auge vermag es in seiner Helligkeit zu schauen. Ein Vergleich ist ganz einleuchtend: »Es ist genauso unmöglich, Christus zu schauen, wie es unmöglich ist, die Sonne zu schauen«, ohne geblendet zu werden und die Augen niederzuschlagen.

Nicht einmal seine Jünger können den, der aus »dem Lichte der Lichter« kommt, in seinem »unermeßlichen Lichtglanze« schauen. In keiner zweiten Schrift ist derart ausführlich und häufig die Rede von der unermesslichen Kraft des Lichts, das Jesus umstrahlt, wie in der »Pistis Sophia«. Als der auferstandene Jesus den Jüngern wieder erscheint, um sie zu lehren, bitten sie ihn: »O Herr, wenn Du es bist, so ziehe Deinen Lichtglanz an Dich, auf daß wir aufrecht stehen können, denn unsere Augen sind verdunkelt und wir sind aufgeregt, und auch die ganze Welt ist aufgeregt infolge des großen Lichtes, welches an Dir ist« (Cap.6).

Die Jünger müssen erst lernen, Jesus in seinem lichten Auferstehungskörper zu sehen, denn nach seinem Tod am

Kreuz sind sie verzweifelt. Sie können sich seine erneute Wiederkunft noch nicht vorstellen:

> »Während sie nun dieses sagten und gegeneinander weinten, da taten sich die Himmel um die neunte Stunde des folgenden Tages auf, und sie sahen Jesus herabkommen, gar sehr leuchtend, ohne daß ein Maß war für sein Licht, in welchem er sich befand. Denn er leuchtete mehr als zu der Stunde, da er zu den Himmeln hinaufgegangen war, so daß die Bewohner der Welt das Licht, welches an ihm war, nicht beschreiben konnten, und es sandte Lichtstrahlen sehr viele aus, ohne daß ein Maß war für seine Strahlen. Und sein Licht war nicht untereinander gleich, sondern es war von verschiedener Form, indem einige Strahlen unendlich viele Male vorzüglicher als andere waren; und das ganze Licht war beieinander, es war von dreierlei Art, und die eine Art war viele Male vorzüglicher als die andere; die zweite, welche in der Mitte, war vorzüglicher als die erste, welche unterhalb, und die dritte, welche oberhalb von ihnen allen, war vorzüglicher als die beiden, welche unterhalb; und der erste Strahl, befindlich unterhalb von ihnen allen, war ähnlich dem Lichte, welches auf Jesus gekommen war, bevor er hinaufgegangen war zu den Himmeln, und war gleich allein mit ihm in seinem Licht. Und die drei Lichtweisen waren von verschiedener Lichtart und sie waren von verschiedener Form, indem einige unendlich vorzüglicher als andere waren« (Cap.4).

Was muss ein Auge oder das Imaginale gesehen haben, um das unermessliche Licht von Jesus derart zu beschreiben? Da wir weder Gott noch sein Licht in Gänze schauen können, fällt es uns entsprechend schwer, den in Allem und

Jedem Existierenden in anthropomorphen, dem Menschen fassbaren Bildern zu denken. Es heißt wohl auch bei Moses nicht umsonst: »Du sollst dir kein Gottesbild noch irgendein Gleichnis machen«. Als Menschen können wir uns schlicht keine sichtbaren Bilder des Unsichtbaren machen. Wir mögen das Transzendente aber trotzdem nicht einfach transzendent, das Unnennbare unnennbar und das Göttliche göttlich sein lassen, ohne uns ein Bild zu machen.

Das vielleicht schönste Gottesbildnis überhaupt stammt von der französischen Mystikerin Marguerite Porète (1255–1310). Porète ist eine Begine. Beginen sind eine Gemeinschaft religiöser, aber nicht ordensgebundener Frauen. Mit ihrer Lebensform eines selbstbestimmten Lebens von Frauen brechen sie aus der mittelalterlichen Gesellschaftsordnung aus. Wie so viele mystische Dienerinnen der Liebe und des Lichts starb Marguerite Porète den Flammentod der kirchlichen Scheiterhaufen. Ihr Lehrbuch »Spiegel der einfachen Seelen« (2011) ist ein »›Spiegel‹, der den Weg der Seele in die Liebe hinein reflektiert«, schreibt die Psychotherapeutin Ingrid Riedel (2010), die Marguerite Porète dem drohenden Vergessen entheben möchte. Die Seele dieser Frau geht auf im »Loin-Près«, dem fern-nahen Geliebten, der ihr Christus ist. Damit ist sie Vorbild für die Unmittelbarkeit der Gotteserfahrung. Letztere bedarf keiner Vermittlung durch die kirchlichen Lehren oder Sakramente. Porète trifft in diesem Zusammenhang eine eigenwillige Unterscheidung zwischen der »Sainte Eglise la grande«, der Heiligen Kirche der Großen im Geiste, und der »Sainte Eglise la petite«, der kleinen klerikalen Amtskirche. Der »Heiligen Kirche der großen« gehören alle an, die vorbehaltlos im Geiste der höheren Liebe stehen. Zur »Heiligen Kirche der kleinen« zählen die kleinmütigen Diener der Institution und der Inquisition, die die Liebe in Gedanken, Worten und Taten verraten. Marguerite Porètes Liebe zum Fern-Nahen ist so rein, dass sie sämtliche Vorstellungen und Erwartungen aufgibt. Sie ist völlig hingegeben. Im Blick auf die Liebe zwischen Menschen wäre das eine ungeheure Herausforderung.

Porètes Liebe braucht keine Kompromisse. Sie lässt uns wissen: Eine bedingungslos liebende »Seele kennt keine Zurückhaltung, keine Ungewissheit und kein Missbehagen.

Die Vernunft: »Und wie das?, fragt die Vernunft.

Die Liebe: Durch einen verlässlichen Bund und wahre Einmütigkeit.«

Es besteht ein verlässlicher Bund zwischen Seele und Liebe, die sich im Wissen vereint haben. Und es besteht eine wahre Einmütigkeit zwischen Seele und Christus: eine wahrhaftige Gemeinschaft in Liebe.

Eine Gemeinschaft mit einem Fern-Nahen schließt logischerweise Gefühle von Ferne und Nähe ein. So kann Marguerite Porète nach dem Fernen dürsten, wenn er ihr fern erscheint. In solchen Phasen kann ihr Weg sie durch unwegsames, wüstenartiges Gelände führen. Ist ihr der Nahe plötzlich wieder ganz nah, kann sie sich emporgehoben fühlen bis hin zu ekstatischer Trunkenheit. Das Spannungsverhältnis hält die Liebe intensiv lebendig. Die Liebe zum Fern-Nahen lebt ohne Rechtfertigung und Begründung. Sie nährt sich ohne jegliches Warum. Sie liebt, weil sie Liebe ist. Und ausschließlich die Liebe selbst ist ihr Maß und ihre Regel. Eine solche Liebe ist einer Menschenseele nur möglich, weil der Fern-Nahe sie selbst liebt und erfüllt. In der »unio mystica« kehrt die Seele in Begleitung der Liebe wieder in ihren ungeteilten Ursprung in Christus zurück.

Ich erfuhr vor etlichen Jahren durch Ingrid Riedel vom Gottesbild der Marguerite Porète. Tief innerlich erfahren habe ich das Bild aber erst beim zweiten Wiederlesen ihrer »Mystik des Herzens«. Beim ersten Lesen Jahre zuvor fühlte ich mich selbst Christus noch zu fern, um das Gottesbild des Fern-Nahen in mir selbst ähnlich nachempfinden zu können. Heute erfüllt mich das Bild mit tiefer Freude. Es lebt sich intensiver mit dem Fern-Nahen. An vielen Tagen meines Alltags fühle ich mich dem Nahen ganz nah. Dann spüre ich seine Anwesenheit als Christus unmittelbar in mir selbst. Diese Nähe ist nicht immer von der gleichen Gefühlsqualität begleitet. Manchmal fühlen sich solche Tage völlig »normal«, im Sinne von normal gut an, weil die Nähe so selbstverständlich vertraut ist. An anderen Tagen fühle ich mich vom Nahen emporgehoben. Dann beflügelt mich die innere Freude, und ich kann es in keinen anderen Worten ausdrücken als dass mir ein Empfinden von Erhabenheit in Demut geschenkt wird. Zeigt sich der Ferne längere Zeit vermeintlich bloß noch abwesend, oder vermag ich selbst ihm nicht so recht nahe zu kommen, fühle ich mich alles andere als erhaben. »Dürsten« ist dann eine treffliche Zustandsbeschreibung meines inneren Erlebens. Aus einem eigenen inneren Nachempfinden habe ich das Gottesbild des Fern-Nahen als lebendige, in sich stimmige Beschreibung in mir aufgenommen.

Jahre zuvor hatte ich mir bereits etwas anderes zu eigen gemacht, wofür Marguerite Porète in einem recht zeitgenössischen Sinn eine Vorläuferin war. Mit einigem Recht können wir diese kluge Frau als die vielleicht erste »Gestalttherapeutin« betrachten. Sie hatte ein Bewusstsein von den inneren Zuständen der Menschen, die wir in der abstrakten Fachsprache heutzutage »Ego-States« nennen. Ihr mystisches Lehrbuch »Spiegel der einfachen Seelen« hat sie nämlich originell als ein Streitgespräch zwischen unterschiedlichen Gestalten und inneren Stimmen aufgebaut. Als personifizierte Wesenheiten verleiht sie der Seele, der Vernunft, der Liebe, der Kirche, der Versuchung sowie etlichen Nebengestalten eine Stimme. Die stärkste Stimme ist die der Liebe. Es ist die Liebe in ihrer reinen, erhabenen, höchsten Form, als Ausdruck Gottes in der Seele Marguerite Porètes, die in ihr liebt.

Liebe bedeutet für Porète Freiwerden von allem Anhaften an Besitz, Geltung und Macht. Freiwerden schließt ein die Befreiung vom Unterworfensein unter eine kirchliche oder weltliche Macht. Die einzig gültige Regel für diese frei denkende Frau ist ihr die Liebe zum Fern-Nahen:

> »Lass dich wirklich von Gott lieben und liebe ihn – und was du dann tun willst, das tu«. Frei und freier spricht sie die Seele in ihrem »Gestaltdrama«: »Diese Seele, spricht die Liebe, ist frei, ja freier noch, sehr frei und überaus frei in ihren Wurzeln, ihrem Stamm, all ihren Zweigen und all den Früchten an ihren Zweigen. Diese Seele hat ihren Gewinn in der erhabenen Freiheit, nach jeder Seite hin hat sie diese im vollen Umfang. Sie gibt niemandem Rechenschaft, wenn sie nicht will und wenn dieser nicht ihrem Geschlechte angehört«.

Marguerite Porètes Liebe folgt in tiefer Hingabe und Ausschließlichkeit dem »Neuen Gebot« Jesus. Damit übertritt Porète sämtliche Schmerzgrenzen. Eine Liebe, die sich derart selbst das einzig zählende Gebot und folglich über jede Herrschaft erhaben ist, lässt keine kirchliche oder weltliche Obrigkeit zu Zeiten der Inquisition durchgehen. Der Freigeisterei, der Häresie und rückfälligen Ketzerei beschuldigt, wird der freie weibliche Geist der Marguerite Porète von den klerikalen männlichen Dienern der Oberkirche zum Tode verurteilt. Wie groß muss eigentlich der tiefe Neid der ausschließlich männlichen Inquisitoren, die statt »Gott, Gott« ständig »Teufel, Teufel« schreien, auf die unbändige Liebeskraft vieler Mystikerinnen gewesen sein, um sie während dieser finsteren Zeiten der kirchlichen Dogmatik derart mit ihrem Hass zu verfolgen? Von Teresa von Avila ist überliefert, dass sie diejenigen, die ständig »Teufel« schreien, mehr fürchte als den Teufel selbst.

Ich darf mich glücklich schätzen und dankbar sein, in meinem derzeitigen Leben in einem Land und einer Zeit zu leben, in der ich nicht den Mut der Marguerite Porète unter Beweis stellen muss. Als Ketzerin bei lebendigem Leibe verbrannt zu werden, nahm sie mit Würde und Gefasstheit auf sich. »Sainte Eglise la petite« war viel zu klein für diese große Frau. Sie durchlebte selbst den Flammentod ganz in der inneren Freiheit: »Die Liebe steht mir bei, durch sie fühle ich mich frei, ohne Furcht allen gegenüber«.

Derart ist die Liebe!

Haben Sie sich ein Bildnis von Gott gemacht? Mag Ihnen das Bild von Christus als Fern-Nahem etwas sagen? Es muss nicht diese Vorstellung des Göttlichen sein, es gibt inneren Raum für andere Bildnisse. Doch etwas gar nicht denken und uns auch nicht bildlich vorstellen zu können, übersteigt unser Begriffsvermögen. Übersteigt etwas unser Fassungsvermögen, bleibt uns einzig der Glauben. In dieser Logik formuliert der Kirchenvater Tertullian im »Buch über die Fleischwerdung Christi«: »Ich glaube, weil es absurd ist«, und »das ist wahr, weil es unmöglich ist«. Derartige kognitive Dissonanzen haben uns Menschen noch nie geschmeckt. Meine private Lösung habe ich gefunden: Seitdem ich »geschubst« wurde, mein eigenes Licht unter dem Scheffel hervorzuholen und wieder seine wahre Bedeutung ahne, weil ich sie inwendig in mir verspüre, empfinde ich deutlich mehr innere Freiheit im glauben (oder sogar wissen) Dürfen als in der Ablehnung eines Glaubenkönnens.

Es bietet sich noch ein weiteres Bild an, mit dem Menschen den ihnen kaum erträglichen Zwiespalt zwischen einer tief verspürten Ahnung von Gott und dem ihnen als falsches Introjekt eingeimpften Gott der Institution Kirche überbrücken können. Von Kindesbeinen an hat sich Rainer Maria Rilke (1875–1926) mit diesem Zwiespalt auseinandergesetzt. Mit den Mitteln der Poesie wandelt er dabei an den Grenzen des Denkbaren wie Sagbaren. Spricht Rilke von, zu und mit »Gott«, befindet er sich im »Vorraum der Erkenntnis«. Trotz aller Nicht-Fassbarkeit spürt Rilke, wie Gott in ihm existiert und dass er von ihm herkommt und zu ihm zurückkehren wird: »Das musst du wissen, dass dich Gott durchweht von Anbeginn an. Das Göttliche. Ich bin dort gewesen, schon als Kind, und komme gehend davon her«. Rilke möchte das Göttliche in den Raum der persönlichen, unmittelbaren, täglichen Erlebbarkeit stellen. In diesem Sinne folgt er lebenslang der Bewegung seiner »Seele aufs Offene zu«. Indem er Gott »das Offene« oder »den Offenen« nennt, bietet er allen zweifelnden Menschen dasjenige Bild von Gott mit der höchstmöglichen Freiheit sich ihm zu nähern an. Kurz vor dem Abschluss der »Duineser Elegien« schreibt er an die Lyrikerin Ilse Blumenthal-Weiß:

> »Erst muss man Gott irgendwo finden, ihn erfahren, als so unendlich, so überaus, so ungeheuer vorhanden –, dann sei's Furcht, sei's Staunen, sei's Atemlosigkeit, sei's am Ende Liebe, was man dann zu ihm fasst, darauf kommt es kaum noch an, aber der Glaube, dieser Zwang zu Gott, hat keinen Platz, wo einer mit der Entdeckung Gottes begonnen hat, in der es kein Aufhören mehr gibt.«

In der Poesie Rilkes lässt sich Gott entdecken. Als »das Offene« lässt er sich finden, weil er »so ungeheuer vorhanden« ist. In allem, in jedem.

Gottes Universum ist die Fülle der Schöpfung. Als Menschen sind wir eingeladen an der Fülle des Lebens teilzuhaben. Bleiben wir auf dem Weg, braucht es uns an nichts zu mangeln. Doch kommen wir nicht umhin, die Hausaufgaben unseres Lebens zu bewältigen. Das bedeutet innere Reinigung, Integration und Transformation, gehört zur Fülle des Lebens doch auch das Absurde, das Leid, der Schmerz, die Endlichkeit zum Tode hin, mit der wir spätestens ins Licht des Unendlichen zurückkehren.

Das göttliche Prinzip in der Schöpfung findet sich in jedem Stück Holz, unter jedem Stein, in jedem Wasser. Wir brauchen bloß genau hinzuschauen. Es geht nicht um eine Anbetung der Natur, sondern um die Anerkennung der Präsenz des Lebendigen in der gesamten Mitgeschöpflichkeit. Mit der Weiterführung der Schöpfung durch unsere menschlichen Werke haben wir teil am Königreich Gottes auf diesem blauen Planeten. Jesus lässt uns durch Thomas wissen: »Das Königreich des Vaters ist ausgebreitet über die Erde, und die Menschen sehen es nicht« (Logion 113). So viele respektieren es nicht, sie bewahren es nicht, sie riskieren seine Zerstörung und treten ihr eigenes Licht vielfach mit den Füßen.

Der Menschen eigenes Licht, um das sie verbreitet nicht mehr wissen wollen, das sie in sich selbst ausgeknipst haben; das Licht, von dem Jesus seine Jünger lehrt, dass nicht er alleine aus dem göttlichen klaren Licht kommt, sondern dass alle Menschen aus diesem uranfänglichen Licht abstammen:

> »Wenn sie zu euch sagen: ›Woher stammt ihr?‹, dann sagt ihnen: ›Wir sind aus dem Licht gekommen, dem Ort, wo das Licht entstanden ist aus sich selbst, sich hingestellt hat und in ihrem Bild erschienen ist…« (Logion 50)

Die Vorstellung des aus sich selbst heraus entstandenen Lichts der Welt, das in Gottes Ebenbild, dem Menschen, wieder erscheint, ist keine ausschließliche Vorstellung der christlichen Lehre. Sowohl Buddhismus wie Hinduismus und Sufismus teilen den Glauben an das überdauernde helle, klare Licht, das im Inneren jedes einzelnen Menschen erstrahlt, und wie es in den heiligen vedischen Schriften der Chandogya Upanishad beschrieben steht. In seinen Kommentaren zum Thomas-Evangelium zieht Jean-Yves Leloup deshalb den logischen Schluss, dass wir auf die dreifache Frage: »Woher kommen wir? Wer sind wir? Wohin gehen wir?« ohne das geringste Zögern dreifach antworten dürfen: »Ich komme aus dem Licht. Ich bin Licht. Ich kehre ins Licht zurück.«

Es berührt mich ständig aufs Neue, dass so viele aufgeklärte Menschen sich über alle Maßen schwer tun mit diesem klaren Bekenntnis. Kaum etwas ist geeignet, so heftige rationale, bewusste wie unbewusste Widerstände hervorzurufen, wie die Tatsache, dass in jedem von uns Menschen ein Licht leuchtet. Tragik wie Situationskomik kann diese Abwehr erfahren bei Menschen, die eine der edelsten Professionen ausüben: Psychotherapeutinnen und Psychotherapeuten. Manche dieser intellektuell klugen Menschen stellen ihr Licht lieber »unter den Scheffel« als gelten zu lassen, dass es ein Licht in ihnen allen gibt. Die intellektuelle Abwehr nimmt gelegentlich fast phobische Züge an. Ihnen ist gemeinsam die übergroße Entfernung von den Wurzeln des antiken Therapeutentums, über die sie per »Nabelschnur« mit dem Licht ihrer Vorfahren verbunden sind. Es gibt aber auch die gute Nachricht: Immer mehr Kolleginnen und Kollegen wissen um ihre Herkunft und ihr Licht. Sie berichten in geschützten Räumen mit Freude im Herzen darüber, wie sehr sie sich in ihrer alltäglichen Arbeit davon getragen und gestützt fühlen. Ohne das Wissen um diese Unterstützung könnten sie ihre Arbeit überhaupt nicht verrichten. Und manche möchten als engagierte Helfer und Helferinnen erklärtermaßen »vervielfältigend dabei mitwirken, dass mehr Licht in die Welt kommt und gesehen werden darf«!

Würden wir allesamt noch aufmerksam in unsere Sprache hineinlauschen und wüssten wir noch um die originäre

Herkunft so mancher Volksweisheiten, könnten wir problemlos anknüpfen an tradiertes altes Wissen. Der Spruch: »Sein Licht unter den Scheffel stellen« ist im Volksmund immer noch verbreitet, selbst wenn kaum noch ein Mensch das Wort »Scheffel« als solches zu erklären weiß. Ebenso wissen nur noch wenige, die sich dieses Spruches bedienen, dass sie die Worte nahezu gleich lautender biblischer Sprüche aus den Evangelien des Matthäus (5,15), des Lukas (11,33) und des Thomas in ihrem Munde führen.

Im Logion 33 des Thomas-Evangeliums spricht Jesus die Bildworte vom Licht, die der Volksmund zum geflügelten Wort gemacht hat:

> »Denn keiner zündet eine Lampe an und stellt sie unter ein Getreidemaß, auch stellt er sie nicht an einen verborgenen Ort. Vielmehr stellt er sie auf den Leuchter, damit ein jeder, der hereinkommt und herausgeht, ihr Licht sieht.«

Es ist dem Licht eigen, dass es leuchtet und strahlt. Das Bestreben des gnostischen, d.h. sich selbst im Göttlichen suchenden wie erkennenden Menschen, ist jedoch nicht, sein Licht leuchten zu lassen nach der Versuchung des Ego: »Schaut, wie ich leuchte und erstrahle«. Doch je heller das Licht eines Menschen leuchten darf, desto stärker sollte er innerlich gewappnet sein, vom schwarzen Engel der Versuchung geprüft zu werden. Lässt sich das Ego zu spirituellem Narzissmus und Getue verführen, erliegt es in der Falle des »spirituellen Materialismus«, wie ihn Chögyam Trungpa Rinpoche (1939–1987) beschreibt (2011). Das Trachten des im Geiste der Gnosis aufrichtig um Erkenntnis ringenden Menschen ist es, im Lichte zu sein, selbst Licht zu sein und durch das Licht aufzusteigen. Jean-Yves Leloup sieht in den Gnostikern gar von Gott gesalbte Menschen. Wie »volle Gefäße« befüllt die höchste Wahrheit sie mit ihrem versiegelten Wissen. So liest Leloup es aus dem Evangelium der Wahrheit heraus. Aufrichtig im Lichte sein heißt, in der Liebe sein. Und selbst Licht zu sein heißt weit mehr als: »Ich liebe«. Es bedeutet: »Ich bin Liebe, und die Liebe ist in mir«. In der Gegenwart eines Menschen voller liebender Güte teilt sich diese Güte jedem Umstehenden in vollen Zügen mit. Der Mensch, der Licht wie Liebe ist, oder sich beidem zumindest zu nähern sucht, ist ein gebender Mensch. Er gibt sich und er gibt sich hin. Seine Liebe ist unverfälscht. Sie rechnet nicht, und schon gar nicht rechnet sie auf.

Wiederum in Thomas-Evangelium verweist Jesus ausdrücklich auf das jedem Menschen eigene Licht.

> »Es existiert Licht im Inneren eines Lichtmenschen, und er erleuchtet die ganze Welt. Wenn er nicht leuchtet, ist Finsternis« (Logion 24).

Hat dieses Kreisen ums Licht der Welt tatsächlich noch eine Bewandtnis für unser Leben im Hier und Heute? Sogar mehr als es manchen Menschen lieb sein mag. Die Logik ist zu allen Zeiten ganz einfach, weshalb Jesus spricht:

> »Wenn einer mit sich eins ist, wird er sich mit Licht füllen. Wenn einer aber mit sich uneins ist, wird er sich mit Finsternis füllen« (Logion 61).

Glauben wir nicht an unser eigenes Licht, sind wir nicht in Frieden, uneins mit uns selbst. Wir mögen uns nicht im Ganzen leiden, wir nehmen uns nicht vollkommen an als die Menschen, die wir sind. Wir tun uns spürbar schwer mit Selbstliebe im recht verstandenen Sinne. Mögen oder können wir uns nicht gestatten zu leuchten, stellen wir unser Licht weiterhin unter den Scheffel. Dann ist Finsternis in uns. Als

Selbstzuschreibung oder Fremddiagnose konnte diese Finsternis in uns leicht den Namen »Depression« erhalten. Finsternis ist in der »Angst«, Finsternis herrscht in der »Sucht«. Und was wäre dann ein leuchtender, gütiger, gnädiger, barmherziger Blick auf uns, wenn nicht ein Licht, das uns selbst oder einen Nächsten des inneren Dunkels entheben würde? Der uns erkennende wie erhellende Blick wäre ein heilender Blick der Liebe. Nun reicht natürlich in einem konkreten therapeutischen Arbeitsalltag ein einziger Blick wahrhaftiger Liebe noch nicht aus, einen depressiven oder vor Angst nahezu erstarrten Menschen dauerhaft aus seiner Finsternis zu erlösen, aber er ist zumindest ein heller, wärmender Sonnenstrahl in das Dunkel wie die Eiseskälte des Verlieses.

Wir können unser eigenes göttliches Licht nicht einfach wieder anknipsen, indem wir in unserem Inneren einen Schalter umlegen. In der Regel erfahren wir einen Anlass, eine Ermunterung, eine Ermutigung oder eine Art Gotteserlebnis, die uns auf den Weg setzen. Haben wir das erste Leuchten des Lichts ausgemacht, ist es, als gingen wir einen langen Gang entlang, der mit jedem weiteren Schritt heller und leuchtender wird, bis sein Licht am Ende alles überstrahlt. Dann fühlen wir uns im eigenen Inneren von hellem leuchtendem Licht erfüllt, und im Äußeren, in unserer Gestalt, von strahlendem Licht umflossen. In das Licht der Sonne oder von Christus können wir dennoch nicht ungeblendet schauen. Weil ich die Menschen in meiner Arbeit immer dort abhole, wo sie gerade sind in ihrem Leben, ermuntere ich viele mit einer Art Initialzündung zu einer neuen Annäherung an das Licht der Welt. Die Ermutigungen lasse ich einfließen in imaginative und imaginale Atem-Licht-Meditationen mit unterschiedlicher Dosierung des Lichts.

Verstehen auch Sie die Ihnen gleich vorgestellte Imaginationsübung als eine Ermunterung, Licht und Liebe in Ihnen zu beleben. Mehrere von mir besprochene Audioübungen als Licht-Atem-Meditation gehören zu den Büchern »Gib deiner Seele Raum« sowie zu »Depression durch die Kraft der Imagination bewältigen«. Sie wiederholt zu hören, mag es Ihnen zu Anfang erleichtern, ihr Licht in Ihnen zu entzünden und es heller und heller werden zu lassen.

Immer öfter bestätigen Klienten und Patientinnen die Erfahrung: »Ich brauche mich mittlerweile gar nicht mehr bewusst oder mit Absicht hinzusetzen, um mit Lichtübungen zu meditieren. Seit einiger Zeit wird es häufiger ganz spontan von sich aus hell in mir. Dann spüre ich das Licht ganz hell in mir und kann es auch mit meinen inneren Augen in mir sehen. Am Anfang war ich überrascht. Mittlerweile bin ich nur noch froh und dankbar, wenn ich mein Licht spüren darf, ohne dass ich ständig bewusst etwas tun muss. Ich erfahre außerdem, dass mein Licht von einem größeren Licht kommt.« Mit dem größeren Licht nähert sich der Fern-Nahe.

Licht-Atem-Meditation: Weil ich Licht bin, bin ich auch Liebe, und weil ich Liebe bin, bin ich auch Licht

Setze dich bequem an einen ruhigen Ort hin und schließe die Augen. Falls es dir nicht möglich ist, die Augen zu schließen, fixiere einen Punkt auf dem Boden, etwa einen Meter vor deinen Füßen. Nimm eine bequeme Haltung ein. Spüre, wo dein Körper Kontakt zur Lehne, zum Sitz oder zum Boden hat. Achte auf deine Atmung, gleichgültig, wohin du atmest, ob in den Bauch oder in die Brust. Nimm für den Anfang nur einige Atemzüge lang wahr, wie du atmest, dass du atmest und dass dein Atem kommt und wieder geht, ohne dass du bewusst etwas dafür tun müsstest... Mache dir einen Augenblick deutlich bewusst, dass das Atmen in deinem Leben etwas ist, wofür du dich normalerweise nicht anzustrengen brauchst. Denn dein Atem kommt und geht von alleine. Als Einatem strömt er leicht und fließend in dich hinein und als Ausatem wieder aus dir heraus. Es gibt da in deinem Leben also zumindest diesen einen Bereich, der ganz und gar ohne Anstrengung funktioniert. Mache dir das ganz ausdrücklich bewusst. Um deine Luft zum Leben einzuatmen, musst du dich nicht im Geringsten bemühen. Du kannst deinen Atem sogar hören, wenn es still wird in dir... Außerdem kannst du den Raum um dich herum spüren und hören, den Raum, aus dem dein Einatem in dich einströmt und in den dein Ausatem wieder zurückkehrt, diesen Raum, aus dem das Leben in dich einkehrt, und in den alles Leben wieder zurückkehren wird. Dein Atem ist ein Geschenk des Lebens an dich. Vielleicht ist er sogar ein Geschenk Gottes an dich... Und wer ist das überhaupt, der oder die da atmet? Atmest du oder atmet ES dich? Wer atmet, wenn du nachts schläfst und dir nicht bewusst bist, dass du überhaupt atmest?... Jedenfalls musst du dich für dein Atmen nicht willentlich anstrengen. Welch eine erleichternde Erfahrung und welch ein Gedanke: Du musst dich in keiner Weise anstrengen... Mache dir obendrein bewusst, dass dein Atem in deinem Leben das Erste ist, das kommt, und das letzte ist, das geht. Dazwischen bist du mit deinem ganz einzigartigen Leben, weil du einzigartig bist. Dich gibt es als der Mensch, der du bist, der Mann oder die Frau, nur ein einziges Mal, und gäbe es dich nicht, würdest du der Welt fehlen. Mache dir das ausdrücklich bewusst... Die Spanne zwischen deinem ersten und deinem letzten Atemzug ist die dir geschenkte Lebensspanne... Du hast die Wahl: Du kannst deine Lebenszeit für dein ganz einzigartiges Leben nutzen oder sie achtlos verstreichen lassen. Mache dir das so bewusst, dass du es nicht bloß denken kannst, sondern dass diese Gewissheit dich mitten in deinem Herzen erreicht.

Solltest du beim Beobachten deines Atems wahrgenommen haben, dass du für gewöhnlich mehr in deine Brust als in deinen Bauch atmest, dann bringe deinen Atem nun auf einen guten Weg. Vertiefe deinen Atem ein wenig und lenke deinen Einatem von nun an gezielt in deinen Bauch hinein, so dass sich deine Bauchdecke beim Einatmen spürbar hebt und mit dem Ausatmen wieder senkt. Deine Brust atmet zwar immer mit, damit sich auch deine Rippenbögen weiten können, doch deine Bauchatmung genießt Vorrang. Die Brustatmung hilft dir beim Überleben. Doch ausschließlich deine Bauchatmung schenkt dir die nötige vitale Lebenskraft, dein einzigartiges Leben zu deinem Besten zu gestalten.

Beginne nun mit der Vorstellung: Ich atme Licht in die Mitte meines Herzens... Ich atme strahlend helles Licht in die Mitte meines Herzens...Mit jedem Einatmen atme ich leuchtendes, strahlend helles warmes weißes Licht in die Mitte meines Herzens... Und weil ich mit jedem neuen Atemzug unermüdlich weiter strahlend helles warmes weißes Licht in das Zentrum meines Herzens atme, verdichtet sich dieses Licht zu einem einzigen strahlenden Leuchten. Mein Herz wird Licht, ist licht... Mein Herz beginnt aus sich heraus hell zu leuchten und zu strahlen... Mit jedem neuen Atemzug, mit dem ich weiter klares, helles, warmes weißes Licht in die Mitte meines Herzens atme, wird dieses Leuchten und Strahlen heller und stärker.

Ich sehe zu, wie die leuchtende Sonne meines Herzens oder dieser strahlend leuchtende runde Kristall in mir beginnt sich auszudehnen. Das Licht, das von meinem Herzen ausströmt, dehnt sich mit meinem Ausatem aus. Das Licht dehnt sich mit jedem neuen Ausatem weiter aus. Es dehnt sich aus in meinen gesamten Brustkorb hinein, es dehnt sich aus in meinen Bauch hinein, in mein Becken, in die Oberschenkel, die Unterschenkel, die Füße, in meine Arme und Hände und durch Hals und Kehle bis in meinen Kopf hinein. Ich bin vom Scheitel bis zur Sohle von meinem eigenen strahlend hellen Licht erfüllt und durchleuchtet. Das helle strahlende Leuchten durchdringt jede einzelne Zelle meines physischen Körpers, es erfüllt meinen Geist und lässt meine Seele erstrahlen. Ich sehe meinen gesamten Körper erfüllt und umflossen von hellem strahlendem Licht.

Und immer weiter atme ich mit jedem neuen Atemzug weiter klares, helles Licht in die Mitte meines Herzens. So bin ich durchdrungen von Licht, ich bin umgeben von Licht. Ich bin ganz umgeben und umhüllt von meinem eigenen strahlenden Licht... Ich bin ein Wesen aus Licht und ein Wesen im Licht. Ich bin Licht, und ich bin im Licht. Ich bin Licht, und das Licht ist in mir. Und weil ich Licht bin, bin ich auch Liebe. Und weil ich Liebe bin, bin ich auch Licht... Ich lebe im Licht. Ich liebe im Licht. Ich lache im Licht. Und manchmal weine ich auch im Licht. Aber ich weine im Licht, nicht im Dunkel. Das Licht trägt mich, das Licht nährt mich, das Licht schützt mich. Das Licht trägt mich, das Licht nährt mich, das Licht schützt mich... immerfort.

Konzentriere dich nun noch einmal auf die Mitte deiner Brust... und lasse dort in deiner Vorstellung eine weißrosa Kugel auftauchen. Erschaffe in deiner Vorstellung eine weißrosa Kugel an der Stelle in deiner Brust, hinter der dein Herz für dich und dein Leben schlägt...

Eine weißrosa Kugel. Dehne die Kugel aus... dehne sie immer weiter aus... Dehne die weißrosa Kugel so weit aus, wie du innerlich schauen und fühlen kannst... Dehne sie aus, und wünsche dir Ruhe und Frieden in deinem Herzen... In deinem Herzen mögen vollkommene Ruhe und Frieden einkehren... In meinem Herzen ist es vollkommen ruhig und friedlich... ruhig und ganz friedlich. Denn ich bin Liebe, und die Liebe ist in mir.

Mit dieser Ruhe und dem Frieden in mir atme ich mit jedem neuen Atemzug wieder klares, helles, warmes weißes Licht in die Mitte meines Herzens... Ich sehe mich durchdrungen von Licht, ich sehe mich umgeben von Licht. Ich bin Licht und ich bin im Licht. Ich bin Licht, und das Licht ist in mir. Und weil ich Licht bin und das Licht auch in mir ist, bin ich auch Liebe. Und weil ich Liebe bin und die Liebe auch in mir ist, bin ich auch Licht... Ich lebe im Licht. Ich liebe im Licht. Ich lache im Licht. Und manchmal weine ich auch im Licht. Aber ich weine im Licht, ich weine nicht im Dunkel. Das Licht trägt mich, das Licht nährt mich, das Licht schützt mich... Das Licht trägt mich, das Licht nährt mich, das Licht schützt mich... immerfort. Ich komme aus dem Licht. Ich bin Licht. Ich kehre ins Licht zurück... Ich komme aus dem Licht. Ich bin Licht. Ich kehre ins Licht zurück... Das Licht trägt mich, das Licht nährt mich, das Licht schützt mich... immerfort.

Mit dieser Gewissheit, dass du immerfort genährt, getragen und geschützt bist von deinem klaren hellen Licht, das EINS ist mit der Liebe, erinnere dich nun wieder, wo du bist, wer du bist und wer du sein möchtest... Kehre ganz zu dir zurück und öffne langsam wieder deine Augen... Deine Augen sind offen, deine Augen sind ganz offen und du bist wieder ganz zurück in deinem Hier und Heute auf dieser Seite deines Lebens.

Die »Imagination in Licht und Liebe« ist weit mehr als eine imaginative Vorstellungsübung. Sie knüpft an die Gegebenheiten unseres Menschseins an. Menschliche Wesen verfügen über eine unendliche Liebesfähigkeit, sofern sie das Wagnis bedingungsloser Liebe riskieren. Außerdem sind sie Wesen aus Licht und im Licht. Wir wissen mittlerweile um das Licht der Biophotonen in jeder unserer intelligenten Zellen. Der Pionier der Erforschung von Biophotonen ist der deutsche Physiker Prof. Dr. Fritz-Albert Popp (1938–2018). Fast vier Jahrzehnten erforschte Popp die Lichtabstrahlung von lebenden Zellen. Mit Hilfe von Lichtimpulsen aus den Biophotonen steuern die Zellen in einem Organismus ihre Stoffwechselprozesse und kommunizieren untereinander. Biophotonen transportieren die Informationen mit Lichtgeschwindigkeit und schaffen so ein kohärentes Ordnungsfeld, in dem jede Zelle mit jeder anderen verbunden ist und weiß, was sie zu tun hat. Werden die Übertragungsbahnen des Lichts aus welchen Gründen auch immer unterbrochen, sind Dysfunktionen und Krankheiten logische Folgeerscheinungen. Auf Licht basierende Biophotonen bilden also die biophysische oder biochemische Grundlage unserer zellulären Existenz. Sie koordinieren sämtliche biochemischen Abläufe im menschlichen Körper. Imaginationen in Licht und Liebe sprechen die eher spirituellen Dimensionen unseres gesamten zu bestaunenden Leib-Geist-Seele-Systems an, in das unsere zellulären Erinnerungen eingebrannt sind. Wenn es uns gelingt, neu zu staunen, stehen wir am Anfang einer neuen bewegenden Erkenntnis.

Wenn ich in einer Passage der Übung anleite: »Ich sehe zu, wie die leuchtende Sonne meines Herzens oder dieser strahlend leuchtende runde Kristall in mir beginnt sich auszudehnen«, ist das nicht eine beliebige Alternative. Das Bild des leuchtenden Kristalls geht unmittelbar auf Teresa von

Avila zurück. Ich habe es in ihrem Geiste von ihr entliehen, ist es doch eines ihrer schönsten Bilder für die menschliche Seele:

> »Es bot sich mir an, unsere Seele als eine gänzlich aus einem einzigen Diamanten oder sehr klaren Kristall bestehende Burg zu betrachten, in der es viele Gemächer gibt, so wie es im Himmel viele Wohnungen gibt« (2005).

In der Tiefe unserer eigenen Seele tragen wir einen Reichtum, der uns oftmals kaum bewusst ist.

Das ewige Licht der Welt oder:

Die goldene Brücke zwischen Himmel und Erde

Da unsere zelluläre wie geistige Existenz eine lichtvolle Existenz ist, macht es Sinn, diese Existenz mitsamt ihrem Licht weiter zu ergründen, um uns in das große Ganze einzubinden.

Es gab eine Zeit, da waren die Menschen deutlich mehr angebunden an das Licht der Welt. Falls Sie nach wie vor noch kein inneres Bild, keine intuitive Erinnerung oder Assoziation mit Ihrem eigenen Licht in Verbindung bringen können, erinnere ich Sie, in welchen Bildern und Darstellungsformen Sie das Licht der Welt mit Sicherheit schon mit Ihren eigenen Augen gesehen haben, freilich ohne bei diesen Gelegenheiten auch nur im Entferntesten an Ihr eigenes inneres Licht zu denken. Sie haben gesehen und doch nicht gesehen, weil Sie nicht wirklich wussten, was Ihre Augen schauten. Mir ging es da nicht anders als der überwiegenden Mehrheit. »Gesehen« habe ich schon viel früher, bloß dass ich vor meinem eigenen Wandlungsprozess dem, was vor meinen Augen sichtbar offen lag, keine Bedeutung zumessen konnte und wollte, die etwas mit meiner eigenen Existenz als Mensch zu tun gehabt hätte.

Mit Sicherheit können Sie sich ohne Schwierigkeiten an Bilder und Darstellungen von sogenannten »Heiligenscheinen« erinnern. Schon in der antiken Kunst wurden hoch gestellte Persönlichkeiten mit einem Nimbus, einer Art Heiligenschein, um den Kopf dargestellt. Das lateinische »Nimbus«, was wörtlich übersetzt »Wolke« bedeutet, verweist nach oben in die himmlischen Sphären. So ziert der Nimbus als ein strahlender Lichtkranz um das Haupt oder den gesamten Körper in der Kunst und in der Ikonografie zahlreicher Kulturen deren »Lichtgestalten«. Die ersten Heiligenscheine in der Kunst finden sich schon vor mindestens drei Jahrtausenden, was unschwer belegt, dass der Heiligenschein kein rein christliches Symbol ist. Die Assyrer und Babylonier umgeben Göttergestalten mit einem Nimbus oder einer Sonnenscheibe. Die antiken Griechen und Römer kannten das Symbol, und nicht bloß von ihren Sonnengöttern »Helios« und »Sol« her. Die ägyptischen Gottheiten werden mit Heiligenschein gezeigt. In der byzantinischen Kunst erlebt der Heiligenschein eine regelrechte Blüte. Buddha und hinduistische Gottheiten sind in frühen Darstellungen von einem Kranz aus hellem Licht umgeben. Es heißt sogar, auch der Kopf des Propheten Mohammed sei von einer kreisrunden Scheibe aus Gold umgeben gewesen, bevor eine ideologisierte Auslegung des Islam seine bildliche Darstellung bei Strafe untersagte. Die frühen Christen übernehmen das Symbol des Nimbus und umgeben Jesus oder Christus mit dem Heiligenschein. Im Laufe der Jahrhunderte wird die Darstellung des Heiligenscheins zu einer nahezu eigenständigen Kunstform. Außerdem ist er nicht mehr bloß Jesus vorbehalten. Engel werden mit kunstvollen Heiligenscheinen verziert. Und auch die Apostel, die Jünger, Maria sowie zahlreiche Heilige werden mit dem Heiligenschein umgeben. Zur höchsten Blüte gelangt die Kunst des Heiligenscheins mit der christlich religiösen Malerei der italienischen Renaissance, um danach langsam aber sichtbar zu verblassen.

Heiligenschein ist längst nicht gleich Heiligenschein. Christus, Maria, das Jesuskind, Engel, Apostel und Heilige sind von deutlich unterschiedlich gestalteten Heiligenscheinen umgeben. In unserer eigenen Kultur kennen wir am ehesten den Heiligenschein, der als ursprünglicher Nimbus den Kopf einer Gestalt umkränzt. Die Gloriole, der Glorienschein oder die Aureole umfließen in Kreisform den gesamten Körper einer Figur. Sie sind meist Christus und den verklärten Heiligen vorbehalten. Umgibt ein Oval in den Farben des Regenbogens eine Gestalt, sprechen wir von der Mandorla. Von besonderer Schönheit ist der Kreuznimbus, der der Trinität vorbehalten ist, also der Dreifaltigkeit von Gott Vater, seinem Sohn Jesus Christus und dem/der Heiligen Geist. Beim Kreuznimbus wird in den Heiligenschein selber noch ein griechisches Kreuz eingefügt.

Im Ursprung war der Nimbus noch nicht gleich bedeutend mit der Erscheinung, die wir heute die »Aura« nennen. Er war eher das Symbol für die herausragende Bedeutung einer Gestalt. Seine Bedeutung weitete sich allerdings aus. Und so stand das Licht um eine Gestalt dann auch für ihre spirituelle Kraft, für ihre Erleuchtung und Verklärung, für die himmlische Teilhabe oder für das Göttliche überhaupt, ausgedrückt im Licht der Welt bei Jesus oder Christus sowie im Licht eines jeden einzelnen Menschen. Das Licht eines jeden Menschen kennen wir heute unter der Bezeichnung »Aura«. Es ist die ätherische, astrale oder geistige Erscheinung aus hellem, klarem wie farbigem Licht, das den gesamten Körper eines Menschen umgibt. Wächst die Fähigkeit zur Hellsicht bei einem Menschen, wächst parallel dazu sein Vermögen, die Aura von Menschen zu sehen und zu lesen. Für ältere, antike Kulturen war es keinerlei Frage, dass ein Glanz aus leuchtendem Licht sowohl den Gottheiten wie den Menschen eigen ist. In der materiellen Welt, die nur noch wenig Anbindung an die geistig-spirituellen Ursprünge lichtvoller Erscheinungen hat, scheiden sich die Geister sowohl beim göttlichen Licht der Welt wie bei der Aura des Menschen.

Wie so viele Menschen habe auch ich in meinen jüngeren Jahren vielerlei Darstellungen von Heiligenscheinen gesehen und mir kaum weitere Gedanken darum gemacht, was ich tatsächlich sehe. Mit mir persönlich, gar mit meinem eigenen Licht, habe ich das die längste Zeit in meinem Leben kaum in Verbindung gebracht. Schrittweise geändert hat sich das erst von dem Augenblick an, als ich mich mit der Bedeutung des »klaren, hellen Lichts« im Buddhismus befasste, im Anschluss an die Ursprünge aller Weltreligionen zurückgekehrt bin, und noch entscheidender, als ich offen dafür war zu lernen, die Aura eines Menschen zu sehen und ansatzweise zu lesen. Als ich schließlich noch die Werke der bekanntesten religiösen Maler im Original bewundern durfte, und nicht nur mit den Augen, sondern mit allen Sinnen schaute, da wurden ganze Welten in mir zurechtgerückt. Ich fühlte mich ganz sanft von jeglichen verbliebenen Resten einer langen »Gottesvergiftung« oder genauer »Amtskirchenvergiftung« geheilt. Ich bekam zurückgeschenkt, was ich mir von einer lieblos erlebten Kirche hatte rauben lassen. Die Zusammenhänge bekamen einen neuen, ihnen gebührenden Sinn. »Das Licht der Welt« hatte plötzlich sehr wohl mit mir selbst und jedem meiner Mitmenschen, gleich welcher Nationalität, Herkunft, Religion oder Hautfarbe zu tun. Meine therapeutisch schon länger praktizierten imaginativen Lichtatemübungen nahmen über die erfahrene Sinnlichkeit veränderte Gestalt und neue Sinnhaftigkeit an.

Wer jemals in Assisi in der Unter- wie Oberkirche der Basilika San Francesco, mit deren Errichtung sich die damaligen Kirchenoberen des für sie gefährlichen Erbes des heiligen Franziskus bemächtigten, die Fresken von Giotto di Bondone (1267–1337) schauen und bewundern darf, kann nur mit offenem Munde staunen ob seiner Kunst. Giotto ist bereits weit stärker dem Licht verbunden als sein Entdecker und Lehrer Cimabue (1240–1302), aus dessen Hand er den Heiligenschein noch als starren Goldkreis empfängt. Andächtiges Staunen ist übrigens der erste Schritt zum Wiedereintauchen in ein völlig unverdächtiges spirituelles Erleben. Wer derart religiös inspirierte Darstellungen zu Wege bringt, kann das nur vollbringen, weil er selbst zutiefst gläubig verbunden ist: verbunden mit seinem Verständnis von Gott und dessen Licht der Welt, das gleichzeitig das Licht eines jeden einzelnen Menschen ist. Malt Giotto zu seiner Zeit noch ohne nennenswerte perspektivische Räumlichkeit den Strahlenkranz um die Häupter der Heiligen, so sehen wir ihn als eine von goldenem Licht durchflutete Scheibe, so golden, dass es die Augen blenden mag. Giottos Heiligenscheine sind zusätzlich von goldenen Strahlen durchwirkt, die aber nie über den Rand der goldenen Scheibe hinausstrahlen. Von Kopf bis Fuß von gleißendem goldenem Licht umstrahlt ist einzig Christus, so wie ihn Giotto im »Jüngsten Gericht« in der Arenakapelle von Padua gemalt hat. Und ausschließlich Christus ist umgeben und umhüllt von einer Aureole, einem Lichtoval in allen Farben, wie sie auch der menschlichen Aura eigen sind. Wer wirklich sehen möchte, mit dem Herzen und der Seele, dem können sich die Augen öffnen. Giotto gilt ohne Zweifel als einer der größten Meister der tief religiös inspirierten Malerei und als Wegbereiter der italienischen Renaissance. Zudem ist er der unangefochtene Virtuose des »Blaus«.

Giottos Blau ist nicht irgendein Blau. Es übernimmt die spirituelle Bedeutung des Goldes und wird zum himmlischen Blau erklärt. Seit den Anfängen der byzantinischen Kunst galt Gold als unveränderliches und ewiges Metall in Mosaiken, in der Ikonografie und in der religiösen Malerei als die gegebene Farbe des Göttlichen. Doch echtes Gold war nicht unbegrenzt verfügbar. Und so wird Giottos Blau zum Ersatz für das Gold des göttlichen Lichtes. In der Folge wird Blau immer stärker die Farbe des göttlichen wie physischen

Himmels. Obendrein ist es die Farbe der Jungfrau Maria in ihrem blauen Gewand. Das gilt für alle Christen, auch für die Orthodoxen der Ostkirchen. Das Blau des Himmels überspannt sogar die Gräben zwischen den Weltreligionen. Denn sein Blau ist auch die dominierende Farbe in vielen persischen Moscheen des persisch schiitischen Islams.

Giotto auf seine Virtuosität im Umgang mit der Farbe Blau und auf seine Darstellungsweise des göttlichen Lichtes zu reduzieren, würde ihm nicht gerecht. Das ist bloß meinem eigenen Fokus in diesem Kapitel geschuldet. Giotto war für die Bildende Kunst insgesamt ein revolutionärer Neuerer. Nicht nur nahm er erste Elemente der räumlich perspektivischen Darstellung vorweg, die später der jung verstorbene Masaccio (1401 – 1428) in seinem Fresko der »Dreifaltigkeit« in der Kirche Santa Maria Novella in Florenz zur Perfektion führte. Giotto malte mit seinem meisterhaften Kruzifix in der gleichen Kirche zum ersten Mal in der Geschichte der Kunst einen wirklichen leidenden Menschen am Kreuz. Bis dahin waren Kreuze in der bildenden Kunst eher Symbole des Leidens Christi. Giottos Jesus ist ein lebendiger Jesus, dessen Leiden sichtbar und spürbar wird. Giotto malte das wahrhaftig Sichtbare in der herrlichen Vielfalt des Universums. Insbesondere verlieh er auch der Realität der seelischen Zustände seiner Mitmenschen, der Welt ihrer »Einstellungen und Gefühle« Ausdruck. Diese Neuerungen werden ihm nicht aus der Rückschau heutiger Kunsthistoriker zugeschrieben, sondern es sind die Zuschreibungen des Giorgio Vasari (1511 – 1574). Vasari war Architekt, Hofmaler der Medici und erster Biograf vieler italienischer Künstler, darunter Cimabue, Giotto, Leonardo da Vinci, Raffael, Michelangelo oder Tizian. Seine »Viten« genannte Sammlung von Künstlerbiografien gilt als die heute noch bedeutendste Informationsquelle über etliche Epochen der italienischen Kunst. Vasari gilt auch als der vielleicht erste Kulturpolitiker seiner Zeit. Vasari war es auch, der die monumentalen Fresken des »Jüngsten Gerichts« in der Kuppel des Doms Santa Maria del Fiore in Florenz malte. Christus, den Vasari als einen barmherzigen Christus malt, ist dort in einer riesigen Aureole aus lichtem Gold verewigt, doch ist sein Strahlen für den Besucher des Domes, der seinen Kopf maximal in den Nacken beugen muss, um in die Kuppel schauen zu können, mit dem bloßen Auge kaum zu erkennen. Die Kuppel des Domes schwebt zu weit entrückt in einer Höhe von 114 Metern über der Erde. Mit »göttlichem Schöpfergeist« und einem Genius als Synthese aus Inspiration und Analyse überwand ihr Erbauer Filippo Brunelleschi (1377–1446) sämtliche bis dahin geltenden Grenzen der Physik, Geometrie und architektonischen Statik.

Gilt Giotto di Bondone als der Virtuose des »Blaus«, ist der unangefochtene Meister des Lichts Fra Angelico (1395–1455). Geboren als Guido di Piero erhielt der Malermönch noch vor seiner späteren Heiligsprechung den Beinamen »Angelico«. Angelico bedeutet: »der, der dem Engel gleich ist«. Mehr noch als für Giotto gilt für Fra Angelico: Wer in einem so vollkommenen Sinne spirituell religiöse Werke malen kann, muss selbst zutiefst gläubig und heilig sein. In der Tat gilt Fra Angelico als der malende »Mönch, der zum Licht des Heils strebte«, der dieses heilige Licht geatmet hat, oder von ihm beatmet wurde. Fra Angelico malte unter göttlicher Eingebung. Er begann kein einziges Werk, ohne vorher innig zu beten. Er verband sich mit Christus, seinem Gott, und dem Licht, wie es über ihn kam. Nie hat er auch nur ein einziges Werk korrigiert, denn er malte in der höchst möglichen Form von Trance: der religiösen Trance. Er konnte kein Kruzifix malen, ohne in Tränen auszubrechen. Fra Angelico ist der unübertroffene Malermönch des Lichts. Dazu kamen ein Formen- und Farbenreichtum ohnegleichen. Niemand vor ihm, niemand nach ihm hat derart das himmlische Licht eingefangen, ihm gehuldigt. Bei Fra Angelico ist es mit bloßem Staunen nicht mehr getan. Bei ihm lohnt es sich, jede einzelne Gestalt danach zu betrachten, wie er sie in ihr eigenes und das göttliche Licht hineinstellt. Seine Heiligenscheine sind nicht einfach nur golddurchflutete Scheiben. Jeder Heiligenschein, jeder Strahlenkranz, jede vom Licht umflossene Gestalt ist ein Kunstwerk für sich. Viele seiner Werke und Fresken, z.B. »Die Madonna mit den zwölf Engeln«, die »Krönung Mariae« oder die »Verkündigung und Anbetung der Könige« sind in einem Maße von goldenem Licht durchflutet, das alles bislang Dagewesene überstrahlt. Der gesamte »Grund« der Werke ist golden, ist reines, pures Licht. Alle Heiligen stehen so im himmlischen Licht. Ihre einzelnen Gloriolen scheinen mit dem Glanz ihrer rubin- oder rotgoldenen Umgebung zu verschmelzen, und doch kann man als Betrachter jede einzelne mühelos ausmachen und unterscheiden. In der »Beweinung Christi« arbeitet Fra Angelico derart feinsinnig mit dem strahlenden Licht der Gestalten, dass es auf den ersten Blick unmöglich ist, sämtliche Feinheiten in sich aufzunehmen. Im Körper Christi können wir fast schon seinen ätherischen Lichtkörper sehen. Bei zwei knienden Frauengestalten fließt gleißendes Licht in feinen Strahlen ihre Gewänder hinunter. Der Strahlenkranz von zwei weiteren betenden Frauen ist in feinst ziselierten Goldstrahlen gehalten, keiner wie der andere. In ihrer Andacht scheint eine der beiden aus ihrem Inneren heraus zu leuchten. Sämtliche »Verkündigungen«, die Fra Angelico gemalt hat, sind von einem völlig in den Bann ziehenden Lichterglanz durchstrahlt. Der Engel der Verkündigung ist als ein vollkommener Engel in ein vollkommenes Licht gestellt. Fra Angelico konnte niemals mit dem »Dunkel« in Berührung kommen, weshalb er die düsteren Szenen der Hölle in seinem »Jüngsten Gericht« von seinen Schülern hat malen lassen.

Im Kloster »San Marco« in Florenz hat Fra Angelico mit seinen Schülern die Zellen jedes einzelnen Mönchs mit seinen berühmten Fresken bemalt. In einer der Zellen findet sich das »Lichtbild« Fra Angelicos überhaupt: die »Verklärung Christi«. Dieses einzigartige Fresko strahlt alles Licht der Welt aus. Wer dieses Fresko sowie alle weitere Fresken von seiner Hand in den Zellen des Klosters San Marco nur von Reproduktionen her oder aus dem Internet kennt, kann sich kaum eine Vorstellung von ihrer Wirkung machen. Mir war das Glück beschieden, die Fresken mit nur wenigen Menschen teilen zu müssen. Ich empfand die Chance, die »Verklärung Christi« fast eine halbe Stunde lang ungestört auf mich wirken zu lassen wie eine Gunst und ein Geschenk »von oben«. Solches Erleben obendrein mit dem Menschen teilen zu dürfen, der meinem Herzen am nächsten steht, ist ein doppeltes Geschenk. Niemand muss im christlichen Sinne religiös sein, um die gewaltige Kraft dieses Freskos zu verspüren. Es ist eine Offenbarung in Sinnlichkeit. Das Bild ist im Original vor wie nach der Restaurierung zum Niederknien schön. Christus in seinem gleißenden Lichtoval ist derart strahlend, dass keiner seiner Apostel in sein blendendes Licht schauen kann, ohne seine Augen zu schützen. Sein Licht ist der sichtbare Ausdruck für Jesu Frage aus dem Thomas-Evangelium: »Wie viel Licht werdet ihr ertragen?« Vor dem Bild in ehrfürchtiger Andacht zu verweilen heißt, das strahlend helle klare Licht zu atmen, mit jedem neuen Atemzug zu verspüren, wie es zu- und einströmt, wie es teilhaben lässt. Wer dieses Licht in sich aufgenommen hat, kann fortgehen mit der Gewissheit im Herzen oder in der Seele, dass dieses Licht fortan immer im eigenen Inneren leuchten wird. Christus sagt: »Ich bin das Licht der Welt; wer mir nachfolgt, der wird nicht wandeln in der Finsternis, sondern wird das Licht des Lebens haben«. Christus sagt auch: »Ich bin der Weg, die Wahrheit und das Leben«, was im Lichte betrachtet die Seele dafür öffnen mag zu verstehen: »Ich bin der Weg, die Wahrheit und das Licht der ewigen Liebe«.

Durch viele Umstände sind die Menschen in wachsendem Maße vom Licht der Welt und von ihrem eigenen Licht abgefallen. Das wird auch in der Weiterverfolgung der christlich religiösen Malerei sichtbar. Ich fühlte mich wie von etwas abgeschnitten, als ich mit eigenen Augen gesehen habe, wie dramatisch sich alleine die Darstellung des Lichts und besonders des Heiligenscheins in späteren Zeiten gewandelt hat. Das springt nach Fra Angelico richtiggehend ins Auge. Die Heiligenscheine bei anderen Malern werden immer durchscheinender und transparenter, bis bloß noch ein schmaler blasser Reif zu sehen bleibt. Das ausschließlich mit einer allgemeinen Kunstentwicklung erklären zu wollen, greift mir zu kurz. Da greifen viele Umstände ineinander. Zum einen sind natürlich die rasch aufeinanderfolgenden kulturellen, konzeptionellen, technischen wie technologischen, stilistischen und perspektivischen Neuerungen in der Malerei, der Bildhauerei sowie der Architektur in der Republik Florenz zwischen dem Duecento und Seicento zu würdigen, die sich selbstverständlich auch über die Grenzen von Florenz hinaus auswirkten. Sämtliche Neuerungen vollzogen sich im größeren Rahmen eingebettet in die wechselnden wirtschaftlichen wie politischen Gegebenheiten der Republik Florenz, nicht zu vergessen die jeweiligen kriegerischen Auseinandersetzungen mit ihren Nachbarn. Und auch das Papsttum der katholischen Kirche versuchte immer wieder, machtpolitisch in die Belange von Florenz hineinzuregieren. Viele Umstände hatten zum Ergebnis, dass die Menschen allerorts in ihrem Denken und Verhalten säkularer und laizistischer wurden. Je weltlicher die Menschen sich in ihrem Denken und Handeln zeigten, und je stärker die Kirche als Institution der geistlich absoluten Macht die

Gläubigen in totaler Verkehrung der ursprünglichen Lehre Christi mit Sünde statt mit Licht versehen hatte, desto stärker verblasste auch die Darstellung des göttlichen Lichtes in der christlich religiösen Malerei.

Rückschauend betrachtet, gab es inmitten aller Veränderungen eigentlich nur einen absoluten Sündenfall: den der Kirche selbst. Den Sündenfall des Papsttums, der Kurie, der hohen geistlichen Würdenträger, die im langen Verlaufe der Kirchengeschichte in großen Teilen jedweder spirituellen Würde entsagten, aber viel verstanden von Prunksucht und mehr noch von kirchenpolitischer Macht- und Herrschsucht, sogar bis hin zum Blutrausch der Kreuzzüge und der sogenannten heiligen Inquisition. Welch einen Mut und ein Vertrauen in den eigenen Glauben an Gott erforderte es da, aus der Kirche selbst heraus beißende Kritik am Klerus zu üben, um für eine andere Kirche einzustehen. Den größten Mut hatten in dieser Hinsicht Frauen, allen voran Hildegard von Bingen und Katharina von Siena (1347–1380). Katherina schimpft in aller Öffentlichkeit über den unfähigen Klerus:

> »Sie sind knausrig, habgierig, geizig! Sie schwatzen in ungezügelter Eitelkeit daher und sind bloß auf Wohlleben aus. Weh über ihr erbärmliches Leben. Was Christus am Kreuz erworben hat, das vergeuden sie mit Huren. Ihr Teufelstempel! Die Kleriker sind Strohhalme und keine Säulen der Kirche. Sie strömen Gestank aus, mit dem sie die ganze Welt verpesten!«

Damit spricht sie vielen Menschen bis in unsere Tage hinein aus der Seele. Je finsterer sich der Katholizismus der ihre geistliche Macht missbrauchenden Kirchenoberen über die Jahrhunderte gebärdete, desto schwerer hatte es das Licht der Welt. Je mehr von sich eingenommen der Mensch oder die Macht, desto mehr wurde und wird die dem weltlichen Leben zugewandte Selbsteingenommenheit der natürliche »Feind« oder Verächter des von Andacht umwehten Mysteriums. Mit dem ganz allmählichen Eintritt in die Moderne greift die Entzauberung der Welt weiter um sich. Die Demonstrationen der Macht und der Hegemonie der katholischen Oberkirche sind eine wenig ruhmreiche Seite der Geschichte des Glaubens. Aber die eitle und herrschsüchtige Seite des Klerus ist eben bloß die düstere Seite der Medaille. Lange Zeit schaute auch ich wie gebannt auf den Sündenfall der Kirche, auf ihre Gräueltaten und ihre Verfehlungen. Mittlerweile gewichte ich die zweite Seite der Medaille wieder stärker. Die Kirche als Institution ist bedeutend mehr als ihre fehlbaren Kirchenoberen. Als Kirche von unten wird sie getragen von unendlich vielen Menschen, Frauen wie Männern, Mönchen wie Nonnen, Laien und Dienern der Kirche in Amt und Würden, die sich der ursprünglichen Botschaft Christi verbunden fühlen. In deren Geist haben sie unendlich viel Gutes getan, und tun es bis heute ohne Unterlass. Die Freiheit im Denken, das zu würdigen, gibt mir meinen inneren Frieden wieder, ohne die Schattenseiten des Katholizismus zu übersehen oder schönzureden. Wer jedoch bloß ihre Schattenseiten im Sinn hat, überlässt der Kirche damit bewusst oder unbewusst die Definitionsgewalt über die himmlische bzw. geistig spirituelle Welt. Im Grunde lässt er sich von der Kirche binden in der Ablehnung des Göttlichen, was ihm die innere Freiheit zur Versöhnung oder gar die Freiheit zum Glauben verstellt. Persönlich gestatte ich der Kirche diese Macht nicht länger. Dabei hilft mir auch die unabweisbare Erkenntnis der Polarität, also der Existenz des Guten wie des Nicht-Guten. Beides existiert nebeneinander. In jedem Menschen, in jeder Institution. Folglich kann auch die Kirche nicht ausschließlich »ideal« sein, so sehr wir es wünschten. Die Annäherung an das Gute, an das Lichtvolle können wir zur eigenen Maxime machen.

Die Freiheit zum Glauben, die Verbundenheit oder gar die Hingabe können sich auf vielerlei Weise ausdrücken. So wurde und wird bis heute von großen wie weniger namhaften Künstlern immer wieder neuer mystischer Zauber geschaffen, wenngleich das himmlische Licht, das vom Göttlichen auf das Menschliche strahlt, nach dem Erreichen seines höchsten Glanzes in der florentinischen religiös inspirierten Malerei stetig an Strahlkraft verliert. Selbst bei dem gelegentlich in einem Atemzug mit Fra Angelico genannten Fra Filippo Lippi (1406–1469) ist vergleichsweise wenig vom göttlichen Licht zu verspüren. Bei Cima da Conegliano (1459–1517) sehen wir auf seinen Darstellungen der »Mutter mit Kind« bloß noch einen schwachen goldenen Reif um die Häupter. Zwar gilt Cima kunsthistorisch als ein Virtuose des Lichts, aber nicht mehr im Sinne des heiligen Lichtes, wie es Fra Angelico geatmet und gemalt hat. Und soweit die Malerikone Sandro Botticelli (1444/45–1510) religiöse Motive malt, z.B. die »Madonna mit Kind«, bleibt vom ehemals strahlend goldenen Glorienschein nur noch eine blasse, transparente Scheibe über den Köpfen als Nimbus. Noch deutlicher schwinden die strahlenden Gloriolen bei vielen weiteren hoch verehrten Malern, innerhalb wie außerhalb von Florenz und von Italien: Caravaggio, Tizian, Michelangelo, Raffael, Dürer, Rembrandt usw., die nicht ausschließlich, aber auch christlich religiöse Werke der Kunstgeschichte geschaffen haben. Jeder ganz fraglos ein Genie für sich, ist das Strahlen des himmlischen Lichtes überaus spärlich bei ihnen. Bisweilen zeichnet sogar ausgesprochene Düsterheit ihre Meisterwerke aus. Am »hellsten« geht es noch bei Raffael (1483–1520) zu, mehr römischer als Florentiner Maler. Bei Tizian (um 1488/90–1576), einer der Großen der venezianischen Malerei, die Florenz zunehmend Konkurrenz macht, glimmt bei seiner in der Alten Pinakothek in München zu betrachtenden »Maria mit dem Kind in einer Abendlandschaft« über dem Haupte der Maria und um den Kopf des Kindes nur noch ein schwaches ätherisches Licht, das kaum noch als Heiligenschein bezeichnet werden kann. Kunstgeschichtler mögen darin ein Fortschreiten des künstlerischen Ausdrucks sehen. Meine Augen schmerzt das Verblassen des geistigen Lichts der Welt. Ich schaue hier freilich weder epochen- noch stilgetreu, ich betrachte ausschließlich die Veränderungen in der Darstellung des himmlischen Lichts.

Die hohe Verehrung und Bewunderung, die virtuose Maler nach Fra Angelico zu Recht erfahren, beruhen auf den Blickwinkeln, mit denen die Kunstgeschichte ihre Werke unter die Lupe nimmt: Maltechnik, Pinsel- und Linienführung, perspektivische Gestaltung des Raumes, Farbgebung, Formenreichtum, räumliche Bildaufteilung, Hintergrundmalerei usw. Ist von »der Kraft des Lichts« in der Geschichte der Malerei die Rede, ist fast immer das Licht im Außen gemeint. Da fallen kaum die Namen der vom Licht durchdrungenen Malermönche, sondern von Größen wie William Turner oder Giovanni Segantini, die Jahrhunderte später, als Meister ihres Fachs im Einfangen des ungebrochenen Lichtes in der Landschaftsmalerei zu Ruhm und Ehre gelangen. Grandios, bewundernswert schön, aber im Wesentlichen weltlich. Die charakteristischen Veränderungen in der Darstellungsweise des Heiligenscheins und im göttlichen Licht sind in der Geschichte der Malerei kaum ein Thema, obwohl sie überaus augenfällig und frappierend sind. Vielleicht springen sie nur dann so ins Auge, wenn wir uns spirituell berührt fühlen dürfen von dem Licht der Welt, die Perspektive wechseln und hinter und neben aller Schönheit und Kunstfertigkeit eines Werkes wacher Ausschau halten nach dem goldenen Licht des Menschen im Licht der Welt. Es braucht ein Herz, um richtig zu sehen.

Einen finde ich noch nach Fra Angelico, der das Licht des Göttlichen auf die Welt abstrahlen lässt: Jacopo Tintoretto (1518–1594), Venezianer wie Tizian. Auch seinem Bild »Das letzte Abendmahl« in der Kirche San Giorgio Maggiore in Venedig kann ich mich hingeben in der Betrachtung. Vielleicht als Letzter, mindestens einer der Letzten, verdeutlicht er das Mysterium der Durchdringung des Menschlichen durch das Göttliche. Das gelingt Tintoretto über eine zugleich komplexe wie überaus reduzierte Lichtsymbolik. Das Abendmahl ist in eher dunklen Tönen gehalten. Licht geht nur von zwei Quellen aus. Das göttliche Licht Christi, gleißend um seinen Kopf, das auf seine Jünger fällt, ist das pure Licht seiner vollkommenen Liebe. Licht wie Liebe strahlen ab auf seine Apostel, deren Heiligenscheine das göttliche Licht der Menschen spiegeln. Im spärlichen Schein eines Öllichtes werden engelgleiche Gestalten sichtbar. Wiewohl wenig Licht im Außen, ist der gesamte Raum des Abendmahls durchdrungen vom Licht und vom Geist des Göttlichen. Und so ist die Durchdringung des Menschlichen durch das Licht Gottes letztlich eine Entscheidung jedes einzelnen Menschen, aber eine ebenso sinnende wie sinnhafte Entscheidung des hingegebenen Herzens, nicht eine des abwägenden willentlichen Verstandes.

Das Licht der Welt strahlt nicht bloß in der religiösen Malerei des westlichen Christentums. Nach dem Großen oder dem Morgenländischen Schisma von 1054, mit dem sich das Christentum in eine römisch-katholische West- sowie eine griechisch-orthodoxe und später russisch-orthodoxe Ostkirche spaltete, weil das byzantinische Reich das Papsttum nicht anerkennen wollte, brachte die orthodoxe Welt ihre eigenen großen Maler des Lichts der Welt hervor. Deren herrliche Ikonen genießen bis heute höchste Verehrung. Ich kann jedoch keine davon mit meinen eigenen Augen im Original sehen, sondern bloß auf Abbildungen. Das Ziel der großen Ikonenmaler ist es, in ihren Werken jenes Licht für die Augen sichtbar zu machen, das Christus und den Heiligen innewohnt. Deshalb öffnet eine Ikone ein Fenster in eine andere Welt, in die himmlische Welt, die uns Menschen auf der anderen Seite erwartet. Als Person treten die Ikonen malenden Künstler völlig hinter die Heiligkeit ihrer Figuren zurück, weswegen sie ihre Werke niemals signieren. Als einer der Höhepunkte der russisch-orthodoxen Ikonenmalerei gilt die Dreifaltigkeitsikone, die um 1425 von dem Mönch Andrej Rubljov im Kloster der Dreifaltigkeit und des heiligen Sergius von Radonesch in Sergijew Possad bei Moskau gemalt wurde. Ihr Original ist heute in der Moskauer Tretjakow Galerie zu bestaunen. Die in Gold-, Blau-, Rot- und Grüntönen gehaltene Ikone von nahezu überirdischer Schönheit steht in ihrer Farbgebung für die Vergegenwärtigung der Transzendenz. Es gehört zum Glauben der orthodoxen Christen, dass die Ikonen mit ihren Motiven durch ihre Schau wie Verehrung unmittelbar zu unserer Erlösung als Menschen beitragen. Lasse ich eine der wunderbaren Abbildungen dieser Dreifaltigkeitsikone mit ihrem blendenden Glanz auf mich wirken, kann ich etwas von diesem Glauben in mir widerhallen spüren. Herrlichste Ikonen und Mosaiken finden sich auch in der Kathedrale des seligen Basilius mitten auf dem Roten Platz in Moskau. Sie ist ein Paradebeispiel dafür, wie sich Licht und Schatten die Waage halten können. Erbaut unter Iwan dem Schrecklichen auf dem Höhepunkt seiner Macht, ist sie dennoch ein Manifest der spirituellen Größe der russisch-orthodoxen Kirche, das mit seiner Architektur auf der Welt einmalig ist; so einmalig, dass selbst Stalin die Kathedrale nicht dem Erdboden gleichmachen ließ, weil sie den Paraden seiner Roten Armee im Wege stand. Ihre glanzvolle Schönheit durfte für die Nachwelt bewahrt werden.

Das Licht der Welt wurde nicht bloß in der Ikonografie, der Malerei oder der Bildhauerei verewigt. Der Welt wurden in Ost wie West und von allen Weltreligionen auch Bauwerke von vollendeter Schönheit geschenkt, die als eine Einheit aller handwerklichen Gewerke in die Höhe streben und in vollkommener Weise dem göttlichen Licht ein Denkmal setzen. Ihre Baumeister und Handwerker waren Handwerker des Göttlichen oder des Spirituellen. Die Abbaye du Mont Saint Michel ist eine in Stein geschriebene Passion Christi. Sie wurde nicht umsonst schon früh »la merveille« genannt, ein Stein gewordenes Wunder, dessen Architektur nach oben strebt, sich im wahrsten Sinne des Wortes in die Höhe erhebt. In einem der Säle des Refektoriums, dem Speisesaal der Mönche, haben ihre Erbauer aber ein zusätzliches Wunder vollbracht. Nicht nur fangen sie in diesem lichtdurchfluteten Raum auf eine besondere Weise das Licht des Tages ein. Dem Glauben verhaftet, dass das Licht für Gottes Wort steht, lassen sie Licht und Wort Eines werden. Rezitieren die Mönche dort Texte »recto tono«, also mit monoton getragener Stimme, entspricht die Stimme dem unendlichen horizontal einfallenden Licht. Die Stimme schwebt durch den Raum. Es entsteht kein Hall im Saal wie bei normaler Stimme. Er ist somit die vollkommene architektonische Übersetzung einer Philosophie des Lichtes und des Wortes; so, wie der Mont Saint Michel als sakrales Bauwerk ein Gesamtkunstwerk zu Ehren des Lichts der Welt wie zu Ehren des Erzengels Michael ist.

In der Kathedrale Notre Dame de Chartres erreicht der Glauben an das Licht, das von Gott kommt und zugleich auf den Menschen fällt, einen seiner Höhepunkte. Die Künstler des Mittelalters unterschieden kaum zwischen Glasfenstern, Skulpturen und Gemälden. Sie verwendeten für alles bloß ein Wort: »imago«. Imago stand für Bild und Licht: Christus im Licht, die Jungfrau Maria im Licht, die Heiligen im Licht. Gemeint war dabei ausschließlich »lux«, also das göttliche Licht. Niemals war »lumen«, das physische Licht gedacht. Chartres ist eine einzigartige Kathedrale des göttlichen

Lichts. Seine Glasfenster sind eine visuelle Zusammenfassung der biblischen Geschichte und als Ensemble einzigartig auf der Welt. Die in Glas gefasste Geschichte komplett zu lesen, überfordert das menschliche Aufnahmevermögen. Wir begegnen in der Farbgebung der Fenster auch Giottos Blau als Farbe der Transzendenz wieder. Das Kobalt-Blau in Chartres ist indes mit kaum einem anderen Blau auf der Welt vergleichbar, weshalb bis heute vom ganz einzigartigen »Chartres-Blau« gesprochen wird. Durch Restaurierungsarbeiten an den Glasfenstern sowie Reinigung des Längsschiffs der Kathedrale von einer schwarzen Schicht erhält Notre Dame de Chartres immer sichtbarer ihre ursprüngliche Leuchtkraft zurück.

Der Felsendom in Jerusalem huldigt dem Licht der Welt mit Mosaiken und einer Ornamentierung von einer derart vollendeten Schönheit, dass wir uns fragen dürfen, welches Maß an Liebe und Glauben in den Menschen wirkten, um derart Überirdisches zu Wege zu bringen.

Nicht bloß die Christen wussten sakrale Bauwerke zu errichten Die Muslime stehen ihnen in nichts nach. Während ab dem 8. Jahrhundert die iberische Halbinsel unter der Herrschaft der Mauren stand und es ein goldenes islamisches Zeitalter in Andalusien gab, errichteten sie in Cordoba und Sevilla Moscheen riesigen Ausmaßes. Mit der Reconquista, der Rückeroberung Spaniens durch Ferdinand III., der 1235 Cordoba und 1248 Sevilla seinem Reich eingliederte, übernehmen die Katholiken wieder die Herrschaft über die südspanischen Städte. Vollendete Schönheit spricht für sich, und im Laufe der Geschichte haben ihr auch immer wieder Kriegsherren und Eroberer ihren Respekt bezeugt. Die Moscheen der Muslime wurden daher nicht zerstört, sondern verändert und christianisiert. So wurden Cordoba und Sevilla in einer Synthese von islamischer und christlicher Architektur und Kunst zu Moschee-Kathedralen.

Kriegsgegner und sich bekämpfende Religionen wurden geeint durch etwas Höheres: durch ein universelles spirituelles Bedürfnis nach einer Verbindung mit dem Göttlichen. Beide Moschee-Kathedralen sind heutzutage sakrale Bauwerke von blendender Schönheit, vor dem Hintergrund freilich einer blutigen Geschichte. Sevilla wurde Ausgangspunkt wie Hochburg des religiös motivierten Terrors der sogenannten heiligen Inquisition, einem der finstersten Kapitel in der Geschichte der katholischen Kirche. Parallel wurde Sevilla das Epizentrum der weltlichen Macht der spanischen Krone. Geopolitisch ging das einher mit der Entdeckung und Eroberung Amerikas durch Christoph Kolumbus. Wie sehr sich die weltliche mit der geistlichen Macht vermischte, und sich Licht wie Schatten wieder gleichermaßen ausdrückten, zeigt die Ausgestaltung der Kathedrale von Sevilla. Zum Ruhme der spanischen Krone wie der Macht der Kirche wurde dort das größte Altarretabel der Welt geschaffen. Dem Hochaltar der Kathedrale Santa Maria de la Sede widmete der Flame Pieter Dancart sein Leben. Der Künstler begann seine Arbeit an dem 23 Meter hohen Retabel 1482. Vollendet wurde es 1564. Der Altaraufsatz gleicht einer Bibel in vollplastischen Bildern, die mit 2,5 Tonnen Blattgold überzogen sind. Gold, das die Spanier aus der Neuen Welt, aus Mexiko und Peru, mitbrachten. Gold, für das ganze indigene Zivilisationen unterjocht und vernichtet wurden. Verlieh der Mensch und Künstler Pieter Dancart in seinem Schaffen dem Glauben an Gott Ausdruck, war sein Altarretabel für die katholische Kirche wie ein politisches Statement ihrer absoluten Herrschaft. Der Missbrauch von weltlicher wie geistiger Macht ist nicht wegzureden. Doch können wir es drehen und wenden, wie wir wollen: Spätestens mit »Adam und Eva« kamen die Dualität und die Polarität in die Welt. Es gibt nicht nur »Gut« oder nur »Böse«, nicht nur das »Licht« oder nur das »Dunkel«. Beide existieren, und beide suchen sich Ausdruck zu verschaffen. Es liegt ausschließlich an den Menschen mit ihrem ihnen verliehenen freien Willen, wie sie die Schönheit der ihnen geschenkten Schöpfung weiterführen, und wie sie an das Licht der Welt in ihnen selbst glauben mögen oder nicht.

Respekt vor der absoluten Schönheit als Ausdruck des Göttlichen bewiesen auch die Muslime. Als sie 1453 von den Christen Konstantinopel zurückeroberten, bewahrte Sultan Mehmet II. die Kirche Hagia Sophia vor der Zerstörung. Wie auf der iberischen Halbinsel kam es im Namen von etwas Höherem zu einer Synthese der christlich-byzantinischen und der islamischen Architektur und Kunst, als die Hagia Sophia zwar islamisiert, in ihrer meisterlich geschaffenen Substanz aber erhalten wurde. Als Ausdruck des islamischen Machtanspruchs errichteten die Muslime in der Folgezeit zahlreiche weitere monumentale Moscheen im heutigen Istanbul, darunter die Sultanahmet oder die Blaue Moschee und die Süleymaniye Moschee als osmanische Prachtbauten, die ihresgleichen suchen, sowie verstreut über ihren gesamten Herrschaftsbereich. Wie die Christen heutzutage eine große zersplittere Familie sind, sind es ebenso die Muslime. Nach dem Tod des Propheten Mohammed im Jahre 632 spalteten sie sich in der Folge in Sunniten und Schiiten, die sich nicht bloß erbittert religiös bekämpfen, sondern auch in der Architektur ihrer Moscheen miteinander in Konkurrenz stehen. Aber beide Strömungen des Islam haben sakrale Bauwerke von Weltrang errichtet.

Buddhistische Tempel und Hindutempel zeugen gleichfalls von dem universellen spirituellen Bedürfnis nach einer Verbindung mit der höheren geistigen Welt, nach der die Menschen streben. Der eigentliche Tempel ist indes nicht das von Menschen errichtete Bauwerk. Der Ort der Andacht ist der Tempel im eigenen Inneren, übersetzt in die Werke der Liebe im menschlichen Alltag. Das ist die unmittelbare

Parallele zum Reich Gottes im Inneren der Menschen. Ein Benediktinermönch unserer Tage, Thomas Quartier, macht daraus »Das Kloster im Leben« und tritt ein für eine »monastische Spiritualität als Provokation« im Alltag. In aller Deutlichkeit formuliert er: »Inmitten aller Einseitigkeiten findet der Mensch nur seinen Weg, wenn er einen mystischen Ort in sich findet, an dem er wirklich suchen kann: das Kloster in seinem eigenen Leben« (2016). Quartier redet nicht einem meditativen Rückzug das Wort, sondern plädiert für eine gewagte Bewegung mitten ins Leben hinein, mit dem Mut zum Wagnis, mitten im eigenen Leben anders zu leben. Sein Wagnis beinhaltet, sich empfänglich zu zeigen für das Göttliche der Schöpfung.

Das Kloster im Leben, das Reich Gottes oder den Tempel im eigenen Inneren können wir überall finden. Die Klöster, Gotteshäuser oder Tempel im Äußeren suchen wir auf; entweder ganz bewusst, weil uns eines dieser sakralen Bauwerke unwiderstehlich anzieht, oder unverhofft, weil wir auf unseren Lebenswegen an einer eher unscheinbaren Stätte der Andacht vorbeikommen. Sagen Sie als Leserin oder Leser nicht, Sie würden während Ihrer Urlaubsreisen in verschiedene Länder dieser Erde nicht immer mal wieder angezogen, Ihren Fuß in eine Kirche oder einen Tempel vor Ort zu setzen. Und sei es nur unter dem Vorwand, in der Hitze eines südlichen Sommers die Kühle eines Kirchengewölbes aufzusuchen, um für einen Moment innezuhalten und Frieden zu finden. Sakrale Bauwerke in ihrer Vollendung sind einerseits dem menschlichen Genius und seinem Erfindungsreichtum zu verdanken. Andererseits wurde ihren Architekten und Erbauern manche Intuition zu ihrer Realisierung direkt über ihre Verbundenheit mit der geistigen Welt eingegeben.

Mit geht es in dieser subjektiv geschauten Geschichte des Lichts der Welt und über die bemerkenswert unterschiedlichen Darstellungsweisen des göttlichen wie menschlichen Lichts nicht um eine kunsthistorische tiefschürfende Abhandlung. Dazu bin ich überhaupt nicht in der Lage. Ich habe mir die Bilder und Fresken und so manche Monumente, von denen ich spreche, als Laie angeschaut, allerdings als ein Laie mit wachsender Offenheit für kontemplative Stille. Trotzdem habe ich mich ihrer Betrachtung ohne eine besondere innere Erwartung genähert. Ich war in keiner Weise bewusst darauf vorbereitet, von ihrem speziellen Licht als Ausdruck spirituell beseelter Hingabe sowie den augenfälligen Veränderungen in den Darstellungen von Heiligenscheinen als dem Licht, das von Christus auf die Menschen fällt, derart in den Bann gezogen zu werden. Mir gingen sozusagen die Augen über, und während des »Übergehens« fiel es mir wie Schuppen von den Augen, dass ich nicht nur grandiosen religiösen Kunstwerken begegnen durfte. Ihr Licht enthält die Botschaft an alle Menschen, die wirklich sehen möchten, ihr eigenes Licht, das ihnen von Geburt und der Schaffung nach Gottes Ebenbild an verliehen wurde, nicht »unter den Scheffel« zu stellen. Finden Menschen Zugang zu ihrem eigenen inneren Licht, finden sie einen neuen Zugang zur Welt, in der sie leben. Wer sich öffnet zu sehen, wird sehen. Wirklich schauen können wir aber nur ohne all unsere Scheuklappen, wenn wir zurücktreten können von jedweder erlittenen falsch religiösen Erziehung. »Gottesvergiftungen« oder »Zerrbilder des Glaubens« trüben den Blick und lassen viele Menschen zurückschrecken vor plötzlich auftauchenden religiös spirituellen Anwandlungen. Dürfen wir Begegnungen mit lichtvollen Werken der religiös spirituellen Malerei erleben, weil wir aus welchem Grund auch immer plötzlich vor ihnen stehen, haben wir es nicht in der Hand, wie sie auf uns wirken. Es kann sein, wir streifen vorüber, und nichts berührt uns. Es mag aber ebenso sein, dass uns eine gänzlich unerwartete Offenbarung zuteil wird. Immer wieder sehen sich Menschen überrascht, die sich trotz aller Schnelllebigkeit von einem herausragenden lichtvollen Kunstwerk, einem Fresko, einer Gedenk-, Grab- oder Pilgerstätte derart wie von Blitz und Donner berührt fühlen, dass ihr Leben danach nie wieder wie vorher ist.

Persönlich kann ich in Wort und Tat bezeugen, dass mein Leben nach dem Schauen der lichtvollsten Werke der religiös inspirierten Malerei nicht mehr das Leben ist, das es vor meinen Reisen nach Florenz und Assisi und weit früher noch nach Venedig war. Die Annahme des Lichts der Welt hat privat wie beruflich viele erfreuliche Veränderungen nach sich gezogen. Es sind in der Tat aber ausschließlich die Bilder der oben gewürdigten Maler, die diese Wirkung auf mich hatten. An anderen großartigen Werken der Kunstgeschichte kann ich mich zwar erfreuen ob ihrer Meisterhaftigkeit, aber ich verweile nicht so lange, wenn kein Lichterglanz mehr mein Herz erreicht. Michelangelos »David« kann ich vorbehaltlos bewundern. Als er seine Statue im September 1504 vor dem Palazzo Vecchio in Florenz enthüllte, versetzte Michelangelo die gesamte Stadt in Aufruhr. Wie der bereits angeführte Giorgio Vasari später würdigen sollte, war dieser aus einem begnadeten Kunstschaffen erwachsene David eine die Sinne blendende Figur, »die alle modernen und antiken Statuen in den Schatten stellte«. Es gab kein vergleichbares Meisterwerk unter der Sonne. Den von Michelangelo geschaffenen Zauber der Großartigkeit konnte ich sehen und bestaunen, als ich vor dem Werk stand. Seine makellose Schönheit berührte sogar noch mein Herz. Doch mir das Herz zu wärmen, ein Licht darin zu entzünden, vermochte die Statue des David nicht. Folglich mochte ich auch nicht allzu lange vor ihr verweilen. Stattdessen zog es mich wie ein Sog immer wieder und immer stärker zu den Bildern mit dem Licht der Welt.

Es passt ins Bild, dass ich fast keine vergleichende kunsthistorische Abhandlung über die tiefere Bedeutung des

Heiligenscheins und seines Lichts der Welt finden kann, die in irgendeiner Weise den Bezug herstellen würde zu unserem eigenen menschlichen Licht. Am ehesten tut dies noch Walter Weber in seinem akribischen Werk über die »Symbolik in der abendländischen und byzantinischen Kunst« (1981). Leider endet sein Werk dort, wo meine Reise begann. Den großen christlichen Malern widmet er bloß noch Randnotizen. Eine dünne Schrift von Henri Mendelsohn: »Der Heiligenschein in der italienischen Malerei seit Giotto« (1903) klingt zwar vielversprechend, legt den Fokus aber ausschließlich auf kunsthistorische Aspekte. Auch die Fülle an Literatur und an großartigen Bildbänden zur Kunst der italienischen Renaissance oder zur sonstigen religiös inspirierten Malerei hat im Großen und Ganzen ein vorwiegend kunsthistorisches Erkenntnisinteresse. Finde ich also wenig Erhellendes zur tieferen Bedeutung des Lichtes in der christlich religiösen Malerei, ist es kein Problem, allerlei Beiträge zur Glorie des Heiligenscheins zu finden, deren einziges Bestreben darin besteht, die Aura des Heiligenscheins als rein physikalisch erklärbares Phänomen zu deuten, um ihn dergestalt als »scheinheilig« zu entzaubern. Nur kann niemand dieser Anhänger eines rein materialistisch naturwissenschaftlich geprägten Welt- und Menschenbildes mehr erklären, weshalb Menschen, die wieder erlernen die menschliche Aura zu sehen, mit der Zeit immer genauer sehen. Sehen sie zu Anfang des Öfteren nur die erste äußere transparente Schicht der menschlichen Lichthülle, beginnen sie nach einiger Zeit auch deren farbige Schichten zu sehen. Durch wachsende Verbundenheit wie durch das konsequente Praktizieren von Lichtatemübungen und anderen spirituell öffnenden Meditationen dürfen sie dann meist erfahren, wie ihre eigenen Wahrnehmungskräfte spürbar angehoben werden. Die menschliche Aura mit all ihren Schichten entspricht bildhaft ziemlich exakt der Darstellungsweise, wie

Giotto oder Fra Angelico Christus in seine Aureole aus farbigem Licht gesetzt haben. In zahlreichen Kirchengewölben haben Maler Ähnliches und Gleiches getan, sei es aus eigener Inspiration oder in Kopie oder als Restaurator. Nicht wenige Restauratoren wie Restauratorinnen bezeugen dann immer wieder, wie sie sich von etwas Besonderem, einer Art »heiligem Zauber« ergriffen fühlen, und wie sie sich als Werkzeug von etwas viel Größerem erfahren dürfen. Etliche verrichten ihre Arbeit wie in einem »entrückten Zustand«.

Etliche Jahrhunderte nach Fra Angelico findet sich in Gustav Klimt (1862–1918) ein Maler des österreichischen Jugendstils, der während seiner »goldenen Periode« ungehemmt in Gold schwelgte. Wir könnten uns oberflächlich an Fra Angelico erinnert fühlen, trotz des gänzlich anderen Zeitgeistes. Doch der größte Unterschied ist: Sind die verschwenderisch mit Gold durchwirkten Bilder Klimts einfach schön und gefällig anzuschauen, sind Fra Angelicos Werke begnadet. Auf welch hohem Niveau sich seine Kunst bewegte, erfassen wir als Betrachter umso eindrücklicher, wenn wir seine Bilder und Fresken in sämtlichen Details betrachten können. Erst vergrößerte Reproduktionen und Drucke ausgewählter Bildausschnitte lassen erkennen, was unsere menschlichen Augen in der Gesamtschau noch gar nicht zu sehen vermögen. Ein Motiv findet sich als nahezu lebensgroße Ausschnittvergrößerung besonders oft: die beiden Engel in blauem Gewand aus der »Krönung Mariae«. Das Bild ist heutzutage in den Uffizien in Florenz zu bestaunen. Wir können diese berühmten Engel noch so oft betrachten, wir finden ständig neue, bislang nicht geschaute Details. Wir sehen feinste Wunderwerke aus Licht und Gold. Mit rein menschlichen Maßstäben gemessen, muss es fast ein Rätsel bleiben, wie Fra Angelico derart Übermenschliches vollbringen konnte. Aber wie heißt es im Thomas-Evangelium: »Wenn einer Gott gleich ist, wird er sich mit Licht füllen«, kann er im quasi erleuchteten Zustand das himmlische Licht für die Augen sichtbar machen, sofern das fühlende Herz mitschauen darf.

Mein Ziel ist es nicht, Menschen von irgendetwas überzeugen zu wollen, die ihr Licht lieber weiter unter den Scheffel stellen mögen. Mein Ziel ist dagegen immer: Es möge den Menschen gut gehen in ihrem Leben, so gut als möglich. Leiden, das wir uns ersparen können, können wir uns ersparen. Leiden ist schließlich kein Selbstzweck, nicht einmal, wenn eine Seele sich ein Leben im Leiden erwählt. Sobald Menschen sich innerlich dafür öffnen, an ihr eigenes inneres Licht, ihren goldenen Kern zu glauben, fängt es an, ihnen im Leben besser zu gehen. Die Augen, das Herz und die Seele öffnen helfen, können Bilder voller hellem klarem oder goldenem Licht, seien es unsere imaginativen Bilder oder diejenigen begnadeter Malermönche, Mosaik- oder Ikonenkünstler, die beseelt vom Licht der Welt in religiöser Trance ihre Werke geschaffen haben, damit ihre Nachwelt sie »wirklich« schauen kann.

Das Licht der Welt mag es im Zeitgeist des Materialismus, der Globalisierung und der überall auf dem Erdball ausgetragenen kriegerischen Konflikte wie falsch religiös motivierter »Kreuzzüge« schwer haben. Doch wenn wir genauer schauen, können wir es in den geistigen, sozialen und sogar materiellen Werken vieler Menschen aufleuchten sehen. Auch seine immer neue Darstellung im künstlerischen Ausdruck ist nie ganz aus der Welt verschwunden. Es existieren unzählige Kirchen, Kapellen, Klöster, Tempel, Moscheen, Kult- und Weihestätten auf der Erde, in denen Menschen im Geiste ihrer spirituellen Verbundenheit großartige künstlerische Werke geschaffen haben. Manchmal sind es eher wenig bekannte oder sogar gänzlich namenlose Künstler, die dem Licht der Welt zu einem neuen Leuchten verhelfen. In der Tränenkapelle auf dem Mont Sainte Odile im französischen Elsass hat der Pariser Künstler Franc Danis 1948 in Anlehnung an die byzantinischen Meister Mosaiken geschaffen, die ganz in den Farben Gottes und des Himmels wie der Madonna erstrahlen: Gold und Blau. Mit der Ausgestaltung der ganz in Blau gehaltenen Engelskapelle knüpft er das direkte Band zum Erzengel Michael auf dem Mont Saint Michel.

Im Zeitalter der Digitalisierung bieten sich Lichtkünstlern nie gekannte technische Möglichkeiten zur Gestaltung imposant inszenierter Lichtspiele an. Kaum ein bedeutendes Bauwerk, das nicht anlässlich eines Jahres- oder Feiertags oder eines lokalen Festtages als Projektionsfläche für historische wie religiös inspirierte Lichtinstallationen genutzt wird. Als Betrachter dürfen wir solcherart Lichtspiele bestaunen und uns daran erfreuen. Digitale Drucke auf Buchumschlägen oder in der Darstellung von Buddhas, Yogis, Heiligen ermöglichen eine brillante Farb- und Lichtgebung, die unser Auge beeindrucken kann. Die Seele fühlt sich jedoch im Besonderen angesprochen, wenn durch alles Licht hindurch spürbar werden darf, dass nicht bloß ein physisches Licht, sondern dass himmlisches Licht auf uns fällt, das über alle Zeiten hinweg das »lux aeterna« war und ist.

Ist unsere westliche Zivilisation oft skeptisch und verhalten gegenüber dem Licht der Welt wie dem Licht der Menschen, sind andere Kulturen viel weniger scheu. Für sie ist das göttliche Licht der Welt in uns Menschen gelebter Alltag. Mit dem Gruß »Namasté«, den Milliarden von buddhistisch oder hinduistisch geprägten Menschen praktizieren, und mit dem sich im Westen viele Yogagruppen besuchende Frauen und Männer nicht selten sogar ohne Kenntnis seiner tieferen Bedeutung begrüßen, werden der Wert und die Würde eines jeden Menschen anerkannt. »Namasté« bedeutet: »Ich grüße dein inneres Licht«, wobei diese Übersetzung schon heruntergebrochen ist auf ein westlich reduziertes Begriffsvermögen. Wörtlich heißt »Namasté: »Ich grüße deine innere Göttlichkeit«.

Während ich vor etlichen Jahren erstmalig an diesem Kapitel über das Licht der Welt schrieb, verspürte ich eine tiefe entsprechende Resonanz in mir. Jetzt, während ich die Arbeit an diesem Thema neu aufnehme und ausdehne, erlebe ich das Gleiche erneut. Es ist ein »Klingen« und »Schwingen« in mir, das »hell« und »licht« ist, ein »feines Vibrieren« von »summender Freude« und »innerem Jubilieren«, eine Freude wie »Sonnengeflecht« oder wie »schwerelos in der Luft tanzender Goldregen«. Es taucht die ganz eigene, besondere Art von innerer Fröhlichkeit wieder auf, die das Licht der Welt im Gefolge hat. In heutigen konzeptionellen Begrifflichkeiten wäre sie am ehesten vergleichbar mit »Flow«, der selbstvergessenen Hingabe an etwas, das wir tun, aber sie ist so viel mehr als das. Bisweilen ist es wie die Schauung der göttlichen Herrlichkeit selbst, im Gang über die goldene Brücke zwischen Himmel und Erde. Da wir dafür heute kaum noch die treffenden Worte haben, möchte ich hier zum Schluss dem heiligen »Symeon der Neue Theologe« (949–1022), einem spirituellen Lehrer der orthodoxen Kirche, das Wort lassen. Seine mystische Lehre vom Licht der Welt fasst er in Sätzen wie diese:

> »Es ist ein wirklich göttliches Feuer, unerschaffen und unsichtbar, ewig und unstofflich, vollkommen unveränderlich und unendlich, unauslöschlich und unsterblich, unverständlich, jenseits allen geschaffenen Wesens.«

> »Wir reden nicht von etwas, das wir nicht kennen, sondern von dem, was uns bekannt ist, legen wir Zeugnis ab. Denn das Licht scheint schon in der Finsternis, in der Nacht und am Tage, in unseren Herzen und in unserem Geiste. Es erleuchtet uns, dieses Licht ohne Schwund, ohne Wechsel, unveränderlich, nie verdun-

kelt; es spricht, es handelt, es lebt und belebt, es wandelt die in Licht, die es erleuchtet. Gott ist Licht und, denen Er sich offenbart, schauen ihn als Licht; die ihn empfangen, haben ihn als Licht empfangen. Denn das Licht seiner Herrlichkeit (Glorie) geht Seinem Antlitz voraus und es ist Ihm unmöglich, anders als im Licht zu erscheinen. Wer dieses Licht nicht gesehen, hat Gott nicht gesehen; denn Gott ist Licht. Wem dieses Licht nicht zuteil geworden, hat die Gnade nicht empfangen; denn wer die Gnade erhält, empfängt das göttliche Licht und Gott«.

Symeon hatte schon früh Visionen der Verklärung in Form des sogenannten »Taborlichts«. Gemeint ist dasjenige Licht, das Petrus, Jakobus und Johannes bei der Verklärung Christi auf dem Berg Tabor sahen. Wird Menschen die Schauung des Lichtes zuteil, ist dies nach Symeon und vielen anderen Mystikern eine Offenbarung des Heiligen Geistes in uns. Dass dies für die Menschen nicht in unerreichbaren Sphären stattfindet, sondern mitten im eigenen Leben, betont ganz entschieden der heilige Gregor Palamas (um 1296–1359), eine der höchsten Autoritäten der orthodoxen Kirche. Er verbindet die Lehre vom göttlichen Licht untrennbar mit seiner Lehre vom Menschen:

> »Daß wir das Göttliche unmittelbar schauen und mit ihm eins werden können, daß wir gnadenhaft unsere geschöpfliche Begrenztheit überwinden und die Grenzen des natürlichen Seins überschreiten können, darin liegt Sinn und Rechtfertigung des mystischen Weges des Menschen« (alle Zitate n. Weber 1981).

Die ruhige und vertiefte Schauung des Lichts in der christlich religiösen Malerei war für mich einer der freudvollsten Anstöße, mich auf meinen inneren Weg zu machen. Auf diesem Weg eröffnen sich mir immer öfters Momente, in denen ich mich auf die goldenen Brücke gestellt sehe, wo das göttliche Licht der himmlischen Instanz über die geistige Welt mein eigenes Licht durchdringt. Letztlich können wir als Menschen gar nicht anders. Wir können nicht hinter unsere wahre Natur zurück, die eingebettet ist in die Mysterien der gesamten Schöpfungsgeschichte. Dass wir gar nicht anders können und zwangsläufig zu leiden beginnen, wenn wir es gedankenlos versuchen, erklärt sich in den Kapiteln über unsere Wurzeln einerseits sowie über die Epoche der Moderne mitsamt ihrer Vorstellungen von den heilenden Wissenschaften und Künsten andererseits.

2020 Jahre Menschheitsgeschichte n. Chr. und nichts dazugelernt?

Prophezeiungen gestern und heute

Prophezeiungen der einen oder anderen Art haben die Menschheit über die Jahrhunderte immer mal wieder in Atem gehalten. Zwar hat die Welt bis heute alle zu einem eng begrenzten Datum vorausgesagten Weltuntergangsszenarien überstanden, doch waren Erster und Zweiter Weltkrieg Katastrophe genug. Neben konkreten Prophezeiungen existieren weit gefasste Voraussagen zum Verhältnis des Menschen zur Höheren Schöpfung, die aufmerken lassen. Eine solch prophetische Schrift ist das sogenannte »Evangelium der Wahrheit«, das zusammen mit weiteren gnostischen heiligen Texten in Nag Hammadi entdeckt wurde. Diese Schrift ist in jeder Hinsicht außerordentlich. Die wenigsten Zeitgenossen haben jemals von ihr gehört, geschweige denn in ihr gelesen. Ich selbst hätte sie nie entdeckt, wenn ich nicht zum Evangelium der Maria Magdalena geführt worden wäre. Eines führt zum Nächsten. Nachdem ich das Evangelium der Wahrheit gelesen hatte, verschlug es mir erst einmal die Sprache ob seiner ungeahnten Aktualität. Form wie Sprache dieses Textes wirken zu Anfang sehr in sich geschlossen, so wie zahlreiche andere Schriften des Frühchristentums auch, die für die Anhänger einer bestimmten Strömung des sich verbreitenden Glaubens geschrieben waren. Es ist der Inhalt des »Evangelium Veritatis«, der mir die Sprache verschlagen hat. Ich lese einen etwa 2000 Jahre alten Text und denke bei fast jedem Wort »heute«. Würden wir die Schrift in die

Sprache unserer Zeit übertragen, hätten wir einen Text über den Zustand unserer Welt im Hier und Heute in der Hand. Das Evangelium der Wahrheit liest sich wie eine aktuelle Beschreibung der Nöte und Probleme des modernen Menschen unserer Epoche, verfasst freilich in einer uns eigentümlich fremden Diktion. Die in der Schrift niedergelegten Prophezeiungen haben 2000 Jahre Menschheitsgeschichte überdauert und hallen wuchtig zu uns hinüber; so wuchtig und ungebrochen, dass C. G. Jung, der zeitweise im Besitz dieser Schrift war, etwa 2000 Jahre später nahtlos an ihre Inhalte anknüpfen kann, so, als wäre keine Zeit vergangen, in der die Menschheit hätte dazulernen können. Das ist bestürzend frappierend.

»Das Evangelium der Wahrheit bedeutet Freude« oder »Frohlocken« für alle Menschen, denen durch die Kraft des Wortes, das aus der Fülle des göttlichen Geistes kommt, die Erkenntnis der Wahrheit gewährt wird. Die Wahrheit führt zur Erlösung von aller Unwissenheit. »Evangelium« bedeutet die »Frohbotschaft«, die »sich auf die Erfüllung der Hoffnung bezieht und meint, daß die, die nach ihm (dem Erlöser) suchen, ihn endlich auch finden«. Wir erinnern uns: »Wer suchet, der findet«, verspricht uns Jesus über seine Jünger Matthäus, Lukas und Thomas.

Wer sucht, der weiß oder spürt, dass er etwas verloren hat, wenn er auch längst nicht immer sagen kann, worin sein Verlust besteht. Der Verlust der paradiesischen Fülle sowie die Abkehr der Menschen vom Licht der Welt wie dem eigenen Licht als dessen Ebenbild bringen die Unkenntnis und die Unwissenheit über die Wahrheit der Schöpfung hervor. Der Verlust des Wissens über seine Herkunft stellt den Menschen letztlich in

> »Furcht und Schrecken. Die Furcht aber verdichtete sich wie Nebel, so daß niemand mehr sehen konnte.

Aus diesem Grunde kam die Täuschung zur Macht und brachte in törichter Weise diesen ihr eigenen Stoff hervor. Weil sie die Wahrheit nicht kannte, nahm sie in einer Nachbildung ihren Wohnsitz und stellte dort, so schön sie eben konnte, den Ersatz der Wahrheit her«.

Gemeint ist: Da die Menschen die Wahrheit nicht mehr sehen, erliegen sie sämtlichen Irrtümern, die in die Welt gekommen sind. Ihr größter Irrtum beschäftigt sich mit Macht damit, einen schönen Ersatz für die wahre Wirklichkeit zu schaffen: Die sichtbare Welt des Materiellen samt allen Leidenschaften der Materie. Dass Irrtum und Unwissenheit ihr Werk vollbracht haben, indem sie die Materie anstelle des alten Wissens zur sichtbaren Wahrheit erklären, entlarvt nicht nur der Verfasser des Evangeliums der Wahrheit. Auch Philippus legt die Wunde offen:

»Jetzt halten wir uns an die sichtbaren Dinge der Schöpfung und sagen, daß *sie* die starken und angesehenen sind, die verborgenen Dinge aber die schwachen und unbedeutenden.«

Noch drastischer heißt es in »Die Lehren des Silvanus«:

»Was sonst ist der schlimmste Tod, wenn nicht die Unwissenheit? Was sonst ist die schlimmste Finsternis, wenn nicht, dem Vergessen zu verfallen?«

Wir lesen aus allen drei Schriften deutlich heraus, dass die Täuschung des Menschen über die Materie nicht erst der Irrtum des Menschen der Neuzeit ist, sondern mit den ersten Menschen begann. Die Glitzerwelten unserer heutigen Konsumgesellschaft haben die Leidenschaften der Materie gegenüber der Entstehungszeit der alten Schriften zwar hundertfach potenziert. Die Effekte sind indes die gleichen. Mit der Vertreibung aus dem Paradies kam der Irrtum, kamen Dualität und Polarität in die Welt. Sie werden sich erst dann wieder aus der Welt zurückziehen, wenn die Menschen zu ihrer Vollkommenheit zurückfinden, indem die Leidenschaften in der Seele geheilt werden. So schließt sich wieder der Kreis: »Denn jedem, der unwissend ist, fehlt etwas. Und es ist etwas Wichtiges, was ihm fehlt, weil ihm gerade das fehlt, was ihn vollenden würde.« So viele Menschen sagen heute von sich: »Ich fühle mich nicht vollständig«. Sobald uns Menschen etwas Wichtiges fehlt, leiden wir Mangel. Es ist das Evangelium der Wahrheit, das so häufig wie keine zweite Schrift betont, wie sehr der Mensch in seiner Gottesferne »im Mangel« lebt: »Denn als er Mangel hatte, besaß er die Gnade nicht. Deswegen war Verminderung da, wo es die Gnade nicht gibt«. Wo der Mangel ist, ist keine Fülle mehr. Umgekehrt kann jeder Mangel ausschließlich durch die Fülle aufgefüllt werden: »Sobald das, was vermindert war, von ihm genommen wurde, enthüllte sich das, woran er Mangel hatte, als Fülle, das heißt als die Entdeckung, daß das Licht der Wahrheit, das über ihm aufstrahlte, unwandelbar ist«. Jesus und sein Christusbewusstsein sind die Lichtbringer:

> »Nachdem Jesus den Mangel gefüllt hatte, löste er die Gestalt auf. Des Mangels Gestalt ist die Welt, sie, in der Jesus diente. Denn wo Neid und Streit herrschen, ist Mangel. Wo aber Einheit herrscht, ist Vollendung. Da der Mangel entstanden ist, weil der Vater nicht erkannt wurde, wird dann, wenn der Vater erkannt wird, der Mangel hinfort nicht mehr vorhanden sein. Wie im Falle der Unwissenheit eines Menschen, dann, wenn er erkennt, seine Unwissenheit sich von selbst auflöst, oder wie die Finsternis sich auflöst, wenn das Licht erscheint, so löst sich auch der Mangel in der Vollendung

auf. Hinfort ist also die Gestalt nicht mehr zu sehen. Vielmehr wird sie sich auflösen in der Verbindung mit der Einheit.«

Da diese Worte aus einer fernen Vergangenheit zu uns zu sprechen scheinen, stelle ich einen kurzen direkten Bezug zu meinem therapeutischen Arbeiten im Hier und Jetzt mit Menschen von Heute an. Viele körperliche, psychische und seelische Symptome des modernen Menschen sind ohne den Mangel überhaupt nicht zu denken, schon gar nicht Süchtige Abhängigkeit, Depression, Angst oder Narzissmus. Da ist das nährende Füllen des Mangels ein Schlüssel zur Genesung. Im Evangelium Veritatis finde ich ausführlich die Genese, die »Gestalt« und die Heilung des Mangels beschrieben. Es ist der Begriff oder besser: das Bild der »Gestalt«, das ich so faszinierend aktuell finde. Kein zweiter der alten Texte geht derart auf die »Gestalt« eines Leidens ein. Selbst in der Domäne der zeitgenössischen psychotherapeutischen Gestaltarbeit finde ich die »Gestalt« in keinen derart bemerkenswerten Zusammenhang gestellt. Ich habe mich durch die Verwendung des Begriffs im Evangelium der Wahrheit mitten in meinem menschlichen wie therapeutischen Herzen berührt gefühlt, gehört es doch seit vielen Jahren zu meinen ganz basalen therapeutischen Interventionen, meine jeweiligen Klienten und Patientinnen zu ermutigen, ihrem speziellen Leiden oder Symptom eine »Gestalt« zu geben. Ich habe eine meiner intuitiv praktizierten »Lieblingsmethoden« noch einmal in einer ganz anderen Tiefe einordnen dürfen. Sobald ein Leiden meiner Patienten durch diese selbst eine imaginative Gestalt verliehen bekommt, haben sie ein Gegenüber, mit dem sie in Dialog treten können. Wie ich damit methodisch verfahre und welchen unmittelbaren Nutzen meine Klienten davon erfahren, lesen Sie im Kapitel: »Leiden braucht mehr als einen Namen«. Hier war mir für den Moment wichtig festzuhalten, wie manche vor zwei Jahrtausenden formulierte Gedanken ihre zeitlose Gültigkeit behalten haben, wollten wir uns bloß etwas von ihnen sagen lassen. Sich etwas sagen lassen zu wollen, kann uns aus der Unwissenheit ins Wissen erlösen, denn »Jeder, der solches Wissen erlangt, erkennt, woher er gekommen ist und wohin er geht«.

Das Evangelium Veritatis bietet sich folglich allen Menschen auf der Suche als Weg aus der Finsternis ihrer Leiden und zur Erleuchtung an:

> »Durch dies verborgene Geheimnis hat Jesus Christus die erleuchtet, die auf Grund des Vergessens in der Finsternis sind. Er erleuchtete sie und zeigte ihnen einen Weg. Dieser Weg aber ist die Wahrheit, über die er sie belehrte.«

Da aber die Dualität wie Polarität bereits in der Welt sind, steht die Wahrheit am einen Pol und die Täuschung am anderen Pol. Der Täuschung ist es, freilich im Einklang mit dem Willen der Fleisch gewordenen Wahrheit, erst einmal gelungen, diese ans Kreuz zu nageln und in der Person Jesu zu töten. Die Kreuzigung Jesu als Vollendung seiner Passion liegt indes nicht bloß in der historischen Vergangenheit. Die Kreuzigung Christi findet täglich aufs Neue bis in unsere Gegenwart hinein statt. In diesem Sinne nämlich wird der ekstatischen Visionärin Elisabeth von Schönau (1129–1164) durch einen Engel des Herrn eine Botschaft übermittelt:

> »Und du sollst den Frevlern auf der Erde sagen: Wie mich einst die Menschen kreuzigten, so werde ich täglich gekreuzigt unter denen, die in ihren Herzen gegen mich freveln. Sie wenden nämlich ihr Gesicht von mir ab, ihr Herz ist soweit von mir entfernt, damit sie nicht sehen und erkennen«.

Weder gestern noch heute kreuzigen und töten kann die Täuschung durch die Materie den Auferstehungskörper und das Christusbewusstsein, das am authentischsten Maria Magdalena bezeugen sollte. Wählen die Menschen aus freiem Willen den Irrtum und die Täuschung in ihrem Leben, erheben sie sich gar in Hochmut oder Gleichgültigkeit über das Christusbewusstsein von Liebe und Güte, werden sie zwangsläufig Mangel leiden. Erneut erweist sich das Evangelium der Wahrheit als brandaktuell. Es prophezeit den Menschen, die in Unwissenheit verharren, sämtliche Leiden, Krankheiten und Übel, die wir heutzutage in unseren modernen psychiatrischen Krankheitslehren und Diagnosehandbüchern auflisten. Ausschließlich die Sprache, in der den Menschen dies alles vorausgesagt ist, kommt altertümlich daher. Unwissenheit, Herzenstaubheit und Seelenblindheit entfremden den Menschen seiner Wurzeln:

> »Weil dies Schrecken, Bestürzung, Schwachheit, Zweifel und Spaltung hervorrief, gab es bei ihnen viele Wahnvorstellungen, die eben dadurch zur Wirkung kamen, und eitle Torheiten. Es ist, wie wenn sie sich dem Schlafe hingeben und sich in unruhigen Träumen finden: Entweder ist es ein Ort, zu dem sie fliehen, oder sie sind kraftlos, wenn sie zurückkommen, nachdem sie jemanden verfolgt haben, oder sie sind inmitten von Schlägereien, oder sie empfangen von anderen Schläge, oder sie sind von hoch gelegenen Orten herabgestürzt, oder sie fliegen hinauf durch die Luft, wobei sie aber keine Flügel haben. Manchmal wiederum ist es, als ob es Leute gibt, die sie töten wollen, obwohl aber niemand da ist, der sie verfolgt, oder sie selbst töten die, die ihnen nahestehen…«

Wir finden hier: Angst- und Panikstörungen, Minderwertigkeitsgefühle, mangelndes Selbstvertrauen, Persönlichkeitsspaltungen, bipolare Störungen, Wahnvorstellungen, Größenfantasien, narzisstische Störungen, Alpträume, Delirium, Halluzinosen, Depression, Gewalt, Totschlag; alles in allem also eine ziemlich zutreffende Beschreibung der finsteren Seiten unserer modernen Welt.

Wir mögen heutzutage mit der Sprache des Evangelium Veritatis fremdeln, können aber nichtsdestoweniger seine Heilsbotschaften zu uns sprechen lassen. So, wie das Evangelium der Wahrheit den Menschen in der Gottesferne ihre Qualen prophezeit, verspricht es den Menschen in der Gottesnähe die Erlösung durch das Licht und darüber die Rückkehr ins Wissen. In der Betonung, dass die Unwissenheit die Quelle allen Übels ist, steht das Evangelium der Wahrheit in einer Reihe mit allen heiligen Schriften der Buddhisten und Hindus. Nach der Umkehr verheißt die Stimme, »die das Leben geboren hat«, den Menschen »Denken, Klugheit, Mitleid, Erlösung und den Geist der Kraft«; und nach Auflösung der Verwirrung »wohnt in euch das Licht, das nicht untergeht«. Das Licht verheißt »die heiße Fülle der Liebe«, wodurch die Menschen »vollkommen und ungeteilt in dem wahrhaft Guten sind, wobei sie in keiner Hinsicht irgendeinen Mangel, sondern nur Ruhe haben als solche, die frisch im Geiste sind. Und sie werden auf ihre Wurzeln hören, während sie mit Dingen beschäftigt sind, in denen einer seine Wurzel findet und an seiner Seele keinen Schaden erleiden wird«. Der erlöste Mensch wird wieder ein »ungeteilter« Mensch sein, ein an Leib und Seele vollkommener Mensch, wie der »Anthropos« vor seiner Vertreibung aus dem Paradies. Das ist für den Menschen von heute kaum noch zu verstehen, da er von Geburt an nur gewohnt ist in Polaritäten zu denken und zu leben. Der »ungeteilte« Mensch aber war der männlich-weibliche Mensch in seinem Urzustand vor dem Kosten vom Baume der Erkenntnis, mit dem die Spaltung in die Welt kam. Weil das absolut Vollkommene auf ewig ungeteilt war, ist und sein wird, ist das Evangelium der Wahrheit auch einer der ganz wenigen Texte, in denen auch Gott ungeteilt ist. Gott hat kein Geschlecht. Er ist übergeschlechtlich bzw. mannweiblich in einem ungetrennten Einen, wie auch Adam mannweiblich war, bevor Eva sich von ihm trennte. Gott ist Vater und Mutter in Einem; gedacht allerdings in unseren menschlichen Kategorien, wie die Menschen nun einmal vereinfachend denken, wenn sie sich ein Bild von etwas machen.

Die Vorstellung von Gott als VaterMutter- oder Mutter-Vater-Entität durfte sich auf keinen Fall unter den Strömungen des Frühchristentums verbreiten. Das hätte zu sehr an jedwedem patriarchalen Zeitgeist gerüttelt, so wie es Maria Magdalena tat. In der Konsequenz gehörte das Evangelium der Wahrheit folglich frühzeitig zu den typisch gnostischen Schriften, die von der Oberkirche mit aller Macht unterdrückt wurden. Was lange unterdrückt wird, kann zu gegebener Zeit jedoch wiederaufleben.

Das Evangelium der Wahrheit legt den Menschen sehr offen, wie sie über Gott denken sollen: »weder daß er bitter sei, noch daß er zornig sei, sondern daß er ohne Falsch, unerschütterlich und süß sei... Denn er ist gut, und seine Kinder sind willkommen und seines Namens würdig«. Das überstrahlt als wohltuende Wahrheit das verbreitete finstere Bild eines Angst einflößenden, zornigen, rächenden, richtenden Gottes.

Knapp 2000 Jahre Menschheitsgeschichte später hat sich kirchen- wie geistesgeschichtlich im Wesentlichen wenig geändert, außer der Sprache und der Intellektualität des sich aufgeklärt verstehenden Menschen. Das Lebensthema Glaube und Wissen oder Nicht-Glaube und Nicht-Wissen samt seiner jeweiligen Folgen für Geist und Seele ist für jeden Menschen das Gleiche geblieben, bloß dass die Augen vieler es nicht mehr zu erkennen gewillt sind.

Bei seiner Ansprache zur Überreichung des Evangeliums der Wahrheit an das C. G. Jung Institut am 15. November 1953 stellt Jung höchstselbst die Zusammenhänge zwischen Vergangenheit und Gegenwart her. War die originäre Absicht der Schrift, »die Wesenheit der Gestalt Christi der damaligen Intelligenz näherzubringen und zu erhellen«, bereitet sie dem modernen Menschen gleich doppeltes Kopfzerbrechen hinsichtlich Rezeption des Textes und Glaube an seine Botschaften, wie Jung erläutert:

> »Auf den modernen Verstand hat die Häufung von Symbolen, Gleichnissen und Synonymen allerdings die gegenteilige Wirkung, indem sie zunächst die Unklarheit und Dunkelheit um ein Vielfaches vermehrt und die zu erläuternde Gestalt des Lichtbringers in ein Netzwerk von zum Teil schwer durchschaubaren Analogien auflöst«.

C.G. Jung greift in der Sprache und im Denken der Analytischen Psychologie wieder auf, was das Evangelium der Wahrheit prophezeit hat, und stellt es gleichzeitig in größere politische Zusammenhänge. Lebenswahrheiten und der Zugang zu einem lebbaren Verständnis des Religiösen wie Spirituellen sind dem modernen Menschen schwer zugänglich. Vermeintliche Aufklärung und Laizismus rangieren verbreitet vor einer Anbindung des modernen Menschen an eine göttliche Sphäre. In »Gegenwart und Zukunft« schreibt Jung:

> »Wenn er trotzdem noch nicht alle religiösen Überzeugungen abgestreift hat, so liegt das daran, daß die religiöse Betätigung auf einer instinktiven Neigung beruht und daher zu den spezifisch menschlichen Funktionen

gehört. Man kann ihm zwar seine Götter wegnehmen, aber nur um ihm andere zu geben. Die Führer des Massenstaates konnten nicht umhin, sich vergotten zu lassen, und wo dergleichen Plumpheiten sich noch nicht gewaltsam durchsetzen lassen, da treten obsedierende Faktoren mit dämonischer Energie ausgestattet auf, wie zum Beispiel Geld, Arbeit, politischer Einfluss usw. Wenn irgendeine dem Menschen natürliche Funktion in Verlust gerät, das heißt von bewußter und absichtlicher Betätigung ausgeschlossen wird, so entsteht eine allgemeine Störung. Es ist daher ganz natürlich, daß mit dem Sieg der Déesse Raison eine allgemeine Neurotisierung des modernen Menschen einsetzt, das heißt eine Dissoziation der Persönlichkeit analog der heutigen Spaltung der Welt.«

Jungs Analyse spricht eine deutliche Sprache. Der Abfall des modernen Menschen von religiösen Überzeugungen hat ihn nicht zufriedener gemacht. Das Negieren des Göttlichen widerspricht einer instinktiven Neigung des Menschen, die tief und unausrottbar in seinem kollektiven Erbe und Unbewussten verankert ist. Erhebt er die »Göttin Vernunft« zur obersten Maxime, versucht er auf untaugliche Weise, nämlich durch eine gesteigerte Intellektualität, sein spirituelles Erbe zu überwinden. Da dieser Versuch niemals gelingen kann, kommt es zwangsläufig zu Störungen und Spaltungen auf vielen Ebenen: in der Psyche wie Seele des Einzelnen ebenso wie auf den übergeordneten Metaebenen von Wirtschaft und Politik. Die neuen Götzen des modernen Menschen: Geld, Kapital, Märkte, Globalisierung, Technikgläubigkeit, Machbarkeitswahn, Digitalisierung usw. bergen zu viel zerstörerisches Potenzial, als dass der irreligiöse oder ideologisierte Mensch sie beherrschen könnte.

Jung bringt es noch präziser auf den Punkt. Die Kluft zwischen Glauben und Wissen bzw. die fatale »Trennung von Glauben und Wissen ist ein *Symptom der Bewußtseinsspaltung*, welche den gestörten Geisteszustand der neueren Zeit charakterisiert«. Eine Ausdrucksform des gestörten geistigen Zustandes der heutigen Zeit ist für Jung die *»Herrschaft des Wortes«*. Seiner Totalität und Demagogie, seiner »Herrschsucht«, musste die antike Zentralfigur des christlichen Glaubens, der Logos, das Wort der Liebe, mit dem alles begann, weichen. Wörter wie »Gesellschaft«, »Staat« und sogar »Kirche« beanspruchen universale Gültigkeit. In ihrer Personifizierung haben sie einen Vulgärglauben nach sich gezogen. Jung geißelt: Überall wird »das Wort« des Logos

> »zur Wortgläubigkeit, und das Wort selber zum infernalen Slogan, der jedes Betrugs fähig ist. Mit der Wortgläubigkeit, das heißt durch Propaganda und Reklame, wird der Bürger übers Ohr gehauen, werden politische Kuhhändel und Kompromisse gemacht, und die Lüge erreicht Ausmaße, welche die Welt bisher nie gekannt hat«.

Das Wort, das im Ursprung eine Botschaft der Einheit der Menschen, der Liebe und der Güte war, ist in der Moderne eine »Quelle der Verdächtigung und des Mißtrauens aller gegen alle geworden«. Die Botschaft der Liebe hat sich in weiten Teilen der Welt verkehrt in eine Botschaft des Hasses.

Die Rettung der Welt oder unserer gesamten menschlichen Spezies geht nicht aus von den großen Entwürfen irgendeiner politischen Richtung oder vom Gedankengut einer der Weltreligionen. Die Rettung unserer Welt, der Schöpfung oder unserer Gemeinwesen kann nur durch die Menschen selbst geschehen, indem jeder einzelne Mensch sich um die Rettung seiner eigenen Seele bemühen würde. Helfen würde ihm dabei eine ganz individuelle Beziehung zum größeren Ganzen, zum Göttlichen, das ihn festhalten ließe an der ursprünglichen geistigen Botschaft von Liebe und Güte und der Verbundenheit aller mit allem. Dafür braucht es Menschen, die auf Grund ihrer individuellen inneren Erfahrung ihren eigenen Weg gehen und der Welt die Stirn bieten. Waren und sind Menschen wie Jesus, Paulus, Maria Magdalena, Buddha, Marguerite Porète, Teresa von Avila, Hildegard von Bingen, Rumi, der Dalai Lama, Paramahansa Yogananda, Mahatma Gandhi, Dietrich Bonhoeffer, Edith Stein, Martin Luther King, um von den unendlich vielen, die es würdig wären Erwähnung zu finden, nur diese wenigen zu nennen, nicht solche Menschen, die auf der Grundlage ihrer ganz individuellen Verbindung zu etwas Größerem dem jeweils herrschenden Zeitgeist die Stirn geboten haben? Sie haben ihr Haupt vor keiner weltlichen wie falsch verstandenen geistigen Macht gebeugt. Verneigt haben sie sich als Christ, Jude, Buddhist, Hinduist oder Sufi ausschließlich vor dem Reich des Göttlichen, seiner Spiegelung in ihnen selbst und dem Licht eines jeden Menschen reinen Herzens. Obendrein waren und sind sie bei Menschen, die weniger reinen Herzens sind, zur Vergebung fähig gewesen.

Nicht umsonst heißt es bei Matthäus: »Selig sind, die reinen Herzens sind; denn sie werden Gott schauen«.

Die höchste religiöse bzw. spirituelle Erfahrung ist die unmittelbare Wahrnehmung Gottes durch ein Gotteserleben. Um diesen Zustand erlangen zu können, muss der Mensch sein Herz läutern und seine Seele reinigen. In diesem Punkt stimmen sämtliche heiligen Schriften überein. Stimmten nicht nur die Schriften überein, sondern auch die Menschen in ihrem Denken, Fühlen und Handeln, müssten wir uns um den Zustand unserer Welt nicht sorgen. Obendrein bräuchten wir uns nicht diejenigen Gedanken zu machen über den Wahrheitsgehalt überlieferter Prophezeiungen, die über

Jahrtausende hinüberhallen bis in unsere heutige Zeit, zu der sie uns nachdrücklich auffordern.

Eine Spiegelübung: Sich reinen Herzens sehen

Es gehört schon lange zu meiner Praxis, bestimmte Patientinnen und Klienten, die beständig an sich herummäkeln, sich nicht leiden können, sogar davon berichten, sich selbst zu hassen, vor einen schönen Ganzkörperspiegel einzuladen. Ich ermuntere sie bloß, sich im Spiegel anzuschauen, vom Scheitel bis zur Sohle. Ich stehe wohlwollend so an ihrer Seite, dass ich sowohl sie als Person wie ihr Spiegelbild gut im Auge halten kann. Nach dem Einfühlen in die für sie ungewohnte Situation lasse ich sie einfach erzählen: »Wen siehst du im Spiegel?«, »Was siehst du?«, »Wer ist das, der dir aus dem Spiegel entgegenschaut?«, »Siehst du etwas, das dir gefällt, das du mögen kannst?«, »Stört dich etwas an dem, was du siehst?«, »Magst du etwas überhaupt nicht, was du siehst?« usw. Das alles spielt sich ganz unspektakulär ab, liefert aber so viel Stoff für emotionale Korrekturen und eine versöhnliche Arbeit an der Person der jeweiligen Klientinnen, dass manches sich wandeln darf, an das wir ohne die Spiegelung durch bloße Worte niemals herankämen. Das ist die alltägliche Variante, wie sich Menschen mit sanfter Ermutigung einer höchst sinnvollen Eigenbetrachtung in einem Spiegel unterziehen können.

Zu einer weniger alltäglichen Variante wurde ich unmittelbar durch die Lektüre der »Wohnungen der inneren Burg« der Teresa von Avila geführt. Diese große Mystikerin ermuntert uns voller liebender Güte dazu, uns so anzunehmen, wie wir sind. Menschen, die ohne Unterlass an sich selbst herumkritisieren, die sich nie genügend finden, sich selbst nicht annehmen und schätzen können, die beständig von Selbstzweifeln und Minderwertigkeit geplagt sind, fragen sich natürlich, wie das überhaupt möglich sein soll, sich selbst anzunehmen. Teresa von Avila macht dazu einen recht einfachen Vorschlag: Wir können uns vorstellen, wie es wäre, wenn wir uns selbst im Spiegel Christi anschauen. Schauen wir uns im Spiegel Christi an, erkennen wir zwar auch unsere Unzulänglichkeiten, aber in realistischer Einschätzung. Viel mehr aber, und tatsächlich viel mehr, erkennen wir reinen Herzens unsere unvergleichliche Würde als Geschöpf nach dem Ebenbild Gottes. Folglich ermutige ich manche Patientinnen und Klienten, die sich zuerst ganz normal im Spiegel betrachten, nach einer Weile zu einer kleinen Pause. Sie drehen sich währenddessen einmal langsam um die eigene Achse und schauen dann erneut in den Spiegel, um sich mit den Augen Christi zu betrachten. Kleine Übung, große Wirkung, denn da ist die Welt nicht mehr die gleiche.

Unvergessene Klientinnen, denen ich diese Übung vorgeschlagen habe, waren zwei 16-jährige Schülerinnen, die im Anschluss an eine suchtpräventive Maßnahme in ihrer Schule zusammen um ein Gespräch vor Ort baten. Gemeinsam war ihnen das Problem der Selbstverletzung durch Ritzen und Schneiden. Beide mochten sich selbst wenig leiden, hegten phasenweise tiefen Selbsthass gegen sich. Dafür liebten sie aber ihre Freundin umso inniger. Bisherige Versuche, das Ritzen aufzugeben, hatten nicht gefruchtet. Beide wiesen einen Migrationshintergrund auf. Die eine stammte aus Griechenland, die andere aus einem Land, in dem die Menschen normalerweise Hindus sind. Sie selbst bezeichnete sich aber als Christin. Aber ob Hindu oder Christin ist für die Übung, sich im Spiegel Christi zu betrachten ohne Belang. Christus ist gleich Krishna, und Krishna ist gleich Christus. Da macht ihre liebende Güte keinen Unterschied. Nun stellen Sie sich bitte nicht vor, ich würde sämtlichen meiner jugendlichen Klientinnen so ohne weiteres eine Spiegelübung im Sinne Christi vorschlagen. Es braucht dafür schon eine begehbare Brücke. In dem geschilderten Fall konnte ich erst einmal eins und eins zusammenzählen. In Griechenland ist die griechisch-orthodoxe Kirche eine feste Größe. Ich brauchte meine Klientin also bloß zu fragen, ob sie vor diesem Hintergrund an etwas glaube. Ihre Antwort war fest und ohne jegliches Zögern: »Ich glaube an Christus«. Sie sagte nicht: »Ich glaube an Gott«. Sie sagte eindeutig: »Ich glaube an Christus«. Wie es mir in solchen und ähnlichen Situationen mittlerweile häufig geschieht, fühlte ich mich in dem Moment von einer Woge höherer Liebe durchflutet. Das war Hinweis genug, ihr die Spiegelübung im Sinne Christi anzubieten. Sie war nicht einmal erstaunt, von mir in meiner Funktion als Sucht- und Drogenberater eine solche Idee angeboten zu bekommen. Sie sagte bloß: »So habe ich das nie gesehen. Aber das probiere ich gerne aus. Wenn Christus mich anschaut, dann würde er nichts an mir ablehnen, wie ich selbst das tue. Und er würde mir auch nicht das Gefühl geben, ich bin immer an allem schuld, wie ich das mache.« Als die zweite junge Frau die Reaktion ihrer Freundin mithörte, brach sie selber in Tränen aus und erzählte, dass es ihr genauso ginge. Auch sie hasse sich schon lange und ritze sich deswegen. Von ihrer Herkunft her hätte ich eine Hindu in ihr vermutet. Doch sie bekannte entschieden einen Glauben an Christus. Gerne griff sie die Übung auf, um sie ebenfalls auszuprobieren, weil anderes bislang keinen Erfolg hatte. Teresa von Avila schreibt: »Gott führt die Seelen auf vielen Wegen«, oder noch deutlicher: »Der

Herr führt jede Seele so, wie er sieht, dass sie es braucht«. Vielleicht ist eine seiner Führungen die Führung zu einer ganz leicht umsetzbaren Spiegelübung im Sinne Christi, damit eine junge Frau einen Weg aus der Not der Selbstverletzung finden darf. Bei einem derart hartnäckigen Symptom wie Ritzen und Schneiden können wir uns glücklich schätzen, wenn uns Menschen aus ihrem Glauben heraus einen derart machtvollen Bündnispartner anbieten wie Christus oder Krishna. Eine solche Chance zur Hilfe von etwas Größerem als dem willentlichen menschlichen Vermögen nicht zu nutzen, wäre fatal.

Es versteht sich von selbst, dass ich einer im laizistischen Geiste aufgewachsenen jungen Frau ohne spirituellen Hintergrund niemals anbieten würde, sich im Spiegel Christi zu betrachten. Bei selbstverletzendem Verhalten würde ich ihr imaginative und körperpsychotherapeutische Methoden anbieten, wie ich sie in dem Buch: »Verstehen, was uns süchtig macht« beschreibe. In jedem Falle bleibt das Ziel, die zerstörerische Macht des Symptoms zu transformieren in eine das Leben willkommen heißende Kraft. Diese Kraft wird genährt von Liebe und Güte.

Die Wahrheit und das Leben

In unserem Alltag gibt es sicherlich viele Wahrheiten. Wer im Ringen um Wege zum Wohle aller vorgibt, im Besitz einer allgemein gültigen Wahrheit zu sein, beweist Selbstgefälligkeit, Größenfantasien oder Dogmatismus. Für unser Leben als jeweils ganz einzigartiges Leben zwischen unserem ersten und unserem letzten Atemzug gibt es indes nur eine Wahrheit: »Weshalb bin ich auf dieser Welt? Was ist meine Aufgabe?« Wie ist es uns gegeben, Antworten auf diese Fragen zu bekommen, die der Wahrheit am nächsten kommen? Sofern wir uns überhaupt der Mühe unterziehen, diese Fragen erstens zu stellen und zweitens sie zu beantworten suchen, finden wir die Antworten niemals in der äußeren lärmenden Welt mit ihren Richtungsstreitigkeiten. Um Antworten zu erhalten, müssen wir uns unserer Seele zuwenden. Die Grundfrage lautet dann: »Kümmere ich mich genug um meine Seele?«

Eine Teilantwort gibt uns eine Studie von Tatjana Schnell der Universität Innsbruck zur Sinnforschung von 2010. Sie offenbart eine sehr weltliche Wahrheit. Das Team um Tatjana Schnell stellt fest, dass ein gutes Drittel der Deutschen komplett »existenziell indifferent« ist. Die Indifferenten zeigen keinerlei Interesse an Selbsterkenntnis, Spiritualität, Religiosität und kollektiver Verantwortung. Sie leben ihren Alltag zwar mit einer geringen Lebenszufriedenheit, erleben umgekehrt allerdings auch keine Sinnkrisen. Wenn es die Menschen allerdings nicht einmal mehr stört, dass ihr Leben als sinnlos empfunden wird, dann dürfen wir uns verwundert die Augen reiben. »Arm-Seeligkeit« oder »Un-Seeligkeit« kehren so ins Leben ein. Von den Nicht-Indifferenten braucht sich dann niemand mehr zu schämen, dass er oder sie auf der Suche nach Sinnfindung ist. So liest sich das »halb leere Glas«. Die Lesart »des halb vollen Glases« besagt, dass zwei Drittel unserer Bevölkerung sich offen für Sinnfragen zeigen. Überdies geben die existenziell Indifferenten eine Momentaufnahme ihres Lebens wieder. Schon morgen können Indifferente einen nicht abweisbaren Besuch einer himmlischen Instanz erhalten, der ihnen Anstoß wird, zu Suchenden zu werden.

Da eine erhebliche Zahl von Menschen in unserer Kultur sich nicht genügend um ihre Seele kümmern, wäre die naheliegende Konsequenz eine Änderung in der Vernachlässigung ihrer Seele. Eingebungen zu der Einsicht: »Es wäre an der Zeit, etwas in meiner Lebensführung zu verändern. Was möchte ich ändern? Was kann ich aus mir heraus ändern?«, finden wir dann in der Stille in uns. Sofern wir es riskieren, die Stille in uns aufzusuchen, gibt es eine Garantie auf Antworten. Die nächste Schwierigkeit könnte dann sein, dass wir mit den sich präsentierenden Antworten leben können müssen. Doch der erste Schritt ist das Herstellen von Stille, in die wir hineinlauschen mögen, bis unsere höheren Gewahrseinskräfte ans Licht treten können. Vielleicht lassen wir uns von der Poesie von Alan McGlashan, Pilot und Arzt mit engem Kontakt zu C.G. Jung, die nötige Lust auf ein Eintauchen in die Stille machen:

»Im Entzücken liegt das Geheimnis.
Und das Geheimnis
ist dies: ruhig zu werden und zu lauschen –
aufzuhören zu
denken, aufzuhören sich zu bewegen,
fast aufzuhören zu atmen;
eine innere Stille zu schaffen,
in der Aufnahmefähigkeiten
und Gewahrseinskräfte, die zu launisch
und zu flüchtig sind

für den Alltagsgebrauch, sich wie Mäuse
in einem verlassenen
Haus leise hervorwagen.«

In den unendlichen Räumen der Stille, die sich hinter allem Lärm unseres Alltags auftun, gibt es nichts mehr zu denken, nichts mehr zu wissen, nichts mehr zu werten, nichts mehr zu tun, nichts mehr zu kontrollieren. Uns winkt der Seelengrund. Gehen wir bis auf den Grund, eröffnet er uns Einsichten in das Geheimnis: »Weshalb bin ich auf dieser Welt? Woher komme ich? Wohin zieht es mich?«

Wie weit sind wir überhaupt bereit, uns auf Ruhe und Stille einzulassen, gibt es doch so viele Menschen heutzutage, die eine Stille noch keine fünf Minuten zu ertragen in der Lage sind. Sie scheuen zurück vor dem flüchtigsten Kontakt zu ihren eigenen inneren Verwerfungen, weil sie es mit sich selbst nicht aushalten. Da darf uns das mutige Beispiel einer jungen Frau beeindrucken, die sich derart süchtig abhängig von der ohne Unterlass summenden, vibrierenden, lärmenden, schrillen Welt ihres Smartphones samt Facebook, Instagram, WhatsApp, Twitter, Google, YouTube usw. usf. fühlte, dass sie von sich aus den totalen Entzug wagte. Sie schaltete sich von allen Versuchungen ab, setzte sich auf ihr Bett, und tat: nichts mehr. Sie wartete und lauschte. Sie brauchte nicht lange zu warten, bis die ersten Wellen des totalen Medienentzugs sie überfluteten. Sie war auf Entzug wie eine Abhängige von harten Drogen. Sie krümmte sich vor aufwallendem Schmerz, sie heulte, sie schrie, sie weinte sich die Augen aus, sie hämmerte mit den Fäusten auf ihr Bett, schlug sich den Kopf an die Wand, suchte Zuflucht und Erleichterung in der Embryonalhaltung, wimmerte vor sich hin, Stunde um Stunde um Stunde. Sie gab nicht auf, hielt sämtliche Höllenqualen des totalen Entzugs aus. Und irgendwann kam sie am anderen Ende des Tunnels wieder ans Licht. Sie fand zurück. Sie fand sich selbst wieder. Nur sich. Ihren Seelengrund. Und dort fand sie ihre innere Ruhe, die Stille hinter der lärmenden Welt, den Frieden in sich, die Freiheit ihres Geistes, die Beglückung eines Lebens, das sich selbst genügt.

Falls wir uns auf das mutige Abenteuer einlassen, uns selbst in der Stille zu begegnen, wie weit kann uns das unter Umständen zurückführen? Bis an welchen Ursprung mag es uns zurückziehen? Wo und wann finden wir unseren Grund? Mich zieht es für den Moment einmal mehr zurück ganz an den Anfang, dorthin, wo alles begann, wo auch wir begannen.

»Im Anfang war das Wort…« Mit diesen Worten beginnt die Schöpfungsgeschichte des Alten wie Neuen Testaments. »Anfang« bezieht sich dabei auf die Entstehung der endlichen Schöpfung, denn im Ewigen Absoluten – dem kosmischen Geist – gibt es weder Anfang noch Ende. Jedes Wort beinhaltet eine »Dreieinheit«: den vibrierenden Laut, die Kraft der Aussage und den Atem. Das Urwort trägt die Kraft in sich, Materie zu erschaffen. Die Verfasser der Bibel setzen das erschaffende Wort gleich mit dem »Logos« sowie dem »Heiligen Geist«. Heilig ist der Geist, weil er das Universum, das All, nach Gottes vollkommenem Plan erschafft. In den Veden, den heiligen Schriften der Hindus, ist das Urwort für den »Heiligen Geist« das OM oder AUM. Der große indische Weise Pantanjali, dessen Lebensdaten zwar unbekannt sind, der aber als der bedeutendste Interpret des Yoga gilt, beschreibt in den Yoga-Sutras den Schöpfergott als Ishvara, als den Kosmischen Herrn oder Herrscher:

> »Sein Symbol ist *Pranava* (das Heilige Wort oder der Heilige Laut, das OM). Wer das OM immer wieder voller Andacht wiederholt und über dessen Bedeutung meditiert, für den lösen sich alle Hindernisse auf, und

sein Bewusstsein wird nach innen gelenkt (weg von der Identifizierung mit den nach außen gerichteten Sinnen)« (nach Yogananda 2009).

OM ist stille wie stillende Andacht. Wenn sich Menschen entwertend über die Praxis des »Omens« erheben, wissen sie kaum, was sie tun. Ich muss aber gestehen, dass ich selbst einmal zu denjenigen zählte, die glaubten sich darüber erheben zu sollen. Bei den Tibetern wurde der Heilige Laut zum »Hum«, bei den Muslimen zum »Amin« und bei den Ägyptern, Griechen, Römern, Juden und Christen zum »Amen«. Jedes Wort besteht aus Klangenergie, aus intelligenter Schwingungsenergie und Gedankenkraft, die dieser Schwingung eine sinnhafte Bedeutung sowie ein Wortbild verleiht, durchdrungen von der Kosmischen Intelligenz, dem Christusbewusstsein.

Das Christusbewusstsein, und in ihm enthalten das Bewusstsein von der schöpferischen Kraft des Urwortes wie der Heiligen Laute, ist den großen Religionen übergeordnet. Außerdem ist es dieses Christusbewusstsein, das über alle gedachten Grenzen hinweg als der universale Erlöser gilt, nicht allein der historische Jesus. Das ist eine metaphysische wie interessegeleitete falsche Vorstellung.

Das den Religionen übergeordnete Christusbewusstsein tritt nie ohne sein helles klares Licht in Erscheinung, das auch das Licht eines jeden Menschen ist.

Wenn Gott in der Bhagavad Gita mit Arjuna, einem Freund und Geweihten Krishnas, spricht, heißt es:

> »Er ist das Licht aller Lichter, jenseits der Dunkelheit; als Höchstes Wissen, als Das, was es zu erkennen gilt, als Ziel allen Lernens, wohnt Er in allen Herzen« (nach Yogananda 2009).

Zwischen den Lehren Jesu Christi, »das Reich Gottes inwendig in euch« zu betreten, und den Lehren des Yoga in der Bhagavad Gita besteht folglich wieder eine wundersame Übereinstimmung hinsichtlich der Widerspiegelung Gottes im Menschen bzw. seiner Existenz als Ebenbild Gottes. Wir können uns gar nicht oft genug erinnern lassen: »Aus der Substanz Gottes hat der Mensch Gestalt gewonnen. Die göttliche Seele hat teilweise Gemeinschaft mit ihm«, schreiben uns »Die Lehren des Silvanus« in unser menschliches Stammbuch.

Übertragen auf unseren ganz banalen menschlichen Alltag können wir der Widerspiegelung Gottes in uns gelebten Ausdruck verleihen, sie verleugnen oder einfach in Unwissenheit befangen bleiben. Eine meiner Patientinnen, eine 17-jährige Schülerin, die wegen diffuser Ängste und Bauchbeschwerden zu mir kam und sich viele Fragen zu ihrem eigenen Leben wie dem Zustand der Welt stellt, fragt mich sehr ernst: »Wie positiv darf ich überhaupt von mir selbst denken?« Sie erlebt sich deutlich verschieden von ihren Gleichaltrigen, bei denen sie vielfach das spürbare Interesse vermisst, ihren kleinen Teil im Alltag dazu beizutragen, dass aus dieser Welt ein schönerer, liebevollerer Ort wird. Diese junge Frau versteht viel von der Liebe im Kleinen wie im Größeren, von Mitgefühl und Gerechtigkeit. In ihrem sozialen Umfeld nimmt sie oft »eine ausgleichende besänftigende Rolle« ein. Sie denkt in den Kreisläufen des Lebens, wie alles mit allem verbunden ist, und möchte gerne »Zeichen setzen für Toleranz, Veränderung, Liebe«. Manchmal erscheint sie wie das »emotionale und bewusste Gewissen ihrer Umwelt«. In ihrem jugendlichen Alter liest sie bereits Bücher über alte Weisheiten, die andere Menschen ihr Leben lang nicht anrühren werden. Nach dem Motto: »Du, in deinem Alter«, ist selbst ihrer Mutter ihr Wissensdrang nicht geheuer, zumal sie Weisheitstexte nicht bloß liest, sondern auch mühelos versteht. Sie trägt auf dem Grunde ihrer Seele selbst ein altes

Wissen in sich, weshalb sie manchmal auf mich wirkt wie aus einer anderen Zeit, oder wie eine »Weise«, die sich selbst kaum Zeit lässt zu wachsen. Aus ihr spricht eine Weisheit, mit der sie selbst der Mehrzahl der Erwachsenen weit voraus ist. Wer oder was hat ihr dieses enorme Wissen mit auf die Welt gegeben? Als Schulwissen lässt sich diese Art von Wissen nicht erwerben. Wie soll es diese 17-Jährige voller Kreativität und Potenzial unter solchen Umständen in ihrem sozialen Umfeld einfach haben? Zwischen ihren Interessen, einem Empfinden von universaler Liebe und ihrem inneren Wissen auf der einen Seite sowie der sogenannten wirklichen Welt mit ihren Ansprüchen an Leistung und Anpassung auf der anderen Seite fühlt sie sich hin und her gerissen. Diese junge Frau spürt so vieles; und ebenso vieles, das ihr unentwegt durch den Kopf geht, getraut sie sich kaum auszusprechen, weil sie befürchtet auf Unverständnis und Ablehnung zu stoßen statt auf wohlwollende Bestätigung. Gelingt es ihr nicht mehr, alles Unausgesprochene, sie Bedrückende, in sich selbst zu regulieren, nimmt sie die Sorgen aus ihrer Umwelt in sich hinein, bis sie sich zu einem unverdaulichen Knoten im Magen verdichten, der sich in Bauchschmerzen ausdrückt. Dann binden sie zwar die Schmerzen im Körper und lenken sie von anderen Interessen ab. Gleichzeitig erstickt sie sich selbst durch Kleinhalten, bis sie sogar in Anklagen und Selbsthass verfallen kann. Es ist nur natürlich, dass sie sich häufiger nicht verstanden und in ihrer Tiefe gesehen fühlt. Jeden Tag sieht sie sich gefordert, ihr persönliches Gleichgewicht zu finden zwischen altersgemäßen jugendkulturellen Aktivitäten, Wünschen nach Spaß haben und Freude, sowie tiefen inneren Antrieben, sozusagen nach den Sternen zu greifen, damit die Menschen doch verstehen mögen. Anders sein oder sich anders zu fühlen, kann mitunter sehr einsam machen, trotz liebevoller Eltern und gelebter Freundschaften. Schlagen die Gefühlswogen über ihr zusammen, zeigt sich ihre tiefe Traurigkeit. Häufig spüre ich ihre Traurigkeit bereits stellvertretend für sie, lange bevor sie sie selbst zulassen kann. Hinter der Traurigkeit spüre ich ebenfalls stellvertretend aber eine überbordende Daseinsfreude. Dieser Seite in sich nähert sie sich eher zaghaft verhalten. Freude und Leid gleichberechtigt zusammenzubringen, zu bejahen, dass beide Qualitäten sowohl in ihrem eigenen Inneren wie in der äußeren Welt nebeneinander existieren, mag sie zwar rational einräumen, aber ihr sehnsüchtiges Verlangen nach einer gerechteren Welt sträubt sich emotional dagegen. In ihrem Zweifel, wie sie eigentlich über sich selbst denken soll oder darf, drückt sich geballte Verunsicherung aus: »Ist das denn alles überhaupt richtig, was ich denke und wie ich fühle«, wenn doch die Mehrzahl der Menschen um sie herum so ganz anders zu denken und zu fühlen scheint? Antworten auf ihre Fragen an sich selbst, an die Welt und das Leben findet sie nur, wenn sie still in sich hineinhört. Vor manchen Einblicken in ihr eigenes Inneres scheint sie fast zurückscheuen zu wollen. Sie möchte auf keinen Fall als besserwisserisch oder überheblich erscheinen, weshalb sie einer Tendenz folgt, sich eher klein zu machen, statt ihre Flügel zu entfalten und zu fliegen. Dieses Bild sowie die entsprechende körpertherapeutische Ermutigung, Schultern und Brustkorb weit zu dehnen, die Arme zu spreizen wie die Vögel ihre Flügel, um sich in ihren Raum hinein zu entfalten, drängt immer wieder in den therapeutischen Raum. Jedesmal schwingt da ein hohes Maß an Rührung und Andacht mit. Denken viele Menschen grundsätzlich zu schlecht über sich, fühlt sich diese junge Frau von der Furcht getrieben, zu positiv von sich zu denken. Sie verspürt häufig den Zwiespalt der Scham, wie sehr sie ihre Stärken zeigen und leben darf, und wie stark sie andere Menschen in ihrem Umfeld an ihrem Licht teilhaben lassen kann. Denn es ist keine Frage: In dieser 17-Jährigen spiegelt sich das Licht der Welt. In ihrem Lichtfeld zeigen sich viele Blau-,

Rosa-, und Goldtöne. In ihrer Präsenz wird glaubhaft spürbar: Diese lichtvolle 17-Jährige bräuchte selbst vor höchster Anerkennung nicht zurückzuscheuen; Gott hat Wohlgefallen an ihr, bloß dass sie das so nie zu denken wagen würde, und solche Worte in unserem Alltag auch nicht mehr die Worte sind, die wir wie selbstverständlich aussprechen dürften. Da haben die meisten Menschen die eigene Schere im Kopf. Ich spreche mit ihr derzeit eher verhalten in solchen Worten, hat sie doch schon genug Schwierigkeiten, wie sie über sich denken mag. Ich speichere meine Wahrnehmungen für einen späteren Zeitpunkt bloß ab. Meine Bestätigung für ihr Wesen teile ich ihr so dosiert mit, dass sie sie gut annehmen kann. Jede Minute der Arbeit mit dieser jungen Frau ist eine Minute der Freude, trotz des Schweren, das sie bedrückt. Mittlerweile gelingt es ihr täglich besser, ihre Ängste und Zwiespälte zu regulieren. Ihre psychosomatischen Bauchschmerzen treten bloß noch bei gesteigertem Stress auf, und selbst dann nur kurz, weil sie sie in ihrem Erleben stimmig einzuordnen weiß. So gesehen, wäre der primäre Arbeitsauftrag meiner Patientin an mich eigentlich erledigt. Sie hat ihn jedoch erneuert mit dem Wunsch nach einer bestätigenden, ermutigenden Begleitung auf ihrem mutigen Weg. Ihr Fokus liegt jetzt unzweideutig auf der Frage: »Wie kann ich wirklich ›ich‹ sein?« Das »Ich« der jungen Frau zeigt sich weder anfällig für Selbstgefälligkeit noch für Grandiositätsfantasien. Sie ist einfach nur auf der Suche danach, was ihre Seele in diesem Leben erreichen möchte, und wie sie das mit Notwendigkeiten wie Berufsfindung sowie ihrem Antrieb zu sozialem Engagement vereinbaren kann. Es erweist sich dabei auf schöne Weise, dass diese aus dem heutigen Rahmen fallende junge Frau in ihrem Wesen und Denken mit allem Recht der Welt und ohne jeglichen falschen Stolz kaum positiv genug von sich denken kann. Sie ist ein Geschenk an die Welt, und gäbe es sie nicht, würde sie der Welt fehlen.

»So Ham«:
Eine Wort-Atem-Licht-Meditation

Setze dich bequem, aber in aufrechter Haltung an einen dir angenehmen Ort. Es gibt jetzt nichts mehr zu tun. Nur eines: Beobachte ganz still und ruhig deinen Atem... Atme... Atme ein, atme aus... Beobachte... Höre... Ja, höre in deinen Atem hinein... Und wenn du sehr aufmerksam in deinen Atem hineinhörst, kannst du hören, dass sich dein Einatem etwas anders anhört als dein Ausatem.

Mit deinem Einatem kannst du so etwas wie ein leises »So« vernehmen. Und mit dem Ausatem kannst du etwas hören, das wie ein »Ham« klingt. Du kannst es hören, und weil du es hören kannst, wirst du immer aufmerksamer für dieses in deinem Atem hörbare »So Ham«. Einatem: So. Ausatem: Ham. So Ham... So Ham... So Ham... Und so fängst du ganz selbstverständlich an, ein uraltes Mantra in dir zu »denken«.

Einfach, indem du beim Atem dem Klang deines Atems folgst, praktizierst du wie jedes atmende Wesen das »So Ham«-Mantra, freilich, ohne dass du dir dessen in deinem normalen Alltag bewusst bist. Wenn du jetzt aber weiter ganz genau hinhörst, kannst du es deutlicher und deutlicher in deinem Atem hören. Beim Einatmen kannst du das »So« hören, und zusätzlich denkst du ab jetzt bei jedem Einatem auch noch »So«. Beim Ausatmen strömt hörbar das »Ham« aus dir heraus, und zusätzlich denkst du ab jetzt bei jedem Ausatem auch noch »Ham«. Beim willentlichen bewussten Wiederholen des Mantras wirst du dir des »So Ham« mehr und mehr gewahr.

»So Ham« ist ein mächtiges vedantisches Mantra, das in den Upanischaden Erwähnung findet. »So'ham« heißt im Sanskrit » Er ist ich« und im Umkehrschluss »Ich bin Er« oder »Ich bin Jenes«, oder »Ich bin, der ich bin«. Wer oder was ist gemeint mit: »Er ist ich« oder »Ich bin Er oder Jenes«?

»Er« oder »Jenes« ist nicht »Ich«. Insoweit verweist das Mantra über deine Persönlichkeit, dein Ich, hinaus. Du bist mehr als dein kleines Ich. So Ham schließt ein: »Ich bin nicht mein Körper, ich bin mehr als mein Körper. Ich bin nicht meine Psyche, ich bin mehr als meine Psyche. Ich bin nicht meine Gedanken, ich bin mehr als meine Gedanken. Ich bin nicht meine Gefühle, ich bin mehr als meine Gefühle. Ich bin nicht meine Fähigkeiten, ich bin mehr als meine Fähigkeiten. Ich bin nicht meine Habe, ich bin mehr als meine Habe«. Wer oder was bin ich also, weiß ich doch, dass ich bin? So Ham verweist dich hoch über dich hinaus, denn das »So«, das »Er« heißt, ist Brahman, ist Shiva, ist Shakti. »Ham«, das »Ich bin« heißt, verweist auf das Ich, das im Er enthalten ist. »Er« oder »Jenes« ist ebenso Gott, die andere Wirklichkeit, das kosmische Bewusstsein, das Unsterbliche. So Ham führt dich auf direktem Wege zu Gott. Als Moses den brennenden Dornbusch fragt: »Wer bist du?«, bekommt er von Gott zur Antwort: »Ich bin, der ich bin«. Über So Ham bist du folglich auch mit Gott oder dem Christusbewusstsein verbunden. Er oder Jenes ist in dir, und du bist in ihm. Du bietest Gott einen Raum in dir, du lässt ihn in dir zu, du lädst ihn in dich ein. Einatmend kannst du denken: »So: Er ist ich«, ausatmend kannst du denken: »Ham: Ich bin auch jener«.

Lenke nun deine Aufmerksamkeit auf dein Sonnengeflecht, etwa 2 cm oberhalb deines Bauchnabels, und stelle dir vor, dass du mit dem »So« deinen Einatem durch dein Sonnengeflecht hoch hinauf in die Mitte deines Herzens atmest... In deinem Herzen angekommen, gibt es die kleine Pause zwischen deinem Ein- und Ausatem... Mit dem »Ham« schickst du deinen Ausatem aus der Mitte deines Herzens deine Wirbelsäule entlang wieder hinunter zurück in dein Sonnengeflecht. Einatem: So... durch dein Sonnengeflecht hoch in dein Herz... Ausatem: Ham, von deinem Herzen die Wirbelsäule hinunter zurück in dein Sonnengeflecht... So Ham... So Ham...

In So Ham ist ein weiteres Mantra verborgen: die heilige Silbe des OM, das göttliche oder kosmische Urwort. So Ham ist dein Lebensatem, OM der Atem deiner Seele. Während du die So Ham-Atmung praktizierst, ist gleichzeitig das heilige OM in dir aktiv, ohne dass du weiter etwas dafür zu tun bräuchtest. Du kannst es dir sogar bildlich leiblich vorstellen. Das »o« des »So Ham« wird getragen vom »O« der heiligen Silbe OM. Du kannst dir die Rundung eines jeden »O« als vollkommenen Kreis vorstellen. Und weil du dir den vollkommenen Kreis vorstellen kannst, kannst du dir ebenso vorstellen, wie du deinen Einatmen aus deinem Sonnengeflecht an deiner Vorderseite über die kleine Wölbung) deines Bauches hoch hinauf in dein Herz atmest. Deinen Ausatem lässt du entsprechend, begleitet vom Ham, aus deinem Herzen die Rückseite deiner Wirbelsäule (hinunter zurückströmen in dein Sonnengeflecht. So kreist dein Atem rund in dir ( ). Du atmest So Ham und gleichzeitig durchströmt dich das heilige OM.

Sofern du dir ausreichend Zeit nimmst, das Mantra So Ham zu wiederholen, kommst du irgendwann an den Punkt, wo du innerlich mit deinem ganzen sehnenden und suchenden Herzen, mit deiner Seele, empfinden kannst. Du denkst dann nicht mehr länger:

»Oh, ich muss noch einkaufen gehen«, »Gleich muss ich noch eine Maschine Wäsche waschen und bügeln«, »Ich muss meine Tochter vom Musikunterricht abholen«, »Was kommt heute Abend eigentlich im Fernsehen?«, »Habe ich auf meiner Arbeit nicht etwas Wichtiges vergessen?« oder »Hätte ich mir nicht doch besser das rote Kleid statt des dunkelblauen Kostüms kaufen sollen?« Dein Denken gibt irgendwann Ruhe. Dann bist du. Du fühlst in dir: »Ich bin ich, und ich bin Er. Ich bin, der ich bin.« Du wirst Eins: »Ich bin Brahman, und Brahman ist ich«, oder »Ich bin in Gott, und Gott ist in mir.«

Gehe nun noch einen Schritt weiter: Während du mit dem So deines Einatems deinen Lebensatem durch dein Sonnengeflecht hoch in die Mitte deines Herzens atmest, stelle dir gleichzeitig vor, wie du einen Strahl gleißend hellen Lichtes durch dein Sonnengeflecht in die Mitte deines Herzens atmest. Mit jedem neuen Einatem atmest du gleißend helles Licht die Vorderseite deines Bauches hinauf hoch in die Mitte deines Herzens... Und mit dem Ham deines Ausatems atmest du das gleißend helle Licht über deinen Rücken und deine Wirbelsäule hinunter zurück in dein Sonnengeflecht... Einatem: So, gleißend helles Licht hinauf in die Mitte deines Herzens... Ausatem: Ham, gleißendes Licht über die Rückseite deiner Wirbelsäule zurück in dein Sonnengeflecht... Bleibe ganz konzentriert bei diesem Atemrhythmus. Begleitend kannst du denken: So: »Er ist ich. Er ist das Licht«. Ham: »Ich bin auch Er. Ich bin auch sein Licht«. Bleibst du mit deiner Aufmerksamkeit lange genug darauf konzentriert, brauchst du nicht mehr begleitend zu denken. Dann geschieht es einfach in dir.

Während du derart immer weiter ein- und ausatmest, mag es dir so vorkommen oder geschenkt werden, dass dein Strahl des gleißend hellen Lichtes in dir immer leuchtender, strahlender, heller und breiter wird. Beim Einatmen durchströmt dich das Licht nach oben, beim Ausatmen durchströmt dich das gleißend helle Licht nach unten zurück ins Sonnengeflecht. Es mag sein, dass du dir das Licht nicht einmal mehr vorzustellen brauchst. Es knipst sozusagen sogar deine Vorstellung aus, weil es sich verselbstständigt. Andeutungen, Worte, Vorstellungen wirken eigen-mächtig in dir. Die mächtigste Kraft ist das Licht. Es ist einfach in dir und du bist in ihm. Er ist das Licht, und ER ist Licht in dir. Du wirst Licht und bist Licht in Ihm. Es strömt in dir, ganz von alleine. Es braucht nicht mehr länger dein willentliches Zutun über deine Konzentration und Vorstellung.

Es mag sein, dass dir noch eine weitere Stufe des So Ham-Lichtes geschenkt wird. Du nimmst wie beiläufig wahr, dass das gleißend helle Licht, das du in die Mitte deines Herzens atmest, über dein Herz hinausstrahlen möchte. Das Licht durchströmt dein Herz und steigt dann weiter auf hoch über dein Herz hinaus, mitten durch deine Kehle, dein drittes Auge, deinen Scheitel, bis hoch über deinen Kopf. Und von hoch oben strömt es wieder hinab zurück in dein Sonnengeflecht. Du überlässt dich voll und ganz diesem Strömen des Lichtes in dir ... hoch und zurück ... hoch und zurück ... So Ham ... So Ham ... Gleißendes helles goldgelbes Licht ... Goldgelb ... ER ist ich. Und ich bin in IHM. ER ist das Licht, und sein Licht ist in mir, gleißend hell, goldgelb ... Licht im Lichte ...

Es mag sein, dass es dich immer stärker zu deinem dritten Auge zieht. Hinter dem dritten Auge kann sich das Licht immer stärker verdichten, und womöglich darfst du inmitten des goldgelben Lichtes ein violettes Licht erkennen. In der unendlichen Weite des Horizonts hinter deinem dritten Auge ist alles an Wissen enthalten, das es zu finden gilt. Je näher du kommen darfst, desto heller wird es in dir … Sollte es dir gewährt werden, ganz anzukommen, dann weißt du … Dann wird es keinen Zweifel mehr in dir geben … Fortan wirst du von Vertrauen durch dein Leben getragen.

Gleißendes helles goldgelbes Licht in deinem ganzen Körper, um deinen Körper herum, und besonders verdichtet hinter deinem dritten Auge … Goldgelb … und inmitten des goldgelben Lichtes womöglich ein violettes kreisförmiges Leuchten … ER ist ich. Und ich bin in IHM. ER ist das Licht, und sein Licht ist in mir, gleißend hell, goldgelb … violett … Licht im Lichte …

Ich setze für diese So Ham Atem-Licht-Meditation bewusst keinen Schlussakkord. Ich belasse es für dich bei einem offenen Ende. Denn ich kann nicht wissen, wohin es dich trägt. Es mag sein oder dir geschenkt werden, dass es dich sehr, sehr weit trägt. Für dein Zurückkommen bin ich aber nicht mehr der Taktgeber. Derer gibt es zwei: Einer der beiden bist du selbst, der zweite und wesentlichere Taktgeber aber ist ER oder SIE oder DAS Licht in dir. Erwarte nichts, versuche nicht willentlich etwas zu erreichen. Lass einfach geschehen, was geschehen mag. Gib dich dem So Ham und dem Licht einfach hin. Im Bild des Fern-Nahen der Marguerite Porète kann es dir gewährt werden, dass du dich ganz in seine Nähe geführt siehst. So mag sich wahres Ankommen anfühlen. Und um es noch einmal in aller Deutlichkeit festzuhalten: Ein Sich-Nähern oder Ankommen funktioniert in Nichts nach dem Prinzip der Machbarkeit. Es wird erlaubt oder geschenkt im Einklang mit der geistigen Welt.

Bleibt bei deinen ersten Versuchen mit der So Ham Atem-Licht-Meditation alles bloß in deiner Vorstellung, ist dies genauso in Ordnung wie wenn du bereits eine Verselbstständigung des Lichtes in dir erfahren darfst. Es mag sein, dass du erst mit zunehmender Praxis und Übung die Eigenmächtigkeit der So Ham Atmung erfahren darfst. Erreichst du aber erst einmal diese Station auf deinem Weg, bleibt immerfort etwas von dem Licht der Welt in dir lebendig, gleich wie nahe oder wie ferne du es in bestimmten Augenblicken deines Lebens erleben magst.

Mit zunehmender Praxis der So Ham Atem-Licht-Meditation brauchst du selbstverständlich auch die ganzen Erklärungen in der Anleitung nicht länger mitzudenken.

Wenn wir niemand mehr sein wollen, können wir sein, wer wir sind

Wir lassen uns im Treiben dieser Welt leicht, viel zu leicht, verführen, in den Tiefen unserer Emotionen zu erkalten, uns selbst zu reduzieren, unsere menschlichsten Tugenden zu verleugnen oder absterben zu lassen. Stattdessen jagen wir einem trügerischen Schein nach, um jemand oder etwas werden zu wollen. Etwas zu werden unter den Gleichaltrigen, unter den Frauen, unter den Männern, unter den vielen anderen Menschen, die ihrerseits etwas oder jemand zu werden trachten. Statt die zu sein, die wir wirklich sind, spielen wir Rollen, setzen uns eine Maske auf, errichten wir uns eine Fassade. Wollen wir zu stark etwas werden, verbiegen wir uns bis zur Unkenntlichkeit, unkenntlich für uns selbst, unkenntlich für andere. Was wir zu sein glauben, vorgeben, sind wir selten wirklich. Erst wenn wir niemand oder nichts Bestimmtes mehr zu sein trachten, können wir wieder wir selbst sein.

Wir bringen unsere menschlichen Tugenden weit besser zur Geltung, wenn wir unser Ego mäßigen, anstatt es zu hätscheln und aufzublähen. Die Schleier des Ego verschleiern uns jede wahre Erkenntnis. Das ist keine neue Einsicht, sondern eine weise Erkenntnis, die in vielen Varianten das philosophische Denken der Jahrtausende durchzieht. In einer Rückbesinnung auf unsere Wurzeln trifft sie aber auf eine neue Akzeptanz, nicht bei allen Menschen und auch nicht allerorten, aber bei den Menschen, die sich auf der Suche danach, weshalb sie eigentlich auf die Welt gekommen sind, für ein weites spirituelles Denken öffnen.

Eher selten sind es dramatisch umstürzende Lebensereignisse, die Menschen dazu bewegen, einen neuen Lebensweg zu suchen. Meist schleichen sich still und leise Gefühle von innerer Leere und chronischer Lebensunzufriedenheit in Menschen ein, die sich Schritt für Schritt vorwagen, um die Koordinaten ihres Lebens neu zu bestimmen. Eine meiner Patientinnen, eine Lehrerin um die 50, drückt es fast beiläufig aus: »Das Leben an der Oberfläche beginnt mich anzuöden. Ich wünsche mir und suche eine tiefere Gemeinschaft. Vor allem suche ich eine Heimat für meine Seele.« Doch wo führt es uns hin, wenn wir uns mit der Oberfläche, dem Scheinbaren des Lebens, nicht mehr begnügen wollen oder können? Wohin zieht es uns dann, und wer oder was zieht uns überhaupt? Wo und wie findet die Seele Heimat?

Von der eigenen Kultur und Tradition, der vermeintlichen Aufklärung und dem sinnentleerten materialistischen Welt- und Menschenbild enttäuscht, haben sich viele Frauen wie Männer aus einer diffusen Sehnsucht heraus, aber mit der Hoffnung auf neue Lebensimpulse den fernöstlichen Weisheitslehren zugewandt. Von dort erhofften sie sich das Licht für die Dunkelheit im eigenen gegenwärtigen Leben. Genau so formuliert es eine Psychologiestudentin, die ihre Therapie bei mir wegen vieler Schwierigkeiten mit sich selbst und dem Leben begleitete durch sehr differenzierte Dialoge mit ihren inneren Teams und Ego-States. Als »Ego-States« bezeichnet die Fachsprache der Entwicklungspsychologie die verschiedenen inneren Anteile und Stimmen einer Persönlichkeit, darunter auch die sogenannten »inneren Kinder«. Oft bestens verborgen unter den inneren Kindern warten die inneren »göttlichen« oder »himmlischen Kinder« darauf, dass sie leben dürfen. Der »Verbannten« in ihr, die am meisten unter der Dunkelheit und Freudlosigkeit im Leben litt, legt meine Klientin die Worte in den Mund: »Dann hocke ich in der Dunkelheit und weiß nicht, was ich machen soll. Das sind dann die Momente, wo mir irgendwas Buddhistisches attraktiv vorkommt«. Von dem Zeitpunkt an, ab dem dieses diffuse »irgendwas Buddhistisches« mit Inhalten genährt wurde, durfte die Freude wieder vermehrt Einzug in ihr Leben halten. Dazu bedurfte es erheblicher Umbauarbeiten an ihren fast wie in Granit eingemeißelten Vorstellungen von »Ich« und »Selbst«. Die theoretischen Inhalte ihres Psychologiestudiums waren ihr da weniger Hilfe als Hürde, denn zwischen theoretisch konzeptionellen Konzepten und innerem Empfinden klafften ganze Welten.

Wer in seinem Leben einen nicht mehr erträglichen Mangel an den »Vier Unermesslichen« verspürt: Liebe, Mitgefühl, Freude und Gleichmut, der sucht seine Zuflucht gerne in Wissen und Weisheit, die davon gesättigt scheinen. Liebe, Mitgefühl, Freude und Gleichmut können dort erblühen, wo der Mensch sein begrenztes Selbst oder Ich überwindet, um in die Verbundenheit mit der gesamten Mitgeschöpflichkeit einzutauchen. Vereinfacht ausgedrückt stehen für diese Haltungen dem Leben und der Schöpfung gegenüber die fernöstlichen Weisheitslehren, insbesondere der Buddhismus mit den Lehren Buddhas als zentraler Wesenheit und der Hinduismus mit den »Trimurti«, der hinduistischen Dreiheit des Göttlichen in Gestalt von Brahma, Vishnu und Shiva bzw. bei den weiblichen Trimurti Saraswati, Lakshmi und Kali. Im westlich geprägten Welt- und Menschenbild dagegen stehen andere Vorstellungen im Vordergrund: der Mensch als Individuum mit seiner jeweiligen Persönlichkeit, ausgedrückt im »Selbst« oder im »Ich«. Da viele Menschen bloß noch eine ungenügende Kenntnis ihrer eigenen Geschichte haben, scheinen sich zwei polarisierende Welt- und Menschenbilder gegenüberzustehen. Doch wie so vieles, ist auch das nur trügerischer Schein. Es scheint so, so lange wir uns abgetrennt halten von unseren Wurzeln.

Schauen wir ohne Scheuklappen durch die Zeiten zurück, erkennen wir, dass im Ursprung alles Eines war und ist.

Steigen wir folglich einmal mehr mit der Gegenwart ein und arbeiten uns dann durch die Zeiten zurück.

Es ist eine unabweisbare Tatsache, dass eine ständig wachsende Zahl von jungen wie erwachsenen Menschen in ihrem Leben sich kaum noch zurechtfinden. Sie leiden an psychischen und oder psychosomatischen Erkrankungen. Ich lasse den Krankheitsbegriff und insbesondere die »psychische Störung« hier bewusst beiseite und spreche lieber davon, dass viel zu viele Menschen psychisches wie seelisches Leid mit sich tragen, vom körperlichen ganz zu schweigen, weil sie in ihrem Leben einem Geschehen unterworfen sind, das ihre Lebensbewältigungsmechanismen übersteigt. Auch wird Leiden verursacht durch ein fehl geleitetes Verständnis von uns Menschen als Individuen mit einer Überhöhung von Ich und Selbst sowie Schlagworten wie »Selbstverwirklichung«, »Abgrenzung« und »Autonomie«. Gar keine Frage, alles sind notwendige menschliche Fähigkeiten für eine gesunde seelische Entwicklung. Falsch verstanden, und in der Folge falsch gelebt, sind sie indes eine Quelle für tief empfundenes Unglück.

Die »Ichpsychologie« der 40er und 50er Jahre sowie insbesondere die »Selbstpsychologie« der 1970er Jahre als eine der einflussreichsten Strömungen in den humanen und sozialen Wissenschaften vom Menschen hat viele neue und wertvolle Konzepte zur Entwicklung wie zum Verständnis des menschlichen Selbst hervorgebracht. Das neue Denken war ein Meilenstein und ein Segen für die Geschichte der psychologischen Theorienbildung wie der im Gefolge praktizierten psychotherapeutischen Methoden. Die Selbstpsychologie sowie darauf aufbauende Denkmodelle haben dem Menschen bahnbrechende Erkenntnisse über seine eigene psychische Struktur vermittelt und ihm bislang verstellte innere Freiheiten eröffnet. Eingebunden in ein vom materialistischen Denken geprägtes Weltbild haben Ich und Selbst in den letzten Jahrzehnten jedoch eine Verselbstständigung erfahren, die den Menschen eher weit von sich weg als in seine Mitte führt. Ich und Selbst wird ein überhöhter Stellenwert zugemessen wie seinerzeit dem »goldenen Kalb«. Die Tänze, die viele Menschen heutzutage um ihre Person aufführen, haben wenig gemein mit Freudentänzen, dagegen viel mit den Schrecknissen von Entfremdung und innerer Verlorenheit. Unser Zeitgeist mitsamt seinem Way of Life bringt viele Verlierer hervor. Hier liegt das Augenmerk auf dem ideellen Preis für unsere Art zu leben. Der höchste zu zahlende Preis ist der, dass die Menschen sich selbst verlieren und damit jedwede Form von Verbundenheit. Es häufen sich Klagen wie: »Ich weiß gar nicht mehr, wer ich eigentlich bin«, »Ich spüre mich überhaupt nicht mehr«, »Ich komme in meinem eigenen Leben gar nicht mehr vor« oder »Ich bin eine Kunstfigur in meinem eigenen Leben. Es gibt mich nicht wirklich«, »Ich verspüre oft einen tiefen Hass auf mich selbst«. Mit solchen Bürden lässt sich nicht zufrieden leben, und schon gar nicht im schönen Geiste der Vier Unermesslichen.

Ohne jeden Zweifel ist jedes menschliche Wesen ein in seiner Einzigartigkeit unverwechselbarer Mensch mit einem Geburtsrecht auf Lebensteilhabe, einschließlich Glück und Liebe. Es ist lebensnotwendig wichtig, anzuerkennen und zu würdigen, wer wir als Menschen sind. Doch das tiefe unverbrüchliche Wissen darum, wer wir als Menschen wahrhaftig sind, ist uns in weiten Teilen abhandengekommen, zum Teil dreist abgekauft. Wer aber nicht mehr um die Quellen des Menschseins weiß, kann bloß noch ein Bild von sich zeichnen, mit mehr oder weniger Erfolg eine Rolle spielen, bei der auch das Ich oder das Selbst gepflegt und unterhalten werden wollen. Damit beginnen die meisten unserer Probleme, denn unsere individualistische Egozentrik mit ihrer Betonung von Selbstentfaltung, Selbstständigkeit, Abgrenzung und Autonomie macht uns das Leben schwer. Weil das seelisch zu wenig nährend ist, suchen zwischenzeitlich zahlreiche Menschen ihr Heil in Lebensentwürfen, die ein höheres Maß an innerer Geborgenheit wie Verbundenheit versprechen. Die »Nährung« in unserem Leben ist eines unserer Lebensthemen. Vergessen wir nicht: Es gibt körperliche, geistige, seelische und spirituelle Nahrung. Die materielle Welt bietet uns eher »Speisen zum Tode« an, die geistige Welt eher »die Speisen zum Leben«, wie im »Authentikos Logos« unterschieden wird.

Ein umfassendes Verständnis von »Verbundenheit« ist eine der »Speisen zum Leben« und seit jeher einer der Leitgedanken in den Lehren Buddhas: »Alles ist mit allem verbunden«, nichts existiert aus sich selbst heraus. Für uns Menschen heißt das: Als fühlende Wesen sind wir grundlegend abhängig von unseren Mitmenschen und unserer Umwelt, also von der gesamten Mitgeschöpflichkeit. Wir stehen mit allen und allem in einer beständigen wechselseitigen Verbindung. Wir bedingen einander, können nicht ohne einander. Für Matthieu Ricard, diesen anerkannt großen Botschafter des Dalai Lama, den dieser nicht bloß als seinen französischen Übersetzer schätzt, sondern wegen der Schärfe seines Geistes, dreht sich alles darum, die »Schleier des Ego« zu lüften. Nur so können die Menschen zur ursprünglichen Natur der Dinge zurückfinden. Ricard, der mit seiner gesamten Erscheinung Glück, Freude und Güte ausstrahlt, erklärt:

> »Unsere Erfahrungen sind lediglich der Inhalt unseres Geistesstroms, oder Geisteskontinuums, und es gibt keinen Grund, innerhalb dieses Geistesstroms das Selbst als eine völlig eigenständige Einheit zu betrachten.... Allerdings haben wir uns so sehr daran ge-

wöhnt, diesen Geistesstrom mit dem Etikett ›ich‹ zu versehen, dass wir uns mit diesem identifizieren und daher fürchten, es könne verschwinden. Das führt zu einem starken Anhaften an einem ›Selbst‹ und in der Folge zu der Vorstellung von ›mein‹ – mein Körper, mein Name, mein Verstand, mein Besitz, meine Freunde –, die wiederum entweder Besitzwünsche oder aber ein Gefühl von Ablehnung oder Abscheu den ›anderen‹ gegenüber bewirkt.

So kristallisieren sich in unserem Denken die Vorstellungen vom ›Selbst‹ und den anderen heraus. Diese ziehen unweigerlich die – falsche und irreführende – duale Wahrnehmung der Wirklichkeit nach sich, die den Boden bereitet für all unsere leidvollen Erfahrungen: entfremdende Gier, Hass, Eifersucht, Hochmut oder Selbstsucht. Von da an nehmen wir die Welt in einer durch den Zerrspiegel unserer Illusionen entstellten Weise wahr. Wir befinden uns nicht mehr in Einklang mit der wahren Natur der Dinge« (2009).

Die wahre Natur der Dinge ist, dass wir immer schon über uns selbst hinausweisen, weil wir mit allem verbunden sind. Alleine können Sie niemals werden, der oder die Sie sind. Wer stark seinem »Ego« verhaftet ist, wird ebenso niemals der oder die er ist. Er verliert mitsamt seinem Ego den Bezug zu sich selbst und nimmt sich heraus aus der Verbundenheit aller Dinge. In unserem westlichen egozentrischen Denken bringen wir nur allzu gerne unser Ego mit Selbstvertrauen durcheinander. Das Ego baut ausschließlich auf künstlichem Selbstvertrauen auf, das wir aus vordergründigen Attributen ziehen: Macht, Geld, Erfolg, Statusobjekten, Schönheit, intellektuelle Brillanz usw. So existieren wir eher als das Bild, das wir uns von uns selbst machen, und welches uns die anderen von uns vermitteln, als die,

die wir wirklich sind. Unsere trügerische »Ego-Identität« ist eine brüchige Erscheinung, die bisweilen schon durch eine einzige unabsichtliche Kränkung ins Wanken geraten oder sogar wie ein Kartenhaus in sich einstürzen kann. Die Illusion unseres Ego hinter uns zu lassen bedeutet, uns von einer elementaren Verletzlichkeit zu befreien.

Das unterstreicht Jiddu Krishnamurti (1895–1986), dieser große indische Weisheitslehrer, der unsere Anfälligkeit für elementare Verletzungen gleichermaßen mit unserer trügerischen Identität erklärt:

> »Wenn Sie das Leben als Ganzes sehen, existieren keine Probleme. Nur ein fragmentarischer Geist, ein gespaltenes Herz schaffen Probleme. Und im Mittelpunkt des Fragments ist das ›Ich‹. Das ›Ich‹ wird durch das Denken geschaffen; *es besitzt keine eigene Realität*. Das ›Ich‹ – ›mein‹ Haus, ›meine Enttäuschung, ›mein‹ Wunsch, jemand zu werden -, dieses ›Ich‹ ist das Produkt unseres trennenden Denkens« (1995).

Die Befreiung von elementarer Verletzlichkeit sowie die Heilung des gespaltenen Herzens erfolgen nicht durch eine Demontage des Selbst, sondern durch die innere Stärke und Freiheit, uns über unsere Ichbezogenheit hinweg auszudehnen und die Erkenntnis zu leben, dass alles mit allem verbunden ist. Dazu braucht es Mittel und Wege. Aufmunternd und ermutigend können wir erfahren, dass diese Ausdehnung insbesondere durch zwei Tugenden der Vier Unermesslichen wie selbstverständlich gefördert wird: durch die natürliche Qualität von Mitgefühl und Güte. In beiden Tugenden sollten wir uns als Menschen üben. Als ich vor Jahren mein Buch: »Zeit für Mitgefühl. Die wichtigste Übung im Leben« (2012) schrieb, war das eine Zeit der Beglückung und puren Freude, wurden doch Inhalt und Empfinden zeitweise eines in mir. Ohne mein Buch über Mitgefühl, sozusagen zur »Einstimmung«, gäbe es heute nicht dieses Buch über die Öffnung der Herzen für die Liebe und Güte des Lichts der Welt als begehbare Brücke zu unseren Wurzeln.

Damals schrieb ich:

> »Mitgefühl lässt sich weder als Begrifflichkeit noch Kategorie verstehen. Es ist dem Verstand kaum greifbar, wohl aber dem Herzen fühlbar und erfahrbar. Es ist ein umfassendes Empfinden, welches Ihr Herz, Ihren Geist, Ihr Fühlen und Denken in einen weiten Raum hinein öffnet. Mitgefühl weckt das Wertvollste im Menschen und bringt es hervor, was er in sich trägt: die Liebe. Nach meinem Verständnis und Empfinden ist Mitgefühl daher eine ausgeprägte Herzensqualität, die ihrem Wesen und ihrem Geist gemäß eine innere feinsinnige und liebende Haltung sich selbst, der eigenen Person, den Mitmenschen, dem Leben und der Schöpfung gegenüber zum Ausdruck bringt. Weitere treue Begleiter von Mitgefühl sind Güte, Toleranz und Achtsamkeit. Mitgefühl bringt Glück, Farbe und Poesie ins Leben und beschert uns Wohlbefinden. Alleine Mitgefühl zu ›denken‹, bringt eine Veränderung in Ihr Leben: ein Beschwingt-Sein, das den Schwingungen von Seele und Geist zu danken ist. Gelebtes Mitgefühl zieht Ruhe und Gelassenheit im Leben nach sich, weil es aus sich heraus das Vertrauen darein erwachsen lässt, dass sich alle Dinge letztlich gut fügen werden. Insofern verschafft es Ihnen auch inneren Frieden. Es lässt Sie heimisch werden, den sicheren Ort finden in sich selbst. Sie fühlen sich wohl in Ihrer Haut und sind mit sich im Reinen. Mitgefühl reinigt uns von abträglichen Gefühlen und mindert unsere Ängste, einschließlich der existenziellen Furcht vor dem Tod … Die Farbe von

Mitgefühl ist hell, licht, strahlend weiß, rubinrot oder auch golden. Sein Geschmack ist liebende Güte.«

Das beharrliche uns Üben in Mitgefühl und Güte befreit uns ebenso sanft wie zuverlässig aus der Blase der Ichbezogenheit, wie es noch einmal Matthieu Ricard erläutert:

»Wenn du nicht in der Blase der Selbstbezogenheit gefangen bist und nicht immer alles auf dich beziehst, dann hört dein Ich auf, sich bedroht zu fühlen. Du hast nicht ständig das Gefühl, dich verteidigen zu müssen, du bist weniger ängstlich, und du machst dir nicht dauernd Sorgen um dich. Je mehr dieses Gefühl der Verunsicherung schwindet, desto mehr zerfallen die Mauern, die das Ich um sich herum errichtet hatte. Du wirst leichter zugänglich für andere, und du bist bereit, zu ihrem Wohl zu handeln. Das Mitgefühl zerreißt die Blase des Ich« (Singer/Ricard, 2008).

Dieses Wissen existiert seit Jahrhunderten und war auch seinerzeit schon genau so formuliert. Chandrakirti, der im 7. Jahrhundert in Indien gelebt und die Lehren Buddhas und Nagarjunas kommentiert hat, lehrt uns:

»Erst entwickeln wir die Vorstellung von einem ›Ich‹ und klammern uns daran. Dann entwickeln wir die Vorstellung ›mein‹ und klammern uns an die materielle Welt. Wie Wasser in einem Mühlrad drehen wir uns hilflos im Kreis. Ich preise das alle Wesen einbeziehende Mitgefühl.«

Die Menschen könnten nach diesem Wissen leben, wenn sie sich dazu entschlössen. Mit Mitgefühl, Güte und der uns als Menschen auf die Welt mitgegebenen Liebesfähigkeit die

Blase des Ich zu zerreißen, hat qualitative Vorteile im Leben. Wir können uns dadurch ungemein entlasten, müssen wir uns als Person doch nicht mehr so wichtig nehmen. Schon ernst nehmen als Menschen mit unserem naturgegebenen Potenzial, aber nicht mehr so wichtig, indem wir an unserem kleinen bisschen »Ich« oder unserem aufgeblasenen »Ego« festhalten, um möglichst wen oder was darzustellen. Wer sich selbst in diesem Sinne nicht mehr so wichtig nehmen braucht, hat es augenblicklich leichter im Leben. Er braucht nicht mehr einen solchen Aufwand zu betreiben, um dieses kostbare »Ding«, das ihm als sein »Ich« oder »Selbst« erscheint, zu hegen und zu pflegen. Er kann sich fortan um die wirklich wichtigen Aspekte seines Menschseins kümmern. Wer sich mit allem verbunden fühlt, pflegt sein Mitgefühl. Und wer sein Mitgefühl pflegt, fühlt sich mit allem verbunden. Darin liegt die Bedeutung der buddhistischen Psychologie für die Freiheit des Geistes im Westen. Das ist ihr gewichtiger Bezug zur Realität unseres Alltags, der die Lehre des Buddha für so viele Menschen in unserer Kultur so anziehend gemacht hat. Es hat auch etwas leicht Eingängiges und schlichtweg Sympathisches, den eigenen Buddha in sich zu erwecken und sein eigener Buddha zu werden. Und auch an den hinduistischen Trimurti dürfen alle Menschen mit ihren visionären Vorstellungen teilhaben. Wenn es dagegen im Lukas-Evangelium heißt: »Sehet, das Reich Gottes ist inwendig in euch«, oder bei Maria Magdalena: »Denn in eurem Innern wohnt der Menschensohn«, dann steigen viele Menschen in unserer Kultur innerlich aus. Die Vorstellung einer Teilhabe an Gott oder sogar das Wissen um die eigene innere Göttlichkeit scheint ihnen zu fragwürdig. Oder sie behagt ihnen nicht, weil sie durch eine falsche religiöse Erziehung eine Kirchen- wie Gottesvergiftung erleiden mussten. Da die Seele aber ihren Sinn finden möchte, damit sie nicht länger leiden muss, findet sie eine Zuflucht in den traditionellen östlichen Weisheitslehren. Mit ihren Praktiken der Meditation zur inneren Sammlung laden diese die Menschen offen über alle Grenzen hinweg zur Teilhabe an ihren geistigen Wahrheiten ein. Sie vertragen sich ohne Weiteres mit der christlichen abendländischen Tradition. Sie ergänzen sie sogar um neue Wege zur Wahrheits- und Gottsuche.

Es bräuchte dieses in die Ferne schweifen allerdings gar nicht, da das Gute liegt so nah. Selbst der Dalai Lama, das geistliche Oberhaupt des tibetischen Buddhismus, der wegen seiner Ausstrahlung von liebender Güte und tiefer Freude die Menschen nahezu überall auf der Welt berührt, empfiehlt immer wieder, bei den geistigen Wurzeln der eigenen Kultur zu bleiben. Worauf er damit verweist, ist die der Vergessenheit anheim gegebene Tatsache, dass alle spirituellen wie religiösen Lehren am unverfälschten Ursprung die gleiche Botschaft verkünden. Gleichgültig ob Buddhismus, Hinduismus, Christentum oder Islam, am Ursprung steht die gemeinsame Botschaft von bedingungsloser Liebe, liebender Güte und Verbundenheit. Was über die Jahrhunderte oder Jahrtausende durch Interessen geleitete Überarbeitungen und Verfälschungen daraus gemacht wurde, das steht auf einem ganz anderen Blatt.

Dieses Blatt dreht und wendet jeder gerade so, wie es ihm in seine eigenen Interessen hineinspielt. Die Kreuzzüge des Katholizismus sind Geschichte. Die »Gotteskrieger« des Dschihad und des Fundamentalismus sind Gegenwart. Sie versetzen die Welt immer wieder mit ihren Gräueltaten in Angst und Schrecken. Da sie sich auf den Koran ihrer Auslegung berufen, gerät der Islam als solches in Misskredit. Überall auf der Welt wachsen die Ressentiments gegen Muslime und »Rechtgläubige«. Die Botschaft der Liebe wird übertönt von den Parolen der Hassprediger auf welcher Seite auch immer. Der Hass hat nicht die Kraft zur Liebe. Die Liebe ist Gottes Kraft, ist Buddhas Kraft, ist Krishnas Kraft, ist Allahs Kraft. So heißt es in seinem Namen im Koran:

»Er hat Liebe in ihre Herzen gelegt. Hättest du auch alles aufgewandt, was auf Erden ist, du hättest doch nicht die Liebe in ihre Herzen zu legen vermocht, Allah aber hat Liebe in sie gelegt. Wahrlich, Er ist allmächtig, allweise« (Sure 8:63).

Lassen wir uns durch religions-, kirchen- und machtpolitische Ungeheuerlichkeiten gleich welcher Seite nicht länger blenden, können wir selbst tiefe Wunden heilen. Im Geiste unserer Kultur wie im Geiste eines jeden Einzelnen von uns können wir die Wunden heilen, die die abendländische Kirche im Namen des von ihr ausgelegten Christentums der ursprünglichen Botschaft der Liebe geschlagen hat. Überwinden wir durch Versöhnung jedwede an der eigenen Person erlittene Kirchen- und Gottesvergiftung, dann können wir endlich wieder ohne Unwille oder gar Zorn auf die Wurzeln unserer eigenen abendländisch christlichen Tradition blicken. Wir können den unermesslichen Reichtum und die Schönheit dessen bejahen, was uns das Urchristentum zu offenbaren weiß. Das erfordert viel innere Versöhnungsarbeit. Der Lohn ist, dass wir uns wieder mit einer unverbrüchlichen, bedingungslosen Liebe verbunden fühlen dürfen.

Wie kann ich wirklich »Ich« sein?

Wir können wahrhaft erst sein, wer wir sind, wenn wir nicht mehr danach streben, jemand oder etwas zu sein. Dann können wir uns rückverbunden fühlen mit unseren spirituellen Wurzeln.

Meister Eckhart, der geistig dem Evangelium der Maria Magdalena nahesteht, weist uns den Weg: »Wenn du dich zu Nichts machst, dann muss Gott in dir Wohnung nehmen«. Aber wer möchte sich in der heutigen Zeit schon zu

»Nichts« machen, wo doch nahezu jeder und jede etwas sein oder werden möchte? Folglich gibt es in dem Menschen, der »von sich voll« ist, kaum noch einen angemessenen Platz für »den anderen«. Logischerweise fährt Meister Eckhart deshalb fort: »Wenn du hinausgehst, tritt Gott herein«.

Trotz oder gerade wegen seiner intellektuellen Tiefe war Meister Eckhart ein Meister der »Herzenssprache«. Seine Lebenslehre ist eine einzige »Seinslehre« in Gott, geknüpft an einen machtvollen »Mut zum Menschen«. Einem Mut zum Menschen freilich, der sich nicht speist aus einem aufgeblähten Selbstvertrauen, sondern aus dem Mut zu Gottvertrauen: »Wo ich nicht für mich will, da will Gott für mich«. Das ist die völlige Abkehr von einer Selbstdefinition über Besitzstrukturen und von einem falschen Glauben an die Machbarkeit aller Dinge. Es ist nicht die Abkehr von einem Wünschen- und Hoffendürfen. Vieles, was wir wünschen und hoffen, wird uns gewährt, wenn wir Eins in uns sind:

> »Denn der Mensch muss in sich selber Eins sein und muß dies suchen in sich und im Einen und empfangen im Einen. Das heißt: Gott lediglich schauen und ›zurückkommen‹, das heißt: wissen und erkennen, daß man Gott erkennt und weiß«.

Wissen ist für Meister Eckhart gleichbedeutend »mit dem Herzen erkennen«. Ist Gott in uns eingetreten und damit die »Gottesgeburt im Herzen« vollzogen, ist und bleibt er das »Nicht-Andere« in größter Nähe und Ferne zugleich, was an Marguerite Porète erinnert. Größte Nähe und größte Ferne, große Freude wie tiefer Kummer, beides vermag aus der Liebe zu kommen. Ein Leben voller Liebe ist nicht zwangsläufig ein Leben ohne Sorgen, Nöte und Leid, sollen wir uns doch geistig-seelisch entwickeln, und zwar in Vertrauen statt in Furcht:

> »Der Mensch soll Gott nicht fürchten, denn, wer ihn fürchtet, flieht ihn. Solche Furcht ist eine schädliche Furcht. Hingegen ist das rechte Furcht, wenn man Gott zu verlieren fürchtet. Der Mensch soll ihn nicht fürchten, er soll ihn lieben, denn Gott liebt den Menschen mit seinem ganzen vollkommenen Sein« (nach Miek 2002).

»Wie kann ich wirklich ›Ich‹ sein? Wir können es niemals wirklich sein in Furcht und Abkehr oder Überintellektualität. Dann sind wir »Jemand« oder »Etwas«, aber nicht wir selbst. Wer »Ich« sein will, muss aus seinem »Ich« heraustreten. Aus uns »hinauszugehen« heißt die Blase der Selbstbezogenheit zu zerreißen, sich zu öffnen für das, was »Gott« meint: pure, liebende Güte. In diesem Geist schreibt die von den Nazis ermordete Edith Stein (1891 – 1942), die sich von einer bekennenden Atheistin zu einer bekennenden geistigen Tochter der Teresa von Avila wandelte:

> »Je tiefer jemand in Gott hineingezogen wird, desto mehr muss er … aus sich herausgehen, das heißt in die Welt hinein, um das göttliche Leben in sie hineinzutragen« (nach Riedel 2010).

Treten wir aus uns heraus und tragen uns in die Welt hinein, können wir uns getrost an unseren Worten, Taten, Werken und Früchten erkennen lassen. So lässt sich auch das Doppelgebot der Liebe angemessen verstehen und befolgen: »Du sollst deinen Nächsten lieben wie dich selbst«. In unserer gesellschaftspolitischen Realität erleben wir leider nur allzu häufig die doppelte Verkehrung dieses Gebotes: »Ich hasse meinen Nächsten wie ich mich selbst hasse«.

Öffnen wir uns für die Quintessenz dessen, was es bedeutet: »Du sollst deinen Nächsten lieben wie du dich selbst lieben sollst«, dann darf das Gute, die Güte, in uns erblühen, dann erstrahlt unser eigenes inneres Licht, wie das Licht der Welt erstrahlt. Dieses »Licht der Welt« hat vor Jahren ein nicht länger zu hinterfragendes Begehren in mir geweckt, die großen Werke der lichtvollen Meister christlich religiöser Malerei mit eigenen Augen im Original zu schauen, um zu erspüren, was in mir angerührt wird. Von jeder dieser dazu nötigen Reisen kam ich ein Stück verändert zurück. Das »Licht der Welt« sowie mein eigenes mir verliehenes Licht als Teilhabe an der Weiterführung der Schöpfung tatsächlich in mir spüren zu dürfen, waren ein weiterer Schritt, aus mir »herauszutreten«, damit Gott hereintreten konnte. »Gott« verstanden als »Christusbewusstsein«, als »himmlische Instanz«, als die Essenz der puren liebenden Güte, wie sie Mirjam von Magdala in ihrem Evangelium verkündet:

> »Deshalb ist die Güte in eurer Mitte erschienen:
> sie hat sich mit den Elementen eurer Natur verbunden,
> um sie wieder mit euren Wurzeln zu vereinen«.
> (7,20-22)

Jeshua, Christus, legt die Güte in die Elemente unserer Natur, damit wir uns wieder mit uns selbst und mit unseren Wurzeln vereinen können. Er lädt uns ein, die Begrenzungen unseres Ego zu überschreiten. In einem Akt der Umkehr von unserem Dasein im Außen können wir zu unserem inneren Sein zurückkehren, uns rückverbinden mit der Liebe und der Güte, die jeden Mangel im Herzen und jedes himmlische Heimweh zu lindern oder gar zu heilen vermag. So kommt auch die Scham an ihr Ende im Bekenntnis: »Ja, ich trage mein christliches Erbe in mir, und ich erlebe es als erlösend«. Erlösung von drückenden, einengenden Gefühlen schafft umgehend Raum für tiefe innere Freude. Nehme ich Schriften wie das Evangelium der Maria Magdalena oder die Thomas und Philippus zugesprochenen Evangelien zur Hand, oder tauche ich ein in die Werke von Yogananda oder einer Hildegard von Bingen, Marguerite Porète, Teresa von Avila und weiterer Visionärinnen, dann fängt lesend still und leise etwas in mir zu brennen an. Ein mystisches Feuer entfacht sich. Jegliche Restscham über den Christ in mir, ursprünglich vermittelt über die falsche Rede, die falschen Blicke und die falschen Werke und Taten der falschen anderen, verbrennt in diesem Feuer.

Die Scham, die es vielen Menschen so erschwert, überhaupt über so etwas wie »Gott« oder einen Glauben im Sinne eines Christus zu sprechen, die Scham, die ich für einen winzigen Augenblick des stillen Einverständnisses bei einem therapeutischen Kollegen sehen durfte anlässlich eines der großen psychotherapeutischen Kongresse. In meinem dortigen Workshop zur heilsamen Kraft von Mitgefühl bat ich die Teilnehmenden in einer Einstiegsübung darum, ihre innere Haltung zu Mitgefühl auszudrücken in einer ihrem inneren Bild entsprechenden Körperhaltung. Für einen Moment stand der Kollege mit wie zum Beten gefalteten Händen da. Aber bloß für diesen kurzen Moment, der mir ermöglichte, ihn wahrzunehmen und anzuschauen. Gleich im Anschluss senkte er seine Hände wieder, wohl wissend darum, dass er sich beschämt sehen könnte vom abschätzigen Blick anderer Kolleginnen und Kollegen. Eigentlich ist es erstaunlich, dass gerade psychotherapeutisch tätige Menschen in trauriger Regelmäßigkeit gänzlich ungnädig reagieren, sich zu spötteln bis zu blanker Häme berufen fühlen, wenn eine Person zu erkennen gibt, dass sie einen Glauben zu etwas Göttlichem in sich trägt. Da wird an ein Tabu gerührt. Umgekehrt gibt es zum Glück aber auch die vielen Kolleginnen und Kollegen, die im geschützten Rahmen ihre tiefe spirituelle Verbundenheit zu erkennen geben. Patientinnen und Patienten erlebe ich in aller Regel sehr offen für Spiritualität. Sie erweisen sich als froh und dankbar, wenn sie spüren, dass ich als ihr therapeutisches wie menschliches Gegenüber dafür absolut offen bin. Ein großes Maß an Heilung seelischer Leiden erfolgt über diesen Weg. Durch eine Therapie im Namen der Liebe wird neues Vertrauen ins Leben möglich.

Mein Verweis auf eine verbreitete spirituelle wie religiöse Intoleranz im weiten Bereich der Psychotherapie, die sich Grenzen überspannend als »edel und hilfreich« zeigen sollte, soll niemanden zu nahe treten. Er ist zu verstehen als ein Plädoyer, als ein Weckruf, eigene erlittene Kirchen- wie Gottesvergiftungen hinter sich zu lassen, um zurückkehren zu können an die Ursprünge des antiken Therapeutentums. Tilmann Mosers Buch »Gottesvergiftung« hat zwar nahezu Kultstatus erreicht. Aber selbst er hat mittlerweile seinen inneren Frieden mit einem erträglichen Gott gemacht, ganz unspektakulär: »Du lässt mich in Ruhe – und ich dich«, heißt seine gefundene Formel. Ja, Gott lässt uns in Ruhe. Doch straft er uns niemals durch Liebesentzug. Der gestrenge, strafende Gott, der alles sieht, sogar bis unter die Bettdecke, ist eine Angst einflößende Überarbeitung zur Hervorbringung religiöser Knechtschaft. Sie entspricht in nichts der radikalen Botschaft der Liebe, wie sie Jesus als Mensch gewordener Christus gelehrt hat. Welchen Einwand sollte es geben können, »die Güte in unserer Mitte« erscheinen zu lassen. Das wäre wahrhaft Frieden stiftend in den Köpfen und in den Herzen der Menschen.

Will ich mit Macht etwas beweisen, zerstöre ich die Lebensfreude

Was haben nun alle diese spirituell-philosophisch-existenziellen Hintergrundgedanken mit unseren konkreten Lebensvollzügen im Hier und Heute zu tun? Haben sie irgendeine Bedeutung, eine Relevanz für unsere Befindlichkeiten? Falls ja, wie können wir sie einordnen? Die Geschichte eines meiner aktuellen Patienten, eines Mannes, Mitte 50, gewährt einigen Einblick.

Fünf Monate nach der Hörfunk-Sendung »Fragen an den Autor« an Heiligabend 2017, in der ich mit dem zuständigen Redakteur des Saarländischen Rundfunks eine Stunde lang über mein Buch: »Depression durch die Kraft der Imagination bewältigen« sowie den jährlichen »Weihnachtsblues« vieler Menschen sprach, bat mich der Mann telefonisch um einen Gesprächstermin. So lange nahm er innerlich Anlauf. Über das Hören der Sendung, mein Eingehen auf die Fragen der Hörerinnen und Hörer, hatte er sich ein Bild von mir und meiner Art zu arbeiten gemacht, das einen Funken Hoffnung in ihm entzündet hatte. Er kam mit diffus verspürten Wünschen auf körpertherapeutisches wie imaginatives Arbeiten, aber mit Bangen, ob ich ihn überhaupt als Patienten annehmen würde, präsentierte es sich doch von Beginn ab als eine einzige »Zumutung«. Das Leben hatte ihm bislang mehr zugemutet, als er verkraften konnte. In seiner Überforderung hatte er sich einer depressiven Kraftlosigkeit ergeben. Von seiner Frau, der Mutter seines Sohnes, war er geschieden. Zu seinem weiteren Unglück hatte er durch sein hölzernes Auftreten seine Arbeit verloren. Jede Äußerung über sein Leben, über sich selbst und seine Mitmenschen war ein einziges Zeugnis von Lieblosigkeit und Unbarmherzigkeit: »Ich sehe scheiße aus«, »Ich bin nichts wert«, »Ich traue mir nichts mehr zu«, »Die anderen mögen mich nicht«, »Mir macht das Leben mittlerweile oft Angst«, »Vielleicht wäre ich besser nicht mehr da«. Mein erster vorherrschender Gefühlsabdruck war »wütende Enge«: Enge im Herzen, im Fühlen, im Denken. Da sein Leben als Nichts, als Niemand, unaushaltbar war, suchte er den Ausweg logischerweise darin, noch etwas oder jemand werden zu wollen. Er wollte sich selbst und allen anderen noch etwas beweisen. Fatalerweise richtete er seinen verbissenen Ehrgeiz ausgerechnet auf den

Bereich seines Lebens, in dem ein Rest seiner Lebendigkeit, seines Antriebs, seiner Inspiration und Kreativität Ausdruck fand. Zu meiner Überraschung hatte er mir nämlich erzählt, er sei Schlagzeuger in einer Tribute-Band. Da hatte er die ersten Stunden eine Seite von sich gut verborgen gehalten, wiewohl ich mir schon denken konnte, dass sich sein Leben nicht bloß in seinem Klagen erschöpfen würde. Als ich ihn nach dem Namen der Gruppe der Rockgeschichte fragte, der sein Tribute galt, war ich doppelt überrascht und tief berührt. Welche Welten lagen doch zwischen dem ängstlich depressiv klagenden, sich selbst völlig abwertenden Menschen und dem Mann, der als Musiker und Schlagzeuger in der Lage war, eine derart komplexe Musik originalgetreu nachzuspielen, wie sie diese über Jahrzehnte ungebrochen weltberühmte Formation spielte? An der Stelle öffnete sich die Tür zur Innenwelt meines Klienten so weit, dass Veränderung einsetzen durfte, wenngleich sich dieser Prozess zu Beginn erst einmal noch als sperrig erwies. Sprach der Klient über sein Schlagzeugspielen, wurde in mir die Musik sofort als sein Quell der Freude spürbar. Alles an ihm hellte sich auf, um Augenblicke später umgehend wieder verdunkelt zu werden. Er katapultierte sich nämlich wieder weit aus jeder Freude heraus, indem er daran festhielt, wie verbissen er eigentlich an einem sich selbst auferlegten Übungsprogramm arbeiten müsse, um sein Spiel zu perfektionieren. Er fühlte sich innerlich umgetrieben, jemand zu werden durch seine ehrgeizigen Bestrebungen. Er wollte hervortreten als Schlagzeuger, gesehen, anerkannt, bewundert werden. Kurz: Er stellte sich vor, noch berühmt zu werden. Längere Zeit zeigte der Klient wenig Zugänglichkeit für sich selbst. Er mochte nicht anerkennen, geschweige denn würdigen, wer er in seiner Musik schon war, wie er Ausdruck in ihr fand, wie er anderen Menschen darüber Freude und Begeisterung ins Leben brachte. Das genügte nicht, weil er im Leben als Mensch bislang niemals genügte, versagt hatte in seinen Augen. Im Selbstboykott boykottierte der Klient allerdings auch sein eigenes Streben nach Perfektionierung, absolvierte er doch so gut wie nie sein gestrenges Übungsprogramm. Eher stoppte ihn ein gesunder Anteil in ihm statt eine vermeintliche Bequemlichkeit, ein Teil in ihm, der sicher verspürte, dass verbissener Ehrgeiz nicht die Antwort auf tief empfundene Freudlosigkeit sein konnte.

Jeder Musiker hat seine Vorbilder, die ihn inspirieren. Gleichwohl mochte es meinem Klienten erst einmal wenig gefallen, als ich ihn nach seinen Vorbildern fragte. Noch weniger mochte er anfangs meinem Beispiel abgewinnen, in welchem ich die pure Spielfreude, die Lust am eigenen Spiel, verkörpert sah: Charlie Watts, der Schlagzeuger der legendären Rolling Stones. Mit seinen weit über 70 Jahren hat er zwar Mühe mit dem Gehen, aber sobald er an seinem Schlagzeug sitzt, ist sein Alter wie weggeblasen. Trommeln hat er nie gelernt, sondern sich alles selbst durch Beobachtung beigebracht. Was er spielt, ist nahezu egal. Es kommt darauf an, wie er es spielt. Charlie Watts muss niemandem mehr etwas beweisen. Er hat alles erreicht, aber nicht aus einem Ehrgeiz heraus, sondern weil sein Spiel aus der Liebe zum Tun erwächst. Es ist eine einzige Liebeserklärung an sein Instrument. Charlie Watts am Schlagzeug, das ist Lebensfreude pur, das ist Selbstversunkenheit, das ist ein Liebesspiel mit seinem Instrument und ein Aufgehen in der Musik. Watts ist kein Drummer, schon gar nicht einer jener gleichfalls legendären Schlagzeuger, die ihre riesigen Doppelschlagzeuge zwar mit Bravour beherrschen, sie allerdings eher bearbeiten als bespielen. Charlie Watts scheint wie beseelt zu spielen. Das lässt sich nirgends so schön beobachten, wie in dem Filmdokument »Havanna Moon« über das Konzert, mit dem die Rolling Stones am Karfreitag 2016 Musikgeschichte schrieben, als sie sich vor knapp 500 000

Menschen in Havanna auf Kuba in deren Herzen spielten. Man braucht kein erklärter Fan dieser ältesten Band der Rockgeschichte zu sein, um bei diesem Konzert Magisches zu empfinden. Das bis ins Mark Berührende ist die überströmende Freude der »Stones« beim Spielen sowie die Beglückung des Publikums in der Resonanz. Ich hatte »Havanna Moon« drei Mal auf den Kultursendern des Deutschen Fernsehens angeschaut. Jedes Mal wurde ich unmittelbar von der unbändigen Freude von Charlie Watts am Schlagzeug angesteckt. Er überstrahlt die Bühne mit dem Leuchten, das von ihm ausgeht. Seine Freude ist in mir wieder erstanden, ich durfte augenblicklich daran teilhaben. Meinem Klienten dieses Beispiel anzubieten, war nicht ohne Wagnis. Es hätte ihn locken können, sich »Havanna Moon« anzuschauen, um sich von Freude infiziert zu fühlen. Es konnte ihn aber ebenso in eine Abwehrhaltung treiben, musste es ihn doch umso schmerzlicher sein eigenes inneres Eingefrorensein gewahr werden lassen. Nichtsdestotrotz war der Weg über das Schlagzeug der erst einmal einzige Weg, meinen Klienten in seine Tiefen schauen zu lassen, so, wie er sich das von mir wünschte, als er seinen Arbeitsauftrag an mich formulierte. Sobald mein Klient über das gemeinsame Trommeln mit seinem Sohn sprach, taute er auf, öffnete er sein Herz. Seine Gesichtszüge glätteten sich, wurden weich und sanft, die Augen strahlten, die Freude über seinen Sohn, dieses wahrhaft Gute, das er im Leben zuwege gebracht hatte, brach sich Bahn, durfte im anerkennenden Stolz auf seinen Sohn gipfeln. Umgekehrt wurde es mir dann ganz leicht, Wärme, Zuneigung, wachsende Liebe zu meinem Klienten zu verspüren. Die »Güte« durfte unter uns kommen. Liebe und Güte sich selbst gegenüber zu verinnerlichen, bleibt aber erst einmal die schwierigste Übung für meinen Klienten. Immerhin hat er sich auf den Weg gemacht zu sich selbst zurück. Darf er anerkennen, dass er bereits Wertvolles in sich trägt, dass es möglich ist, ihn zu lieben, ohne dass er erst jemand oder etwas werden muss, dann kann er nutzen, was er in sich trägt. Das Verstreichenlassen von Zeit im Zustand der Lieblosigkeit nebst Zuwarten, ob sich seine Probleme nicht ohne Seelenarbeit von alleine erledigen würden, hatten meinem Klienten viel Kummer eingebrockt und ihn an den Rand seiner Kräfte gebracht. Das Auftauen aus dem Zustand des Eingefrorenseins, die Wiederbelebung seiner Liebesfähigkeit setzt sein Rad des Lebens wieder in eine lebendigere Spur. Es ist ausschließlich die Liebe, die aus dem Herzen kommt und in das Herz hineinfließt, die seine Wunden so zu schließen vermag, dass er zu sein wagt, was und wer er wirklich ist, und nicht mit Macht danach strebt zu werden, der er nicht sein kann.

Mein Klient hatte noch eine zweite Überraschung für mich in seinem Gepäck. Als wir die Themen Liebe und Güte sowie die Gegenpole der »Killergefühle« Scham und Schuld umkreisten, und ich ihm spiegelte, wann ich sein eigenes inneres Strahlen und Leuchten wahrnehmen konnte, stellte er mir seinen privaten »Engel des Lichts« vor. Sinnigerweise hatte er ihn aus sich heraus »Seraphim« getauft. Als die »Brennenden« oder die »Entflammer« gelten die Seraphim in der Mythologie als die Engel der puren Liebe, des reinen Lichts und des reinigenden Feuers. Die Seraphim sind so nahe bei Gott, dass sie Gott unmittelbar schauen dürfen. Als Gedankenwesen sind sie eine Stütze jedweder spirituellen Entwicklung, die die Einswerdung mit dem Göttlichen zum Ziel hat. Mit ihren magischen Gesängen können sie als Bringer von Freude auch schon einmal ein Feuerwerk der Musik Gottes aufführen. Ob bloß bildhaftes Denken, Dichtung oder Wahrheit ist nachrangig: Entscheidend für meinen Klienten war, dass sich sein Seraphim in der Zeit der größten inneren Not an seine Seite gestellt hatte. »Ohne meinen Lichtengel wäre ich gar nicht mehr da. Es gäbe mich nicht mehr, weil ich mir etwas angetan hätte. Wie oft habe ich schließlich in den letzten Jahren daran gedacht, es wäre besser, ich würde nicht mehr leben.« »Seraphim« als ein Engel des Lichts ist also in seiner Funktion für meinen Klienten ganz fraglos der sprichwörtliche, sein Leben bewahrende Schutzengel. Mit diesem hilfreichen Wesen hat er eine himmlische Instanz verinnerlicht, mit der sich in ganz besonderem Sinne therapeutisch weiter arbeiten lässt.

Jeder therapeutisch tätige Mensch darf sich uneingeschränkt glücklich schätzen, wenn Klienten derart ins Vertrauen gehen, dass sie ihm ihre Schutzengel, Geistführer oder sonstigen hilfreichen Wesen aus der geistigen Welt vorstellen. Mit derartigen »Bündnispartnern« einvernehmlich arbeiten zu dürfen, ist die größte »Ressource« und nicht selten das pure Vergnügen. Daraus entstehen Sternstunden und magische Momente in jedem Therapieverlauf. Wer Sinne hat zu spüren, kann die geistige Präsenz dieser hilfreichen Wesen sogar wahrnehmen. Wer seine Sinne noch weiter öffnet, kann mitsamt seinen Klientinnen sogar in den Dialog mit ihnen gehen. Die geistige Welt ist dann ebenso real wie die materielle. Eine Voraussetzung für die Wahrnehmung dieser Welt ist allerdings unabdingbar: Wir müssen angstfrei zurücktreten von unserem Unglauben, der die Existenz einer transzendenten Wirklichkeit nicht gelten lassen möchte.

Ich finde ein schönes Bild, um zu verdeutlichen, wie die völlig eigene Realität der Mitteilungen aus der geistigen Welt sich in mir hörbar macht: Im Bild der »Verkündigung« von Fra Angelico übermittelt der Engel des Herrn seine frohe Botschaft an Maria, indem er aus seinem Mund lichtvolle filigrane, von goldenen Worten gewebte Spruchbänder zum Herz, zum Geist und zur Seele der künftigen Mutter Jesu schweben lässt. So finde ich das innere Hören in eine stimmige bildliche Sprache übersetzt.

Leben zum Tode oder sich selbst ganz zur Welt bringen

Schon als kleiner Junge trieb Jean-Yves Leloup seine Mutter wie seinen Vater zur Verzweiflung bzw. weit über deren Verstand hinaus, als er seine Eltern mit Aussagen überraschte, wie: »Ich habt mich in die Welt gesetzt, damit ich sterbe« oder »Der Mensch lebt von seiner Geburt ab zum Tode hin«. Mit solchen Gedanken eröffnet er seine phänomenale Autobiografie »L'absurde et la grâce« (Das Absurde und die Gnade, 1991), die bedauerlicherweise bis heute nicht in deutscher Sprache vorliegt. Ich gebe ihn folglich in meinen eigenen Worten wieder.

»Unsere Eltern können uns bloß den Tod geben«, wir werden geboren zum Tode. Was könnte noch düsterer oder hoffnungsloser klingen? Die Geburt wirft uns in die absurde Realität eines absurden Lebens. Doch Leloup wäre nicht der Mensch geworden, der er ist, hätte er sich der Absurdität ergeben. Nicht nur, dass er einen langen Weg der mystischen Erkenntnis einschlug. Vierzig Jahre nach seiner eigenen ersten »fatalen Geburt« kommt seine Tochter zur Welt. Als werdender Vater, als der er im gleichen Augenblick mitgeboren wird, ist er da, und er ist ganz da. Eine Woge von Stille und tiefem inneren Frieden beschert ihm einen Moment größter Andacht, als er seine Tochter, dieses neue Leben, in seine Arme schließen darf. Wie sie das Licht der Welt erblickt, lässt ihn unmittelbar erfahren, »dass nicht das Leben an sich das Absurde ist, sondern dass ich der Idiot des Absurden war«. Leloup ist an der Stelle schonungslos ehrlich mit sich selbst. In der Tat sind es ausschließlich wir Menschen selbst, die es fertig bringen, das Leben ad absurdum zu leben, sofern wir uns einer Initiation oder Taufe und einer zweiten

Geburt verweigern. Seine spirituelle Entwicklung, besiegelt mit dem symbolischen Akt eines Taufbekenntnisses, war für Leloup seine zweite und damit eigentliche Geburt ins Leben hinein. Sie war seine Wiedergeburt oder seine Auferstehung.

»Wir werden geboren zum Tode hin«, es sei denn, wir bringen uns selbst voll und ganz zur Welt durch unseren eigenen inneren Weg der Erkenntnis. Nehmen wir diesen Weg auf uns, führt er uns direkt oder auf verwinkelten Pfaden zur Liebe im umfassenden Sinne. Mit der Liebe bringen wir die Güte in die Welt, und das ist nicht länger ein Leben zum Tode hin. Das ist nicht einmal hoch philosophisch ausgedrückt, aber es macht den Unterschied deutlich: Die physische wie psychische Geburt des Menschen bringt ihn zur Existenz in dieser Welt, doch erst seine seelische wie spirituelle Geburt erweckt ihn zum Leben in dieser wie in einer zweiten, höheren Welt. Das sind keine neuen Weisheiten, aber Gedanken, die es wert sind, uns ihrer zu erinnern. Bereits Clemens von Alexandria (150–215) schrieb in seinen Auszügen aus Theodotus: »Wen die Mutter gebiert, der wird zum Tod und in die Welt geführt. Wen Christus von neuem hervorbringt, der wird zum Leben umgewandelt.« Diese geistige Auferstehung vollzieht sich ausschließlich auf dem Fundament einer tiefen inneren Gewissheit oder eines unverbrüchlichen Glaubens.

Einer meiner besten Freunde ließ mich vor einigen Jahren milde erschrecken, als er mir in einem unserer tiefer schürfenden Gespräche von seinen Selbstzweifeln als Vater erzählte. Er führt mit seiner Frau und seinen beiden Kindern ein »ganz normales«, gut eingerichtetes Leben, um das ihn manch andere Menschen beneiden würden. Er und seine Frau haben sicherlich alles ihnen Mögliche getan zum Wohle ihrer Kinder. Dennoch bekam mein Freund einen Gedanken nicht aus seinem Kopf:

»Wir laden als Eltern existenzielle Schuld gegenüber unseren Kindern auf uns, wenn wir unseren eigenen Kinderwunsch in die Tat umsetzen. Wir fragen die Kinder nicht, ob sie geboren werden wollen. Es ist unser Wunsch als Elternpaar, Kinder zu bekommen. Das Wissen um diese Schuld lässt mir manchmal keine Ruhe.«

Es entspann sich ein hoch spannendes Gespräch zwischen uns. Doch fürchte ich, damals wurde ich den heimlichen Zweifeln meines Freundes um existenzielle Schuld nicht ganz gerecht. Zu dem Zeitpunkt lag mein eigener Fokus mehr auf dem andachtsvollen Aspekt der Geburt eines Kindes, darauf, welch ein Geschenk des Lebens es ist, Leben schenken zu dürfen, vor allem, wenn Kinder als Wunschkinder in verbundener Liebe gezeugt und in Freude erwartet und geboren werden. Aus heutigem Verständnis schaue ich mit zwei Paar Augen auf das existenzielle Unbehagen meines Freundes angesichts der Geburt seiner Kinder, die im Übrigen beide längst ihren jeweils eigenen Weg gehen. Sie haben auch das Gefühl der Schuld bei ihrem Vater weichen lassen. Meinerseits kann ich heutzutage beide Aspekte der Geburt nachvollziehen: eine Geburt zum Tode hin wie eine Geburt zum Leben hin. Was ist für mich der Unterschied?

Den Unterschied macht das Leben selbst. Gehen Menschen einen Weg der Erkenntnis oder den Weg der Unwissenheit? Zum Tode geboren bleiben wir, wenn wir im Leben halb sinnlos, halb besinnungslos der Welt der Materie, der Güter, der Gier oder ganz allgemein dem »Habenmodus« verhaftet bleiben. Dann taumeln wir ohne Kompass der Seele durch unser Leben. Bereiten selbst wohlmeinende Eltern ihre Kinder ausschließlich auf ein Leben in der Welt der Materie vor, ohne eine spürbare Offenheit für die spirituellen Bedürfnisse ihrer Kinder, können sie es ihren Kindern in der Tat existenziell schwer machen, weil Türen verschlossen bleiben. Manche Eltern verstehen mögliche Zeichen, bemerkenswerte Gaben oder Besonderheiten ihrer Kinder oder eines speziellen Kindes nicht, solange sie selbst keinen Zugang zu Spiritualität und Transzendenz haben. Zudem haben Eltern kaum je eine Idee, weshalb ihr Kind gerade sie als Eltern gewählt hat, und welche Aufgabe seine Seele sich für dieses Leben gestellt hat. Welche Erfahrungen bringt ihr Kind aus vorigen Leben mit bei seiner Ankunft in diesem Leben? Da viele Mütter und Väter sich solche Fragen gar nicht erst stellen, können sie sich je nach Entwicklung ihrer Kinder trotz bester Absichten mit falschen Zweifeln belasten. Wie auch immer, das Leben eines jeden Kindes nimmt seinen Lauf. Öffnet sich auf dem Weg durchs Leben nicht zu irgendeinem Zeitpunkt das Tor zur spirituellen Welt, wird es nie eine zweite Geburt ins Leben hinein und vom Tode weg geben. Wiedergeburt oder Auferstehung ist eine Geburt in eine spirituell sich öffnende Welt hinein. In dieser Welt findet die Seele ihren Kompass wie ihren Sinn.

Ich bin bei diesen meinen Gedanken sehr nahe bei Jean-Yves Leloup, der uns zu einem deutlich anderen Verständnis von Wiedergeburt oder Auferstehung einlädt als sie unserem gewohnten Denken entsprechen. Zusammen überbrücken wir in Gedanken mühelos zwei Jahrtausende und landen einmal mehr unmittelbar bei den Ursprüngen der Lehre Jesu. Die zweite Geburt ist die zu durchschreitende Eintrittspforte ins ewige Leben. Ist die Auferstehung Jesu von den Toten nicht schon geheimnisvoll genug, stellt sich als zweites Rätsel unsere eigene menschliche Auferstehung, zu der wir uns ermutigt sehen dürfen. Sie ist kein Weg ohne Schmerz oder Leid. Doch selbst ein schwieriger Weg ist nichts im Vergleich zu einem fortwährenden Leben zum Tode hin aus Gründen eigenen Anhaftens an die Täuschungen der materiellen Welt oder Unwissenheit, weil wir einfach die Augen für die Gnade im Leben nicht öffnen. Gnade schließt auf dem Weg auch Barmherzigkeit und Vergebung ein; für uns selbst, wenn wir auf unserem Weg der Umkehr erkennen müssen, wie sehr wir uns selbst von unseren Wurzeln entfernt haben; für andere, durch deren uns zugefügtes Leid wir vielleicht erst auf unseren Weg der Erkenntnis gedrängt wurden.

So betrachtet, spielt es dann auch nicht mehr die entscheidende Rolle, dass unser denkender Verstand niemals eine rational zufriedenstellende Antwort auf die Frage erhalten wird, ob es nach unserem physischen Ableben eine Wieder- oder Neugeburt in ein anderes Leben geben wird. Karma oder Nicht-Karma ist zweitrangig. Es gilt erst einmal für dieses jetzige, ganz einzigartige Leben unsere Verantwortung zu übernehmen. Ein Leben in Liebe und Verbundenheit, das die Güte überall dorthin trägt, wo sie in der Welt fehlt, ist niemals ein verschwendetes Leben zum Tode hin. Die Prise Leichtigkeit, die ein Leben in Auferstehung einleiten mag, klingt an im alten Sinnspruch von John Lennon: »Leben ist das, was sich ereignet, während du gerade woanders bist.« Wie gerne hätte es dieser »Beatle« erlebt, dass die Menschen dem Frieden in sich selbst wie weltweit eine Chance geben würden. Stattdessen wurde er selber zum Opfer eines mörderischen Unfriedens im Herzen dessen, der ihn tötete.

Leiden braucht mehr als einen Namen.

Quälgeistern eine Gestalt geben

Menschen müssen im Leben bisweilen unvorstellbares Leiden durchmachen, körperlich und oder psychisch wie seelisch. Sofern Leiden eine begriffliche Benennung erhält, hat das Kind zwar einen Namen, ist aber kaum einen Schritt weiter. Dagegen kann es leidenden Menschen sehr weiterhelfen, wenn ihr Leid nicht bloß einen Namen erhält, sondern zusätzlich ein Bild oder eine Gestalt bekommen kann. Nicht gegen Quälgeister, sondern in der Auseinandersetzung mit Quälgeistern helfen heilsame Visionen. Im therapeutischen wie heilenden Arbeiten lässt sich Derartiges ohne großen Aufwand bewerkstelligen.

Persönlich lade ich Menschen zu einer Struktur- und Gestaltarbeit in Form des »leeren Stuhles« ein. Das Vorgehen besteht darin, dass ich ihnen für ihr Leid einen unbesetzten Stuhl anbiete, auf dem ihr Leid Platz nehmen kann. Dafür platziere ich den Stuhl nach den Anweisungen meiner Klienten so in Entfernung und Winkel im Raum positioniert, dass Nähe wie Distanz für sie stimmig und gut aushaltbar sind. Richten die Klienten dann ihren Blick auf den noch leeren Stuhl, fokussieren sie ihre Aufmerksamkeit. Anschließend lautet die Ermunterung, auf dem leeren Stuhl in ihrer Vorstellung eine Gestalt auftauchen zu lassen, die ihrem Leiden entspricht. Welche Form und Gestalt nimmt ihr Leiden an? Wie sehen sie es bildlich vor sich? Welche Größe erfährt es auf dem Stuhl? Dominieren bestimmte Farben? Wie fühlt sich die Gestalt auf dem Stuhl für die Patienten an? Was strahlt von ihr aus? Der Klient kann der Gestalt auch eine

Stimme geben. Wie klingt diese in seinen Ohren? Hat ein Mensch seinem Leid erst einmal eine eigene Gestalt gegeben, ist seine Situation bereits eine veränderte. Er hat sich in seiner Vorstellung ein bildhaftes Gegenüber geschaffen, mit dem er augenblicklich in Dialog gehen kann, um unmittelbar sein Wort an die Gestalt zu richten. Er berichtet dann nicht mehr mir oder einem anderen therapeutischen Gegenüber, das diese Methode gleichermaßen beherrscht, über sein Leiden, sondern er spricht sein Leid in der direkten Rede in der Du-Form an. Im Gegenzug kann er sich vorstellen, wie die Gestalt zu ihm sprechen würde. Der Klient kennt zwar vom Empfinden her seine ihn quälenden Symptome, doch es mag sein, dass er die Gestalt durch die Inszenierung sehr Überraschendes zu sich sagen hört. Möglicherweise bekommt er darüber neue Informationen oder Erkenntnisse. Ist der Klient gut zu einem Wechsel der Perspektive in der Lage, kann er selbst den Stuhl wechseln und sich auf den Stuhl seines Leids setzen. Je nachdem, worunter der Patient leidet, erfordert das einigen Mut, infolgedessen auch wohlwollende Ermutigung. Vom Stuhl des Leids kann der Patient überprüfen, ob seine Vorstellungen, was die Gestalt des Leids zu ihm sagen könnte, in die richtige Richtung wiesen. Sie können aber auch eine Korrektur erfahren, weil der Klient aus der Perspektive des Leids heraus plötzlich anders spricht. Er kann es konkret ausprobieren, indem er aus der Perspektive des Leids zu sich selbst auf seinem Stuhl als Person spricht. Er kann sich auch ganz still in sein Leid hineinfühlen. Nicht selten ist das der wichtigste Moment während dieser gesamten Gestaltarbeit. Er fördert bisweilen gänzlich Unerwartetes zu Tage, an das weder Klient noch Therapeut über ein bloßes Reden über das Leid jemals herankämen. Der Nutzen jenseits der Sprache, wenn ich mit Klienten auf diese Weise arbeite, ist die Möglichkeit, mir die Gestalt des Leids genauestens anschauen zu können. Ich sehe sie gemäß der Vorstellungen, Beschreibungen und Ansagen des Klienten leibhaftig vor meinem eigenen geistigen Auge. Und mehr noch: Ich kann sie als Gestalt erspüren, mich in sie hineinfühlen. Welche Kraft und Energie strömen von ihr aus? Wie ist ihre Ladung? Geht etwas Bedrohliches oder gar Dämonisches von ihr aus? Oder erscheint sie im Leben des Klienten zwar als mächtiges Symptom, fühlt sich aber als Gestalt auf ihrem Stuhl sonderbar anders an? Bisweilen kann es sich beim Mitgehen in der Arbeit so anfühlen, als täte es der Gestalt fast leid, ihrer Person derartiges Leiden zu verursachen. Sie weiß bloß selbst keinen anderen Rat mehr. Wirklich Dämonisches erlebe ich zum Glück fast nie, wenn Leiden eine Gestalt annimmt. Diese Gestaltarbeit als eine der reichen Unterformen des imaginativen Arbeitens mit der aktiven Vorstellungskraft von Menschen kann so viel Neues an Informationen, Erlebnismaterial, Gefühlen, Eindrücken über unsere fünf Sinne hinaus und heilsame Qualitäten ans Licht bringen, dass kein Mensch in Bedrängnis darauf verzichten sollte.

Eine meiner Teilnehmerinnen an einer Langzeitfortbildung, in der die Inhalte großenteils über Eigenerfahrung erlebbar werden, fasste sich ein Herz und setzte beim Thema »Struktur- und Gestaltarbeit« ihre eigene, sie quälende Depression auf den leeren Stuhl. Anfangs vermag sie sie kaum anzuvisieren. Sie beschreibt die Gestalt der Depression als eine Mischung aus übergroßem Stier und Dämon in einem kräftigen Rot. Sie fühlt sich ihr gegenüber hilflos ausgeliefert. Dann beginnt sie zu ihr zu sprechen. Zuerst leise, bis ihre Stimme hörbar kräftiger und zorniger wird, allerdings, ohne sich dessen bewusst zu werden. Schließlich fällt der Schlüsselsatz: »Ich brauche dich nicht mehr.« Als ich meine Kursteilnehmerin nach Beendigung der kleinen Inszenierung auf ihren Schlüsselsatz aufmerksam mache, kann sie sich nicht daran erinnern, ihn gesprochen zu haben. Sie hat ihn selbst überhört. Doch ich habe ihn gehört, die übrigen

Zeugen in der Gruppe haben ihn deutlich gehört, und die Depression hat ihn gehört. Ein vorbewusster Teil oder Ego-State der sich depressiv fühlenden Frau ist ihrem bewussten Erleben voraus und formuliert über ihren Kopf hinweg: »Ich brauche dich nicht mehr.« Während der Inszenierung bewegt sich meine Wahrnehmung synchron auf mehreren Kanälen. Ich höre ganz präsent jedes gesprochene Wort meiner Teilnehmerin. Ich sehe ihre Körpersprache, und parallel spüre, sehe und höre ich in mir die Gestalt der Depression. Als sie vernimmt: »Ich brauche dich nicht mehr«, bäumt sie sich keineswegs widerständig auf. Sie reagiert sogar freudig erleichtert, dass sie als Depression nicht länger vonnöten ist. Meiner Teilnehmerin erscheint sie übergroß und übermächtig auf ihrem Platz. Sie selbst fühlt sich nur groß gemacht. Kaum auf ihrem Stuhl platziert, spüre ich ihre Resonanz in mir. Frühzeitig im Geschehen vernehme ich in mir klar und deutlich ihre imaginative Stimme mit der Botschaft: »Es tut mir leid, dass ich dich so leiden lasse, aber meine Aufgabe ist es, dich vor der Angst vor deiner eigenen Kraft zu schützen.« Wer einen zusätzlichen Beweis für die Stimmigkeit dieser Aussage braucht: Sämtliche anderen Teilnehmer wie Teilnehmerinnen in der Gruppe spiegeln ihrer Kollegin einstimmig, dass sie miterleben durften, wie die Depression vor deren wachsender Kraft zurückwich. Sobald diese die Angst vor der eigenen Kraft loslassen kann, büßt die Depression ihre schützende Funktion ein. Meine Teilnehmerin hatte ihre eigene Stärke in der Tat immer stärker zurückgenommen, weil sie die Menschen in ihrem Umfeld mit ihrer Kraft regelrecht überfuhr. Die Lösung für diesen Missstand ist jedoch nicht die Fesselung ihrer Kraft mittels Depression, sondern das Erlernen, ihre Kraft und Stärke so zu dosieren, dass sie sie zum Wohle aller einsetzen kann. Ihre Depression weicht nicht einem Bekämpfen des vermeintlichen Dämons, sondern sie wartet darauf, transformiert und erlöst zu werden. Die kleine

Strukturarbeit war der Beginn dieser Transformation und Erlösung, der meine Teilnehmerin mit neuer Zuversicht erfüllte: »Ich habe meinen Weg gefunden und weiß nun um ihn. Ich werde ihn weiter gehen, mich nicht abhalten lassen.«

Den Blick darauf richten, was wir aus dem Leben machen möchten

Leiden braucht paradoxerweise auch deshalb mehr als einen Namen, weil es heutzutage viel zu viele Namen hat. Die psychiatrischen Theorien und Krankheitslehren ufern immer weiter aus. Die ICD-11als neueste Version des Klassifikationssystems medizinischer und psychiatrischer Diagnosen der Weltgesundheitsorganisation wird 55.000 Codes für Verletzungen, Krankheiten und Todesursachen enthalten. Diese Diagnoseschlüssel sind ein regelrechtes Produkt des medizinischen Apparates. Das DSM-5 als Diagnostisches und Statistisches Manual Psychischer Störungen steht dem nicht nach. Viele körperliche Leiden und psychische »Störungen« werden zwar mit Namen versehen, bleiben aber dennoch völlig schwammig, was Genese und Behandlung betrifft. Je nach Arzt und Anamnese kann das sehr konkret erlebte Leiden eines bestimmten Menschen sogar völlig unterschiedlich diagnostiziert werden. Manchmal scheint es Menschen zu helfen, wenn sehr diffuse Symptome nach langer Krankheitsgeschichte endlich einen Namen bekommen. Ob Behandlungen anschlagen und Linderung oder Heilung bringen, ist eine andere Frage. Es ist leider ein Markenzeichen unserer modernen Medizin, dass sie seltener mit liebender Güte, dagegen enorm mit Verunsicherung oder sogar Angst arbeitet. Nicht, dass Ärzte und Ärztinnen nicht über Liebesfähigkeit verfügten. Doch viele können ihre Arbeit im Angesicht von Leiden und Sterben nur um den Preis der Narkotisierung aller eigenen positiven Gefühle leisten. Sie vollbringen regelrechte innere Anstrengungen, um ihre Liebesfähigkeit sowie ihre Menschen gegebene Fähigkeit zu verbundenem Mitgefühl unter Kontrolle zu bringen über Abgrenzung und professionelle Distanz. Dort, wo der Tod am nächsten ist, in den Hospizen zur Sterbebegleitung, dürfen wir Gegenteiliges erleben. Im Angesicht des nahenden Ablebens wird dort mittlerweile im Sinne der Verbundenheit häufiger von »professioneller Nähe« gesprochen. Trotz schweren Leidens schafft das Luft, um Leichtigkeit und Freude zu atmen.

Die Krebsspezialistin Rachel Naomi Remen, die sich von einer traditionell arbeitenden Medizinerin zu einer Heilerin des Herzens gewandelt sah, legt den Finger in die Wunde, dass es eine Illusion ist, Menschen in heilenden Berufen könnten sich durch Abschottung vor Leid und Tod schützen. Sie verkennen dabei völlig die Tatsache, dass Leid und Schmerz in gütiger, mitfühlender Verbundenheit weit einfacher zu verschmerzen sind, gibt es doch recht verstanden keine Mitgefühlserschöpfung, jedoch sehr wohl Ausbrennen durch erlernte Gefühlsabschottung und Herzensverschlossenheit. Bleiben heilkräftige Gefühle wie Mitgefühl, liebende Güte und Barmherzigkeit in der weit verbreiteten Realität der Medizintechnokratie auf der Strecke, distanzieren wir uns vom Leben selbst. Remen schreibt sehr gnädig über diese Distanzierung (2001): »Nur Menschen, die zur Sorge fähig sind, können diesen Betäubungszustand erreichen. Wir brennen nicht deshalb aus, weil wir uns nicht mehr sorgen, sondern weil wir nicht trauern. Wir brennen aus, weil wir so randvoll mit Verlusterfahrungen und Enttäuschungen sind, dass für die Sorge um andere kein Platz mehr bleibt.« Unermüdlich plädiert die Heilerin des Herzens deshalb für eine medizinische wie psychotherapeutische Ausbildung, die Mediziner und Heilerinnen befähigt, ihre Arbeit mit weit geöffneten Herzen zu tun.

Heiler wie Heilerinnen begegnen leidenden Menschen von Beginn an mit einem veränderten Krankheitsverständnis. Sie kommen zudem auf andere Weise zu Diagnosen als über die Vorgaben standardisierter Diagnoseschlüssel, die trotz ihrer ausdifferenzierten Codes wenig für Klarheit sorgen. Besonders diffuse, aber heutzutage modische Diagnosen lauten auf leibliche Symptome bezogen: Fibromyalgie, Hashimoto, Leaky-Gut-Syndrom, Reizdarmsyndrom, Allergien und Unverträglichkeiten. Auf der psychisch-seelischen Ebene sind heutzutage epidemisch verbreitete Diagnosen: Aufmerksamkeits-Defizit-Hyperaktivitätsstörung, Depression, Angst- und Panikstörung, Bipolare Störung, Narzisstische Persönlichkeitsstörung, Suchtabhängigkeit, Psychose. Dass das Kind einen Namen bekommt, garantiert noch längst keine erfolgreiche Behandlung. Scheinbar eindeutige Diagnosen sind nicht selten überaus trügerisch. Im medizinischen Apparat wird weitverbreitet der Eindruck erweckt, sie seien mit standardisierten Behandlungsmethoden zu kurieren. Doch dagegen regt sich wachsender Widerstand. Nicht bloß unter Patienten, die mit ihrem Leiden im medizinischen Versorgungssystem zu häufig leidvolle Erfahrungen von Unwirksamkeit erleben müssen, sondern auch unter den Akteuren im System selbst. Der holländische Psychologie- und Psychiatrieprofessor Peter de Jonge plädiert seit Jahren für eine Revolutionierung der psychischen Gesundheitsversorgung. »Ein Maßstab für alle« funktioniert schlicht nicht gut, resümiert er in einem Interview mit Stephan Schleim vom 05. Juni 2017. Insbesondere möchte de Jonge weg von den Hunderten Kategorien für psychische Störungen. Seiner Ansicht nach würde die Reduzierung der Krankheitsbilder auf drei Grundformen hinreichend Sinn ergeben: »internalisierende, externalisierende und psychotische Störungen«. Wenn den Menschen dann eine individuelle Behandlung auf Leib und Seele zugeschnitten würde, wären wir allesamt einen großen Schritt weiter. Er drückt sich da nicht zimperlich aus: »Menschen sind keine Kartoffeln«, die vergleichbar wären. Die »Psyche der Menschen ist aber so unterschiedlich, dass kaum Verallgemeinerungen möglich sind. Wenn man es trotzdem versucht, dann verliert man das Individuum aus den Augen«. In der fatalen Konsequenz werden psychische Probleme der Menschen oft auf falsche Weise beschrieben, und »der Schlüssel zur Besserung« geht verloren. Für de Jonge ist die gesamte Richtung der Forschung aus dem Lot, die Koordinaten sind misslich verschoben. So erklärt er:

> »Bei psychiatrischer Forschung geht es seit Jahrzehnten vor allem um die vermeintlichen genetischen und neurobiologischen Ursachen psychischer Störungen... Nein, bei psychischen Störungen geht es darum wie man sich fühlt, um Emotionen, Gedanken und Verhalten. Diese bestimmen das Vorliegen eines Problems, nicht das Gehirn oder die Gene«.

Sie bestimmen auch den Umgang eines Menschen mit seinem Problem. Hilfreiche Lebenstherapie, die immer auch eine Therapie in und aus Liebe ist, richtet den Blick der Menschen »auf das, was sie aus ihrem Leben machen wollen«. Um den Blick der Menschen auf den Möglichkeitsraum zu lenken, eignet sich kaum etwas besser als die Arbeit mit Bildern, Träumen, Vorstellungen und Visionen, wie sie uns die imaginativen und imaginalen Methoden und Techniken an die Hand geben. Mit deren Hilfe ist es leicht, das Individuum im Blick zu haben, denn ich kann für jedes Problem eines jeden einzelnen leidenden Menschen die für ihn hilfreichen Imaginationen kreieren. Das ist keine Hexerei, sondern schlichtweg die Rückbesinnung auf die jedem Menschen gegebene schöpferische Vorstellungskraft. Sie überdauert im Menschen auch als Überlebenskraft, die ohne eindeutig erkennbaren äußeren Anlass aus sich heraus wieder aktiv werden kann.

Eine Vision als Ausweg aus der Sucht

Bei suchtabhängigen Menschen kann lange vor der tatsächlich in Angriff genommenen Veränderung ein inneres Bild des Anstehenden als Vision auftauchen. Mit Worten, von denen jedes einzelne einen Rettungsanker schafft, beschreibt Amy Liptrot die heraufdämmernde Ahnung ihres in der nahen Zukunft liegenden Wendepunktes, der die Macht des Alkohols über sie brechen wird. Bis zu ihrer Weichen stellenden Vision lebte sie ihr Leben als ein Spiel mit den Extremen zwischen den flüchtigen illusionären Freuden und dem jegliche Lebensfreude abtötenden Furor ihrer Alkoholabhängigkeit. Ihre schonungslose Offenbarung eines langen Weges, auf dem der Alkohol ihr ständiger Gefährte war, lässt nicht den geringsten Raum für eine Verniedlichung des sich verselbstständigenden Trinkens. Amy Liptrots Selbstbekenntnisse wie -erkenntnisse lassen auch ahnen, welche besonderen Schwierigkeiten eine empfindende Seele zu bewältigen hat, die sich im Körper eines Menschen inkarniert sieht, der mit seiner derzeitigen Persönlichkeit einer Alkoholabhängigkeit verfallen ist. Liptrot lässt nacherleben, dass von der Lust am Trinken im Anfangsstadium des Alkoholismus sowie von den beschwingten Hochgefühlen und den verführerischen Grandiositätsfantasien immer weniger als Gratifikation des Trinkens übrig bleibt. Ihr maßloser Gebrauch von Alkohol führt sie unaufhaltsam in den Abgrund. Am Ende bliebe ihr bloß noch der bodenlose Sturz in die Leere, in die totale, schwarze, hoffnungslose Leere, gäbe es da nicht diesen überlebenswilligen wie überlebensfähigen gesunden Teil in ihr, der sie in »Nachtlichter« (2017) visionär sehen lässt:

> »Ich hatte genug. Eines Nachts überkam mich für einen Moment eine flüchtige Ahnung, die dennoch tief und

verlockend war, so als würden die Scheuklappen vorübergehend angehoben und mein Blickfeld mit Licht geflutet, dass ein Leben ohne Alkohol nicht nur möglich sein könnte, sondern voller Hoffnung, ja geradezu überwältigend. An dieser Vision hielt ich fest, und sagte mir, dass es meine letzte Chance sei. Wenn ich mich nicht änderte, würde mein Weg nur noch tiefer in den Schmerz hineinführen«.

Amy Liptrot ist ein lebendiges Beispiel, wie Menschen aus eigenem visionären Anrieb den Weg aus einer sie gänzlich vereinnahmenden Suchtabhängigkeit herausfinden können. Dabei wählt ihre Persönlichkeit ihre eigenen für sie hilfreichen und weg weisenden Therapieformen. Der eine Weg der Hilfe zur Selbsthilfe ist, sich die Sucht aus dem Leib zu schreiben. Wie Liptrot in »Nachtlichter« ihre inneren Erlebniswelten, ihre Zustände und Abgründe, ihr Trockenwerden und Trockenbleiben beschreibt, wird in der Welt der Bücher literarisch gefeiert. Für ihr »Nature Writing« ist die Autorin mit renommierten Preisen bedacht worden. Für die Befreiung von der Sucht entscheidender als das »Nature Writing« ist allerdings das »Nature Living« der Amy Liptrot. Ihr Mut, ihr Wille, in die gewaltigen heilsamen Kräfte der Natur ihrer Heimat einzutauchen, sich ganz und gar mit Leib und Seele dieser heilsamen Kräfte anzuvertrauen, sie sich für die eigene Genesung wissentlich und willentlich zu Nutze zu machen, lässt sie aus der Sucht auftauchen. Liptrot realisiert ihre Selbstheilung auf dem richtigen Weg. Sie verschwendet und verbraucht ihre Kräfte nicht mit einem Kämpfen gegen den Alkohol, sondern sie setzt stattdessen von Beginn an eine tragende, das Leben nährende Alternative an seine Stelle: die unbändige Lebenskraft der Natur, die sie als belebende Kraft in sich selbst aufnimmt, indem sie sich zu einem verbundenen Teil dieser »Grünkraft« macht. Das ist beste, ebenso gelingende wie glückende Selbsttherapie auf anderem Wege. Liptrot erlaubt sie über die Rückverbindung mit der Schöpfung die Rückverbindung mit sich selbst, und das ist ein gnädiger Akt der Liebe. Am Anfang des Weges stand ihre Vision, an der sie unbeirrbar festhielt.

Nun steht nicht jedem suchtabhängigen Menschen eine vergleichbare, in die Schöpfung eintauchende »Naturtherapie« offen. Das Exemplarische der glückenden Selbstheilung jedoch steht allen Menschen offen, die tief in eine Abhängigkeit von Suchtmitteln oder ein anderes seelisches Leiden verstrickt sind. Um eine Abhängigkeit zu bewältigen, um sich weniger von Depressionen gequält zu fühlen oder seltener Angst- und Panikattacken zu erleiden, ist weniger das Praktizieren von Energien verzehrenden Kontrollstrategien erfolgversprechend. Richtungsweisender sind von vorneherein konstruktive Fragen: Wie kann ein höheres Maß an Freude in mein Leben Einzug halten? Mit welcher guten Nahrung nähre ich zukünftig mich und mein Leben: körperlich, geistig, seelisch, spirituell? Wie nähre ich mich in meinem nach vorne hin offenen Leben ausschließlich mit den »Speisen zum Leben«?

Was soll ich glauben? Orientierung in verstörenden Parallel- und Zwischenwelten

Im Gegensatz zu den lichtvollen und angstfreien imaginalen Zwischenwelten, wie ich sie im Kapitel »Wissen für die Gegenwart« weiter vorne im Buch beschrieben habe, gibt es andere Parallel- und Zwischenwelten, die von Menschen völlig anders erlebt werden. In der Regel geht ihnen darin jedwede Sicherheit vermittelnde Orientierung verloren. In meiner Arbeit habe ich in wachsendem Maße mit Menschen zu tun, die in wenig erträglichen Parallelwelten gefangen sind. Um der therapeutischen Begegnung mit ihnen eine Richtung zu geben, bedarf ich selbst einer höheren Orientierung, um ihnen gerecht werden zu können. Folglich bereite ich mich auf die Arbeit mit diesen sich Hilfe erhoffenden Menschen immer besonders sorgfältig vor. Regelmäßig bitte ich für beide Seiten um Schutz und meditiere verstärkt mit Hilfe imaginaler Visionen, äußerst gewissenhaft prüfend, wie ich sie einsetzen darf, um mit verlorenen Menschen an den Rändern der Welt zu arbeiten. In ihrer Verlorenheit stellen sie nämlich sämtliche Tätige in helfenden Systemen vor außergewöhnliche menschliche wie fachliche Herausforderungen. Können meditative, imaginative wie imaginale Methoden in derartigen Fällen hilfreich sein, oder sind sie gar kontraindiziert?

Es ist beileibe kein Selbstzweck, Klienten, Patientinnen oder Fortbildungsteilnehmer an imaginales Erleben heranzuführen. Längst nicht alle Wege führen nach Rom, wie es sprichwörtlich heißt. Aber letztlich wohnt sämtlichen imaginalen Zuständen das Potenzial inne, zurück zum Licht, zur Liebe und zur Güte zu führen. Folglich ist das ein Liebesdienst im besten Sinne, denn diese Liebe ist eine höhere als unsere Liebe nach irdischen Maßstäben. Sie nimmt heilenden Einfluss auf die verletzte Psyche wie auf die ihren Sinn suchende Seele. Gleich welchen Menschen diese Art von Liebesdienst vorzuenthalten, wäre in meinen Augen unterlassene Hilfeleistung. Folglich verwende ich sie sorgfältig dosiert gerade auch deshalb, weil es so viele Zwischen- und Parallelwelten gibt, in denen sich die Menschen nicht so gerne aufhalten, aus denen sie einen Ausweg suchen. Manche Menschen, die an chronischen körperlichen Beschwerden oder gar an lebensbedrohlichen Krankheiten leiden, erhoffen sich einen anderen Umgang mit ihrem Leiden durch eine psychotherapeutische Parallelbehandlung. Wie leben sie mit einem bisweilen monate- oder jahrelangen Schwebezustand zwischen Leben und Tod? Nicht selten lassen sie hören: »Ich bin nicht gläubig, aber auch nicht Atheist. Ich bin irgendwo dazwischen.« Was ist ihr »Dazwischen«? Und wie können sie sich ein derartiges »Dazwischen« nutzbar machen für ihren Weg entweder Richtung Genesung oder, bei Fortschreiten ihrer Erkrankung, Richtung Ende ihres Lebens auf Erden? Manche führen ihre Gedanken weiter: »Ich kann mir das Nichts nach dem Sterben nicht denken, das so ja vermutlich auch vor der Geburt bestand. Aber noch weniger kann ich mir das Leben nach dem Tod vorstellen. Ich weiß nicht, was ich glauben soll.« Wie sollen wir unsere Furcht vor dem Tod, dem vermeintlich Endgültigen, mildern, wenn wir keine Vorstellung davon entwickeln, was uns nach dem Hinübergehen erwartet? Es kann ungemein hilfreich sein, eine Orientierung zu gewinnen in der Frage, »was ich glauben soll« oder glauben kann, wenn imaginale oder meditative Visionen uns in geistig seelische Dimensionen gelangen lassen, die uns die Erinnerung wiederbringen, woher wir kommen und wohin wir wieder gehen werden. Das kann enorme Selbstheilungskräfte entfesseln oder zumindest Mut schenken für unseren letzten Weg.

Ein kaum erträgliches Zwischenreich erleben Menschen, denen ein Schicksal beschieden ist, mit einer schwerwiegenden psychischen Erkrankung durchs Leben zu gehen. Psychosen, Depressionen, Traumata, Angst- und Panikzustände oder süchtige Abhängigkeiten bescheren Menschen Leiden. Sie verschieben die Koordinaten unserer sogenannten Normalität. Bei der sogenannten »Bipolaren Störung« ist ein Pendeln zwischen polaren Welten bereits im Namen enthalten. Die Parallelwelten der verschieden ausgeprägten psychischen wie seelischen Leidenszustände können zwar sehr unterschiedlich erlebt werden, haben aber jeweils ihre eigenen Gesetzmäßigkeiten wie Realitäten. Insbesondere für die verschobenen Vorstellungswelten der Psychosen hat die klassische psychiatrische Behandlungslehre kaum Alternativen zur Medikamente gestützten Behandlung zu bieten. Eher selten wird Behandlern die Zeit gewährt, ihre psychotischen Klienten und Patientinnen so weit in ihre eigenen Realitäten zu begleiten, dass sie eine nachvollziehbare Vorstellung von deren Symptomatik bekämen. Arbeiten mit inneren Anteilen, Ego-States, inneren Stimmen oder Bildern, Wahnvorstellungen, Erscheinungen usw. usf. erfordert Zeit, Erfahrung, einfühlendes Mitgehen, Mut, Intuition und eine hohe Bereitschaft, über jeden Tellerrand hinauszuschauen; sofern es von Nutzen ist, sogar medial. Nicht, dass Ärzte, Therapeutinnen oder sonstige beruflich Helfende menschlich wie fachlich generell nicht dazu in der Lage wären. Sie können in unserem durchökonomisierten psychiatrischen Versorgungssystem bloß die Zwangsjacken ihrer Vorgaben nicht ablegen. Nicht wenige verzweifeln daran, weil sie zwangsläufig hinter ihren Möglichkeiten zurückbleiben müssen. Sie werden im ungünstigsten Fall selber zu Patienten, weil sie innerlich ausbrennen.

Angehörige von psychotischen Patienten fragen sich fast immer ziemlich verzweifelt, was mit den ihnen nahestehenden Menschen in Kliniken eigentlich passiert außer medikamentöser Behandlung. Hören die Menschen fremde Stimmen in sich oder die Stimmen ihrer multiplen Persönlichkeiten, gleichgültig, ob es zwei, sieben oder siebzehn Stimmen sind, wie gerade bei dreien meiner aktuellen Klienten, wünschen sich ihre Angehörigen jedenfalls dringend, eine Behandlung möge sich daran interessiert zeigen, die Stimmen zu identifizieren, um herauszufinden, aus welcher Realität heraus sie sprechen und die Person zu lenken trachten. Sie wünschen sich außerdem, eine Behandlung möge der Person dazu verhelfen, zumindest soweit mit inneren

Stimmen in den Austausch gehen zu können, dass die Person die Regie übernehmen kann. Regie führen zu können, ist ein anderer Zustand, als sich inneren Stimmen hilflos ausgeliefert zu fühlen, insbesondere dann, wenn es dämonische Stimmen zu sein scheinen.

Überlegen Sie als Leserin oder Leser doch selbst einmal kurz, wie hoch Sie die Chancen eines 14j-ährigen Jungen im Körper eines Mädchens einschätzen, einen Therapeuten oder eine Ärztin zu finden, die sich die Mühe macht, seine 17 von ihm identifizierten multiplen Persönlichkeiten zu sortieren. Material dafür würde der Junge genügend anbieten, denn als Hilfe zur Selbsthilfe führt er Buch über die mit ihnen erlebten Episoden. Er benennt gute und als böse erlebte Stimmen in sich.

Angehörige wünschen sich für sich klare Antworten, ob als böse erlebte Stimmen bei psychotischen oder multipel strukturierten Menschen ein Zeichen einer »Besetzung« oder »Besessenheit« sein können. »Böse« oder »unreine Geister«, wie sie in biblischen Quellen genannt werden oder »dunkle Elementale«, wie sie erstmalig Paracelsus benannt hat, sind keine psychotische Erfindung. Sie existieren und können Menschen in Besitz nehmen. Nicht immer bekommen fragende Angehörige ihnen dienliche Antworten. Es kann Angehörigen sogar zustoßen, dass bei derartigen berechtigten Nachfragen das Gespräch mit behandelnden Ärzten abrupt unterbrochen wird, wie eine Mutter in meiner Elterngruppe berichtet. Ein Hinausdenken über manch gängige Krankheitslehre sowie Zeit und Zuwendung zur Abklärung psychotisch anmutender Erlebnis- und Vorstellungsinhalte können Hilfestellungen sein, manche Psychose ausheilen zu lassen. Dabei kann es auch gelingen, lebenseinschränkende »Störungsbilder« durch die besondere heilsame Kraft imaginativer Bilder zu entkräften und neue Lebenskraft wachsen zu lassen. Insgesamt gibt es unendlich viele Gründe, imaginative, imaginale und meditative Methoden und Techniken samt ihrer archetypischen, im kollektiven menschlichen Erbe verwurzelten Bilderwelt auch Menschen anzubieten, die derart in verschobenen Parallel- und Zwischenwelten umherirren, dass ihnen eine orientierte Lebensteilhabe in unserer so normalen Realität kaum noch gelingen mag.

Außerdem sollten wir auf keinen Fall unterschätzen, zu welchen Gefühlen und intuitiven Weisheiten Menschen fähig sind, die nach außen hin erst einmal verstört und orientierungslos erscheinen. Einer meiner jugendlichen Klienten, der mit seinen kreativen Alltagsbeschäftigungen zwar seinen Lebensunterhalt nicht bestreiten, aber immerhin sein Leben erhalten kann, fragte mich aus tiefster Sehnsucht nach Bestätigung heraus: »Wenn ich das, was ich mache, mit Liebe tue, mache ich es dann richtig?« Dieses weise Wissen des jungen psychotischen Mannes wünschte ich mehr Menschen. Denn alles, was wir nicht aus Liebe heraus tun, ist im Grunde genommen pure Zeitverschwendung. Insofern darf ich mich glücklich schätzen, in meiner Arbeit auch Menschen zu begegnen, die zwar in keiner Weise den Anforderungen an ein Funktionieren in unserer eher unbarmherzigen Geschäftigkeit genügen, die aber bisweilen mehr von der Liebe verstehen, als Menschen im Funktionsmodus. Ebenso glücklich darf ich mich schätzen, dass ich meine Arbeit von Tag zu Tag verstärkt aus innerer Liebe heraus verrichten darf.

Leben ohne zu leben: »Mich gibt es gar nicht«

Nicht bloß einen vagen Gedanken daran zu verschwenden, sondern an Leib und Seele zu spüren, dass sie in ihrem eigenen Leben eigentlich gar nicht mehr vorkommen, ist für entsprechende Menschen eine reelle Chance auf Veränderung.

Leite ich in Einzeltherapien oder in Gruppen eine imaginative Übung an, leite ich sie in der Regel ein durch eine vorgeschaltete Tranceinduktion. Im Verlaufe dieser Einstimmung auf die Bilder und Inhalte der imaginativen Vision spreche ich auch regelmäßig eine Improvisation folgender Worte:

> »Mache dir bewusst, dass dein Atem in deinem Leben das Erste ist, das kommt, und das Letzte, das geht. Dazwischen bist du mit deinem ganz einzigartigen Leben, denn du bist einzigartig. Mache dir das wirklich bewusst. Dein Atem ist in deinem Leben das Erste, das kommt, und das Letzte, das geht. Diese Zeit zwischen deinem ersten und deinem letzten Atemzug ist die dir geschenkte Lebensspanne. Du kannst diese Zeit für dein ganz einzigartiges Leben nutzen oder sie verstreichen lassen.«

Nicht wenige Menschen fühlen sich alleine durch diese bewusst gesetzten Worte bis in ihre Grundfesten erschüttert. Es fließen entweder sofort die Tränen bei ihnen oder später, zu Hause. Sie realisieren, wie weit der Alltag sie von sich weg geführt hat, welch geringe Bedeutung sie eigentlich der eigenen wertvollen Existenz beimessen.

So erging es auch einer in ihrem helfenden Beruf sehr kompetenten und geschätzten Sozialarbeiterin in einer meiner Fortbildungsgruppen. Obwohl häufiger müde und angestrengt, glaubte sie an ihre eigene Selbstüberzeugung, ihr Leben in geordneten Bahnen und ohne für sie spürbaren Leidensdruck zu führen. Helfen war ihr Lebensinhalt. Ohne Unterlass war sie für andere da. Nicht da war sie für sich selbst, jedoch ohne ein klares Bewusstsein dafür, dass sie sich viel zu weit aus den Augen verloren hatte. Hinweise von sie uneingeschränkt wertschätzenden Kolleginnen in der Fortbildungsgruppe auf ihr Risiko von Überforderung empfand sie als Angriff auf ihr Helferethos. Sie reagierte mit heftigem Rechtfertigungsdruck. Nach einem ersten intensiven Erleben meiner Imaginationsübung »Sich mit Leib und Seele anfreunden« (in Kuntz 2017a), die sehr nachdrücklich unseren gewohnten nachlässigen Umgang mit Körper und Geist zum Inhalt hat, schossen ihr die Tränen in die Augen. Sie konnte die Tränen als ein Aufatmen der Seele bei allem Bemühen um Kontrolle nicht zurückhalten. Ihr wurde durch die geführte Imagination schmerzhaft bewusst, wie wenig achtsam sie in ihrem Alltag mit sich umging. Das Ganze war für sie wie ein Weckruf und Startpunkt durchgreifender Veränderungen in ihrem Leben. Vier Wochen später berichtet sie:

> »Meine Innereien lassen mich nicht mehr los. Mir war nicht bewusst, wie unachtsam ich bin mit mir. Ich habe es einfach nicht gespürt. Ich bin gar nicht da. Ich komme überhaupt nicht vor. Ich kann mir auch kaum vorstellen, wie es anders sein kann. Wenn ich etwas spüre, wenn mir etwas weh tut, das darf gar nicht sein. Dann will ich nur, dass es wieder aufhört und ich wieder funktioniere. Mich gibt es eigentlich gar nicht in meinem eigenen Leben. Das beschäftigt mich seit der Übung unentwegt. Es lässt mich nicht mehr los. Und das ist gut so. Ich fühle mich wie aufgewacht.«

Mittlerweile besucht die Sozialarbeiterin eine zweite Fortbildung bei mir, weil sie zwar aufgewacht ist, aber immer noch zu wenig in ihrem eigenen Leben vorkommt. Sie arbeitet an ihren Veränderungen. Ungeachtet des realen Risikos, sich im Helfen zu überfordern, verdient ihr Tun und Handeln erst einmal absoluten Respekt.

Diese Frau hat ein so großes Herz für andere, dass ich mich im Kontakt mit ihr während des Jahres der ersten

Fortbildung schon manchmal fragte, ob sie überhaupt noch von dieser Welt oder nicht gar ein Bodhisattva sei. Bodhisattvas sind vereinfacht ausgedrückt, Wesen, die bereits zur Erleuchtung gelangt sind. Sie bräuchten kein weiteres Leben mehr im Körper eines Menschen zu führen. Dennoch inkarnieren sie aus freiem Willen wie unbegrenztem Mitgefühl heraus erneut in einer menschlichen Gestalt, um den aktuell lebenden Menschen zu helfen und zu dienen. Selbst wenn das nicht zu jedermanns und jederfraus Welt- und Menschenbild passen mag, verrichten solche Bodhisattvas still und leise ihr Werk unter uns Menschen. Im Kontakt mit dienenden Menschen, denen das Helfen und Dienen in Fleisch und Blut übergegangen ist, dürfen wir uns schon bisweilen fragen, mit welcher Art Wesen wir es da eigentlich zu tun haben. Doch selbst Bodhisattvas dürfen in ihrem eigenen Leben als derzeitige Persönlichkeit noch vorkommen. Für gewöhnliche Menschen, die in ihrem Leben einfach gelernt haben, immer für andere da zu sein und die eigenen Bedürfnisse gänzlich zurückzustellen, gilt das allemal. Ein ausgebrannter Helfer oder eine unter ihrer Dauerbelastung zusammengebrochene Helferin nutzen niemandem mehr, weshalb uneingeschränkt gilt: Richtiges Helfen will gelernt sein. Möchte ich anderen dauerhaft helfen und dienen können, muss ich mir auch erlauben dürfen, mir selbst zu helfen.

Bodhisattvas oder Heilige verfolgen zwar übermenschliche Ziele. Gleichwohl finde ich es sehr gnädig, wie sich die warmherzige große Seele Edith Stein zum selbstlosen Helfen und »Kreuztragen« äußert:

> »Übrigens glaube ich, dass es auch für einen Heiligen nicht erforderlich wäre, allen Wünschen und Hoffnungen und allen Freuden der Welt zu entsagen. Im Gegenteil. Man ist auf der Welt, um zu leben, und soll

alles Schöne, was es gibt, dankbar hinnehmen. Und soll nur nicht verzweifeln, wenn es anders geht, als man es sich gedacht hat« (nach Riedel 2010).

Menschen können sich zwar von einer vertrackten Form der Sucht nach vertrauten Gefühlen beherrscht sehen, die sowohl eine seelische wie eine biochemische Ursache hat. Doch es ist nicht »Leidenssucht«, die selbstlos helfende Menschen zum Dienen im Geiste der »compassio« führt, sondern tiefe Solidarität mit dem Leiden ihrer Mitmenschen aus »Liebe zur Welt«.

Vor diesem Hintergrund stehen die Vereinbarkeit von einem stimmig gelebten Helferethos, bei dem Arbeitsfähigkeit wie Arbeitszufriedenheit ungeschmälert überleben können, sowie damit einhergehender guter Selbstfürsorge als Basis bei meinen Fortbildungen und Seminaren für Menschen in helfenden und heilenden Berufen weit oben auf der Skala der anzustrebenden Entwicklungsziele.

Nicht leben aus Angst zu sterben oder: Leben, weil keine Angst zu sterben das Leben behindert

Auf Grund meines Buches über das imaginative Bearbeiten von Depressionen bat mich eine 50-jährige Frau telefonisch um einen Termin. Für sie war dieses Telefonat bereits eine ganz außerordentliche Leistung, war sie doch in ihrem Alltag selbst zu derart »normalen« Aktionen kaum noch in der Lage. Von Kindesbeinen an leidet sie derart unter Angst- und Panikzuständen, dass sie kaum noch einen Fuß vor die Tür zu setzen wagt. Daran haben auch diverse stationäre Behandlungen in etlichen Kliniken nichts geändert. Insofern war es schon ein kleines Wunder, dass diese Klientin nicht bloß bei mir anrief, sondern für ihren Termin sogar ihre Wohnung verließ, einen Bus nahm, das letzte Stück Weg zu Fuß bewältigte und letztlich an meiner Tür klingelte. Ganz langsam, vorsichtig, prüfend von der ersten Sekunde ab und ziemlich wacklig auf den Beinen kommt sie durch die Tür herein. Sie steht spürbar und sichtbar unter dem Einfluss ihrer Medikamente.

Nachdem sie im Therapieraum auf meiner schönen roten Coach Platz genommen hat, schaut sie sich vergewissernd um. Ich lasse sie ganz in Ruhe ankommen, halte sie mit Worten und meinem Blick. Dann beginnt sie ihre Leidensgeschichte zu erzählen und ist ganz verwundert, dass ich ihr hellwach zuhöre und mich an ihr interessiert zeige. Mittendrin überreicht sie mir zwei Blätter mit ihren nachfolgenden Aufzeichnungen. Da sie wenig gewohnt ist, dass sie beachtet und gehört wird, sich jemand Zeit für sie nimmt, hat sie diese Blätter bereits im Vorhinein zu Hause vollgeschrieben. Es ist ihr über alle Maßen wichtig, sich darüber verständlich zu machen, weil sie immer von Neuem den Eindruck bekommt, dass niemand wirklich weiß, geschweige denn nachfühlen kann, wie es in ihr aussieht. Ich gebe ihre Aufzeichnungen hier mitsamt ihren Wiederholungen und Endlosschleifen wieder. Sie geben einen wirklichen Einblick in das Innenleben dieser schweren Angstpatientin. Wie lebt und überlebt ein Mensch mit solch peinigender generalisierter Lebens- und Menschenangst?

> »Es stimmt etwas nicht mit meinem Körper, meinem Kopf. Angst wegen Energiemangel, dass ich einfach nicht genug Kraft habe, das Leben zu bewältigen, dass nie wieder Energie kommt. Fühle mich komplett lebensuntüchtig, totale Panik und Katastrophengedanken. Ich bin dem Leben nicht gewachsen. Ich verste-

he nichts, verstehe nicht, was mit mir passiert auf der Welt. Mir wird etwas angetan, weil ich nicht denken kann. Ich darf nicht leben, werde bestraft. Es stimmt was nicht mit mir, ich bin behindert, minderbemittelt, krank. Angst, weil Körper so steif ist, ich habe eine schlimme Krankheit wie meine Mutter, nur Katastrophengedanken, jede Minute des Lebens Angst, es passiert was. Es gibt keine Hilfe, die Welt ist grausam gegenüber Schwachen und Unfähigen. Eingelullt wie besoffen, als ob ich nur rumschwebe, aufgelöst, nicht da. Kann vor Erschöpfung nicht mehr weiter. Fühle mich wie ein Kind, nicht erwachsen, nicht selbstwirksam. Andere haben Macht über mich zu bestimmen. Habe totale Panik vor allem, auch vor einfachen Sachen wie Einkaufen. Fühle mich mit jedem Tag noch depressiver und verängstigter. Kann vor Angst nicht mehr klar denken und kriege nichts mehr mit, was passiert, alles wie im Film, komme um vor Angst, man ist nicht gut zu mir, es wird mir was Schlimmes angetan. Ständig Katastrophengedanken, gegen die nur Benzodiazepine helfen, treiben mich fast in den Wahnsinn, unerträglich. Angst vor Verfall, dass etwas mit mir nicht stimmt, vor Alter, Krankheit, Angst, weil ich so unbeweglich bin, dass das was Schlimmes ist, dass ich auch Parkinson habe wie meine Mutter, Angst, weil ich nicht denken und merken kann. Angst, ich habe psychisch etwas Schlimmes wie Psychose und verliere den Kontakt zur Realität. War schon viermal in Psychiatrie, weil alles so derealisiert war und ich richtig aggressiv wurde, Angst, wenn manchmal alles so derealisiert ist, ich drehe jetzt durch. Gefühl von Unwert, Wertlosigkeit. Todesangst vorm Leben, es passiert was Schlimmes, ich überlebe das nicht. Wird immer schlimmer. Es geht nicht gut aus für mich. Keine Sicherheit im Leben.

Bin unerwünscht in Welt, darf nicht da sein. Angst vor Männern und vor Sexualität, alles nicht geheuer, unberechenbar. Angst vor mir selbst, vor meinen Gefühlen, Angst vor Kontrollverlust. Schamgefühle und Schuldgefühle beim Thema Sexualität. Darf mich nicht gut fühlen. Muss mich klein machen, darf mich nicht groß machen. Bin abhängig von anderen. Darf nicht einfach so per se da sein und mich gut fühlen. Schamgefühle wegen körperlicher oder geistiger Mängel, alles an mir ist falsch. Immer lähmende Angstgefühle, es ist etwas nicht in Ordnung, ständige Sorgen- und Katastrophengedanken. Grübeln und schlimme Befürchtungen. Angst, ich werde bestraft. Schuldgefühle. Panische Angst vor Blamage, besonders geistig und vor Männern, weil ich mich nicht auskenne mit all den Erwachsenendingen. Total versumpft und benebelt im Kopf, dass ich gar nichts mehr kapiere und alles weit weg ist und nichts dringt mehr durch. Fühle mich vollkommen schutzlos auf der Welt, komme alleine nicht klar und es gibt keine Hilfe. Gefühl, alles geht böse aus. Lähmt mich vollkommen. Fühle mich immer ausgeliefert, unterlegen. Finde meinen Körper nicht schön, fühle mich nicht wohl in ihm. Kein Gefühl, etwas bewirken zu können, Bedeutung zu haben. Angst davor, mich gut zu fühlen, es darf mir nicht gut gehen, Angst verachtet zu werden, weil ich nicht denken kann. Diffuse dumpfe Angst, nicht erklärbar. Fühle mich alleine gelassen. Angst vor Menschen, Misstrauen, Beziehungs- bzw. bindungsunfähig. Angst vor Körperlichkeit, Körper wie eingefroren, betäubt, spüre mich nicht mehr, Körper nicht und Kopf nicht, Depersonalisierung. Scham wegen Körperlichkeit. Habe Angst, in meinem Körper zu sein, fühle mich so angreifbar und wehrlos und habe Angst, dass mir jemand was antut, besonders Sex geht gar nicht, dass da jemand so Besitz über meinen Körper bekommt. Nehme nur Negatives an mir wahr, total depressives Selbstbild. Ich darf nichts wollen. Ich bin nicht willkommen. Ich darf nichts machen, darf nicht da sein. Ich darf nichts beanspruchen. Entfremdung von mir selbst und von der ganzen Welt, Depersonalisierung und Derealisierung. Schwindel, bin schon umgekippt und war im Krankenhaus, weil ich eine Weile ständig schlimmen Schwindel hatte.«

Zur zweiten Stunde bringt mir die Patientin eine Zeichnung ihrer zwei hilfreichen Wesen mit, wie sie sie während der Imagination »Der sichere Ort« in einer Klinik gesehen und anschließend gemalt hat. Es handelt sich um zwei Comic-Figuren, die als Paar über magische Kräfte verfügen. Beide sind mit ihr an Bord einer fliegenden Untertasse, die um die Erde kreist. Das ist der einzig halbwegs sichere Ort, den sich die Patientin ausmalen kann. Auf keinen Fall darf dieses Raumschiff jemals wieder auf der Erde landen, denn dort auf der Erde ist alles mit Gefahr und Angst besetzt.

Ich kann sehen, wie flach die Patientin atmet, wie eng alles für sie ist. Mit ihrer Zustimmung improvisiere ich für sie eine ganz eigenständige imaginative Übung. Da schon deutlich geworden ist, wie sehr die Patientin ihren Körper ablehnt, leite ich sie anfangs in aller Ruhe zu ihrem Atem. Der Ermunterung, ihre Augen zu schließen, entgegnet sie: »Das geht nicht. Das ist unmöglich. Ich muss die Augen immer offen haben, zu viel Angst. Ich brauche diese Kontrolle, damit nichts Schlimmes passiert.« Sie beginnt also mit offenen Augen ihren Atem tief in den Bauch hinein zu lenken. Ihrem eigenen Rhythmus folgend, wird sie ruhiger. Es ist schon eine neue Erfahrung für sie, dass ihr Atem leicht und fließend kommt und wieder geht, ohne dass sie sich dafür bewusst anzustrengen bräuchte. Für Menschen, für die das alles normal ist, ist das keine große

Erfahrung. Für meine Angstpatientin, für die alles eine einzige Qual ist, ist es ein erster Moment von innerem Aufatmen.

Meine Klientin lebt praktisch körperlos. Menschliche Berührung kann sie kaum ertragen. Berührungen belebter Körper erfährt sie ausschließlich über ihre beiden Katzen. Als ich sie ermuntere, mit ihren Handflächen doch einmal versuchsweise ganz sanft und leicht über ihre beiden Arme rechts und links zu streichen, so, als ob sie ihre Katzen streicheln würde, ist es eine Freude zu sehen, wie sich ihre Mimik verändert. Das Gesicht glättet sich, die Muskelspannung im Körper lässt weiter locker. Die Hände der Patientin wandern langsam ihre Arme rauf und runter, mit viel andächtiger Aufmerksamkeit. Da können wir noch einen Schritt weiter gehen. Ich ermuntere sie, ihre ganze gesammelte Aufmerksamkeit auf ihre Fingerkuppen zu richten und sich wie mit samtweichen Katzenpfoten über ihre Wangen im Gesicht zu fahren. Es ist die erste liebevolle Geste und Berührung, die die Patientin seit ewigen Zeiten einer Region ihres eigenen abgelehnten Körpers zukommen lässt. Ein erstaunt ungläubiger Ausdruck zeichnet sich auf ihrem Gesicht ab, dass so etwas möglich ist. Die Klientin folgt weiter meinen speziell auf sie zugeschnittenen imaginativen Bildern, erfährt wärmende Sonnenstrahlen, taucht in klares, perlendes reinigendes Wasser, das sie tatsächlich wie eine Reinigung von eigenem innerem Schmutz und Ängsten empfindet. Die Glasglocke um sie herum, die alles dämpft, hebt sich. Der Nebel, durch den sie alles wahrnimmt, lichtet sich. Sie wirkt klarer, sie denkt klarer, sie spricht klarer, sie fühlt klarer.

Ich lasse meiner Klientin in jeder Phase der Imagination viel Zeit für ihren Prozess. Ich registriere mit Freude, dass sie noch während der einleitenden Atemtrance ihre Augen schließt. Sie fallen ihr einfach zu, und die Patientin wirkt ungewohnt entspannt. Am Ende der ganzen aktiven Imaginationsreise darauf aufmerksam gemacht, stutzt sie und erklärt sich selbst: »Ich habe mich wohl sicher gefühlt.« Ihre Befürchtung die Kontrolle zu verlieren, hatte sich für die Dauer der Imagination einfach verflüchtigt. Sie erlebte zum ersten Mal seit langem wieder eine Zeitspanne, in der Sicherheit herrschte und sie sich von nichts bedroht fühlte. Unser Vorgehen wandte sich aber auch in keiner Weise gegen ihre Ängste, sondern die der Patientin angebotenen imaginativen und körperbezogenen Bilder und Schritte waren eine direkt erlebbare emotionale Alternative, so dosiert, dass sie sie annehmen konnte, ohne dass die Angst einen Widerstand mobilisieren brauchte. Im Anschluss malt sich die Patientin zu Hause ein neues hilfreiches Wesen: eine hoch aufgeschossene weibliche Beschützerin, die erkennbar Frau ist und weniger eine Comic-Figur.

In einer der Folgestunden fragt mich die Patientin plötzlich, ob ich religiös sei. Ihr Blick verweilte vorher eine ganze Weile auf einer Abbildung der »Nostra Signora dello Scoglio«, der Gestalt von Maria, wie sie Fratel Cosimo mehrfach in Placanica in Kalabrien erschienen ist. Ein Bild dieser Mariengestalt liegt auf einem Glastischchen in meinem Therapieraum. Nachdem ich ihr etwas über seine Bewandtnis erzählt habe, greift sie zu ihrem Geldbeutel und zieht ein kleines Foto der Bernadette Soubirous heraus, deren Marienerscheinungen Lourdes zu einem weltbekannten Wallfahrtsort machten. Der Leichnam von Bernadette Soubirous ist im französischen Nevers aufgebahrt und bis heute unversehrt. Dass die sterblichen Körper mancher christlicher Mystiker und Mystikerinnen oder von indischen Yogis gänzlich unversehrt die Zeit überdauern, stellt die Forschung bis heute vor Rätsel. Meine Klientin hatte lange nicht mehr an Bernadette Soubirous gedacht, obwohl sie deren Foto mit sich herumtrug. Sie mochte aber gerne wieder an ihre inneren Zwiegespräche mit ihr und der ihr Erschienenen anknüpfen. Das alleine ist kein Garant auf Milderung ihrer Todesängste, aber eine seelische Quelle oder Ressource, innere Aufrichtung zu finden. Die Arbeit mit der Klientin dauert an. Es ist schon ein kleines Wunder, dass sie es immer wieder schafft, zu ihren Terminen zu kommen. Außerdem wagt sie schon mal zu denken und auszusprechen: »Ich will« oder »Ich darf«, was bislang außerhalb jedweder Reichweite lag. Beides klang »völlig fremd« für sie. Darf »Fremdheit« sich durch Liebe und Gnädigkeit sich selbst gegenüber langsam in ein Anfreunden mit sich selbst wandeln, einschließlich der eigenen Beschränkungen, können Ängste sich mildern zugunsten innerer Freiheiten.

War und bin ich wirklich gewollt? Die »unbefleckte Empfängnis« als Geburtsrecht

Waren Sie ein Wunschkind? Haben Ihre Eltern Sie in Liebe gezeugt und sich auf Ihre Ankunft in ihrem Leben von Herzen gefreut? Wissen Sie etwas über Ihre Zeugung und Geburt? Haben Sie je gefragt? Sind die Geschichten, die Ihnen darüber womöglich erzählt wurden, für Sie authentisch und glaubhaft? Oder spüren Sie ganz tief in sich drin eine andere Wahrheit? Kamen Sie als ungeplantes Zufallsprodukt zur Welt? Hatten sich Ihre Eltern ein ganz anderes Kind vorgestellt als Sie, weil sie sich lieber einen Jungen statt ein Mädchen wünschten, oder umgekehrt? Leiden Sie schlimmstenfalls bereits Ihr Leben lang unter so lieblosen Botschaften Ihrer Eltern wie:

»Am besten wärest du niemals geboren worden.«
»Du hast mir mein ganzes Leben verdorben.«
»Wärest du bloß rechtzeitig ins Klo gefallen.«
»Du bringst mich noch ins Grab.«,

oder umgekehrt unter Erwartungshaltungen:
»Du weißt schon, was wir von dir erwarten?«

Menschen können am ehesten in innerem Frieden leben, wenn sie entweder wirklich in Liebe auf der Erde erwartet wurden, oder wenn sie im Nachhinein ihren eigenen Frieden mit sich, den Umständen ihrer Zeugung und Geburt und mit dem Leben im Besonderen gemacht haben.

Viele meiner Klienten und Patientinnen mussten sich unter sehr erschwerten Umständen ins Leben kämpfen. Zwar zeugt alleine die Tatsache ihrer Geburt von einem ungeheuren Überlebenswillen, doch bleibt ihr Leben häufig überschattet von Gefühlen absoluter Wertlosigkeit, von depressiver Mutlosigkeit, kaum auszuhaltenden Lebensängsten, selbstverletzendem Verhalten oder von süchtigen Abhängigkeiten, zumindest so lange, wie sie keine Heilung für die Narben und Wunden ihres Geburtserlebens erfahren haben.

Eine Fortbildungsteilnehmerin musste bereits im Mutterleib den Tod ihrer Zwillingsschwester erleiden. Sie selbst hat »noch drei Monate durchgehalten. Dann kam ich mit schwerer Gelbsucht zur Welt. Außerdem hatte ich immer das Gefühl, dass mir ein wesentlicher Teil von mir fehlt. Das ist tief in mir drin mit großer Trauer verbunden.« Dieser Frau ist es jedoch gelungen, ihre verstorbene Schwester in ihr Leben zu integrieren. Über herkömmliche Psychotherapie hinaus hat sie den Kontakt zu ihrer Schwester in deren Welt herstellen können. Ihre Schwester kommt des Öfteren über die Brücke aus Licht, wenn diese sich aufbaut. Dann spürt ihre Zwillingsschwester deren liebevolle und unterstützende geistige Präsenz um sich herum, und ist sich dabei absolut gewiss, dass diese gespürte Präsenz mehr ist als ein Produkt ihrer sehnsüchtigen Fantasie. Ihre Schwester ist sehr präsent in ihrem Leben und eine Quelle spiritueller Unterstützung. Sogar in der Fortbildungsgruppe tritt sie bei mindestens zwei Anlässen in Erscheinung, um ihrer Schwester beizustehen. Vorausahnend hatte ich sie als »Präsenz« zu beiden Gelegenheiten ausdrücklich eingeladen und ihr im Geiste die benötigte mediale Brücke gebaut. So ist es nicht weiter verwunderlich, dass ich ihre geistige Anwesenheit zweifelsfrei bestätigen konnte. Die Verständigung über derartige Präsenzen in der Gruppe ist im Übrigen so selbstverständlich geworden, dass keine der anderen anwesenden Personen mehr befremdlich schaut, weil es ihr Verständnis von dieser Welt übersteigen würde. Wenn wir bestimmte Sachverhalte nicht überhöhen, um sie als etwas Besonderes zu verkaufen, sondern in aller Selbstverständlichkeit mit ihnen umgehen, dann werden sie selbstverständlich. Einen schwierigen Start ins Leben konnte die überlebende Zwillingsfrau sehr heilsam in eine eigene spürbare spirituelle Kraft transformieren, mit der sie anderen Kursteilnehmerinnen eine Hilfe für deren Schwierigkeiten mit dem Leben war und ist.

Eine weitaus problematischere Zwillingsexistenz führt eine meine aktuellen Klientinnen, die sich selbst als depressiv und wie ein »Tröpfchen Elend« empfindet. Sie ist allerdings mit Entschlossenheit dabei, ihren Frieden mit sich selbst und dem Leben zu machen. Wie sollte sie sich auch in dieser Welt willkommen geheißen fühlen, wollte ihre Mutter sie doch eigentlich gar nicht haben? Ihre Mutter habe ihr erzählt, dass sie keine Kinder mehr wollte und dass sie schon gar nicht auf Zwillinge eingerichtet gewesen sei. Als sie schwanger wurde, hätte sie eigentlich abtreiben wollen. Doch der Vater habe das unter keinen Umständen gewollt. Sie sei dann »als zweiter Zwilling quasi noch so nachgerutscht«. Wie soll sich ein Mensch seines Lebens erfreuen, dessen Narrativ des Lebens mit dem Wissen beginnt: »Ich bin quasi noch so nachgerutscht. Eigentlich sollte es mich gar nicht geben?«

Diese kreativ begabte Frau hat bis in die jüngste Zeit hinein eine doppelte Zwillingsexistenz geführt. Nicht nur, dass sie ein geborener Zwilling war. Als unwillkommene

Nachgerutschte spürte sie ihre Schwester zeitlebens wie eine zweite Fremdexistenz in sich selber, und zwar genau in ihrer Mitte, wo sie sich eigentlich selber als Person hätte spüren und finden sollen. Sie wusste sich kaum von ihrer Schwester zu unterscheiden. Ihre Hauptfrage, als sie zu mir in Therapie kam, lautete: »Wer bin ich?« Daran geknüpft ist die Frage: »Weshalb ist sie unter solchen Geburtsmühen in diese Welt gekommen?« Das Leben kam meiner Klientin vor wie ein einziges mühevolles Ringen um eine Berechtigung zur Existenz, um Anerkennung und um das Geburtsrecht der Liebe. Ohne Unterlass musste sie um Liebe konkurrieren, um die Gunst von anderen kämpfen, bis hin zum wiederholt scheiternden Bemühen, »the one and only« sein zu wollen. In einem Zustand permanenter Gefühlsverwirrungen suchte sie emotionale Zuflucht an den falschen Orten und bei den falschesten Menschen, weshalb sie auch noch seelischen und physischen Missbrauch erlitt. Da sie beim schlimmsten Missbrauch durch einen Mann der Kirche bereits 19 Jahre alt war, verstrickte sie sich zusätzlich noch in Selbstbeschuldigungen. Der ihren Körper und ihre Seele benutzende und beschmutzende »Geistliche« raubte ihr nicht bloß ihre leibliche und seelische »Unschuld«. Er beraubte sie obendrein ihres zu der Zeit intakten Glaubens an eine höhere himmlische Instanz.

Bevor meine Klientin bei mir so richtig ankommen konnte, musste sie sich erst mutig einer Auseinandersetzung mit ihrer Kassentherapeutin stellen. Als sie ihr berichtete, dass sie bei mir eine Zweittherapie mit imaginativen und körpertherapeutischen Methoden machen wolle, von denen sie glaube, sie täten ihr gut, traf sie nicht auf deren Zustimmung. Kommt jemand während einer laufenden Kassentherapie zu mir mit dem Wunsch, zeitgleich mit mir zu arbeiten, lege ich immer Wert darauf, dass diese Klienten und Patientinnen das mit ihren Therapeuten und Therapeutinnen klar besprechen. Es ist immer wieder erstaunlich, wie schwer sich Kollegen damit tun. Meistens erheben sie therapietheoretisch begründete Einwände und sprechen sich gegen ein derartiges Vorhaben aus. So auch die Therapeutin meiner Klientin, die sie ultimativ vor die Wahl stellte, ihre Therapie bei ihr erst gemäß Therapieplan zu beenden, bevor sie mit mir arbeite. Ansonsten breche sie die Behandlung von sich aus ab. Es gäbe zum Nutzen von Klienten und Patientinnen auch alternative Möglichkeiten des Umgangs mit derartigen Situationen. Kollegen und Therapeutinnen, die das konstruktiv sehen, sprechen sich im Idealfall miteinander ab, so wie das auch gute Eltern tun, denen das Wohl der gemeinsamen Kinder am Herzen liegt. Für meine Klientin war das Ultimatum schwierig. Wieder einmal musste sie sich schweren Herzens einer Wiederholung beugen, dass andere glaubten besser als sie selbst zu wissen, was für sie gut oder weniger gut sei. Die Beziehung zu mir als Therapeut blieb ihr jedenfalls erst einmal über Monate verwehrt durch das »Nein« ihrer Therapeutin. Allerdings baute sie in der Zeit bereits eine Übertragungsbeziehung in ihrer Vorstellungswelt auf. Die (Übertragungs)Beziehung zu ihrer Therapeutin wurde über die Zeit nicht einfacher. Dennoch war es eine wichtige Entscheidung, ihre Behandlung bei ihr erst zu einem geordneten Ende zu bringen und nicht mit einem Abbruch im Zorn enden zu lassen. So konnte sie diese Zeit weiter nutzen, um sich darüber klar zu werden und auszusprechen, was sie an Wärme und direkter Zuwendung vermisste, unter gleichzeitiger Würdigung dessen, was ihr ihre Therapeutin aber auch Gutes und Wertvolles anzubieten hatte. Als sie nach vielen Monaten zu mir zurückkam, ließ ich sie nach ihrem Ankommen bei mir ausdrücklich noch einmal Revue passieren, wofür sie in dieser Therapie dankbar sein durfte.

In der Therapie mit mir drehte sich für meine Klientin eigentlich alles darum, einen eigenständigen Weg in ein lebenswertes Leben zu finden, selber ein stimmiges Gefühl dafür zu bekommen, was gut für sie ist, statt immer an anderen Stellen zu fragen, was sie tun solle. Mittlerweile hat sie ein Gefühl dafür in sich etabliert, dass sie eine eigene liebesfähige und liebenswerte Person ist und bedeutend mehr als bloß ein nachgerutschter Zwilling. Ermöglicht wurde das unter anderem durch ein Arbeiten mit dem therapeutischen Konstrukt der »idealen Eltern«, die sie über Lösungssprüche als heilsames emotionales Korrektiv gegen ihr Geburtstrauma mit bedingungsloser Liebe im Leben willkommen heißen. Die emotional korrigierenden Strukturarbeiten über Lösungs- und Zaubersprüche gehören zu meinen liebsten wie wirkungsvollsten therapeutischen Methoden. Überdies sind sie weit mehr als bloße Methoden. Gehe ich als Therapeut für eine Klientin oder einen Patienten in die Rolle eines »idealen Vaters«, einer »idealen Mutter« oder einer sonstigen »idealen Person oder Gestalt«, die einen ersehnten Lösungssatz zur Umwandlung eines ins Lebensskript eingravierten emotionalen Bannspruchs ausspricht, dann überwinde ich regelmäßig meine eigene Person. Ich bin dann auch nicht die Rolle, sondern ich bin vollkommen die »ideale Person«, die mein Gegenüber für sich benötigt. Ich verspüre währenddessen in mir als ideale Person ganz und gar authentisch die absolut bedingungslose Liebe, über die die Lösungssprüche den Zauber ihrer Wirksamkeit entfalten. Mein Gegenüber fühlt sich bis in den inneren Kern hinein berührt. Über die Wiederholungen der passgenauen Botschaften geht es Schicht um Schicht tiefer, bis die Botschaft am Ursprungsort der Psyche oder der Seele ankommt, an dem die erlittene Verletzung empfangen wurde. Es ist immer wieder aufs Neue herzergreifend, wie viel Zauber, Magie und Andacht in solchen Momenten durch den Raum schreiten mögen. Verspüre ich diese bedingungslose Liebe, der immer auch ein Hauch Transzendenz beiwohnt, in mir nicht, ist es für mich ein zuverlässiges Indiz dafür, dass an dem von der Klientin gewünschten Lösungssatz etwas noch nicht stimmig ist. Dann suchen wir gemeinsam weiter, bis alles so ist, wie es sein soll. Derartige emotional korrigierende Strukturarbeiten gehen selten ohne tiefen Schmerz und Tränen ab. Doch sind es immer heilsame Tränen, die das Herz erleichtern. Und wieder sind es der Wohlklang wie der Einklang der gesprochenen Worte mit der authentisch verspürten Liebe, die Erleichterung und Heilung bringen. Bringe ich Fortbildungsteilnehmern über die Selbsterfahrung diese Methode nahe, erleben sie Gleiches mit vergleichbarer Tiefe,

Meine Klientin har es sehr berührt, als eigenständiger Mensch, als Tochter mit dem elterlichen Segen für ihr Leben, in die Welt geschickt zu werden, um sich ihres Lebens zu erfreuen. Konzentriert sie sich auf ihr eigenes, auf ihr kreatives Potenzial, bricht augenblicklich die Freude in ihr durch. Im kreativen Ausdruck kann sie sich »erhaben« im besten Sinne fühlen. Das ist ein verbindender Gegenpol zu ihrem jahrelangen Leiden am sich Getrenntfühlen. Taucht sie in dieses Erleben ein, fängt sie augenblicklich verstärkt an zu leuchten und zu strahlen, für mich sichtbar, sofern ich mich auf ihr Licht in der Aura konzentriere.

Eine besondere Therapiestunde begann eher beiläufig. Meine Klientin erzählte von einem beruflichen Coachingprozess, den sie zusätzlich zu ihrer Arbeit mit mir mache. Als ihr Coach sie nach Vorbildern fragte, nannte sie erstaunlicherweise Martin Luther. Zwar fiel das in die Zeit des gerade begangenen Luthergedenkens, doch was ließ sie an diesen Reformator denken? Ich griff ihr Erzählen auf, fragte nach und ließ sie zu Luther assoziieren. Plötzlich lässt sie das Wort »Gnade« fallen. Unmittelbar tauchen die Frage und der Zweifel in ihr auf, ob sie selbst als Person denn irgendeiner Gnade würdig sei? Sie darf eine eindeutige Antwort in aller Klarheit erfahren, allerdings nicht über eine willentliche therapeutische Intervention meinerseits, sondern über eine Antwort, die »von oben« kommt. Als sie über die »Gnade« spricht, fühle ich mich in einem so hohen und so reinen Maße von bedingungsloser Liebe überflutet, dass ich mir fraglos gewahr bin, dass mir diese Liebe von etwas Höherem eingegeben wird. Ich bin bloß ihr Werkzeug, ihr Mittler, ihr Kanal, damit sie zu meiner Klientin fließen kann, um bei ihr ihre Bestimmung zu finden.

Als ich ein solches Geflutetwerden mit absoluter Liebe »von oben« zum ersten Mal in meiner Arbeit erlebte, musste ich mich erst einmal sortieren und verstehen lernen, was mir gerade geschah. Mittlerweile kenne ich diese Momente von »Gnade« ziemlich gut. Dass sie sich häufen, ist zum einen dem Umstand gedankt, dass immer häufiger die entsprechenden Klienten und Patientinnen zu mir geführt werden, zum anderen einer eigenen Entwicklung, durch die ich mich in wachsendem Maße empfänglich zeige für die Bilder und Botschaften, die mir durch die geistige Welt offenbart werden. Mit meiner Persönlichkeit trete ich völlig dahinter zurück, was mir in solchen Augenblicken an heilsamen Qualitäten für meine Klienten und Patientinnen übermittelt wird. Die bedingungslose heilsame Liebe, die durch mich als Kanal hindurchströmt, darf mit keinem irdischen Maßstab gemessen werden, denn sie ist nicht von dieser Welt. So vermögen sich Liebesbekundungen durch Einwirkung von höherer Warte vollziehen. Wer mit Erleben dieser Art vertraut wird, hegt keine Zweifel mehr daran, dass es über unsere menschliche Liebesfähigkeit hinaus eine noch weitaus größere Liebe gibt. Seit ich des Öfteren in derart spirituelle Zustände getaucht werde, weiß ich sie auch als Zeichen dafür zu werten, dass den Patienten und Klientinnen, für die es geschehen darf, Veränderung erlaubt ist, gelegentlich bis hin zu vollständiger Heilung.

Meiner Klientin wurde über mich als Mittler ohne jeden Zweifel beantwortet, ob sie der Liebe und der Gnade würdig sei. Als Mensch geschaffen nach Gottes Ebenbild ist sie in diese Welt »gerutscht«, damit die Seele ihre Bestimmung für dieses Leben finden kann. Die geistige höhere Welt gibt ihr allerdings nicht vor, wo ihr Weg entlangzugehen hat. Was sie ihr schenkt, ist die Freiheit zu spüren, was gut für sie ist. Meiner Klientin all das genau so zu übermitteln, hat sie bis in ihren Kern hinein berührt und verändert. Ich kann ihr ihre Veränderung vollauf bestätigen. Nicht nur wirkt sie in ihrem gesamten Auftreten selbstsicherer, gnädiger mit sich selbst und anderen. Ein unzweifelhaftes Zeichen ihrer inneren Veränderung, an dem ich mich als Therapeut wie Mensch besonders erfreuen kann, ist ihr Händedruck. Bei der Verabschiedung nach der gerade geschilderten Stunde war ihr Händedruck zum ersten Mal fest und sicher. Vorher war es immer ein unsicherer, fragender, flüchtiger Händedruck gewesen, beständig auf der Hut, ob sie als Person wirklich willkommen sein kann. Ich war neugierig, wie ihr Händedruck zur Begrüßung in der Folgestunde sein würde. Er war der erfreuliche Händedruck einer sich willkommen fühlenden, gewachsenen Frau. Das ist bis heute stabil so geblieben. (In Zeiten von Corona, als unglaublichem Angriff auf gelebte, verbundene Zwischenmenschlichkeit werden durch die Befolgung vorgegebener Hygieneregelungen solche Wahrnehmungen im therapeutischen Prozess versperrt.) Es wandelt sich so vieles in dieser anfangs so unsicheren Frau. Kommt sie heute durch die Tür und steigt die Treppe zum Therapiezimmer hinauf, spüre ich augenblicklich, dass die Freude an ihrer Seite mit hinaufsteigt. Trotz verbleibender Reste von Schwermut, wird sie in wachsendem Maße von den Schwingen der Freude getragen. Es könnte sogar eine ihrer Bestimmungen in diesem Leben sein: durch ihre Musikalität und ihr Figuren-Theaterspiel die Freude zu anderen Menschen zu bringen, die ihrer bedürfen.

Aktuell löst sich meine Klientin unter neuen »Geburtsschmerzen« von ihrem inneren Zwilling, um mehr und mehr ihr eigenes Leben zu leben. Sie nimmt sich zudem die guten Teile ihres früheren Glaubens an die Existenz von etwas Göttlich Gefügtem in ihr Leben zurück. Damit überwindet sie schrittweise das Trauma des ihr zugefügten doppelten Missbrauchs.

Eine meiner aktuellen Angst- und Depressionspatientinnen, eine 58-jährige, seit Jahren berufsunfähige Physiotherapeutin, ist nie wirklich in ihrem Leben angekommen. In ihren Erinnerungen schreibt sie: »Schon vor meiner Geburt gab es Differenzen um meine Person. Meine Eltern fühlten sich noch viel zu jung für ein Kind, das heißt zu jung, um mich zu versorgen, mir ein zu Hause, Geborgenheit und das-da-gehöre-ich-hin-Gefühl zu geben. Ich bin dann als Unglück zur Welt gekommen.« Als Unglück für ihre Mutter, und »für meinen Vater war meine Ankunft enttäuschend, ich hätte doch bitteschön lieber ein Junge werden sollen. Leider haben mir aber die entscheidenden zwei Zentimeter gefehlt«. Unter beengten Umständen mit Eltern und Großeltern in deren düsterer »Kneipe« aufgewachsen, wurde ihre Welt schon von Kindesbeinen an mit furchteinflößenden Gestalten bevölkert. Überall im Haus hingen Figuren von »Hörner-, Butzen- und Dunkelmännern«, und es wimmelte von »hässlichen Engeln«. Alles »waren die Ängste und bösen Träume meiner Großmutter, die sie mir mit großer Eindringlichkeit als Wahrheit präsentierte«. Dazu kamen der Gestapo-Mantel ihres Großvaters, den er auch nach dem Krieg noch stolz trug, das Gerassel von Panzerketten der US-Truppen in ihrem Heimatort sowie ständig betrunkene Männer in der Gastwirtschaft der Großeltern. Alle verwirrenden Eindrücke zusammengenommen, wurde meiner Klientin bereits in der Kindheit das Gefühl implementiert, dass sich die Welt als ein einziges Gewimmel aus furchteinflößenden Gestalten und Ereignissen präsentiert. Sie ist gezwungen, früh mit Ängsten zu leben,

»die das normale Maß an Ängsten, die jeder von uns hat, um ein Vielfaches übersteigt. Erfolglos habe ich versucht, sie mit den unterschiedlichsten Waffen zu bekämpfen. Tonnen von Psychopharmaka konnten ebenso wenig gegen sie ausrichten, wie die verzweifelten Versuche, sie einfach zu ignorieren. Meine Feinde haben viele Namen, viele Gesichter und unendliche Möglichkeiten sich zu maskieren. Das Schlimmste an ihnen ist, sie finden mich immer, sie sind ein Teil von mir geworden. Meine Dämonen habe ich sie genannt und gelernt, mich immer wieder aufzurichten, wenn ich vor den Pforten meiner eigenen Hölle stand. Wenn mich Gesichter von Dämonen grinsend anschauten und Stimmen aus der Dunkelheit mir Worte entgegen schleuderten, die nur ich hören konnte.«

In meiner Klientin sind in der Tat etliche Ego-States mit ihren jeweiligen inneren Stimmen aktiv. Phasenweise gelingt es ihr nicht, als Persönlichkeit die Regie über ihre Innenwelt zu behalten. Dann wird sie von Angst und Panikzuständen überwältigt, die es ihr unmöglich machen, einen Fuß vor die Tür zu setzen. Sie ist in ihrer alltäglichen Lebensführung sehr stark eingeschränkt. Lebenslange Therapieversuche haben sie zwar am Leben, aber nicht im Leben gehalten. Ihre aktuelle Lebensbilanz lautete: »Ich schaffe dieses Leben nicht mehr, vor lauter schlimmen Sachen, die in mir drin sind, diese Todesängste.«

Zu den ersten Schritten unserer gemeinsamen Arbeit gehörte neben halt- und mutspendenden Imaginationen das Erstellen eines ausführlichen Genogramms. Ich habe in meiner Laufbahn als Familientherapeut unzählige Genogramme »gelesen« und zusammen mit meinen Klienten gedeutet. Aber noch in keinem Falle vorher hatte ich einen derart schwindelerregenden Familienstammbaum vor Augen. Trotz meiner jahrzehntelangen Erfahrenheit im Lesen von Genogrammen und trotz aller Mühe: Die Strukturen der Familie meiner Klientin über die Generationen und Schicksale hinweg verweigern sich jedwedem schlüssigen Verstehen. In den Familienzweigen wimmelt es bis in die jüngste Gegenwart hinein dermaßen von Verstorbenen, Selbstmördern, Kriegsgefallenen, Engelmacherinnen, Nazianhängern sowie Menschen mit geistig seelischen Erkrankungen und Alkoholproblemen, dass alleine der Blick auf das Genogramm für pure, kaum aufzulösende Verwirrung sorgt. Kein Wunder, dass sich meine Klientin zeitlebens wie »ver-rückt« vorkommt. An keiner Stelle der Familie finden sich Ordnung oder Halt. Meine Klientin selbst führt durch den Lauf ihrer Geschichte mittlerweile drei Familiennamen. Zudem ist sie über Umstände, wie sie nur ein »ver-rücktes« Leben schreiben kann, zur Schwester ihres eigenen leiblichen Vaters geworden. Können Sie sich überhaupt eine Konstellation vorstellen, wie eine Tochter zur Schwester ihres eigenen Vaters werden kann? Im Genogramm zeigen sich so viele verwirrende Fäden, dass gar nicht mehr alle zu entwirren sind. Das Hauptgefühl meiner Klientin gegenüber sich selbst war, solange sie zurückdenken kann: »Ich bin eine Kunstfigur. Mich selbst gibt es gar nicht«, verbunden mit der sich daraus ergebenden Frage: »Wer kann ich sein, wer möchte ich sein?«

Eine erste konkrete Maßnahme nach der Sichtung des Familienstammbaums war die Ermunterung an meine Klientin, sich nicht länger als lebendes Gedächtnis und als die Archivarin ihrer Familie zu verlieren, weil sie die vielen verwirrenden Verwicklungen unmöglich über ein nachverfolgendes Archivieren auflösen könne. Das binde sie weiterhin in diesem verrückten System und führe sie keinen Schritt hinaus zu sich selbst. Integration war ihr nur möglich über eine Überwindung des verrückt Bindenden. Nach einigem Zögern machte sich meine Klientin tatsächlich ans »Ausmisten« ihrer Vergangenheit, bis hin zum konkreten Aufräumen und Entsorgen all der toxischen Dinge ihrer Familie, die sie in den Schränken ihres Hauses gehortet hatte. Es brauchte Licht und Luft zum Atmen in diesem gesammelten Dunkel, das sie angehäuft hatte. Meine Klientin konnte sich zudem des Öfteren ihre lebenerhaltenden Kräfte bewusst machen, mit deren Hilfe sie überhaupt überlebt hatte:

> »Ich musste mich mit meinen Ängsten arrangieren, versuchen sie zu akzeptieren und mit ihnen als ständige Bedrohung zu leben. Doch, ich habe auch Erkenntnisse gewonnen, die einzigartig sind. Ich kann zwischen den Zeilen hören, in den Abgründen der Seele lesen und mein Leben hinter verschlossenen Türen perfekt organisieren.«

Weil sie zwischen den Zeilen hören und in den Seelen lesen kann, kann sie natürlich auch mich lesen. Folglich war es für unser Arbeitsbündnis ein Segen, dass sie mir gegenüber formulierte: »Sie durchdringen die Menschen. Da ist ein unglaublich hohes Maß an verstehen.« Zu meinem Verstehen gehörte auch das Verständnis für ihre enormen Schwierigkeiten, überhaupt ihre jeweiligen Termine bei mir einzuhalten. Da sie jedes Mal von etwas weiter weg anreisen musste, war jeder Weg eine neue Herausforderung für sie. Je nach Tagesbefindlichkeit, Ausmaß ihrer Ängste sowie Befindlichkeit einer ihrer Töchter, die des Öfteren von dissoziativen Schwindelanfällen heimgesucht wurde, war sie bisweilen nicht in der Verfassung, einen Fuß vor die Tür zu setzen. Ich hielt ihr kurzfristige Terminabsagen ohne Ausfallhonorar offen, da diese wahrhaftig nichts mit Beliebigkeit zu tun hatten, sondern ihrer Symptomatik geschuldet waren.

Um ihre Hauptdämonen ins Visier nehmen zu können, ermutigte ich sie, ihrer Angst eine Gestalt zu geben.

Sie beschrieb sie als »übergroß, gesichtslos, männlich und von einem violetten Umhang verhüllt«. Immerhin hatte sie damit ein Gegenüber, das sie ins Auge fassen konnte, und das als Gestalt nicht so diffus war wie ihre vielen sie diffundierenden Ängste. Spürbare Widerstände gab es gegen die Wirkung eines Lösungsspruchs zur emotionalen Korrektur ihres Lebensverdikts: »Ich bin als Unglück zur Welt gekommen.« Der Lösungsspruch musste durch eine zähe, sie klebrig einschließende »Plastikschicht« hindurchdringen, um in ihr Selbstwertgefühl einzusickern.

Den bislang größten Fortschritt in ihrer Bewegungsfreiheit verzeichnete sie im Anschluss an eine Lichtkörperimagination mit anschließender spirituell geistiger Behandlung ihrer Lebenskraft. Anfangs spürte ich dabei sehr stark ihre sie leibseelisch lähmende Erstarrung in ihren Ängsten. Sie sieht vor ihrem inneren Auge die Gestalt ihrer im Beckenboden wie verknotet zusammengerollten Schlange der Kundalini, also ihre eigene stark verminderte expressive Lebenskraft. Auf dem Knoten sitzt ihr Herz, das sich während der Behandlung langsam öffnen darf. Auch ich spüre durch meine Hände hindurch deutlich, wie mit ihrem Herzen gearbeitet wird, wie ihr Schicht für Schicht Vertrauen in sich selbst und ins Leben eingeflößt wird. Durch die Kraft des Lichts, das sie durchdringt, dürfen sie etliche »schwarze Vögel verlassen und davonfliegen«. Nach dieser Behandlung war ihr zum ersten Mal seit vielen Jahren wieder eine Reise über mehrere Hundert Kilometer zur Examensfeier ihres Sohnes möglich. Etwa eine Stunde vor Beginn der Familienfeier verließen sie zudem ihre migräneartigen Kopfschmerzen, so dass sie gänzlich unbeschwerte Tage verbringen durfte. In der Logik ihres Leidens folgt auf die Tage der Euphorisierung ein Rückschlag. Ihre inneren Gespenster geben sich noch längst nicht alle geschlagen. Aber immerhin zieht Licht in die absolute Finsternis der Ängste ein. Sie verspürt größeren geistigen

Entscheidungsraum. Infolge dessen begibt sie sich kurz entschlossen in eine auf ihre Angstsymptomatik spezialisierte Fachklinik mit gutem Ruf, wenngleich mit einem Zweifel, ob der stationäre Aufenthalt Teil ihres Weges sein kann.

Meditation:

Die Angst verlieren. Realisieren und Loslassen

Diese tröstliche Übung habe ich in Anlehnung und im Gedenken an die Achtsamkeitspraktiken des buddhistischen Zen-Meisters Thich Nhat Hanh verfasst. Als ich sie zum ersten Mal einer Gruppe von Menschen anbot, die sich allesamt stark vom kürzlichen oder sich ankündigenden Tod naher Angehöriger vereinnahmt fühlten, zeigten sich am Ende alle ergriffen und von stiller Dankbarkeit erfüllt. Die Vorstellung, von nun an selbst in der ersten Reihe zu stehen, hatte für sie ihren Schrecken verloren.

Hier biete ich die Übung nach den Geschichten meiner Klientinnen über ihre Lebensängste an, weil sie ganz unspezifisch wirken kann. Sie wendet sich weder gegen Ängste, noch ist sie ein gedachter Versuch, Panik unter Kontrolle zu halten. Die Wirkungen von »Die Angst verlieren« kommen ganz still und leise, sanftmütig, durch die Hintertür, weil es eine Übung in Vertrauen, Hingabe und Loslassen ist.

Setzen Sie sich für diese Übung an einen stillen Ort, vielleicht sogar draußen auf eine Bank im Halbschatten eines Baumes. Legen Sie Ihre Hände so ineinander verschränkt auf Ihren Oberschenkeln ab, dass die linke Handfläche nach oben weist und die rechte Handfläche nach unten. So entsteht ein kleiner Hohlraum zwischen Ihren Handflächen. Und dann geben Sie sich ein- und ausatmend den Worten hin.

Ich atme ein.
Ich atme aus.

Ich atme ein.
Ich atme aus.

Einatmend weiß ich, dass ich einatme.
Ausatmend weiß ich, dass ich ausatme.

Einatmend atme ich helles strahlendes Licht
in das Zentrum meines Herzens.
Ausatmend schicke ich das Licht durch meinen
rechten Arm hinunter und durch meinen
linken Arm wieder zurück in mein Herz.

Tief einatmend atme ich helles strahlendes Licht
in das Zentrum meines Herzens.
Tief ausatmend schicke ich das Licht durch meinen
rechten Arm hinunter und durch meinen
linken Arm wieder zurück in mein Herz.

Langsam tief einatmend atme ich helles strahlendes
Licht in das Zentrum meines Herzens.
Langsam tief ausatmend schicke ich das Licht durch
meinen rechten Arm hinunter und durch
meinen linken Arm wieder zurück in mein Herz.

Einatmend weiß ich, dass ich älter werde.
Ausatmend weiß ich, dass ich jeden Tag Neues
dazulerne.

Einatmend bin ich mir bewusst, dass ich eines Tages
meine Arbeit aufgeben muss.

Ausatmend weiß ich, dass ich als Mensch viel mehr bin
als meine Arbeit.

Einatmend weiß ich, dass ich noch älter und alt werde.
Ausatmend weiß ich, dass ich dem Altwerden nicht
entgehen kann.

Einatmend weiß ich, dass ich krank werden kann.
Ausatmend weiß ich, dass ich dem Krankwerden nicht
entgehen kann.

Einatmend weiß ich, dass ich vielleicht Schmerzen
leiden werde.
Ausatmend weiß ich, dass ich dem Schmerzen leiden
nicht entkommen kann.

Einatmend weiß ich, dass ich irgendwann sterben und
hinübergehen muss.
Ausatmend weiß ich, dass ich dem Tod und dem Hin-
übergehen nicht entgehen kann.

Einatmend weiß ich, dass ich,
wenn ich gerufen werde, alles aufgeben muss,
was mir lieb und teuer ist, dass ich alle
Menschen loslassen und zurücklassen muss,
die meinem Herzen nahestehen und
die ich liebe.
Ausatmend weiß ich, dass ich,
wenn ich gerufen werde, dem Aufgeben aller
Dinge, die mir lieb und teuer sind, und dem Los-
lassen und Zurücklassen aller Menschen,
die meinem Herzen nahestehen und die ich liebe,
nicht entgehen kann.

Einatmend weiß ich, dass meine Taten und
Handlungen mein einziges Eigentum sind.
Ausatmend weiß ich, dass ich die Folgen meiner Taten
und Handlungen zu verantworten habe und
ihnen nicht entkommen kann.

Einatmend bin ich fest gewillt, alle meine Tage in
Achtsamkeit und Mitgefühl zu leben.
Ausatmend bin ich dankbar für die Freuden und den
Frieden meines Lebens in einem achtsamen und
mitfühlenden Geist.

Einatmend weiß ich, dass ich einatme.
Ausatmend weiß ich, dass ich ausatme.

Einatmend realisiere ich, dass es mich gibt.
Ausatmend schicke ich mich voller Vertrauen darein,
dass irgendwann mein letzter Ausatem geht
und ich hinübergehe nach Hause.

Nach Hause.

Einatmend und ausatmend
bitte und bete ich dafür um meinen
ganz eigenen Tod.

Was, wenn es wahr wäre?

Die Realität des Übergewöhnlichen

»Und was, wenn sie stimmt?«, fragt das Magazin »stern« in seiner Ausgabe vor Weihnachten 2018, und meint die Geschichte einer wundersamen Heilung, die weder der rationale Verstand noch schulmedizinisches Denken fassen können. »Vom Staunen und Wundern« lautet der Leitartikel über ein Mysterium der Christenheit: Gott wird Mensch. In der Nachfolge des Fleisch gewordenen und Wunder wirkenden Christus geschehen an unterschiedlichen Stätten der Erde bis in unsere Tage hinein immer wieder Wunder, die die Menschen vor Rätsel stellen. Oft waren oder sind sie begleitet von Erscheinungen der Mutter von Jesus. Wo Maria wiederholt erschienen ist, befinden sich heute bedeutende Wallfahrtsorte der Christenheit. Und was, wenn Sie persönlich leibhaftig an einem dieser Orte präsent wären und sich unmittelbar neben ihnen ein Ereignis vollzöge, das Ihr Begriffsvermögen völlig übersteigt? Und was, wenn Sie selbst so sehr unter einem Beschwernis oder einer Krankheit litten, dass Ihnen bloß noch ein Wunder helfen könnte?

Es gibt diese Wunderstätten auf unserer Erde. Menschen suchen sie entweder aus ihrem Glauben heraus als Pilger auf, oder in einer letzten Hoffnung auf eine ihnen gewährte Wunderheilung, weil sie an einer chronischen oder austherapierten Krankheit leiden. Mitten unter diese Gruppen mischen sich gewöhnliche Reisende, die eine derartige wundersame Stätte einfach gesehen haben müssen.

Persönlich habe ich etliche dieser Weihestätten aufgesucht, um durch eigenes Erleben herauszufinden, was es dort an Leib und Seele zu verspüren gibt. Welche Wahrheiten würden sich mir offenbaren? Als Schüler war ich bereits in Lourdes, in den Ausläufern der französischen Pyrenäen gelegen. Ich hatte mir den Besuch der Marienwallfahrtsstätte nicht ausgesucht. Er war Teil des kulturellen Begleitprogramms eines Sprachkurses, zu dem meine Eltern mich gedrängt hatten. Was erinnere ich von diesem Zwangsbesuch? Unglaubliche Menschenmassen aus aller Herren Länder, Geschäftigkeit, Andenkenkitsch, aber vor allem natürlich derart unzählige schwer leidende Menschen, dass es mir die Kehle zuschnürte. Ich fühlte mich dieser geballten Wucht von Schmerz und Leid mit meinen 15 Jahren in keiner Weise gewachsen. Es drückte mich selber nieder. Der Gang zur eigentlichen Grotte und zur Quelle bereitete mir klaustrophobische Gefühle auf Grund der sich eng drängenden Menschen. Lourdes war mir damals keine erhebende Erfahrung. Aber das sind meine Erinnerungen als Jugendlicher. Heutzutage erlebe ich als der Mensch, der ich geworden bin, Ähnliches in meiner Innenwelt gänzlich anders.

Über 40 Jahre später waren Reisen zu den Wirkungsstätten des Franz von Assisi von wesentlich anderem Erleben erfüllt. Assisi ist in jedem Falle mehr als eine Reise wert. Zum einen wollte ich die berühmten Wandmalereien und Fresken von Giotto und Cimabue in der Franziskus-Basilika auf mich wirken lassen. Zum anderen wollte ich an Orten verweilen, an denen jeder Stein, jeder Baum, jeder Grashalm die Erinnerung an den Heiligen in sich trägt, um zu erfahren, auf welche Resonanz das in mir trifft. Würde ich mich ergriffen fühlen? Falls ja, wovon? Der Sarkophag, in dem Franz von Assisi gegen seinen erklärten Willen von der Kurie in der mächtigen Basilika San Francesco aufgebahrt ist, führte mir einmal mehr vor Augen, dass die katholische Kirche als Institution der Macht selbst auf den Willen ihrer Heiligsten keine Rücksicht nimmt. Ihr Bestreben ist und bleibt es, sich jedes spirituellen Erbes zu bemächtigen, das ihrer Herrschaft und Auslegung der Lehre gefährlich werden könnte. Für mein Erleben in Assisi war das aber eine Randnotiz. Ungleich bedeutender waren die Eindrücke, die sich mir nach und nach in der Basilika der heiligen Klara auftaten. Das sprechende Kreuz von San Damiano, das heutzutage dort hängt, lädt zum stillen Verweilen ein. Es ist das Kreuz, das zu Franziskus sprach: »Stelle mein Haus wieder her.« Unter diesem Kreuz dürfen wir uns schon in aller inneren Freiheit fragen, welches Haus wir in uns selber wieder herstellen wollten? Beim Sitzen unter dem Kreuz empfand ich wiederholt die Herausforderung, mich nicht von einem Unmut ergreifen zu lassen angesichts des immer wieder anschwellenden Lärmpegels der nicht abreißenden, weniger stillen Besucherströme. In schöner Regelmäßigkeit ertönt das mahnende »silencio« der Aufsichtspersonen. Es fiel mir unter dem Kreuz dagegen ungewöhnlich leicht, die lichtvolle Aura bestimmter Menschen zu sehen.

Den aufgebahrten Leichnam der heiligen Klara in ihrer Krypta konnte ich eine ganze Weile relativ ungestört von sich vorüberdrängenden Pilgern betrachten. Allerdings beschlichen mich dabei eher Fragen, die ich häufiger in unterschiedlichen Zusammenhängen von meinen Klienten höre: »Ich weiß gar nicht richtig, was ich fühlen soll.« Es war für mich keinesfalls Klaras Aufbahrungsort, an dem ich ihre größte Präsenz wahrnahm. Ihre vollkommene geistige Präsenz verspürte ich im kleinen Kloster San Damiano, etwas unterhalb von Assisi gelegen. Dort begegnete ich der heiligen Klara in mir auf Schritt und Tritt. San Damiano ist der Ort, an dem sie und Franziskus ihre spirituelle Zweiheit eingingen. Dieses kleine Kloster ist ein Kleinod, ein Hafen von Ruhe und Frieden, trotz bisweilen lärmender Besuchergruppen. Der Innengarten des Klosters ist ein wunderbares Refugium. Wiederholt längere Zeit in Frieden im Zimmer der Klara sitzen zu dürfen, war mir die größte innere Freude. Jedes Molekül der Luft ist erfüllt von ihrer geistigen Anwesenheit und vom Duft weißer Lilien, der Lieblingsblumen der Heiligen. San Damiano ist für mich spirituell betörend. Wundersames vollzog sich in mir. In ihrem Zimmer in San Damiano wurde mir die Verbundenheit gewahr, die ich von Kindesbeinen an mit der heiligen Klara erlebe. Da ist sie mir einfach »Klara«, ohne den Nimbus der sie entrückenden Heiligkeit. Sie erfüllt den ganzen Raum mit ihrer lichtvollen Präsenz, so dass einmal mehr erfahrbar wird, dass die sterblichen Hüllen lichtvoller Verstorbener zwar an welchen Orten auch immer aufgebahrt sein mögen, ihre spürbare Präsenz aber völlig zeit- und ortsungebunden ist. Das ist schon wundersam genug.

Die größte Präsenz des Franziskus ist für mich in La Verna zu verspüren, etwa 120 Kilometer von Assisi entfernt in den Bergen gelegen. In diese Einsiedelei zog sich Franziskus in einem Zustand der Erschöpfung zurück. Und dort empfing er von einem »Seraphen« die Stigmata Christi. Als ich den engen Weg zur Felskammer hinuntersteige, in der er dort kontemplativ verweilte, wird mir von zwei senkrecht herabfallenden Sonnenstrahlen ein derart gleißendes Schauspiel gewährt, das ich das nicht als eine bloß zufällige Begebenheit abtun mag. Zu mythisch erscheint mir dieses Licht, das Minuten anhält, und mir auf dem Weg zurück ein zweites Mal leuchtet. Ich bin währenddessen mit mir und etwas Größerem alleine. Und auch die Felskammer habe ich eine Weile für mich. Diese Situation erlebe ich wiederholt: An Stätten, an denen ich mich im Gedenken vertiefen möchte, finde ich mich für eine Weile ungestört wieder. Ich nehme das ohne jegliche Überhöhung mit großer Dankbarkeit zur Kenntnis.

Besonders dankbar für einen solch geschenkten Moment war ich, als ich in der winzigen Kapelle der Nostra Signora dello Scoglio vor ihrem Bildnis verweilte. Die Madonna, die in der Nähe von Placanica in Kalabrien wiederholt Fratel Cosimo erschienen ist, ist keine Madonna wie die anderen. Nahezu alle Menschen fühlen sich gebannt von ihrem Blick, selbst wenn sie ihre Gestalt nur auf einer bildlichen Reproduktion sehen. Anlässlich ihrer 3. Erscheinung sprach sie zu dem Hirten Cosimo: »Ich bitte dich um die Gunst, dieses Tal zu verwandeln. Ich möchte hier ein großes geistliches Zentrum errichten, an dem die Seelen Frieden und Erleichterung erfahren. An diesem Ort will Gott ein Fenster zum Himmel öffnen. Hier will Er durch mich als Mittlerin seine Barmherzigkeit kundtun.« Das Werkzeug, der Mittler der Madonna wiederum wurde Fratel Cosimo. An einer Reise zu ihm, der als ein Nachfolger von Pater Pio gilt, und zur ihm erschienenen Madonna führte kein Weg vorbei. An diesen abgelegenen kraftvollen Gnadenort zu gelangen war nicht das leichteste Unterfangen. Mittlerweile sind die Anfahrtswege leichter, ist es doch wie immer: Zwar ist es die erklärte Absicht der Madonna, an diesem Ort mittels eines großen geistigen Zentrums ein Tor zum Himmel eröffnen zu lassen. Doch die Kirche von oben bemächtigt sich dieser Pilgerstätte, errichtet eine Kathedrale von gigantischen Ausmaßen, um die Massen von Menschen fassen zu können, aber auch um das Geschehen vor Ort unter ihrer Obhut zu behalten. Die Zahl der bezeugten und selbst von der gestrengen Prüfungskommission der katholischen Kirche abgesegneten Wunderheilungen an diesem magischen Ort ist herausragend. Zumindest Wunderliches erlebe ich dort in der Begegnung mit zwei mir gänzlich fremden Menschen. Der eine berichtet mir die Geschichte seiner eigenen Spontanheilung, die umso verwunderlicher ist, als er mit unlauterer Absicht zu Fratel Cosimo gefahren war. Er wollte das gesamte Geschehen dort nämlich als scheinheilig entlarven. Auf das, was ihm dann an Leib und Seele persönlich widerfuhr, war er in keiner Weise gefasst. Er sah sich in der Tat bekehrt. Mittlerweile zählt er zu den überzeugtesten Anhängern der Madonna vom Scoglio. Ich hatte diesen Menschen auf dem großen Platz vor der Kirche angesprochen, weil mich der Ausdruck seiner Augen so faszinierte. Die zweite Person, ein groß gewachsener, kräftiger Italiener, fiel während eines Gebetes Fratel Cosimos bei einem bestimmten Schlüsselwort inmitten der Menge und direkt neben mir wie vom Blitz gefällt auf den Boden. Ich half dem völlig fassungslosen Mann wieder auf die Beine, was gar nicht so einfach war, wollten sie ihm doch zunächst ihren Dienst verweigern. Währenddessen sprach Cosimo in Ruhe weiter. Nicht dass er den Vorfall nicht bemerkt hätte. Ihm entgeht nichts. Doch gab es nicht den geringsten Anlass zur Beunruhigung. Cosimo ist derart lichtvoll, dass seine Worte bedeutend mehr als Worte sind. Sie tragen hohe geistige Ladungen. Und so sind an diesem Ort solche Vorkommnisse noch die geläufigsten Ereignisse, selbst wenn sie die Grenzen des Alltäglichen übersteigen. Nach einer Weile stand der Mann neben mir wieder kerzengerade auf seinen Beinen, als wäre er nicht gerade vorher wie ein Baum gefällt worden. Er wird viel Stoff zum Nachdenken mitgenommen haben.

Vor allem ihre Augen sind es, die die Gestalt der Madonna vom Scoglio so eindringlich erscheinen lassen. Da saß ich also nahezu alleine vor ihr in der winzigen Kapelle, und fühlte mich bis in den hintersten Winkel meiner Seele von ihr gesehen und erkannt. Ich fühlte mich nackt und durchschaut. Meine Worte geben mein Empfinden nicht wieder, denn es war ein sprachloses Geschehen auf den Tiefen der Seele. Nicht die kleinste »Schandtat« oder den geringsten bösen Gedanken meines Lebens bis dato konnte ich vor dem Blick dieser Madonna verbergen. Mir wurde blitzartig schonungslos offenbar, was ich nicht so Edles, Schönes, Reines in meinem Leben getan hatte, was ich mir selbst, aber auch anderen Menschen an Unrecht zugefügt hatte. Nichtsdestoweniger erfolgte dieses bis ins Mark hinein Erkanntwerden ohne die geringste Spur von Beschämung. Die Madonna vom Scoglio ist eine grundgütige Erscheinung. Ihre Barmherzigkeit ist verzeihend und annehmend. Was der eindringliche Blick der Madonna nicht durchgehen lässt, sind Halbherzigkeit und ein laues »Weiter so« im gewohnten Trott. Die innere Wandlung vollzieht sich unmittelbar vor ihr von Angesicht zu Angesicht. Ich brauche mein Erleben nicht besonders schwärmerisch zu beschreiben. Im Grunde genommen erlebte ich es wie selbstverständlich, so, als könnte sich in Gegenwart dieser gütigen Gestalt überhaupt nichts anderes ereignen. Da war ausschließlich liebende Güte in höchster Reinheit. Liebende Güte ihrerseits ist die Bringerin der schwingenden und klingenden Freude.

Ich war an mehreren Tagen hintereinander an diesem magischen Ort. Sowohl an den Tagen der Woche mit den üblichen Feierlichkeiten und den kurzen persönlichen Audienzen bei Fratel Cosimo, als auch an den Tagen ohne großen Besucherandrang. Den Ort ganz in Ruhe zu entdecken ist nicht weniger magisch, zumal sich garantiert irgendetwas ereignet, das außerhalb des Gewöhnlichen liegt. Da fliegen auch beständig Freude und Humor durch die Luft, so dass ich an diesem Ort auch ausgelassenes Lachen über manche sich ausdrückende Situationskomik finden durfte. Ich darf mich glücklich schätzen, dass ich Fratel Cosimo als Mittler der durch ihn wirkenden Madonna nicht aus größter innerer Verzweiflung aufgesucht habe, obwohl ich zu der Zeit wegen eines körperlichen Symptoms gedanklich in einiger Sorge war. Im Grunde meiner Seele fühlte ich mich aber nicht wirklich bedroht, und mit Cosimos Antwort auf mein Anliegen konnte und kann ich bis heute gut leben. Litte ich aber an einer chronischen oder lebensbedrohlichen Krankheit, wäre dieser Ort in den Bergen bei Placanica meine erste Zufluchtsstätte.

Fast noch stärker als zur Madonna vom Scoglio zog es mich zu dem mythischen Ort, an dem der Legende nach

Maria Magdalena die letzten 30 Jahre ihres Lebens verbracht haben soll. In einem Gebirgszug nahe bei Saint-Maximin-la-Sainte-Baume in der südlichen Provence lebte sie inmitten eines geologisch einzigartigen grünen Waldes in einer großen Grotte. Unweit im Tal hatte Jean-Yves Leloup ihr zu Ehren die internationale spirituelle Begegnungs- und Seminarstätte der Dominikaner aufgebaut. Der selbst im heißesten Sommer meist schattige Aufstieg zur Grotte dauert etwa 45 Minuten. Bei mir waren sie angefüllt mit Neugier und Vorfreude, was ich dort erleben würde. Mit der letzten Stufe der steilen Treppe am Ende des Aufstiegs betrat ich den kleinen, wunderbar einladenden Vorplatz der Grotte. Noch auf dieser letzten Stufe wurde mir Wunderliches zuteil. Es war gerade der Moment des zu Ende gegangenen Gottesdienstes an diesem Tag, und die Besucher strömten aus der Grotte. Unter ihnen der Dominikanermönch, der an diesem Tag seinen Dienst für Maria Magdalena verrichtete. Sein Blick traf mich, mein Blick traf den seinen. Ich fühlte mich bis ins tiefste Innere erkannt. Aus dem Erkennen heraus sprach er einen Satz, den er zwar an alle Anwesenden richtete, der aber eine spezifische, mir bedeutsame Botschaft enthielt. Im Sprechen schaute er mich weiter unverwandt an. Dieser Dominikaner in seiner weißen Kutte war alleine schon den ganzen Aufstieg zum Refugium der Maria Magdalena wert. Ganz in der Tradition von Jesus goss er über allen Menschen auf dem Vorplatz der Grotte die Freude und die Liebe aus. Er erfasste jeden und jede mit seinem Herzen und mit seinen Augen. Er war die liebende Güte in Person und strahlte ein enormes Licht aus. Als ich zwei Tage später erneut zur Zufluchtsstätte der Maria Magdalena aufstieg, denn für einen solchen Ort genügt nicht ein einmaliger Besuch, war ich voller Vorfreude, diesen Menschen wiederzusehen. Ich wollte ihn ansprechen, um mich eine Weile mit ihm zu unterhalten. Das ist an diesem Ort ausdrücklich Brauch. Leider verrichtete an dem

Tag aber ein anderer Dominikaner seinen Dienst an dem Ort. Ihn erlebte ich als beflissenen, die Menschen vor Ort argwöhnisch beäugenden Diener seines Ordens, und weniger als einen Mittler der liebenden Güte seines Herrn. Was will ich damit sagen? Veränderungen durch Liebe sind nicht bloß in eine Richtung möglich. So, wie Psychotherapeuten bisweilen Heilung eigener Lebensthemen durch ihre Patienten oder Klientinnen erfahren dürfen, so dürfen diesem Mann Gottes vermutlich noch etliche Lektionen in Liebe und Vertrauen durch die Präsenz mancher Pilger und Pilgerinnen zuteil werden, um seinen Geist vollständig zur Liebe zu wenden. Seien wir großherzig und halten uns vor Augen: Es gibt nicht bloß reinweiß und strahlendes Licht und liebende Güte, es gibt daneben auch grau oder schwarz, weniger helles Licht und einen Mangel an Vertrauen in die Liebe. Selbst Mönche sind nicht gleich Mönche. Als Menschen gehen sie jeweils ihre eigenen Wege, und es hat seine Richtigkeit. Wir sind für uns verantwortlich, ob wir uns von Verdrießlichkeit anstecken lassen oder den Blick ins Licht gerichtet halten.

Der Ort der Maria Magdalena spricht aus sich heraus zu den Menschen, die seine Sprache zu vernehmen bereit sind. Er ist ein wunderbarer Ort. Vor dem winzigen Kloster und der Mauer mit der großen Pforte zur Grotte zu sitzen, ist Labsal für jeden unruhigen Geist. Die Grotte selbst will sorgsam erkundet sein. Es sind kaum die Stellen, an denen die Kirche ihre Standbilder aufgestellt hat, an denen die Magie zu spüren ist. Die geistig spirituelle Präsenz der Maria Magdalena war für mich am deutlichsten zu spüren vor einem kleinen, unscheinbar wirkenden Tabernakel an einer der dunkelsten Stellen der weit verzweigten Grotte. Dort verharrte ich. Es kribbelte in meinem gesamten Körper, und das Gefühl erfasste mich in Resonanz mit »IHR« zu sein, oder mit der geistigen Botschaft, die Maria Magdalena im Namen ihres Rabbuni unverfälscht in die Welt getragen hat. Wer für das Spüren von Andacht offen ist, der wird in der Grotte der Mirjam von Magdala Andacht empfinden. Wer den Platz mit noch geschlossenem Herzen betritt, könnte sich überrascht sehen, dass er ihn mit geöffnetem Herzen wieder verlässt. Wundersames ist dort möglich.

Die innere Freude, die ich an manch magischen Orten der Wallfahrt in mir empfinde, unterscheidet sich qualitativ erheblich von der Freude, die ich an ganz weltlichen Urlaubsorten empfinden kann. Sofern sich beides problemlos vereinen lässt, spricht alles dafür, eine gewöhnliche Urlaubsreise mit einer Reise zu ausgewählten Weihestätten zu vereinen. So wird aus etwas gewöhnlich Schönem leicht eine Reise in die Mystik des Herzens. Im Zweifelsfall werden wir Zeuge eines Wunders, mindestens aber von etwas Wundersamem oder Wunderlichem. Im Gnadenfall wird uns selbst womöglich ein wirkliches Wunder gewährt, wenn wir eines bedürfen. Eine Garantie auf Wunder in der Not gibt es nicht.

Es gibt im Übrigen ein weiteres Zeichen dafür, dass Gnadenorte, an denen Maria den Menschen erschienen ist, begnadete Orte sind. Dieses Zeichen beinhaltet auch einen direkten Bezug zu denjenigen Menschen, die sich scheuen Gott »Gott« zu nennen. Sie behelfen sich, indem sie ihn »Quelle« nennen. An sämtlichen uns bekannten Orten, an denen die Mutter Gottes erschienen ist, wurde zeitnah im Anschluss eine sprudelnde, Wasser spendende Quelle entdeckt, die sich aus dem Nichts aufgetan hatte. Das gilt sogar für die Orte, an denen zuvor noch nie Wasser entdeckt worden war, weil es sich um trockenes, dürres Ödland handelte. Das Auftreten einer neuen Quelle an diesen Orten ist wahrlich ein Wunder. Keine der Quellen ist bis heute wieder versiegt. Sämtlich gelten sie als Quellen heiligen, gesegneten Wassers, aus denen leidende Menschen voller Hoffnung ihr Nass schöpfen.

Bei einem weiteren Rätsel dreht es sich zwar nicht um Wunder, aber ebenso um eine Frage, die unser irdisches Begriffsvermögen übersteigt. Wir können uns bloß für Glauben oder Nicht-Glauben entscheiden. »Nicht-Glauben« kann allerdings auch Wissen bedeuten: Wissen, das Übergewöhnliches als real erkennt. Gibt es die Auferstehung und Wiedergeburt unserer unsterblichen menschlichen Seele? Gab es folglich frühere Leben, die wir in aller Regel nicht bewusst erinnern? Wird es nach unserem Tod in diesem derzeitigen Leben weitere zukünftige Leben für uns geben? Sind Tod und Wiedergeburt ein sich unendlich drehendes Rad? Oder reift und altert unsere Seele, wenn sie über unsere verschiedenen Reinkarnationen hinweg ihren Seelenaufstieg bis hin zur Erlösung bewältigt? Leben wir dann ein letztes verkörpertes Leben? Und was wird danach sein?

Ohne mediale Nachhilfe in Form von medialem Schauen erinnert sich unsere Seele eher selten an die Summe der in ihr gespeicherten Erfahrungen aus früheren Leben. Für das Medium Andrea Dinkel-Tischendorf besteht kein Zweifel:

> »Den inneren Weg zu erkennen und zu verstehen, warum wir als Seele auf diese Erde gekommen sind, führt zu Zuversicht, Mut, Vertrauen und in das Wissen: Nichts geschieht umsonst« (2018).

Armin Mattich beschreibt die Beschwernisse der Seele auf ihrem Weg:

> »Eine Seele will wachsen und gerne wieder so vollkommen sein, wie sie einst war. Doch der Weg dahin ist nicht einfach, er ist sogar sehr beschwerlich. Die meisten menschlichen Seelen kommen auf die Erde, um eigene Erfahrungen zu machen und um schnell zu wachsen. Sie beabsichtigen vielleicht, eine gewisse Fähigkeit in sich zu erweitern oder einfach nur ein altes Versprechen einzulösen. Die Gründe für eine Inkarna-

tion sind genauso individuell wie die Seele selbst, und die Seelen haben ihre eigene Art sich auszudrücken. Bevor eine Seele sich auf Erden ausdrücken kann, sucht sie sich ein passendes Umfeld, um ihr Vorhaben realisieren zu können. Dazu spricht sie sich mit anderen Seelen ab, um später ihre erwünschten Zustände vorzufinden. Die menschliche Seele ist also individuelles Bewusstsein und besitzt oft einen Wunsch nach Wachstum« (2019).

In unserem schnelllebigen Alltag als eigenständige Persönlichkeiten rauscht unser Seelenleben viel zu häufig einfach an uns vorüber. Existenzielle Fragen oder das Bedürfnis zu wissen, weshalb wir eigentlich hier auf der Erde sind, wie unsere Seele wachsen und sich erweitern möchte, tauchen zwar immer wieder mal in uns Menschen auf, vorwiegend in Momenten, die wir als existenziell erleben. Meistens aber halten sie sich in unseren normalen Lebensvollzügen irgendwo im Hintergrund unseres Geistes auf, weil wir mit der Bewältigung unseres derzeitigen Lebens schon vollauf genügend beschäftigt sind. Bei manchen Menschen wirken die Geschehnisse früherer Leben jedoch in ihr derzeitiges Leben massiv hinein. Sie verspüren diffus oder deutlich wahrnehmbar psychische wie seelische Lasten und Bürden, für die sie keine nachvollziehbare Erklärung finden. Selbst, wenn sie sich professionelle therapeutische Hilfe suchen, kommen sie kaum einen Schritt weiter. Wo es zum Welt- und Menschenbild gehört, in solchen Fällen über ein derzeitiges Leben hinauszuschauen – und nicht bloß im Sinne der multigenerationalen Familientherapie – können Bilder und Informationen über frühere Leben auftauchen, die ein Leiden im derzeitigen Leben erklären und im besten Falle auflösen können. Aber dieses mediale Schauen will gelernt sein, sofern wir kein charismatisches Naturtalent sind.

In einer früheren Phase meines eigenen Lebens hätte ich solche Gedanken weit von mir gewiesen. Mittlerweile weiß ich es besser. Über mediales Arbeiten mit verschiedenen Menschen wurden mir zumindest soweit Einblicke in frühere Leben gewährt, dass ich manche Bürde im derzeitigen Leben abzulegen vermochte. Insbesondere eine hartnäckige Traurigkeit, die ich Jahrzehnte durch mein Leben geschleppt hatte, durfte zu meiner großen Erleichterung weitgehend weichen. Während einer Übungseinheit im Zuge eines Seminars zu Medialität wurde mir über eine Eingebung eine Erkenntnis über die Ursache dieser Traurigkeit gewährt, die mir bis zu diesem Tag völlig verschlossen war. Familientherapeutische und psychoanalytische Ursachenforschung hatten zwar manch rationale Erklärung ausmachen wollen, aber eher bescheidene Veränderungen bewirkt. Körpertherapeutische Erfahrungen rührten zwar ebenso wenig an den Urgrund der tiefen Traurigkeit, brachten aber über andere Kanäle dennoch mehr Freude in mein Leben. Imaginative wie imaginale Übungen bereiteten in mir den Boden für die Hinwendung zum eigenen spirituell medialen Schauen. Dort bekam ich dann endlich ein Bild gezeigt, das mir einen Urgrund der Traurigkeit offenbarte. Dieses Bild hatte sich jedwedem rationalen wie emotionalen Erklärungsversuch gegenüber unzugänglich gezeigt. Zugänglich wurde es mir erst über das mediale Schauen über sämtliche Grenzen unseres herkömmlichen Denkens hinweg. Nie im Leben hätte ich auch nur im Entferntesten an eine solche Ursache meines vorherrschenden Lebensgefühls denken können. Mit der Offenbarung des Bildes und mit der Erkenntnis auf einer anderen Ebene durfte die Lebensbürde der Traurigkeit umgewandelt werden. Ich konnte leibhaftig spüren, wie mir eine Last von der Seele genommen wurde. Seither darf immer öfter die Lebensfreude den frei gewordenen Raum einnehmen. Für Momente wird mir bisweilen wie aus dem

»Nichts« heraus sogar die »Leichtigkeit des Schmetterlings« geschenkt. Schmetterling werden möchte ich indes nicht.

Mediales Arbeiten ist hoch verantwortliches Arbeiten. Mit medialen Einblicken in frühere Leben oder über sogenannte Rückführungen kann Gutes bewirkt oder alter Schrecken neu belebt werden, je nachdem, wie sensibel wir die gewonnenen Einblicke handhaben. Erst einmal braucht es eine grundsätzliche Offenheit, überhaupt mediales Arbeiten in Betracht zu ziehen. Das kann therapeutisch spirituelle Sternstunden mit sich bringen, aber ebenso hohe psychische wie seelische Belastungen. Persönlich biete ich meinen Klienten und Patientinnen mediales Arbeiten dann an, wenn bislang begangene therapeutische Wege zu keinem Ziel geführt haben, oder wenn es mir quasi eingegeben wird, den medialen Weg einzuschlagen. Mediale Bilder über Vorleben von Menschen sind nicht unbedingt erfreuliche Bilder. Sie können hart, grausam, entsetzlich, kaum zu ertragen sein. Informationen über Leben aus den Gaskammern des Holocaust, Kriegsbilder, Leben unter der Inquisition oder während der Kreuzzüge, Hungertode, Lepra oder Pest, Bilder über Leben unter schrecklichen Umständen in gänzlich anderen Kulturen zu den unterschiedlichsten Zeiten der Menschheit können alles zeigen, was sich jemals unter der Sonne oder in der Finsternis ereignet hat. Derart schreckenbehaftete Bilder würde ich keinem Klienten ungefiltert vermitteln. Ich halte mich mit meinen Rückmeldungen an die Devise: »Kein schlechtes Wort darf deinem Munde entschlüpfen.« Besteht überhaupt eine Notwendigkeit, mit einem Klienten über eine schwierige frühere Inkarnation zu sprechen, wähle ich meine Worte mit größtem Bedacht. Ich erzähle nur, was wirklich nötig ist, und ausschließlich mit Worten, die verkraftbar sind. Oftmals ist es nicht einmal nötig, Informationen über frühere Leben auszusprechen. Vor allem, wenn mir Bilder über frühere Leben gezeigt werden, ohne dass ich ausdrücklich darum gebeten habe, muss eine Rückmeldung nicht erfolgen. Werden mir Schrecknisse aus früheren Leben eines Menschen gezeigt, dann zu dem Zweck, dass ich sie für ihn mit höherer Erlaubnis auch auflösen darf. Einmal, als mir während einer Paarübung in einem Seminar ein besonders widerwärtiges früheres Leben eines Menschen gezeigt wurde, musste ich mich vor Entsetzen bei meinem geistig spirituellen Lehrer vergewissern, wie ich mit diesen Bildern umgehen sollte. In meinen anfänglichen Überlegungen, was ich davon erzählen sollte, sah ich mich sofort durch ihn gebremst: »Auf keinen Fall erzähle von deinen Visionen. Das ist nicht erforderlich. Wenn dir in dieser Übung solche Bilder von einem früheren Leben dieser Person gezeigt werden, dann darfst du sie für ihn auch auflösen. Würdest du ihm berichten, was dir gezeigt wurde, würde das unweigerlich seinen Verstand einschalten und ihn an die Bilder binden.« Ich erzählte folglich nichts weiter von meinen Visionen, durfte mich aber im Anschluss daran erfreuen, dass die Person von sich aus von ihrem Erleben während der Übung berichtete, dass ihr eine drückende Last von der Seele genommen worden sei.

Glücklicherweise sind es nicht immer Schreckensbilder, wenn mir frühere Leben von Klienten oder Patientinnen gezeigt werden. Doch selbst bei schönen oder positiven Bildern bleibt die Frage, was davon wichtig ist für den Klienten zu wissen. Wiederum kann es sein, dass die medial gewährten Informationen Zugang zu einem Symptom erlauben, das eine Klientin bereits ihr Leben lang belastet. Folglich wird es erklärbar und verzehrt keine Lebenskräfte mehr. Sämtliche exakten Einzelheiten braucht ein Klient unter Umständen nicht zu erfahren. Sie bergen die Versuchung, den bewussten Verstand an die neu erfahrenen Bilder zu binden. Eine Person könnte sich durch besonders starke Bilder auch versucht sehen, ihre derzeitige Persönlichkeit darüber narzisstisch aufzuwerten. Einer Öffnung für das Leben in die Zukunft hinein stünde das im Wege.

Ein schönes Beispiel ist eine aktuelle Klientin, eine überaus angenehme ältere Dame. Sie wandte sich an mich mit dem ausdrücklichen Wunsch nach »geistiger Arbeit« in der Auseinandersetzung mit in der Herzgegend beginnenden Angstanfällen, schwermütigen Stimmungen und existenziellen Fragen, die ihr das Leben erschwerten. Bereits als sie zum ersten Termin durch meine Tür kam, beeindruckte sie mich durch ihre große Würde. Diese Dame hat ein immens großes Herz für andere. Ihr Leben ist vom Tun für ihre Mitmenschen geprägt, gebunden an die enttäuschende Erfahrung, dafür selten Würdigung zu erfahren. Sich selbst stellte sie ihr Leben lang hinten an. Beziehungen zu Männern ging sie nie ein. Das war zeitlebens mit einer leichten Angst verbunden. Als Realität »unerreichbar«, blieb ihr davon ein leichter, süßer Schmerz. Verluste und Tod waren ein Thema, das ihr zu schaffen machte. Viele Menschen hatte sie schon um sich herum verloren, einschließlich ihrer liebsten Freundin, einer Diakonissin, mit der sie in regem geistigen Austausch stand. Beim Tod ihrer Mutter stand sie an deren Bett zu Hause. Sie hatte sich gegen eine Klinikeinweisung der fast 100-Jährigen ausgesprochen. Sie erzählt:

> »Ich bemerkte, wie ein Lichtschleier die Veränderung einleitete. Sie ging dann ganz ruhig. Und mir hat in dem Augenblick jemand einen Mantel umgelegt, wie eine himmlische, geistige Kraft. Ich hatte dadurch für mindestens zwei Monate einen tiefen Frieden in mir.«

Diese Frau weiß, was Spiritualität ist, und wer oder was Gott für sie ist. Ausgestattet mit einem phänomenalen Gedächtnis für die Geschichte ihrer Familie wie die kulturellen und politischen Ereignisse der von ihr durchmessenen Lebensspanne, ist sie reich an Reflexivität und innerer Logik. Beim Meditieren sieht sie häufiger violettes Licht im dritten Auge. Ihre Anbindung an eine höhere geistige Welt enthebt sie indes nicht ihrer derzeitigen Probleme. Sie fühlt sich kraftlos und ausgezehrt. Als gute Seele hat sie im Leben zu viel von sich als Frau und Mensch aufgegeben für andere. Sie hat geholfen, aber hintangestellt, sich persönlich genügend zu nähren. Ihre Hauptfragen, die sie in unsere Arbeit mit einbringt, lauten:

> »Weshalb bin ich auf die Welt gekommen? Gibt es darauf überhaupt eine Antwort? Falls ja, wie? Was kann ich heute noch Sinnvolles, Ausfüllendes tun? Soll ich überhaupt noch weiter tun, oder ist die Zeit für den inneren Rückzug gekommen?«

Wir arbeiten mit ihren Träumen, und ich improvisiere etliche imaginative Übungen zum Nähren mit Lebenskraft für sie. Sie fühlt sich in der Tat gekräftigt. Da sie es liebt zu schreiben, führt sie über unsere Arbeit eine Art Tagebuch. Erste Einträge belegen eine Wende:

> »Freude macht sich in mir breit. Auch sie kann ich nicht benennen, aber sie kommt von Herzen und bringt etwas in mir zum Klingen; diese Freude hält ununterbrochen Tage an. Ich fühle mich angehoben, weit und offen«.

Nach dem Abklingen der Freude spürt sie tagelang ein »Weh« im Bauch, aber mehr als ein »Weh der Seele« denn des Körpers. Sie beginnt ab der vierten Stunde vom Leiden Christi zu sprechen, das sie zu ihrem eigenen inneren Christusbewusstsein führt. Das hätte sie bislang zurückgehalten, weil sie sich noch nicht wagte darüber zu sprechen. Und dann wird es zwischen uns so selbstverständlich über Jesus, sein Leiden, seine Kreuzigung zu sprechen. Sie schreibt:

> »Dieses Thema bringt mich dazu, Dinge auszusprechen, die mich tief bewegen und schon sehr lange begleiten. Wir alle tragen in uns den göttlichen Funken, und ich bete darum, dass dieses Licht stärker werden kann. Es möge mein Herz erfüllen und mein Denken, Sprechen, Handeln durchdringen. Es ist mir ein Bedürfnis, Menschen in ihrem Sein anzurühren... Ich spüre aber auch, dass ich selbst noch der weiteren Heilung und Wandlung bedarf. Besonders nötig empfinde ich die Zufuhr von Kraft und Stabilität. Wie kann das geschehen? ... Ja, Ruhe und Frieden möchte ich spüren und zu einem Fundament werden lassen. Mit diesem Vorhaben begebe ich mich in etwas Neues, es heißt für mich: Vertrauen zu haben, dass etwas Gutes auf mich wartet. Beim Weggehen spüre ich, dass mein Herz vor Freude hüpft. Diese Freude trägt mich und zwei Tage später durchströmt mich eine wesentlich stärkere Energie... Möge mein Herz sich öffnen für Gottes Liebe und spürbare Nähe. Das sind Worte, die ich so noch nicht niedergeschrieben habe.«

In dieser Stunde hebt sich der Vorhang, und es drängt etwas in den Therapieraum, das nicht von dieser Welt ist. Ich bekomme eine visionäre Ahnung von einem früheren Leben dieser Dame eingegeben. Alles, was sie erlebt und beschreibt, kennt ihre Seele aus einem vergangenen Leben als weise Äbtissin eines Klosters. Dieses frühere Leben macht so vieles verständlich, was sie als derzeitige Persönlichkeit in ihrem jetzigen Leben erfährt. In dem konkreten Fall findet meine Vision ihre Bestätigung durch einen Abgleich. In einem spirituell medialen Workshop bekommt der Leiter die gleiche Vision über ein früheres Leben meiner Klientin als Äbtissin gezeigt. Aus dieser Erfahrung bezieht sie Kraft. Während ihrer Meditationen im Anschluss an den Workshop verspürt sie »eine neue intensive Energie, angefangen von den Fußsohlen durch den ganzen Körper strömend. Was mich ganz besonders beglückt: Die Energiedichte im Herzbereich ist in dieser Weise neu!« Ihre Zeiten ohne »Angstschübe« werden länger, die Rückfälle sind kürzer und weniger verstörend. Sie richtet ihr Augenmerk darauf, dem Positiven in sich selbst mehr Beachtung und Wertschätzung zu schenken. Vom Kopf her wusste sie das schon lange, aber nun trifft es auf eine neue Resonanz in ihr. Sie wird freier in sich. Zwar lösen sich nicht alle Alltagsschwierigkeiten in Luft auf, aber bei aktuellen Nöten bittet sie »nach oben« um Hilfe, und sie erhält Hilfe. Zudem zeigt sich nun beständig »ihre Äbtissin« an ihrer Seite. Ich kann sie in jeder Stunde als geistige Präsenz wahrnehmen. Die Ausstrahlung, das Licht in den Augen meiner Klientin, wird bisweilen atemberaubend. Sie selbst ist sich ihrer Ausstrahlung nur halb gewahr, ihrer Würde, ihrer Anmut. Manchmal fließt es wie Gold zwischen mir und meiner Klientin. Sie beschäftigt sich intensiv mit der Gestalt der Äbtissin, fragt mich auch, ob es möglich ist, in einer weiteren Schau gezeigt zu bekommen, wo und wann genau sie lebte, und ob ihr Name zu erfahren wäre? Wenn es erlaubt wäre, wäre es möglich. Die Frage ist allerdings, ob meine Klientin dadurch einen weiteren Nutzen hätte. Die Folge wäre, dass sie akribisch sämtliche verfügbaren Archive durchstöbern wollte, um das damalige Leben als Äbtissin zu rekonstruieren. Das wäre dann aber eine Bedeutungsverleihung auf der Ebene der derzeitigen Persönlichkeit, und nicht mehr eine Erinnerung in der Seele.

Was hat die Schau der Äbtissin bislang sehen lassen? Sie war die hoch angesehene Leiterin eines größeren Nonnenklosters. Den genauen Orden wissen wir nicht. Einen

Namen haben wir ebenso wenig. Wie in nahezu allen Klöstern folgte das Leben strengen Regeln. Die Äbtissin kannte gewiss auch Phasen der Askese. Dem entspricht in der Gegenwart die hoch gewachsene, sehr gerade und durchaus asketisch, aber mit jeder Faser würdevoll erscheinende Gestalt meiner Klientin. Nicht selten bewies die Äbtissin Geduld wie Geschick im Umgang mit den alltäglichen Ränkespielen, Eifersüchteleien, Unzulänglichkeiten und Gewissensnöten ihrer Mitschwestern. Im heutigen Leben meiner Klientin zeigt sich das in deren Rolle in ihrer Gemeindetätigkeit, aus der sie sich mittlerweile zurückziehen möchte, weil sie dort die tiefe Innerlichkeit vermisst. Die Äbtissin war eine kluge Sachwalterin in der Vertretung ihres Klosters nach außen. Ihre Wirkungszeit war das Mittelalter. Eine Zeit, in der besonders die Oberinnen der bedeutenden Klöster das größte Geschick unter Beweis stellen mussten, um nicht zwischen den unablässigen Reibereien sich bekriegender Fürstentümer, den Konflikten zwischen den Fürsten wie Königen und Kaisern sowie dem jeweiligen Machtmonopol der kirchlichen wie weltlichen Machtzentren zerrieben zu werden. In dieser Gemengelage war die Äbtissin vorsichtig darauf bedacht, dass keine der Schriften, die ihren Namen trug, nach außen hin Anlass gäbe für inquisitorische Fragen. Nach dem, was mir von ihrem Leben gezeigt wird, besteht kein Zweifel daran, dass sie persönlich schriftkundig war und auch etliche Texte von Bedeutung verfasste. Wüsste meine Klientin ihren Namen, würde sie in den Klosterarchiven mit Gewissheit fündig. In ihrem derzeitigen Leben hat das Schreiben wie das Lesen für meine Klientin den höchsten Stellenwert. Wie sie schreibt, lege nahe, dass ihr diese Tätigkeit aus einem früheren Vorleben bestens vertraut ist. Meine Klientin verfügt über eine hohe innere Weisheit. Sie kennt sich mit den Texten der Bibel wie mit der Bedeutung christlicher und mythischer Symbolik aus.

Das Leben der Äbtissin spielte sich vorwiegend hinter den Mauern ihres Klosters und in ihrer Zelle ab. Nur selten verließ sie die Sicherheit der Klostermauern in der Vertretung des Klosters nach außen hin. Im Heute schreibt meine Klientin:

> »Nach wie vor komme ich nicht aus der Zelle heraus, obwohl ich die Tür offen sehe. Ebenso spüre ich – besonders, wenn ich mit Menschen zusammen war – das Bedürfnis nach Rückzug, Besinnung und Stille. Dann ist mir das Leben der Äbtissin sehr nahe, und ich sehne mich nach der Ruhe, die ein klösterliches Gelände ausstrahlt.«

Schon lange bevor sich die Äbtissin in ihrem Leben zeigte, zog sie sich immer wieder für einige Tage in die Abgeschiedenheit eines Klosters zurück. Ihre liebste Freundin war eine Diakonissin. Deren Verlust traf sie sehr hart. Sämtliche Erinnerungen stellen den unmittelbaren Bezug zur vordringlichen Frage meiner Klientin im Hier und Heute her: »Soll ich noch weiter etwas für andere tun, oder nur noch meiner Schau nach innen nachgehen?« Sie bekommt direkte Hinweise. Deutlich spürt sie ihre große Verbindung zu Jesus. Im Gebet fühlt sie sich auf direktem Wege mit ihm verbunden. Sie notiert über unsere Weiterarbeit: »Einige Tage nach dieser Stunde läuft es abends vor dem Einschlafen wie eine Durchsage in mir ab: ›Es geht nur noch um die unpersönliche Liebe‹«. Ist die »höhere Liebe« gemeint, die sich auf jemanden oder etwas richtet, oder die von jemandem oder etwas zu ihr gerichtet ist? Ist beides EINS? Ihr Sehnen gilt jedenfalls einem Höheren, und so fragt sie sich wie mich: »Was könnte mich und meine Gemeinde, wenn ich dort weiter tätig bliebe, emporheben?« Sie wünscht sich für alle eine »Beseelung«, nicht bloß Oberflächlichkeit. Das ist erneut wie ein Spiegel des Lebens in ihrer früheren Klostergemeinschaft. Wo soll für ihre verbleibenden Jahre ihr Platz sein, wenn sie Gott die Führung anvertraut? Wörtlich fokussiert sie auf die Frage: »Wo würde Gott mich haben wollen?« Sie spürt während ihres innerlich gesammelten Schreibens, »wie sehr es auch uns Menschen nicht nur um das Tun, sondern um das Sein von innen geht.« Während eine hartnäckige vorweihnachtliche Erkältung alle Aktivitäten stoppt und sie zu Hause bindet, greift sie verstärkt zur Feder:

> »Ich genieße die winterliche Zeit in innerer Ruhe und Frieden sowie im Rückzug von Verpflichtungen im Außen … In der Schreibstube herrscht jetzt Hochbetrieb, aber ohne Lärm und Hektik. Immer wieder stelle ich fest, dass mich dieses Tun erfüllt und auch kraftvoll sein lässt. Das starke Bedürfnis, auf der Erde einen sinnvollen Beitrag geben zu können, zieht sich wie ein roter Faden durch mein Leben. Wenn dann die Umschläge mit Inhalt ihre Reise antreten, dann ist es, als würde ich meine Kinder von mir weggeben und in alle Himmelsrichtungen ziehen lassen, ausgestattet mit einer Botschaft, die Herz und Seele der Empfänger berühren möge.«

Wo wurde in Klöstern geschrieben? Im »scriptorium«, in den Schreibstuben, im Rückzug von außen. Wer schreibt diese Zeilen? Schreibt sie meine Klientin aus ihrer Persönlichkeit heraus, oder schreibt die Äbtissin in ihr, die das Aussenden der von ihr verfassten, und in der Schreibstube durch viele Hände kopierten Schriften, sehr ähnlich erlebt haben dürfte?

Meine Klientin spürt immer stärker den Drang zur Öffnung, »ohne den Hemmschuh der Angst«. Momente des Verzagens und der Angstanfälle im Herzen mag auch die

Äbtissin in ihrer verantwortungsvollen Rolle erlebt haben. Wie konnte sie ihr Kloster durch all die Wirrnisse der Zeit steuern, ohne seine Existenz wie ihr eigenes Leben durch ihr Wirken wie ihre Schriften zu gefährden? Mit eigener Weisheit und Vertrauen in Gottes Lenkung.

Auf den Punkt gebracht, geht es in der jetzigen Lebensphase meiner Klientin »um ein Geboren werden, versehen mit göttlichem Licht und Geist«. So erlebt und erinnert sie für sich die Weihnachtsbotschaft. Es ist die Geburt zum Leben, die endgültige Wiedergeburt als Auferstehung, wie ich sie bereits im Kapitel »Leben zum Tode« beschrieben habe. Auf dem Weg der Vollendung hat sich die Äbtissin aus einem früheren Leben in diesem gegenwärtigen Leben an die Seite ihrer heutigen Verkörperung gestellt. Sie wirkt fast wie eine derzeitige Geistführerin meiner Klientin, wenngleich sie als eine frühere Inkarnation eher nicht eine Geistführerin für ihre derzeitige Persönlichkeit sein kann. Das mag vielmehr eine ähnlich weise Klosterfrau sein.

Was wäre, wenn es wahr ist? Ich habe nicht den geringsten Zweifel, dass meine Klientin dieses frühere Leben als Äbtissin gelebt hat. Die weise heilige Frau überstrahlt meine Klientin in ihrer derzeitigen Persönlichkeit bisweilen in einem Ausmaß, dass ich mich eigentlich nur demütig vor ihr verneigen kann. Es wäre die angemessenste Reaktion. Die Liebe und die Güte zeigen sich in dieser »Therapie« von ihrer lichtvollsten Seite.

Prophetien und Lebensbilanzen

»Der Christ des 21. Jahrhunderts wird Mystiker sein – oder er wird nicht sein«, so hat es der deutsche Theologe Karl Rahner (1904–1984) ausgedrückt. In Anlehnung an Rahner verallgemeinere ich: »Der kommende Mensch wird Mystiker sein – oder er wird nicht mehr sein«.

Den Gedanken stelle ich in direkten Zusammenhang mit der eher pessimistischen Prophezeiung des französischen Jesuiten Pierre Teilhard de Chardin (1881–1955), der mutmaßte: »Der Tag ist nicht mehr fern, an dem die Menschheit erkennen wird, dass sie biologisch nur noch die Wahl hat zwischen Selbstmord und Anbetung.« Dem modernen Menschen von heute stehen beide Zukunftsvisionen offen. Er kann sich als Spezies und den gesamten Planeten auslöschen. Oder er findet zurück zur wahren Natur der Dinge und zum Respekt vor seiner eigenen Existenz als Ebenbild der himmlischen Instanz und Krone der Schöpfung.

Ich verschließe in keiner Weise die Augen davor, was der Mensch sich selbst, seiner gesamten Mitgeschöpflichkeit und unserem schönen blauen Planeten antut. Die Folgen unseres verbreiteten politischen, wirtschaftlichen wie ökologischen Handelns haben die Menschheit auf einen Punkt zusteuern lassen, ab dem unser Überleben als Spezies nicht mehr gesichert ist. Die exponentiell steigende Menge der verheerenden Nachrichten aus aller Welt erleichtert es nicht gerade, den Fokus auf die Liebe gerichtet zu bewahren. Nichtsdestotrotz weigere ich mich, in die pessimistischsten Zukunftsprognosen einzustimmen. Es gibt viele Kräfte, die für die Sicherung unseres Überlebens arbeiten. In der Sprache der Poesie, die Hermann Hesse so vorbildlich zu handhaben wusste, gilt: Nicht bloß »wenige«, sondern immer zahlreichere Menschen »gehen durch das Tor und geben den schönen Schein dahin, für die geahnte Wirklichkeit des Inneren«. Die einen mischen sich altruistisch, ethisch oder aus purem Überlebenswillen in Politik und Wirtschaft ein. Andere kehren der schnöden Täuschung der materiellen Welt in einem alltagstauglichen Sinne gleich ganz den Rücken und knüpfen an an die ewige Sinnsuche, die sie wieder mit ihren Wurzeln vereinen soll.

Trotz aller Schwierigkeiten, die wir als Menschen zu allen Zeiten zu bewältigen haben, tun wir gut daran, unser Leben nicht bloß mit den Augen der Schwere zu betrachten. Wir verfügen auch über die Augen der Freude und der Fülle. Weisheit und eine große Portion von Humor sind überaus hilfreiche Tugenden auf unserem Weg zwischen unserem ersten und unserem letzten Atemzug auf dieser Seite des Lebens. Lassen wir uns deshalb inspirieren zur Gelassenheit durch das Gebet des älter, weiser und barmherziger werdenden Menschen, das Teresa von Avila zugeschrieben wird:

»Oh Herr, Du weißt besser als ich,
dass ich von Tag zu Tag älter werde
und eines Tages alt sein werde.

Bewahre mich vor der Einbildung,
bei jeder Gelegenheit und zu jedem Thema
etwas sagen zu müssen.

Erlöse mich von der großen Leidenschaft,
die Angelegenheiten anderer ordnen zu wollen.

Lehre mich, nachdenklich, aber nicht grüblerisch,
hilfreich, aber nicht diktatorisch zu sein.

Bei meiner ungeheuren Ansammlung von Weisheit
täte es mir ja leid, sie nicht weiterzugeben.

Aber Du verstehst – oh Herr – dass ich mir ein
paar Freunde erhalten möchte.

Bewahre mich vor der Aufzählung endloser
Einzelheiten und verleihe mir Schwingen,
zum Wesentlichen zu gelangen.

Lehre mich schweigen über meine Krankheiten und
Beschwerden. Sie nehmen zu – und die Lust, sie zu
beschreiben, wächst von Jahr zu Jahr.

Ich wage nicht, die Gabe zu erflehen, mir Krankheitsschilderungen anderer mit Freude anzuhören,
aber lehre mich, sie geduldig zu ertragen.

Ich wage es nicht, um ein besseres Gedächtnis
zu bitten, nur etwas mehr Bescheidenheit,
wenn mein Gedächtnis nicht mit dem der anderen
übereinstimmt.

Lehre mich die wunderbare Weisheit, dass ich mich
irren kann.

Erhalte mich so liebenswert wie möglich. Ich möchte
kein Heiliger sein, mit ihnen lebt es sich so schwer,
aber ein alter Griesgram ist das Krönungswerk
des Teufels.

Lehre mich, an anderen Menschen unerwartete
Talente zu entdecken und verleihe mir, oh Herr,
die schöne Gabe, sie auch zu erwähnen.«

Dieses Gebet der Teresa von Avila enthält ihre gesammelte Weisheit ebenso wie ihren Sinn für Humor. Wie sympathisch und barmherzig ist doch ihr Hinweis darauf, wie schwer es sich an der Seite von Heiligen lebt. Wie können Normalmenschen an ihrer Seite in Würde bestehen?

Um den Blick über das gegenwärtige Leben noch hinauszurichten, füge ich die nachstehende Bilanz hinzu:

Ärger, den ich nicht gehabt habe,
habe ich nicht gehabt.
Ich werde ihn nie vermissen.

Wut, die ich nicht gerichtet habe,
hat niemandem geschadet.
Ich werde sie nie brauchen.

Hass, den ich nicht gehasst habe,
hat kein Unheil angerichtet.
Ich möchte ihm nie begegnen.

Freude, derer ich mich nicht gefreut habe,
konnte mich nicht beglücken.
Ich werde sie mein Leben lang bedauern.

Die Liebe, die Liebe aber,
für die ich mich nicht empfänglich gezeigt habe,
die ich mir selbst und anderen nicht geschenkt habe,
in der ich nicht die Anwesenheit von etwas
Größerem erkennen mochte,
werde ich über so viele Leben suchen,
bis diese Liebe meine Wunden stillt.

Nun ist es getan. Das Buch ist geschrieben, und ich kann fürs Erste aufatmen. Außerdem kann ich im Nachwort nun auch einen noch fehlenden Teil des Vorworts nachreichen. Ich habe dieses Buch nicht aus alleinigem eigenem

Antrieb geschrieben. Es war nicht meine ureigene willentliche Entscheidung, mich seinem Thema so zuzuwenden, wie ich es letztlich getan habe. Die Richtung wurde mit sozusagen von höherer Warte aus eingegeben. Ja, ich habe das Buch als eine Art Wunsch von höherer Warte geschrieben. Ich lasse die Kirche jedoch im Dorf, wenn ich ausdrücklich betone, dass die beharrliche Aufforderung dazu nicht von »ganz oben«, wohl aber aus der geistigen Welt an mich herangetragen wurde. Das so preiszugeben, ist schon schwierig genug für mich. Dennoch ist kein einziges Wort ein »gechanneltes« Wort. Der Text wurde mir nicht durch die Stimme eines geistigen Wesens in die Tastatur diktiert. Der Auftrag war nämlich ein Wunsch in Wohlwollen und beinhaltete die ausdrücklich milde Vorgabe: »Schreibe das Buch in deiner Sprache und in deinem Stil, wie du es auch früher schon getan hast.« Sprache und Stil sind also nicht neu. Es war vielmehr die aufgetragene inhaltliche Richtung, die mich anfänglich schwindeln ließ. Ich zweifelte auch an mir selbst, prüfte mich wiederholt und hartnäckig in meiner Persönlichkeit. Bildete ich mir etwas ein? Wollte ich mir gar etwas einbilden? Wie sollte ich mir Gewissheit verschaffen können? Wen zurate ziehen? Monatelang machte ich mich nicht ans Werk, obwohl es mich immer stärker zog. Da bekam ich ein weiteres unmissverständlich zu verstehendes Zeichen. Während eines medialen Seminars wurde einer meiner starken medialen Übungspartnerinnen gezeigt, dass ich ein Buch mit geistigem Inhalt schreiben werde. Das war umso glaubhafter, als sie mich weder kannte noch von meinen übrigen Büchern das Geringste wusste. Doch selbst danach zögerte ich weitere Monate. Zu gewaltig schien mir die Aufgabe. Ich musste mich weit über meine üblichen Grenzen hinweg befragen, wie würdig oder unwürdig ich mich im Kern eigentlich fühlte. Wieso ich? Ich bin doch nichts Besonderes. Weshalb wird von mir das Schreiben dieses Buches gewünscht? Einen dritten Ruf hatte ich total ausgeblendet, bis ich wieder an seine Botschaft erinnert wurde. Erneut während einer medialen Übung wurde einer dritten Person zu meiner linken Seite mein Engel des Lebens gezeigt. Sie durfte ein besonders schönes Bild schauen. Der Engel hielt eine lange Papyrusrolle sowie eine Feder in seinen Händen. Das Bild enthielt also gleich zwei Hinweise. Wie durften oder wollten sie verstanden werden? Als erneute Botschaft, das mir bereits aufgetragene Buch zu schreiben, mich dafür in alte heilige Schriften einzulesen und mich auf sie zu berufen, die nach ihrer Entstehung auf Papyri übertragen wurden? Wie konnte ich eine solche Vision bloß ausblenden? Für bildgetreue Erfüllung wurde trotzdem gesorgt. Kurz danach bekam ich durch die Bücher von Jean-Yves Leloup seine Übersetzung wie die Kommentare des Evangeliums der Maria Magdalena in die Hand. Das war der erste »Papyrus«, dem viele weitere folgen sollten. Diese Schrift war für mich die Initialzündung. Da lichtete sich in mir, was von mir, so, wie ich es verstand, erwartet wurde, und es gab kein Zögern mehr. Doch trotz aufgebautem Schreibdrucks floss der Text längst nicht immer leicht aus mir heraus.

Ich weiß um die Gabe meines Schreibens. Sie ist ein Geschenk. Bislang brauchte ich mir um das Gelingen eines Buches keine Sorgen zu machen. Aber in dem Falle erlebte ich das anders. Wie sollte ich es bewältigen, ein Buch über das Licht der Welt, die liebende Güte und die Quellen heiliger Schriften zu verfassen? Das ist eine viel zu große Hausnummer. Außerdem blieben meine bisherigen Bücher inhaltlich in einem allgemein zu akzeptierenden Rahmen. Selbst wenn ich in den letzten beiden Werken »Gib deiner Seele Raum« und »Depression durch die Kraft der Imagination bewältigen« zwischen den Zeilen schon so manche Verbundenheit mit der geistigen Welt andeutete, brauchte ich kein offenes Bekenntnis zu einer himmlischen Instanz oder zum Christusbewusstsein abzulegen. Ich müsste lügen, wollte ich nicht zugeben, dass ich mir ein paar Sorgen um meinen künftigen Ruf machte, sollte dieses neue Buch auf meine bisherigen Leser und Leserinnen treffen. Und in der weitläufigen therapeutischen »Gemeinde« ist Gott verbreitet Tabu und keineswegs allseits wohl gelitten oder gesellschaftsfähig. Sei's drum. Darum brauche ich mich nicht wirklich zu sorgen. So verstehe ich das Buch also auch als eine Prüfung meines Vertrauens »nach oben«. Stehe ich mit Wort und Werk vollständig ein für meine gewachsenen Überzeugungen? Es führte kein Weg daran vorbei, das Buch genau so zu schreiben, wie ich es letztlich getan habe. Sonst hätte ich mich selbst verraten müssen, und ich hätte die himmlische Instanz, wie ich sie in mir verspüre, verraten müssen.

Der Prozess des Schreibens verlief in sämtlichen Belangen anders als bei meinen früheren Büchern. Erst einmal erzählte ich außer meiner Lebensgefährtin keinem Menschen, an welchem Stoff ich arbeitete. Ich kontaktierte keinen meiner Stammverlage, um ein weiteres Buch von mir anzukündigen. Ich machte mich folglich ohne einen Buchvertrag und ohne ein fest geschriebenes Lieferdatum ans Schreiben des Textes. Ja, ich machte mir nicht einmal entscheidende Gedanken darum, ob das Buch überhaupt jemals in gedruckter Form in die Hände von Lesern und Leserinnen gelangen würde. Das oberste Ziel war erst einmal, mich des Auftrags anzunehmen und mich dem Schreiben voll und ganz zu widmen. Alles Weitere würde sich zeigen.

Frühere Bücher hatte ich jeweils in einem Guss geschrieben. Sie waren in meinem Inneren vor meinem geistigen Auge so gut wie fertig vorhanden, wenn ich konkret mit den ersten Zeilen begann. Mit diesem Buch war es anders. Ich durchlebte einen für mich ungewöhnlich langen Schreibprozess, der mir in manchen Momenten ungewohnt schwer fiel. Eines führte zum anderen. Eine heilige Schrift verwies mich auf eine nächste. Phasenweise musste ich richtig »ackern«, um voranzukommen. Nicht selten zweifelte ich, wie ich sämtliche Botschaften, die mich bestürmten, in eine Form bringen sollte. Während manch schlafloser Nacht wirbelten die Gedanken und Bilder nur so durch meinen Kopf, bevor sich wieder etwas sortierte. Es gab wochenlange Pausen im Schreiben, während derer ich unruhig wurde, wollte ich das Werk doch vollenden, zumal mein Fühlen und Denken unentwegt darum kreisten. Was mir immer wieder neu zufloss, auch aus den heiligen Schriften, war »gewaltig«. Drohte mich der Mut zu verlassen, brauchte ich mich allerdings nur neu »nach oben« zu verbinden, um wieder an die Zuversicht anzudocken. Dann wurde ich während des Schreibens von Wellen aus Licht, Liebe und Freude geflutet, die nicht nach irdischen Maßstäben zu bemessen sind. Im entsprechenden weltlichen »Flow« verflogen die Schreibstunden wie im Fluge. Nach und nach fügten sich die Kapitel, die Inhalte und die Form des Buches. Während der ganzen Zeit ermunterte mich beständig eine leise beharrliche, unendlich gütige Stimme aus dem »Off« der geistigen Welt: »Tue es, wie du es tun kannst. Du weißt, wofür du es tust.«

In die Merkwürdigkeiten reiht sich ein, dass keiner der spirituellen Verlage, denen ich das Buch zur Veröffentlichung anbot, die Herausgabe übernehmen wollten trotz einhellig positiver Rückmeldungen. Es passt nirgendwo wirklich ins Programm. Es ist wohl so gewollt, dass ich mich folglich auch um eine letzte verantwortliche Entscheidung nicht drücken kann. Damit das Buch das Licht der Welt erblicken kann, habe ich mich entschieden, seine Herausgabe mitzufinanzieren und mit ins wirtschaftliche Risiko zu gehen. Doch das ist es mir wert. Dennoch bin ich Florian Brunner und Harald Hoos vom Saarbrücker Geistkirch Verlag mehr als dankbar für die Koproduktion. Im Grunde hatte ich es von Anfang an »gewusst«, dass das Buch am Ende den Weg über den Geistkirch Verlag gehen würde. Ich hätte mir die zeitraubende Suche nach einem größeren Verlag sparen können. Ich kann es nur als Fügung sehen, dass das Werk mit seinen Inhalten ausgerechnet in einem Verlag mit dem Namen »Geistkirch« erscheint. In dem Falle ist der Name Programm. In der Geschichte des Verlages entstammt er allerdings bloß einer spontanen Laune.

Mir wird erneut Freude zuteil, seitdem das Buch geschrieben ist. Ich kann mich wieder verstärkt meinem Wirkungskreis im Alltag zuwenden. Doch zeigen sich darin erneute Veränderungen. Ich spüre sie. Die Menschen um mich herum spüren sie. Schaue ich aus der gewandelten Perspektive der Gegenwart in die Vergangenheit wie Zukunft, mag ich noch lange nicht sagen: »Ich habe genug gelebt.« Es gibt noch viel zu tun, und noch viel zu leben.

Danke!

Kontakt zum Autor

Anfragen für Seminare, Workshops, Beratungen oder Therapien erreichen mich unter:

helmutm.kuntz@t-online.de

Weitere Informationen unter:
https://helmut-kuntz.de/

Literatur- und Schriftenverzeichnis

Alt, Franz (2015): Was Jesus wirklich gesagt hat. Eine Auferweckung. Gütersloher Verlagshaus, Gütersloh

Avila, Teresa von (2005): Wohnungen der Inneren Burg. Vollständige Neuübertragung. Herder, Freiburg i. Br.

Bingen, Hildegard von (2012): Wisse die Wege. Scivias. Beuroner Kunstverlag

Bingen, Hildegard von (2012): Das Buch vom Wirken Gottes. Beuroner Kunstverlag

Bingen, Hildegard von (1965): Briefwechsel. Otto Müller, Salzburg

Chögyam Trungpa (2011): Spirituellen Materialismus durchschneiden. Theseus, Bielefeld

Corbin, Henry (1979): Mundus imaginalis oder Das Imaginäre und das Imaginale. In: Gorgo. Zeitschrift für archetypische Psychologie und bildliches Denken, 2/1979

Das Johannes Evangelium. Einheitsübersetzung (2016): Katholisches Bibelwerk, Stuttgart

Die Bibel (2017): Lutherbibel. Revidiert 2017. Deutsche Bibelgesellschaft, Stuttgart

Dinkel-Tischendorf, Andrea (2018): Tore zur Freiheit. Wie wir durch die geistige Welt und frühere Leben unsere Seelenaufgabe finden. EchnAton o.O.

Dispenza, Joe (2017): Werde übernatürlich. Wie gewöhnliche Menschen das Ungewöhnliche erreichen. KOHA, Burgrain

Jung, Carl Gustav (1956/1995): Jung und der religiöse Glaube. In: Das symbolische Leben, Zweiter Halbband. Edition C.G. Jung. Patmos, Ostfildern

Jung, Carl Gustav (1957/1995): Gegenwart und Zukunft. In:

Zivilisation im Übergang. Edition C.G. Jung, 10. Patmos, Ostfildern

Kaiser, Ursula Ulrike/Bethge, Hans-Gebhard (Hrsg.) (2013): Nag Hammadi Deutsch. Studienausgabe. De Gruyter, Berlin/Boston
daraus verwendete heilige Schriften:
Das Evangelium nach Maria
Das Evangelium nach Thomas
Das Evangelium nach Philippus
Evangelium Veritatis
Der Dialog des Erlösers
Die Lehren des Silvanus
Tractatus Tripartius
Die Hypostase der Archonten
Das Apokryphon des Johannes
Der Brief des Jakobus
Eugnostos und die Weisheit Jesu Christi
Vom Ursprung der Welt
Authentikos Logos

Krishnamurti, Jiddu (1995): Wandel durch Einsicht. Gedanken des großen Weisheitslehrers über Glaube, Freiheit, Verantwortung und die Zukunft des Menschen. O. W. Barth, o. O.

Kuntz, Helmut (2012): Zeit für Mitgefühl. Die wichtigste Übung im Leben. Theseus, Bielefeld

Kuntz, Helmut (2017): Depression durch die Kraft der Imagination bewältigen. Übungen zur Stärkung innerer Ressourcen. Beltz, Weinheim und Basel

Kuntz, Helmut (2017a): Gib deiner Seele Raum. Heilsame Wege zur Selbstliebe und inneren Ruhe. Fischer & Gann, Munderfing

Kuntz, Helmut (2015): Verstehen, was uns süchtig macht. Hilfe zur Selbstheilung. Beltz, Weinheim und Basel

Laszlo, Ervin (2000): Das fünfte Feld. Materie, Geist und Leben – Vision der neuen Wissenschaften. Bastei Lübbe, Bergisch-Gladbach

Leloup, Jean-Yves (2008): Evangelium der Maria Magdalena. Die spirituellen Geheimnisse der Gefährtin Jesu. Heyne, München

Leloup, Jean-Yves (2017): Das Evangelium des Thomas. Kopp, Rottenburg

Leloup, Jean-Yves (1991): L'absurde et la grâce. Albin Michel, Paris

Leloup, Jean-Yves (2003): L'évangile de Philippe. Albin Michel, Paris

Leloup, Jean Yves (1986): L'évangile de Thomas, Albin Michel, Paris

Leloup, Jean Yves (2002): Une femme innombrable. Le roman de Marie Madeleine. Albin Michel, Paris

Liptrot, Amy (2017): Nachtlichter. btb Verlag, München

Mattich, Armin (2019): Auf der Suche nach der Wahrheit. Mystische Erfahrungen. Selbstverlag

Mendelsohn, Henri (1903): Der Heiligenschein in der italienischen Malerei seit Giotto. Verlag von Bruno Cassirer, Berlin

Miek, Dietmar (2002): Meister Eckhart. Einheit mit Gott. Patmos, Düsseldorf

Moser, Tilmann (1976): Gottesvergiftung. Suhrkamp, Frankfurt a. M.

Moser, Tilmann (2003): Von der Gottesvergiftung zu einem erträglichen Gott. Psychoanalytische Überlegungen zur Religion. Kreuz, Stuttgart

Pagels, Elaine (2004): Das Geheimnis des fünften Evangeliums. Warum die Bibel nur die halbe Wahrheit sagt. C.H. Beck, München

Paramahansa Yogananda (2009): Der Yoga Jesu. Einblick in die verborgenen Lehren der Evangelien. Self-Realization Fellowship

Pistis Sophia. Ein Gnostisches Originalwerk (1925): hrsg. v. Carl Schmidt. J.C. Hinrichs'sche Buchhandlung, Leipzig

Plisch, Uwe-Karsten (2006): Was nicht in der Bibel steht. Apokryphe Schriften des frühen Christentums. Deutsche Bibelgesellschaft, Stuttgart

Porète, Marguerite (2011): Spiegel der einfachen Seelen. Mystik der Freiheit. Marix, Wiesbaden

Quartier, Thomas (2016): Das Kloster im Leben. Monastische Spiritualität als Provokation. Butzon & Bercker, Kevelaer

Remen, Rachel Naomi (2001): Dem Leben trauen. Geschichten, die gut tun. Arkana, München

Ricard, Matthieu (2009): Glück. Knaur, München

Riedel, Ingrid (2010): Mystik des Herzens. Meisterinnen innerer Freiheit. Kreuz, Freiburg i. Br.

Schmid, Wilhelm (2004): Mit sich selbst befreundet sein. Suhrkamp, Frankfurt a. M.

Singer, Wolf/Ricard, Mathieu (2008): Hirnforschung und Meditation. Ein Dialog. Suhrkamp, Frankfurt

Weber, Walter (1981): Symbolik in der abendländischen und byzantinischen Kunst. Zbinden, Basel

Weidinger, Erich (1985): Die Apokryphen. Verborgene Bücher der Bibel. Pattloch, Aschaffenburg